国家社科基金
GUOJIA SHEKE JIJIN HOUQI ZIZHU XIANGMU
后期资助项目

历史主义与自然正当

——施特劳斯政治哲学研究

Historicism and Natural Right

——On Leo Strauss's Political Philosophy

牛子宏　著

陕西新华出版传媒集团
陕 西 人 民 出 版 社

图书在版编目（CIP）数据

历史主义与自然正当 / 牛子宏著. —西安：陕西人民出版社，2022. 10
ISBN 978-7-224-14685-1

Ⅰ. ①历… Ⅱ. ①牛… Ⅲ. ①政治哲学—研究 Ⅳ. ①D0-02

中国版本图书馆 CIP 数据核字(2022)第 179045 号

责任编辑：晏　藜　叶　峰
封面设计：蒲梦雅

历史主义与自然正当
LISHI ZHUYI YU ZIRAN ZHENGDANG

作　　者　牛子宏
出版发行　陕西新华出版传媒集团　陕西人民出版社
　　　　　（西安市北大街 147 号　邮编：710003）
印　　刷　陕西隆昌印刷有限公司
开　　本　787 毫米×1092 毫米　1/16
印　　张　20 印张
字　　数　354 千字
版　　次　2022 年 10 月第 1 版
印　　次　2022 年 10 月第 1 次印刷
书　　号　ISBN 978-7-224-14685-1
定　　价　80.00 元

国家社科基金后期资助项目出版说明

后期资助项目是国家社科基金设立的一类重要项目，旨在鼓励广大社科研究者潜心治学，支持基础研究多出优秀成果。它是经过严格评审，从接近完成的科研成果中遴选立项的。为扩大后期资助项目的影响，更好地推动学术发展，促进成果转化，全国哲学社会科学工作办公室按照"统一设计、统一标识、统一版式、形成系列"的总体要求，组织出版国家社科基金后期资助项目成果。

全国哲学社会科学工作办公室

序

如果说18世纪是西方启蒙理性主义的世纪,那么,我们把19世纪视为历史主义的世纪也并不为过。历史主义致力于反对启蒙哲学抽象与普遍的思维方式,力倡用历史的方法研究人类社会及其政治价值,引发了现代人类思想方式的一次伟大变革。自那时起,历史的理解逐渐取代了传统的自然或神学的终极解释范式,甚至成为西方政治思想研究的支配性话语。为了与启蒙时期的自然科学相区别,维科把理解人事的科学——历史称为“新科学”。维科之后,黑格尔、马克思等都继承和发展了历史主义的不同面向,黑格尔创立了自己的历史哲学,马克思则在批判黑格尔的基础上形成了历史唯物主义。在随后的20世纪里,历史主义的批判与反思成为这一时期政治和道德哲学的主题。

列奥·施特劳斯(Leo Strauss)是20世纪美国最著名的政治哲学家之一,也是当代对历史主义持最强批判态度的作家。在他看来,历史主义主张以特殊的或者历史的标准代替普遍的价值原则,从而导致“历史主义的危机”。在施特劳斯那里,历史主义的危机既是相对主义的危机、现代性的危机和政治哲学的危机,也是整个人类文明的危机。这种危机源于启蒙思想家马基雅维利、霍布斯、斯宾诺莎等人开创的现代理性主义的政治谋划,终结于尼采、海德格尔的相对主义和虚无主义。为了挽救人类文明的这场危机,施特劳斯重新阐发了苏格拉底—柏拉图的古典政治哲学传统,为古典的自然正当论辩护。

历史主义批判传统先验的普遍性哲学未能对历史与现实政治进行合理的解释,认为唯有诉诸历史才能获取关于人类观念的合理答案。施特劳斯则指责历史的观念过于“浅薄”,不值一提,不同的历史之争恰恰隐含着对哲学基本问题的探求。他所阐释的自然正当论兼顾哲学与政治的不同特性,为哲学与政治进行了双重辩护。在他看来,政治哲学是对于人类良善生活的追问,其主题就是政治与哲学的关系问题。这一问题域贯穿了绵延两千多年的政治哲学史。在今天,它又呈现为自然正当与历史主义之争。完成于1953年的《自然正当与历史》(Natural Right and History)一书是施特劳斯政治哲学的代表作。本研究以此书为基本文本,以自然正当与历史主义为题,对施特劳斯的政治哲学展开研究。

传统观点认为,历史主义的兴起源于对西方僵硬的自然法传统的批判和对启蒙哲学的反击。与此不同,施特劳斯则认为正是启蒙运动以来的现代哲学导致了历史主义。在他看来,现代哲学是一种建立在现代理性主义基础之上的、致力于满足最高理论需求的“严格的科学”。古今理性主义之不同在于,古典哲人对人类理性持审慎的态度,他们坚信存在着人类理性不及的领域;而现代理性主义则相信人类理性是自足的,人类可以通过现代科学认识自然和人类社会。施特劳斯认为,一方面,以人类自身理性和经验为基础的现代科学并不能认识整全,无法对世界做出一个系统的解释;另一方面,现代科学主义的专业化倾向把整体分成若干要素进行研究,其后果则是无法形成价值评判。这样,在社会科学的研究中就逐渐祛除了价值判断,仅仅就事实进行研究。就政治学而言,变成了中立性的政治科学失去了对其“第一性”问题的关切,从而与意识形态混同起来。在施特劳斯看来,失去价值判断的社会科学研究无疑是危险的。为了解决这一难题,社会科学家们求助于历史的理解,即根据每个社会的历史文化去理解社会,于是,历史学就成了人类唯一可靠的真正知识。依据每个社会的历史理解社会,似乎每个社会的价值判断都具有正当性,这样,以现代科学为基础的实证主义也就走向了历史主义。施特劳斯认为,虽然历史主义致力于寻求既是历史的又是客观的价值标准,但最终历史主义或明或暗地否认了客观性标准的可能性,历史的标准必然是主观的和相对的。意识到这一点的激进历史主义最后求助于无所凭借的“命运”或历史的“绝对时刻”,走向了虚无主义。

在施特劳斯看来,历史主义的危机也就是现代性的危机、自由主义的危机。现代性的危机肇始于马基雅维利政治学说,经霍布斯和洛克的进一步阐发,最终以源于人的主观意志的自然权利取代了古典的自然正当,以人类对生命、安全的此岸幸福代替了古典作家对人性完美的追求,完成了现代性的第一次浪潮。在第二次现代性浪潮的代表人物卢梭那里,人的历史已经取代了人的自然,实证法取代了自然法。最终,德国唯心主义者尼采以人的权力意志取代人的历史,完成了现代性的第三次浪潮;海德格尔则把历史主义等同于无根基的决断或命运的裁决,使历史主义走到了生存主义。施特劳斯认为历史主义所导致的自由主义危机在伯林那里得到了完整的体现。此时的自由主义已经抛弃了任何信念和理想,剩下的只有宽容和个人偏好的自由选择,自由主义也就蜕化成了相对主义。

为了克服历史主义的危机,施特劳斯诉诸古典的政治哲学。在他看来,古典政治哲学对人类政治具有较为清醒的认识,这种前科学的认识更加符合人的自然本性:一方面,人是城邦动物,城邦的存在以意见为基础;因此,人类社会必然表现为不同的政治社会。另一方面,人又是理性动物,超越自身、追求共同的善同样符合人的自然本性。人的自然本性的这种二元论体现在人类身上就表现为特殊主义与普世主义之争,即古典政治哲学中的自然与习俗之争。当基于不同习俗的善好发生冲突时,人们便开始对习俗产生质疑,追问何谓自然,这时哲学便产生了。古典作家首先把哲学视为政治哲学,即对良善生活和人性完美的追求。古典政治哲人认为理想的政治就是符合自然的政治,完美的人性也是与自然相一致的人性,自然是政治生活唯一的正当性来源,即自然正当。古典的自然正当与现代自然法是两个完全不同的概念。古典的自然正当概念源于苏格拉底—柏拉图的传统,古典的自然是与习俗相对立的、高于人类理性的客观存在。自然法的"法"的概念则预设了一个立法者的存在,无论这个立法者是人或神,这都是与"自然"的原初意义相矛盾的,也存在使自然法滑向实定法的危险。因此,古典的自然观念预设了人类理性的不足,为人类的价值评判提供了一个客观的标准。

游离于普遍主义与相对主义之间的施特劳斯,通过对苏格拉底—柏拉图传统的重新阐释,赋予古典政治哲学以更多的灵活性和怀疑论特征。施特劳斯认为,苏格拉底—柏拉图传统的自然正当论并非普遍主义的哲学。古典哲人认为哲学并不拥有真理,而是探求真理,只是用有关整全的知识取代有关意见的尝试。在哲学与政治的关系上,古典政治哲学始终抱着一种审慎的态度:哲人既要引导城邦过一种良善的生活,同时也要保护自身和城邦的安全。古典政治哲学通过一种双重写作的技艺——政治修辞,既保证了哲学与政治之间的距离,又缓和了哲学与政治之间的冲突,从而调和了政治的哲学化与哲学的政治化过程中可能出现的矛盾。

古典的政治修辞学传统无法根本解决哲学与政治的冲突问题,施特劳斯的政治哲学已经预设价值观上的一元论与绝对主义传统。当谈到自然正当论时,施特劳斯多次倒向了柏拉图的绝对主义传统,强调自然正当就是人类灵魂的结构与自然的一致,并具有绝对性。18 世纪末兴起的历史主义以自然与历史的分离为前提,反对启蒙哲学对人类政治的自然主义解释,主张用历史学理解人类社会和政治现象。历史主义者认为:哲学是普遍的,而政治却是多元的;哲学是沉思的,政治却是行动的政治,幻想用一种普遍的、沉思的哲学指导丰富多彩的政治,无异于缘木求鱼。历史主义主张用历史的方法考察政治价值问题,由于每个民族或国家的文化传统、历史处境不同,价值观念当然也存在差异,这是人类政治冲突的根源。人类历史的多元性和流动性,否定了传统普遍的、静态的政治哲学。历史主义的兴起颠覆了传统普遍主义的认识方式,以"历史的"模式取代了"自然的"或"神学的"政治阐释方式。

历史主义在19世纪的发展当然也是复杂的,当它与不同的思维方式遭遇时,形成了含义迥异的历史主义。在受启蒙哲学影响较深的思想家那里,历史主义走向了自己的对立面——历史决定论;在马克思主义那里,历史主义发展为历史唯物主义;当把历史绝对化时,历史主义又表现为相对主义,最后又导致虚无主义。施特劳斯所谓的"历史主义的危机"就是相对主义的危机,是历史主义与德国观念论相结合的产物。德国的历史主义把某一国家、民族或社会的历史与世界隔离开来,从而失去了整全的视野。再者,历史主义与相对主义也存在根本的区别。历史主义和相对主义都反对普世的、永恒的价值观念,主张价值的历史性和多元性,但历史主义承认客观知识或真理的存在,而相对主义则干脆否认了人类认识真理的可能性。历史主义强调人类思想与其历史情境之间的关联,认识到唯有从其产生的历史社会条件才能理解这种观念。相对主义则排斥一切依赖于认识主体的立场和历史情境而产生的知识。历史主义是一种相关主义而非相对主义。从历史主义的发展来看,历史主义也一直在为历史的客观性进行辩护。遗憾的是,历史主义与唯心主义的结盟,使历史主义陷入了相对主义的泥潭。

政治价值本身就是一个复杂的问题,历史主义的价值问题也不等于历史的客观性。人们无法从"是什么"推导出"应该是什么",即事实不等于价值。不同的价值主体需求不同,对客体的看法也存在差异,但价值问题的复杂性绝不是相对主义的借口,也不能因此否定历史中的理性。历史主义并没有否认历史的客观性,它只是认为人类道德或真理的客观性不同于自然科学的客观性那么绝对、静止,任何独立于认识主体的客观性或道德观念都是传统形而上学的产物。政治价值只能是政治主体的主观认识与客观现实的存在的辩证统一,它是历史的、多元的与动态的综合评判结合。当施特劳斯批判历史主义的危机时,他不但预设了唯一的、超验的价值标准,还把历史主义等同于一种处于前科学状态的、特殊主义的政治社会,即洞穴。如果把历史主义等同于一种免于批判的"封闭社会",施特劳斯对历史主义的批判在某种程度上也可以说是合理的。

历史主义的另一缺陷在于其对自然的拒斥。由于过分强调自然世界与人类社会的差异,历史主义专注于认识主体及其历史处境,认为唯有从人类历史中才能发展人类道德的根源。这一认识无疑限制了人类的视野，因为每一种历史的角度都具有特殊性和片面性，都不足以解释事物的整全。同时，以历史主义为主要表现形式的现代性的危机本身就是一种人类中心主义，对人类理性的过分自信遮蔽了自然的限制。正如施特劳斯所言，任何对人类社会及其政治现象的考察，必须基于一种对整全的意识。在历史主义那里，人们对自身历史或特定经验的重视，导致人类对自身存在根基的遗忘。人的自由不但依赖于人类理性，也必定受限于自然或造物的整个秩序。最后，历史的分析与批判总是不能代替哲学的批判。一般来说，历史总是强调特殊性，并具有保守主义的特质，因此，施特劳斯对于历史主义的指责并不是捕风捉影的无稽之谈。毋庸置疑，施特劳斯的政治哲学具有一定的广度与深度，我们不能简单地加以拒绝。

由此可见，要想为历史主义辩护，我们必须破除这种狭隘的、"洞穴"式的历史主义观念，并指向一种扩展了的、总体性的历史主义。只有这样，一种基于历史主义的政治哲学才有可能。在古典的历史学家那里，"历史"至少包涵着属人的、自然的和神学的三种历史观念，中世纪作为圣史的《圣经》也分享了这种历史观念，一直到 16 世纪的让·博丹（Jean Bodin）还承认这种历史传统。启蒙运动以来，现代哲学对传统形而上学的批判、历史主义的兴起，排斥了历史学中的自然与神学部分，把历史仅仅看作是属人的历史、逻辑的历史或自由的历史。当历史主义与德国民族主义和唯心主义传统相遇时，形成了一种"作为德国思想传统的历史主义"。马克思主义批判性地继承了德国 19 世纪的历史主义传统，恢复了自然在历史主义中的位置，创造了历史的唯物主义。在马克思主义的政治哲学中，蕴含了一种历史主义的自然正当论：首先，这种政治哲学本质上是历史主义的，不是对自然与历史的简单调和，而是自然与历史、主观与客观、哲学与政治的辩证统一。其次，历史主义的自然正当从世界历史的视域审视人类政治现象，既具有总体性、整全性的眼光，更注重政治现象的特殊性、历史性。对于任何基于民族、国家的政治而言，它既是可理解的，也是可批判的。

目　录

导　论 ………………………………………………………………… 1
一、研究背景：政治哲学中的自然与历史之争 ………………… 1
(一)前自由主义时期的自然观念与历史意识 ……………… 4
(二)自由主义时期的普遍主义与历史因素 ………………… 6
(三)历史主义的挑战与自由主义的回应 …………………… 8
二、研究的问题、意义与基本思路 ………………………………… 11
(一)研究问题 ……………………………………………………… 12
(二)研究意义 ……………………………………………………… 13
(三)研究思路 ……………………………………………………… 15
三、文献综述 ………………………………………………………… 17
(一)施特劳斯的著述及国内翻译情况 ………………………… 18
(二)国外研究现状 ………………………………………………… 19
(三)国内研究现状 ………………………………………………… 25
第一章　启示与理性：施特劳斯对启蒙哲学的初步反思 ……… 29
一、斯宾诺莎批判：神学—政治论的当代困境 ………………… 30
(一)青年施特劳斯与现代犹太人问题 ………………………… 32
(二)雅克比的启蒙哲学批判 …………………………………… 34
(三)犹太人的德意志处境 ………………………………………… 37
(四)施特劳斯的斯宾诺莎批判 ………………………………… 41
二、哲学与律法：迈蒙尼德宗教哲学的政治阐释 ……………… 47
(一)古特曼的《犹太哲学》批判 …………………………………… 48
(二)哲学的律法奠基 ……………………………………………… 50
(三)先知学的政治阐释 …………………………………………… 53
三、迫害与写作艺术：哲学与政治的冲突 ……………………… 59
(一)阿尔法拉比转向与古典政治哲学的重生 ………………… 60
(二)迫害与写作技艺 ……………………………………………… 63
(三)从政治神学到政治哲学 ……………………………………… 67

第二章 政治哲学的危机:施特劳斯对历史主义的批判 …… 71
一、科学的哲学与历史的观念 …… 72
(一)作为严格科学的哲学 …… 73
(二)政治科学与历史主义 …… 76
(三)韦伯的价值论与现代社会科学 …… 81
二、历史主义及其批判 …… 85
(一)历史主义的形成及其发展 …… 85
(二)进步的观念及其批判 …… 90
(三)历史主义与政治哲学的危机 …… 94
三、现代性的兴起及其危机 …… 98
(一)现代性的基本特征 …… 99
(二)现代性的危机 …… 102
四、相对主义、虚无主义与自由主义 …… 115
(一)自由主义的古典来源及其批判:哈普洛的解读 …… 115
(二)自由主义的危机:相对主义 …… 118
(三)自由主义的毁灭:从存在主义到虚无主义 …… 122
第三章 自然正当:古典政治哲学的遗产 …… 127
一、古典哲学中的自然观念 …… 127
(一)自然的发现 …… 128
(二)古典的自然观念 …… 131
(三)古典哲学的世界观:开放的整全 …… 136
二、作为古典政治哲学的自然正当 …… 138
(一)自然正当涵义 …… 139
(二)自然与城邦 …… 144
(三)自然正当与自然法传统 …… 148
三、自然正当与古典政制 …… 153
(一)古典政制的基本特征 …… 153
(二)理想的最佳政制——王制 …… 156
(三)实际可行的最佳政制——法治国 …… 160
(四)古典政制与自由主义 …… 163
第四章 自然正当性的贫困 …… 169
一、自然观念的历史与哲学批判 …… 169
(一)作为规范的古典自然观念 …… 169
(二)作为经验的现代自然观念 …… 176

(三)政治哲学传统中的自然、理性与价值 …… 180
二、自然法传统与西方政治哲学 …… 185
(一)自然正当:政治理想主义的覆灭 …… 186
(二)自然权利:政治现实主义的道德困境 …… 192
(三)自然法传统的衰落 …… 197
三、施特劳斯自然正当论的困境 …… 200
第五章 历史主义之踵:相对主义问题 …… 206
一、历史主义的复杂性 …… 206
(一)历史主义的根源 …… 210
(二)历史主义的哲学基础 …… 215
(三)历史主义含义的多样性 …… 220
(四)历史主义对传统政治哲学的反叛 …… 223
二、历史相对主义 …… 228
(一)相对主义:对客观主义的反抗 …… 229
(二)相对主义的困境 …… 234
(三)历史主义的客观性辩护 …… 237
三、历史主义:进步还是回归 …… 243
四、一元论与多元论:施特劳斯与伯林之争 …… 250
第六章 历史主义的自然正当:对施特劳斯的答复 …… 255
一、重估自然 …… 255
二、马克思的历史唯物主义 …… 260
(一)历史唯物主义的政治哲学 …… 261
(二)历史唯物主义对自然正当的理解 …… 263
三、历史主义的自然正当 …… 268
四、历史主义的哲学与政治 …… 276
五、历史主义的世界体系 …… 285
参考文献 …… 293
后 记 …… 304

导 论

一、研究背景:政治哲学中的自然与历史之争

政治既是人类特有的一种生活形态,也是人类孜孜追求的至善生活方式。自古典政治学产生之日起,探求何谓“人的完美”和“良善生活”就构成了政治学研究的主题。也正是由于它一开始就接受了柏拉图对跳出政治生活之“洞穴”状态的痴迷,对超越历史的最佳政制的探求也就成了古典政治学的基本目标,因此,政治哲学构成了古典政治学的主要表现形态。随着近代以来自然科学的发展与历史观念的兴起,古典政治哲学所立基的“自然”和宇宙目的论等核心观念逐渐被瓦解或摧毁,现代政治学已经从“探究传统为什么的绝对知识”让位于建立一种“如何做的相对知识”的知识学科,从追求人之“完善”的政治哲学转变为关于人之“权利”的政治科学,对工具理性之偏爱完胜以往占据支配性地位的价值理性,政治科学取代了以往政治哲学的位置,进而导致“我们时代的危机和政治哲学的危机”。[①] 这也是列奥·施特劳斯对当代历史主义持强烈批判态度的重要缘由。然而,如果我们简单回顾一下 19 至 20 世纪的政治学发展之状况,把这一时期看作是政治科学繁荣期的传统观点似乎也不太客观,因为与政治科学的发展相伴而行的还有对这种政治科学的反思和批判。仅就 20 世纪而言,就涌现出了哈耶克、罗尔斯和施特劳斯等数位政治哲学家,他们围绕着“正义”“自由”“权利”等这些政治哲学的基本主题展开了激烈的讨论,人们甚至称之为“政治哲学的复兴”。除施特劳斯以外,大部分政治哲学的讨论局限于当代自由主义政治哲学的议题。与他们相比,施特劳斯对自由主义的批判和反思则更多地超越了当前的视域。他反思的是自由主义、现代性、启蒙哲学和历史主义等现代政治的诸多表现形式,探寻的是古今政治哲学家对人和政治理解的巨大差异以及为什么产生如此大的差距。与自由主义的政治哲学家不同,施特劳斯钟情于他所偏爱的古典政治哲学

---

① [美]列奥·施特劳斯:《我们时代的危机》,李永晶译,见刘小枫主编《西方民主与文明危机》,北京:华夏出版社,2018 年,第 7 页。

传统,这一传统如此具有理性和哲学的魅力,以至于他倾其一生之精力为其辩护。在他的政治哲学中,超越于人的自然与历史成了对立的两极,批判历史主义,为古典自然正当进行不遗余力的辩护,成为其政治哲学的显明主题。

政治哲学的研究当然不能局限于人的政治生活,要回答人应该如何生活和什么是善这两个根本性问题,必须突破人的界限,探究人之生存的境况。当代英国著名政治学家约翰·格雷(John Gray)曾经说过:“所有的政治哲学都表达了一种历史哲学”;①同样,我们也可以说,所有的政治哲学也都表达了一种自然哲学。自然哲学和历史哲学不但是理解人之政治生活的哲学根基,也是思考人类政治的主要思维方式,可以简单地称之为“自然的”和“历史的”方法。现代德国历史学家弗里德里希·迈尼克也认为,在西方蔓延两千多年的政治思想史中,始终贯穿着一条深刻的冲突红线,“一方面是关于一个普遍支配全部思想的自然法体系的基本观念,另一方面是关于历史和政治生活的不可规避的事实”。② 这两条时常冲突的倾向互相缠绕、冲撞,一刻也没有间断。简言之,人们对政治的看法不仅依托于关于自然和历史的知识,其研究手段也需借助以上两种方法,至此之故,我们说任何政治哲学都表达了自然和历史两种哲学。古希腊人对宇宙的思考始于人类所面对的自然界,产生了第一批“思考自然”哲学家,形成了自然哲学。虽然苏格拉底把目光“从天上下降到人间”,并意识到了人间事务与天上事务的区别,但其弟子柏拉图的政治哲学却是建立在自然哲学之上的,数学是柏拉图哲学的重要范式。从纷繁复杂的表象出发探求永恒不变的“理式”,并用这一抽象的“理式”来指导人的实践。古典哲人坚信,合乎自然的人就是完善的人,合乎自然的政治就是理想的政治。在古希腊人普遍主义的思维方式的侧翼,我们也同样可以感受到对历史和政治生活本质的另一种思考。古典的自由城邦和国家从不断发生的战争中,也窥视到了现实政治生活的偶然性和历史性特征,对于希罗多德和修昔底德等历史学家而言,国家理由和政治形势的变化不能用哲学普遍性思维来看待,善与恶往往是相对而言的,即便是亚里士多德,在《政治学》中也承认了政治的这一特性。

近代以自然科学为基础的政治科学虽然始于对人类经验和历史的重

① [英]约翰·格雷:《自由主义的两张面孔》,顾爱彬等译,南京:江苏人民出版社,2002年,第30页。

② [德]弗里德里希·迈尼克:《马基雅维利主义》,时殷弘译,北京:商务印书馆,2017年,第483页。

视,却同样分享着这种抽象、先验的思维方式。在这一时期,自然科学和人文科学还未形成对立的状态,近代政治学家希望建立一种“物理的政治学”。启蒙哲学诉诸人的理性之光,以人之理性所建构的、基于社会契约的“人造国家”取代了古典的“自然”城邦和中世纪的上帝之下的“尘世之城”。17 世纪以来的自然法理论仍然预设了统一不变的人性、自然权利,其思维方式依然是自然主义的。黑格尔的历史哲学以含混的态度阐释了自由主义的历史观念,同自由的意志统领了整个人类历史。历史主义肇始于 18 世纪后期意大利思想家维科(Giovanni Battista Vico)的《新科学》,繁荣于 19 世纪,是对西方近代以启蒙哲学为基础的自然法传统的反叛。它反对抽象的、先验的普遍主义哲学,主张历史化的思维方式,强烈地冲击了近代以来的自然法传统。正如德国思想家卡尔·曼海姆所言,正是历史主义的出现,“自然与历史之间的对立,将自己展示为更为激进的对立的前哨,这种对立根植于两种根本不同世界观间的两种根本不同的思想方式”。①

现代人已经接受了互相对立的“自然”与“历史观念”。如 20 世纪英国哲学家柯林伍德(Robin George Collingwood)分别撰写了《自然的观念》和《历史的观念》,对两种不同的观念史进行了梳理与研究。德国哲学家文德尔班在其《哲学史教程》中,也以“自然与历史”为题,探讨了 19 世纪的哲学。在政治哲学中,阿伦特也视之为两种方法论的对立:“诗人与历史学家在一边,哲学家在一边”。② 1953 年,美国政治哲学家列奥·施特劳斯(Leo Strauss)的代表作《自然正当与历史》(Natural right and History)③出版,布鲁姆赞之为“施特劳斯关怀的一个综述,也是一本非历史的哲学

① [德]卡尔·曼海姆:《保守主义》,李朝晖等译,南京:译林出版社,2002 年,第 7 页。

② [美]汉娜·阿伦特:《过去与未来之间》,王寅丽等译,南京:译林出版社,2011 年,第 044 页。

③ 此书的原名为“Natural right and History”,我国学者甘阳认为,英文“natural right”兼有“自然正当”和“自然权利”之意。施特劳斯用该词表达自然正当与自然权利两个对立的概念。在该书中施特劳斯多用“natural right”代表古典的自然正当,而用“natural rights”指称现代的自然权利。依照施氏的本意,古典“自然正当”与现代历史主义是相对立的两大立场,古典哲人相信“自然正当”,现代哲学倒向了历史主义,因此,把书名译为“自然正当与历史”较为贴切。目前国内版本把它译为《自然权利与历史》(彭刚译,北京:生活·读书·新知三联书店),许多学者已指出此译不妥。另外,青年学者周濂认为政治正当性在古典政治哲学中不是中心问题,因为古希腊哲学家把政治制度看作是自然生产而非人为设计的,他也称之为“自然正确”。笔者认为“正确”一词并非政治哲学的概念或术语,古典政治已经开始关注“正当性”的问题,施特劳斯认为历史主义所导致的政治哲学的危机也就是政治正当性的问题,故本书把“natural right”译为“自然正当”。

史”。① 在施特劳斯的所有著作中，反对历史主义、为古典的自然正当辩护，构成了其政治哲学的一根红丝线，或明或暗，贯穿于其中。因此，笔者以“自然正当与历史主义”为题，探讨施特劳斯的政治哲学。在此之前，我们根据这一施特劳斯式的独特视角，梳理一下政治哲学史中此消彼长的自然与历史观念，并就历史主义对当代自由主义的挑战及自由主义的回应做出简单的概述。

（一）前自由主义时期的自然观念与历史意识

古希腊政治观是自然政治观，这点是毫无疑问的。过去思想家们对该问题的强调，或多或少地遮蔽了古希腊政治传统中的历史观念。随着历史主义的兴起，思想家们对古希腊的历史的观念进行了挖掘与阐发。柯林伍德认为，早在希罗多德之前，古希腊就存在着一种准历史学，即神权历史学。这种历史学记述的是神的故事，“人类并不是所记载的活动的行动者”。② 公元前5世纪，历史学家希罗多德创立了科学的历史学。他从提问题开始，探究有关人类过去的知识。后来又出现了修昔底德的关于伯罗奔尼撒战争的历史巨著。阿伦特也认为，在这些古希腊的史书和《荷马史诗》的世界中，记载了早期城邦的政治经验，包含着对人类行为和事业的伟大性理解。这些记载告诉人们：“在所有人类成就中只有行动是比生命本身更为转瞬即逝的，最终只有依赖诗人或历史学家的颂扬才能被铭记”。③ 但是，古希腊历史观念的成长却是与其形而上学的传统格格不入的。如果一切都是变动的，那么人类如何把握它呢？“如果它是可以认识的，它就必须是确定的”。④ “自然”（φύσει）即事物的本性，是与事物的表象相对立的东西。关于事物本质的认识称作“知识”；关于现象的认识则构成“意见”。人们必须通过“超越有生灭的世界去把握事物的本质”。⑤ “自然”代表了永恒的正义，它是永恒不变的政治范式，理想的合乎正义的城邦是“自然的城邦”。相反，智者们则认为正义源于各个城邦的传统、风俗和习惯联系，正义与城邦的法律是一致的，有多少城邦就有多少种正义。因此，

① ［美］布鲁姆：《纪念施特劳斯》，见刘小枫主编《施特劳斯与古典政治哲学》，上海：上海三联书店，2002年，第18页。

② ［英］柯林伍德：《历史的观念》，何兆武等译，北京：商务印书馆，2003年，第44页。

③ ［美］汉娜·阿伦特：《政治的应许》，张琳译，上海：上海人民出版社，2016年，第54页。

④ ［英］柯林伍德：《历史的观念》，何兆武等译，北京：商务印书馆，2003年，第51页。

⑤ ［古希腊］柏拉图：《柏拉图全集》第2卷，王晓朝译，北京：人民出版社，2017年，第525页。

在古希腊的政治哲学中一直存在着“自然（φύσει）”与“习俗（νόμῳ）”的争论。

于是，这些现实的、历史性的观念很快就湮灭在自然观念的普遍主义洪流之中。究其原因大致有二：一是从思维方式上看，古典哲人还是把人类当作宇宙万物的一部分，没有能力区分自然科学与政治科学的差异；二是历史学还处于早期发展阶段，未能真正形成一门学科，也无法区分神话与历史。如当代英国政治学家阿兰·瑞安所言，“公元前5世纪的雅典人对他们自己制度的历史只有一星半点的了解，而且不像现代人那样，在真正的历史与纯粹的神话之间做出区分”①。受古希腊形而上学传统的影响，古希腊的历史观具有明显的循环论特征，这明显体现在柏拉图和亚里士多德的政体观中，即不同政体原则的腐化导致向另一种政体的转变。历史的作用仅仅在于给统治者提供执政的借鉴。

古典政治哲人对合乎正义政治的孜孜追求并没能改变古典城邦衰落与瓦解的命运，城邦的消失既扩展了古希腊人的狭窄视野，同时也熄灭了他们的政治热情。希腊化时期的人们已经厌倦了外界整日厮杀的战争场景，开始把眼光转移至个人自身，关心个人心灵的宁静，并继而萌发了这样两个观念：一个是关于个人的理念，个人就是人类中的一分子，他有着纯属个人的和私人的生活；另一个是有关普世性或普遍性的观念，这指的是世界范围的人类，他们当中所有的人都具有一种共同的人性。② 在这两种理念基础上，斯多葛派形成了关于自然法的思想：人是宇宙的一部分，每个人都分享着宇宙的理性，都受制于共同的理性或逻各斯的支配，即自然法的支配。与早期柏拉图传统的自然观念不同，斯多葛派的自然法认为人依据自然是平等的，并不具有一定的等级差别。虽然斯多葛派的自然法理论还只是一种道德哲学而非政治哲学，但已为向后者的转变奠定了理论基础。古罗马时期，西塞罗把道德的自然法转化为一种指导人们行为的政治哲学或法律哲学。于是，自然法理论传承并强化了古典哲学中的自然正当观念，并作为一种政治传统延续下去。在政治实践上，阿伦特曾把罗马帝国的创立视为一个奠基性的事件、一次新的政治实践。罗马人的政治经验成为后人取之不尽的历史宝库。然而，当罗马人把希腊哲学视为权威，并以之作为权威的思想基石之后，“这使得罗马不可能发展出一种哲学，甚至也

① ［英］阿兰·瑞安：《论政治》（上卷），林华译，北京：中信出版集团，2016年，第027页。

② ［美］乔治·萨拜因：《政治学说史》（上卷），邓正来译，上海：上海人民出版社，2008年，第185—186页。

不能发展出一种政治哲学,从而导致罗马自己独特的政治经验无法得到充分的解释”。[①] 可以说,正是古希腊的自然哲学消解了罗马丰富的政治经验,使古罗马的历史不再延续。

基督教上帝创世说对于历史的贡献在于:人类不仅存在一个开端,而且将来不可避免地要走向终结,是一个单一的过程。世俗的历史只是上帝预言的一步一步的实现。在中世纪的神学中,代替斯多葛派自然理性的是奥古斯丁的全能的上帝观念。在他看来,作为支配万物法则的永恒法是上帝意志的体现,“一切的力量都来自于上帝,但上帝并不是一切意志的支配者”。[②] 人类具有选择的权力,或者人类可能出于偶然的选择而作恶。古希腊关于人性的乐观主义态度已被人的原罪学说所取代。这就是说,作为满足人类世俗生活的尘世之城充满了邪恶,上帝的使命就是拯救人类,达到至善。由于受亚里士多德主义的影响,托马斯·阿奎那后来努力调和了上帝和自然之间的冲突,从而赋予实践理性以重要的地位;在中世纪后期,当英国哲学家邓·司各脱为上帝辩护时,又强调神学不能依赖理性、理性无法理解神性,即上帝的意志不能受必然性的支配。但总体而言,“人类的全部历史就是上帝救世规划的一种庄严体现”,[③]人类历史朝向一个目的进行运动。因此,虽然中世纪的基督教神学中的上帝已经在一定程度上用尘世的、历史的眼光审视人的世界,并已经承认宇宙中偶然性的存在,以及被迫赋予人类理性以一定程度的自由,但这一切都是在上帝意志的监护之下。最终,基督教对于人的普遍主义态度也深深地影响了整个西方传统:所有的人和民族都会受到上帝的照顾,都处于上帝的规划之中。

(二)自由主义时期的普遍主义与历史因素

自由主义是西方封建社会瓦解以来,随着个人主义的兴起、市场和工业的发展而形成的一种支配性意识形态。安德鲁·海伍德称之为“西方工业社会的意识形态”“元意识形态”,“能够涵盖多种对立价值和信念”。[④] 如果说中世纪神学的“上帝”上帝概念遮蔽了“自然”自然的概念,自由主义则恢复了“自然”在政治哲学中的支配地位,并建构了“自然状态”“自然

① [美]汉娜·阿伦特:《政治的应许》,张琳译,上海:上海人民出版社,2016年,第61页。

② [古罗马]奥古斯丁:《上帝之城》影印本,北京:中国社会科学出版社,1999年,第198页。

③ [美]乔治·萨拜因著:《政治学说史》(上卷),邓正来译,上海:上海人民出版社,2008年,第239页。

④ [英]安德鲁·海伍德:《政治学的思维方式》,张立鹏译,北京:中国人民大学出版社,2014年,第58页。

权利”和现代“自然法”等一整套政治哲学的话语系统。

自由主义政治哲学中的自然与古典的自然概念具有根本的不同。古典的自然是一种整体主义的和谐论，指向了人的完善与城邦的完美状态；现代自由主义的基础是个人主义的，从人性中的自私、自保等恶出发，坚持个人自然权利的优先性，进而推导出工具主义的国家。古典的自然规定了人的义务，现代的自然主张人的权利。自然概念在古今政治哲学上的嬗变有着复杂的原因：从认识论上看，自然科学的进步使人们越来越重视经验的作用和主体的感受。从政治实践看，古典先验自然政治观和中世纪神学上帝创世论的破产，促使人们从更加世俗、历史的视角看待政治现象。近代马基雅维利、霍布斯和洛克等人思想中所包含的经验主义是一次试图冲破传统形而上学传统的伟大尝试。自由主义的先驱们认为，人类天性不是寻找朋友，而是追求荣誉或益处，“相信彼此的恐惧更甚于彼此的爱”①。从人性恶的观念出发更加真实、稳固和有效。他们的“自然状态”绝非一个简单的理论预设或空间，部分是对人类前政治状态的历史性的“追溯”，也是对人类文明历史发展的认可。正如我国学者刘猛所指出的那样：“自然状态的历史化，为现代道德哲学开辟了人性在政治社会之外培育自身的空间”，其意义在于，政治问题的焦点“不再是人与自然的关系，而是如何在自由个体之间构成社会性的关系”②。如果从自然权利的内容来看，自由主义所关注的生命、财产和自由也是更加世俗的、与当时西方社会状况更加契合的东西。由于具有一定的历史性，各国的自由主义也表现出不同的特色。如英国的自由主义更多地与其历史联系起来，表现出对历史的尊重。美国的自由主义则按照当时北美各殖民地的状况，构建了适合自己国情的自由主义制度体系。

当我们指出自由主义者的历史意识时，千万不要忘记自然科学进步对启蒙哲学的影响。18 世纪的启蒙哲学建立在自然科学的方法论基础之上，源于经验的自然主义方法最终压制了这一时期的历史观念。一切经验得到的材料，“在原则上，就要被缩减和转化，一直到最后把它界说称为等同于科学本身精炼的对象所呈现出来的特征的东西”③。这种抽象的方法与西方的形而上学传统并无二致，数学的抽象方法再次得到广泛的运用。在霍布斯的著作中，把现代数学的方法应用于政学的研究，“意味着政治第

① ［英］霍布斯：《论公民》，应星等译，贵阳：贵州人民出版社，2014 年，第 004 页。

② 刘猛：《自然社会：自然法与现代道德世界的形成》，北京：生活·读书·新知三联书店，2015 年，第 213 页。

③ ［美］杜威：《经验与自然》，傅统先译，南京：江苏教育出版社，2005 年，第 16 页。

一次被提高到科学的高度,成为理性知识的一个部类”①。当近代的政治哲学家依赖自然科学的方法研究人类政治时,处于边缘地带的历史依然是次要的、补充性的。因此,格雷说,近代的自然法在“肯定人类种属的道德统一性”时,“仅仅给予特殊的历史联合体与文化形式以次要的意义”。②

自由主义者并不把自己的学说看作是适用于一时一地的思想理论,而是视其为适应“全人类的要求”的普遍主义的规范。洛克指出,自然法规定着具有理性的人类,告诫他们:“人们既然都是平等和独立的,任何人都不得侵害他人的生命、健康、自由或财产”。③ 自然理性和自然法适用于指导一切国家的政治生活,无论其历史传统和发展阶段存在着什么差异。受启蒙运动的影响,他们同样对人类理性抱着乐观主义的态度;虽然人性是恶的,却是可以得到改善的,个人主义、进步主义和向善主义是大多数自由主义者共享的信念。受进步主义的影响,自由主义者把人类历史视为一部普遍主义的理性进步史。虽然进步法则的运行可能会遇到障碍或人为的破坏,人类的理性也可能一时受到愚昧的蒙蔽,但人类文明总是向前发展的。人类历史也是自由的历史,黑格尔的历史哲学是这一历史观的完美体现。

(三)历史主义的挑战与自由主义的回应

在自由主义者洛克那里,自然法道德内涵的支撑依然来自于上帝的神圣意志,自然必有其目的。这一观念显然与其主张的经验主义格格不入,因为现代科学的宇宙观早已否定了自然目的论。如果洛克“一旦放弃了关于终极因的形而上学,以及由此产生的包涵了目的论体系的自然观,那么世界就只剩下五光十色充满多样性和特殊性的人群了”。④ 也就是说,洛克的自然法观念与经验主义在原则上水火不容,历史主义的羽翼一旦丰满,自然法的地位也就岌岌可危了。

在理性主义盛行的 18 世纪,人们对于自由主义的反思已经开始了。卢梭质疑了自然与人类价值的关联性,并试图以历史的观念取代自然的观念。意大利思想家维科意识到了民事科学和自然科学的差异,用历史的观念来批判近代理性主义的自然法观念,从而成为历史主义运动的先驱。当

---

① ［美］列奥·施特劳斯:《霍布斯的政治哲学》,申彤译,南京:译林出版社,2001 年,第 164 页。

② ［英］约翰·格雷:《自由主义》,曹海军译,长春:吉林人民出版社,2005 年,第 2 页。

③ ［英］洛克:《政府论》下篇,叶启芳等译,北京:商务印书馆,2005 年,第 4 页。

④ ［英］约翰·格雷:《自由主义》,曹海军译,长春:吉林人民出版社,2005 年,第 67 页。

自由主义者把政治的合法性建立在人民“同意”的基础之上，对传统政治权威和政治秩序构成了严重的挑战。尤其法国大革命的爆发，革命与暴力严重危害巴黎的社会稳定和人的自由，这场革命也充分暴露了笛卡尔哲学的理论缺陷。这说明以笛卡尔的理性主义为基础的启蒙哲学，以及自由主义的自然法理论，无法直接指导活生生的政治现实。对法国大革命的反思始于英国保守主义者柏克。他借助英国传统的历史意识和政治经验，对大革命的理性主义和自然法传统进行了反思。

维科之后的历史主义并没有统一的理论观点和学术流派，历史的观念表现在保守主义、经验主义、德国浪漫主义和马克思的历史唯物主义等理论流派表达的观念之中。如果说存在共性的话，那也是对启蒙抽象理性主义的批判与反思，主张用历史的观点看待人类事务。历史主义不仅批判启蒙哲学中的理性主义，同时也把自由主义作为自己的敌人。作为一种政治哲学，它反对的是普遍主义的自由主义，强调政治权利、价值的历史性与多样性，与其相适应的是多元主义的政治观念。历史主义的批判不仅来自于德国、意大利等自由主义的边缘地带，也有来自西方自由主义国家内部的批评。

正如我国政治学者马德普先生所言，历史主义不仅“强烈冲击了17、18世纪自由主义的普遍主义思维方式及其教条”，也“迫使自由主义采取新的理论形式”。[①] 为了回应这种挑战，自由主义者试图通过从传统的普遍主义立场退却到一种中立论的或者多元主义的立场来为自由主义辩护。比如具有强烈历史感的自由主义大师伯林，就把批判的矛头直指西方形而上学的一元论传统。他认为，这种一元论一般立基于以下理论主张：乐观地相信人的理性具有解决一切问题的能力，并假定人的理性认识具有某种统一性，人们所持有的价值目标之间是互相支持与和谐的，根本不存在任何矛盾与冲突。他指责这种传统观念以某种统一性规制丰富多样的人类生活和价值观念，阻碍了人类对美好生活的追求。一旦一元论与卢梭式的“积极自由”相结合，就有可能导致“真正的”自我（即理性的自我）对其他一切不同意见的压制和摧毁，而“消极自由”则为人们划定一个他人不得侵犯的、允许自由选择和任意行动的领域，保护好这一领域至关重要。与一元论传统对应的是历史的决定论，历史的观念恰恰反对决定论，历史也具有偶然性。依赖于消极自由，伯林完成了对自由主义的论证。然而，消

---

① 马德普：《历史主义的兴起及其对自由主义普遍主义的冲击》，《政治学研究》，2003年4期。

极的自由意味着每个人的自由同样正当与合理,这样自由主义就不仅存在滑向相对主义的危机,也陷入了工具价值的一元论困境。罗尔斯对自由主义中立性的论证从现实中呈现的多种完备性的宗教、道德和哲学学说的事实出发,主张政治的目标就是在这种历史的、多元化的现实中实现社会的长治久安。为此,他在道德领域与政治领域之间进行了区分,努力证明政治领域是独立于道德领域的。“政治的”正义就是允许道德多元化的人们在实际生活的政治领域中,就基本的政治原则如何达成“共识”的问题。他的政治原则是平等主义的,但其结论确是现实自由主义的翻版而已。罗尔斯的错误在于:一方面把人从其所属的道德领域简单地抽离出来,从而忽略了“善的不同观点支持着不同的正义观”;①另一方面,罗尔斯依据原初状态抽象出来的自由诸原则来自于同样是地方性的美国社会,根本不具有任何普遍性。英国自由主义者格雷则追溯了自由主义传统的发展历程,并描绘出了其中暗含的两种对立理论主张:一是追求普遍主义理性的自由主义,它努力实现一种对于全人类而言最为理想的至善生活。二是把自由主义看作一种保持政治中立的“权宜之计”,它旨在为各种主义和学说提供“和平共处”的政治架构。前者是一元论和普遍主义的;而后者则是程序主义的,建立在尊重历史现实的基础之上,是一种多元主义的自由主义论。自由主义的困境也正在于二者的互不相容,一方的成功就意味着另一方的失败。除此之外,自由主义者拉兹、克劳德等人也站在自由主义的立场上为一种至善论进行辩护。遗憾的是,无论是中立论还是至善论,都无法根本消解自由主义的多元性和普遍性之间的矛盾。

历史主义的冲击使自由主义面临着在普遍主义与特殊主义之间进行抉择的两难困境。在普遍主义者看来,历史主义带来了政治哲学的危机。假如每种信念都是合理的,那该如何比较不同文明的优劣?历史主义与相对主义又有何区别?这种担忧不是多余的,在20世纪的政治哲学中,历史主义问题已然成为理论界的棘手问题。“历史学也是从各种普遍性概念进行历史推论的,因而它同样需要接受自己独特标准的检验。历史主义运动落入了自己设定的陷阱中,它走进了虚无。”②

① [英]约翰·格雷:《自由主义的两张面孔》,顾爱彬等译,南京:江苏人民出版社,2008年,第16页。

② [意]卡洛·安东尼:《历史主义》,黄艳红译,上海:上海人民出版社,2010年,第3页。

二、研究的问题、意义与基本思路

施特劳斯对政治哲学的思考延续了或者说重启了以上所述的自然与历史之争,《自然正当与历史》这部代表作就体现了其全部政治哲学的核心观点。在重新检视该争论时,他站在古典政治哲学的立场上,批判了现代科学与历史观念引发的历史主义危机,为古典的自然正当辩护。

列奥·施特劳斯认为犹太民族一直是个饱受磨难的民族,这也许与他们的宗教教义有关,即上帝对其祖先罪孽的惩罚,他们"必须以殉道者温顺的坚韧加以忍受"。① 特别是现代以来,犹太人甚至成为现代性的"祭品","Shoah(犹太人大屠杀)"成为现代犹太人痛苦的记忆。因此,犹太知识分子对于启蒙运动和现代性始终抱着一种警觉和批判的态度,产生了大批具有深刻思想的犹太思想家。这些思想家或居于有"哲学王国"之美誉的德国,或为了躲避政治迫害移居西方其他国家。列奥·施特劳斯(Leo strauss)就是其中著名的一位。

现代自由主义并没有根本解决犹太人问题,政治和神学、政治与哲学之间的冲突依然存在,以现代科学观念为基础的历史主义又企图消解这些冲突。施特劳斯面临的政治与哲学的关系是政治哲学的"元问题",这一问题不仅关涉着对良善(good)生活的追求,还统领着政治哲学的正义、权利等其他问题。他痴迷于追奉苏格拉底、柏拉图为处理这一问题的典范,是"古典政治哲人",在此意义上,我们也可以称他为现代"政治哲人"。在他看来,现代哲学中的自然主义和历史主义不管存在何种区别,都消解了政治哲学,进而造成了政治哲学的危机和人类文明的危机。受德国哲学家胡塞尔的现象学的影响,他把批判的矛头对准了历史主义,并对古典的自然正当进行了现象学的改造,以一种怀疑论的自然正当来挽救历史主义的危机。

在学术研究中,施特劳斯常常用二分法或二元对立的观点阐述其哲学观点。如理性与启示、古典与现代、哲学与政治、自然正当与历史主义等。这几对范畴表达的观念在施特劳斯那里存在着一致性,都彰显着政治与哲学的关系这一政治哲学的永恒话题,都必须将其放在古今之争这一视域中进行学术的考察。在施特劳斯的所有著作中,《自然正当与历史》无疑占

① [美]列奥·施特劳斯:《斯宾诺莎的宗教批判》,李永晶译,北京:华夏出版社,2013年,第7页。

据着最为重要的核心地位。自然正当与历史主义这一对立范畴也较为准确地反映了其最为关切的和最想表达的主题。

（一）研究问题

从西方政治哲学史来看，自然正当与历史主义是一对相对立的范畴：古典政治哲学认识自然优于习俗、高于习俗；现代政治科学抛弃了先验的自然观念，诉诸人类历史。理论的纷争首先体现在语义之中，解决这些问题，我们要厘清这些词汇在不同历史语境下的含义，以及古今政治哲人如何理解政治现象。

历史主义问题也是现代性问题。它解构了传统的政治信仰，造成了一种"无根"的政治，使人类的任何价值基础和道德观念都建立在"流动"的历史之上。在研究历史主义时主要探讨以下几个方面：第一，我们要在何种意义上使用"历史主义（Historicism）"一词。现代西方学界一直在不同的意义上使用这一词汇。本书要对历史主义起源进行细致的考察，并对不同的含义进行语义的分析、甄别，并总结出历史主义的一些典型特征。第二，历史主义的客观性问题。几乎所有对历史主义的批评都聚焦于这一点，历史客观性辩护问题关系到历史主义的成败。本书将论证，由于传统历史主义自身的局限性，对历史主义客观性的辩护是不成功的。马克思的历史唯物主义把这一问题与人类"实践"联系起来，从认识主体与客观的关系上，提供了科学的答案。第三，历史客观性与政治价值的关系问题。历史客观性不等于历史价值，不能从"事实是什么"完全得出"应该是什么"的问题。任何政治判断都是历史处境、自身利益等综合因素的产物。第四，历史主义与自然的关系问题，现代历史主义祛除了传统的自然观念，强调自然与历史的对立，使人们对政治的判断失去了整全的视域，要克服这一难题，必须使用一种扩展了的历史主义观念。马克思的历史唯物主义着眼于主体与客体、自然与历史的辩证关系，从实践的角度考察人文事务，为我们解决这一问题提供了思路。

施特劳斯在阐释古典的"自然正当"时，力图摒弃传统形而上学的自然观念，同时也拒绝了现代自然主义的自然观念，借鉴吸收了胡塞尔的现象学方法，提出了一种"前科学"的自然，并以之为基础对苏格拉底和柏拉图的学说进行改造与整合。本研究首先探讨自然的含义。在施特劳斯那里，古今自然的观念、古典自然正当与现代自然权利体现着两种政治哲学的对立。阐明施特劳斯的古典政治哲学语境中"自然"并没有成功摆脱绝对主义的传统。其次，在区分古今"自然"观念差异的基础上，论述古典自然正当与现代自然法和自然权利的区别。在施特劳斯看来，古典自然正当与现代自然权利是一对对立的概念。二者对人类自身、政治美德和自由的不同理解，导致两种对立的政治哲学。最后研究施特劳斯的自然正当论的困境。施特劳斯虽然强调了古典政治哲学的怀疑主义特征，但仍然是以自然正当的绝对性和普遍性为前提预设，并没有跳出西方传统形而上学的窠臼。在实践中，施特劳斯的自然正当论仍有可能导致僭政或极权主义。

历史主义如何从解构传统普遍主义的政治哲学，转向一种历史主义的建构，使基于历史的政治哲学得以建立，这是当前政治哲学面临的一个难题。当使用"政治哲学"这一概念时，我们往往只记住了柏拉图那跳出"洞穴"、探求真理的神话，忽略了真理是否存在、如何存在和完全跳出"洞穴"是否可能的问题。哲学总是企求一种普遍主义的答案，政治又总是特殊的、具体的和行动的。如果我们用普遍主义的哲学裁剪丰富多彩的政治，将是政治的消亡；如果以多样的、历史的政治否定哲学，政治哲学将不再可能。施特劳斯的这句话是对的："哲学并不拥有真理，而是探索真理"。[①] 如果以此作为政治哲学的标准也将是有益的，构建历史主义的政治哲学也将是可能的。

（二）研究意义

历史主义已经摧毁了西方传统的一元论哲学，在当代哲学中任何为普遍主义进行的辩护都面临着理论上的困境。尤其在政治哲学领域，任何幻想在普遍化的哲学与多元化政治之间建立某种关联的尝试，越来越多地受到人们的批评与指责，历史已经成为论证政治合法性的主要资源。即便是当今自由主义的理论家们，也不得不借助于多元主义为自身进行辩护。在这个时代，施特劳斯试图用一种改头换面的古典自然正当，显然有点不合时宜。毋庸置疑的是，无论从历史主义的产生还是其主要观点来看，它往往与保守主义联系在一起，似乎天生具有相对主义的倾向。当代西方国家相对主义和虚无主义的盛行，也进一步证实了施特劳斯的忧虑。施特劳斯对现代性的批判是深刻且具有理论高度的，对自由主义和政治现象的认识也是独具慧眼，非常人所能企及。我们断不可以如德鲁里那样，简单地给其贴上绝对主义或相对主义的标签。至于施特劳斯的论证是否成功，则正是笔者予以考察的内容。

本研究的理论意义在于：第一，考察历史主义与自然正当、哲学与政治

① ［美］施特劳斯：《什么是政治哲学》，李世祥等译，北京：华夏出版社，2011年，第2页。

的关系,有助于我们加深对政治正当性的理解。施特劳斯语意上的历史主义的危机或当代政治哲学的危机也就是政治正当性的问题。正当性是政治生活存在的基础,是国家或政府权威的来源。在传统社会,政治正当性源于某种客观的、超越性的自然。近代启蒙运动以来,历史主义的兴起和事实与价值二分法的流行,政治正当性的客观性逐渐被"人的权利"所取代,现代政治的"历史性权利"逐渐战胜了古典的"自然正当"。施特劳斯意义上的历史主义的危机也就是政治正当性主观化问题,即相对主义问题。因此,本课题的研究有利于我们正确认识现代语境中的政治正当性问题。第二,研究施特劳斯的学说,也有利于我们加深对自由主义的理解与反思。自由主义源于西方,也盛行于西方,这一地域性的学说为何对世界产生如此大的影响?它日渐衰落的迹象又说明了什么问题?第三,国内"施特劳斯热"兴起,有利于进一步推进国内学者对西方政治思想传统乃至西方文明的认识和研究。长期以来,国内学界对西方政治思想的研究以历史主义范式为主,如萨拜因的《政治学说史》、剑桥学派的基于"历史语境主义"的著作等,国内学者也以历史唯物主义为基本方法研究西方政治思想,涌现出了大批优秀成果 。然而,施特劳斯无疑又为我们提供了新的哲学视角。"政治哲学不是一个历史学科,……政治秩序问题也不同于历史的问题"。① 因此,对施特劳斯政治哲学的细致研究,有利于提升我国学者对西方政治思想的理解与批判,推进我国政治哲学的发展。第四,研究施特劳斯的政治哲学,也有助于我们提高学习马克思主义政治理论的自信心和自觉性。作为规范理论的马克思的政治哲学,不仅是我们批判传统形而上学和历史主义的理论武器,又为我们提供了认识政治价值问题的基本方法和立场。历史唯物主义对传统历史主义的唯心主义基础进行了批判,把历史主义与唯物主义结合起来,为我们克服历史主义的危机提供了丰富的智识资源。

本研究的现实意义在于:历史主义的主张及其面对的批判,有利于我们在探索适合中国国情的社会主义道路时,避免相对主义的后果。一方面,我们要历史地看待政治价值和人类文明,反对盲目地照搬照抄西方的政治发展模式,认清西方普遍主义、自由主义政治的本质,探索出一条具有中国政治特色的、适合中国国情和传统的政治发展道路。另一方面,我们也要警惕以"中国特色"或"中国模式"为借口,拒绝借鉴他国有益的政治

① Leo Strauss: *What is Political Philosophy? and Other Study.* Chicago and London: The University of Chicago Press, 1959, P56.

发展经验和吸收人类政治文明的成果。虽然每个国家的政治文化与国情不同,但一些政治价值和政治经验却是可以共享的,唯有借鉴人类政治文明的成果,才能以批评、自省的态度对待自己的政治文明。

在国际政治中,对历史主义的研究有利于摆脱普世主义的乌托邦式幻想,认清西方自由主义的霸权主义本质,立足于现实的、历史性的政治,构建一种照顾过去、立足现实、面向未来的国际政治新秩序。自由主义对内自称是宽容的、自由的,对外则是霸权主义的。它无视其他国家的历史传统、民族特性和发展阶段,将自由主义的民主模式强加于其他国家,试图建立霸权主义的国际秩序。这种做法在实践上干涉了他国的主权和人民的自由选择,必然引起不必要的国际争端。纵观当今世界的纷乱局势,如伊拉克、阿富汗引进民主的失败、菲律宾民主政府的无能,俄罗斯民主的蜕化,以及民族主义、极端恐怖主义的兴起等,都已经证明西方自由民主制并不能解决其他国家的政治问题。以传统自然法为基础的西方自由民主制只不过是美国推行其霸权主义的工具而已。人类历史不会终结于任何一种模式,包括福山所讲的西方的自由民主。除此之外,我们也不能认为人类历史总是呈现为亨廷顿式的"文明的冲突"。历史并不是施特劳斯所批判的"毫无意义之网"。人类历史早已是世界历史,历史中也隐藏着某种理性,不同文明之间不仅存在着冲突与战争,更有和平与合作。

(三)研究思路

施特劳斯的政治哲学批判始于他对现代性危机的深刻洞见:奠基于现代理性的自由主义政治解决方案无力解决政治神学问题,即魏玛共和国的自由主义的宽容和同化政策在犹太人问题上的失败。这一问题思考构成了施特劳斯思考哲学与政治关系的起点。在施特劳斯看来,恰恰是这种自由主义的普遍的、自由的政治哲学隐含着逻辑上的悖论,即自由主义的"自由的政治"与"普遍的哲学"是根本不相容的,因此,自由主义的政治哲学是一种"自毁"的政治哲学。随之,施特劳斯返回中世纪犹太和伊斯兰世界那里探询哲学与政治、哲学与宗教和平共处的奥秘。在中世纪犹太和伊斯兰宗教哲学的指引下,施特劳斯最终在古典哲学那里发现了苏格拉底—柏拉图主义的自然正当论传统。古典政治哲学从最初显现的政治现象出发,追求一种超越习俗的、理性的、自然的政治;在现实的政治面前,古典哲学始终保持着审慎与克制的态度。在古典哲人那里,哲学与政治既保持着必要的张力,又懂得如何保护自身与对方。这种古典政治哲学有效地避免了绝对主义与相对主义的后果。本研究将围绕自然正当与历史主义的古今之争这一主题,并结合施特劳斯对现代科学的批判、古今自然含义的差异、政治与哲学的关系等核心问题,根据历史、哲学与逻辑相统一的方法谋篇布局,探讨施特劳斯的政治哲学。本书前半部分是对施特劳斯主要观点的陈述与梳理,力图准确地理解其政治哲学;后半部分则是对历史主义与自然正当论的分析与批判,指出其中的古典政治哲学传统所蕴含的矛盾与冲突,并试图提出一种扩展的历史主义的自然正当以挽救历史主义。主要研究思路和内容设计如下:

第一章从理性与启示的关系入手,考察施特劳斯对启蒙哲学的初步反思。现代犹太人问题从哲学上看是理性与启示之争,从政治哲学角度看则是神学—政治的问题。启蒙哲学立志要成为“严格的科学”,以之为基础的自由主义对宗教采取了“自由”的政策。现代犹太人的神学—政治困境则表明了这种双重目标的失败。施特劳斯在对斯宾诺莎宗教哲学的批判中,以及在中世纪宗教哲学家迈蒙尼德、阿尔法拉比那里,发现了古今理性主义的差异和古典政治哲学的价值。

第二章认真剖析施特劳斯对历史主义的批判。施特劳斯认为,启蒙哲学以来的现代科学与历史观念是历史主义的两大根源。现代自然主义的科学主张价值中立或祛除价值,当这种方法应用于政治研究时,政治学不再是古典的关于“什么是善”的政治哲学,而变成了纯粹的政治科学。当政治科学无力解决价值问题时,便诉诸历史主义。根据历史理解人类社会,人们便失去了评判善与恶的价值标准,最终陷入了相对主义和虚无主义的危机。再者,现代理性主义的进步主义信念,在张扬主体性的同时,消解了传统的自然观念,自然成为人类征服的对象。历史主义的危机同时也是现代性的危机。以霍布斯、卢梭、尼采和海德格尔为标志的现代性的三次浪潮推动了危机的进程。

第三章研究施特劳斯阐释的古典自然正当观念。施特劳斯从与人为的、历史的相对立的意义上挖掘古典的“自然”一词的意义,并运用现象学的方法对其改造,从而赋予古典的自然以更多的灵活性。他还把苏格拉底与柏拉图思想整合进这一传统。他阐发的古典政治哲学(自然正当思想)以柏拉图的先验的灵魂秩序论为基础,论证人性的完美与城邦的自然,自然即善,自然包含着正当。在哲学与城邦的关系上,哲人洞察到人类理性的自然限度,通过政治修辞缓解了二者的紧张关系。

第四章是对自然正当论的批判。古今“自然”含义的变化与人类对自然的认识水平相适应,也与人类对事实与价值关系的理解有关。古希腊人对自然的认识科学水平较低,自然常指抽象意义的本质,并作为规范而存在,反之,现代人把自然经常等同于经验意义上的自然,在政治哲学上就表现为自然法观念的式微。再者,自然与善不再具有古典哲学中的那种关联性,如霍布斯视自然为恶,卢梭甚至提出自然与善恶无关。古典的政治德性、自由观念等是当时人性观、目的论的产物,与现代政治观念明显不同。更重要的是,施特劳斯的政治哲学没有摆脱柏拉图哲学的影响,仍然以绝对主义为其理论前提。

第五章是对相对主义的批判。施特劳斯所批判的历史主义当然就是相对主义。在本章中,笔者将把历史主义、决定论和相对主义区分开来。当历史主义与德国民族主义、唯心论传统结合时,相对主义才有可能,施特劳斯批判的也就是这种"德国思想传统的历史主义"。相对主义局限于自身所处的传统、文化,不具有反思与批判精神,进而导致封闭主义的社会。再者,施特劳斯对人类理性能否认识历史持否定态度,不相信历史主义的可能性。关键的是,他根本不承认多元主义的的可能性,除了自然正当,就是相对主义和虚无主义。

第六章笔者将努力论证一种历史主义的自然正当,把历史主义从相对主义的泥潭中挽救出来。在历史主义兴起以后,任何对自然的普遍主义的论证都是注定要失败的。马克思的历史唯物主义在拯救黑格尔的历史唯心论之后,又批判性地接受了"自然"这一概念,实现自然与历史、经验与规范的辩证统一。因此,马克思主义蕴含了一种扩展了的历史主义的自然正当。这种历史主义的自然正当不是对自然与历史关系的简单调和,而是以历史主义的视角看待自然,实现历史与自然的重新结合。根据这种理论,政治社会将会是人类长期的存在状态,但是,这种政治社会绝不是一种封闭性存在,而是可批判的、可改善的、开放性的社会。

三、文献综述

施特劳斯生前在芝加哥大学默默无闻地执教近 20 年,虽然不时有著述问世,但并未在学术界掀起什么波澜,更不用说获得显赫的学术声誉。其中原因也许是他低调的性格不允许自己卷入各种学术论争,更不用说参加政治活动了。1973 年施特劳斯去世以后,其思想在哲学、政治学等领域的影响力逐渐从美国波及到欧洲、亚洲等区域的许多国家。研究与评价施特劳斯尤其困难,不仅要通晓古今政治哲学,尤其柏拉图为代表的古典哲人的思想和经典著作,还要具有犹太学、宗教学、修辞学等方面的知识。20 世纪 80 年代中期起,国内才开始零星出现施特劳斯的著作。近 20 年来,由于国际国内保守主义的兴起，国内学者对施特劳斯的研究兴趣也日趋浓厚，甚至出现了言必称施特劳斯的学术热潮。可以说，施特劳斯已成功取代之前的罗尔斯，成为国内学界关注的焦点人物之一。

（一）施特劳斯的著述及国内翻译情况

根据施特劳斯弟子布鲁姆的撰述，施特劳斯毕生共有 15 本学术专著和 80 多篇研究论文，虽然这个数字未必准确，从数量上看也并不惊人，但其影响巨大。从研究范围看，涵盖了古典学、宗教学、政治学、哲学和解释学等领域，不具有这些学科背景的知识，理解施特劳斯将更为艰难。从写作笔法来看，其“解经式”与“双重写作技艺”相结合的书写方法也给读者增加了不少困难。虽然涉猎范围较广，但他的这些看似散乱的研究及著述具有鲜明的、统一的主题，构成了一个完整的政治哲学体系。

布鲁姆把施特劳斯的写作历程大体分为三个阶段①：一是前施特劳斯阶段。在这个阶段施特劳斯以“现实的标准”去评价和批判斯宾诺莎、霍布斯以及中世纪的宗教哲学家，这一时期主要作品有《斯宾诺莎的宗教批判》《哲学与律法》《霍布斯的政治哲学》。此时的施特劳斯还是站在政治神学的立场上，还没完全找到评价这些人物的古典路径与方法。二是政治传统中隐微写作的发现与古典政治哲学的转向。施特劳斯从中世纪宗教哲学那里发现写了隐微写作的技艺和协调神学与政治关系的可能性；这一时期主要著作有《迫害与写作艺术》《论僭政》《自然正当与历史》等。三是施特劳斯拒绝与现代学术的调和，展开与古典哲人的深度对话。其人生最后阶段的著作主要有《思考马基雅维利》《城邦与人》《色诺芬的苏格拉底》《柏拉图〈法义〉中的论证与情节》。美国学者谢帕德（Eugene Sheppard）在其著作《施特劳斯与流亡政治学：一个政治哲人的锻成》（Leo Strauss and the Politics of Exile：The Making of a Political Philosopher）中，根据施特劳斯对自由主义批判的保守主义和流亡问题的中心地位，勾勒出其思想发展的轨迹：1921—1932、1932—1937、1938—1948 和 1948 年以后的思想。② 布鲁姆和谢帕德对其思想发展阶段的划分，虽然标准不同，但也为后来学者的施特劳斯研究提供了便利。

施特劳斯的作品在写作体例方面具有自己独特的风格：一是在他的作

① 参见［美］布鲁姆：《纪念施特劳斯》，见刘小枫主编《施特劳斯与古典政治哲学》，上海：上海三联书店，2002 年，第 17—23 页。

② 参见［美］谢帕德：《〈施特劳斯与流亡政治学〉引言》，高山奎译，北京：华夏出版社，2013 年，第 13 页。

品中，鸿篇巨著较少，除了《自然权利与历史》《霍布斯的政治哲学》《城邦与人》等几本著作以外，其他的都是论文选编和汇编，但其中有明显的主题加以贯穿。二是真正的、可以称之为政治哲学类的专著也并不多。施特劳斯的政治哲学大部分是在对重要人物和作品的解读与批判中体现出来，这类著作大都以所研究的思想家的名字命名，如《斯宾诺莎的宗教批判》《霍布斯的政治哲学》《柏拉图〈法义〉中的论证与情节》等。施特劳斯以“政治哲学”为题的著述只有论文汇编《什么是政治哲学》，以及和弟子约瑟夫·克罗波西主编的《政治哲学史》。

施特劳斯的著作最早出现在国内是 1985 年。一本经杨淮生等人翻译、詹姆斯·古尔德主编的《现代政治思想：关于领域、价值和趋向的问题》政治哲学类书籍，由商务印书馆出版。其中收录了施特劳斯的《什么是政治哲学》一文。1993 年，施特劳斯和克罗波西主编的《政治哲学史》由河北人民出版社出版发行。2000 年之后，施特劳斯在中国的影响逐渐扩大，他的一些著作和论文集开始大量被翻译成中文出版，如申彤翻译的《霍布斯的政治哲学》（译林出版社）、彭刚翻译的《自然权利与历史》（生活·读书·新知三联书店）以及马志娟翻译的《古今自由主义》（江苏人民出版社）等陆续出版。在引荐、翻译施特劳斯政治哲学的过程中，刘小枫先生作出了不可磨灭的贡献。在 2002 年，刘小枫选编出版了《施特劳斯与古典政治哲学》，在这本书中，他挑选了国外有关施特劳斯研究的代表性论文。同时，他又主持翻译了“西方传统：经典与解释”系列书籍，其中就包括了施特劳斯集，共计划翻译施特劳斯的著作和论文集 18 部，以及其他国外学者研究施特劳斯的相关著作。目前，除了《城邦与人》和几本论文集之外，这些在列的书籍已陆续由华夏出版社和华东师范大学出版社出版发行。此外，一些国内其他哲学或政治学者也翻译、引进了有关施特劳斯研究的其他著作，包括法国思想家丹尼尔·唐格维的《列奥·施特劳斯思想传记》、加拿大学者德鲁里的《列奥·施特劳斯的政治观念》和《施特劳斯与美国右派》等。这些著作的翻译和引进，助推了国内学界施特劳斯研究，并引发 21 世纪研究施特劳斯的热潮。

（二）国外研究现状

对施特劳斯的思想可以从多种维度展开研究，比如政治哲学、古典学、宗教学和历史学等。即使仅限于他的政治哲学，我们也可以对其政治哲学呈现出的多个问题进行探讨。从专业的角度，笔者择取了自然正当与历史主义之间的关系这一主题，希冀能获得“窥一斑而知全豹”之效果。由于笔者能力所限,本综述仅就与研究主题相关部分的前期研究做一简单梳理。

施特劳斯的政治哲学相当复杂,对其思想遗产的解读也众说纷纭、难以达成一致。继承他的哲学和解释学路向的弟子们也分为东海岸派和西海岸派,如布鲁姆(Allan Bloom)、罗森(Stanley Rosen)、雅法(Harry Jaffa)和克罗波西(Josep Cropey)等,都自称得到了施特劳斯的真传,是施派的真正传人。一些热心现实政治的评论家和白宫高参如克里斯托(William Kristol)、沃尔福威茨(Paul Wolfowitz)等一些保守主义者也被认为继承了施特劳斯的思想遗产。由于施特劳斯对自由主义的批判和对古典自然正当的强调,1995 年伯尔尼·里卡德(Bern Richard)在《纽约时报》上称施特劳斯为当代“新保守派的教父”①。加拿大自由主义学者德鲁里也认为施特劳斯应该为 2003 年美国对伊拉克发动的战争负责,并声称“新保守主义的内容和形式都是属于施特劳斯的”②。他还批评施特劳斯本质上是崇尚精英主义的保守派,他的思想“是与僭政的教诲相一致”③。美国学者霍尔姆斯也认为,由于施特劳斯反对民主、启蒙与现代科学,并借助于古典政治哲学为自己的精英主义辩护。④ 因此,施特劳斯的思想具有保守主义的倾向这是毫无疑问的,但一些自由主义的攻击者往往没有真正读懂施特劳斯,对其的攻击往往不得要领,得不偿失。如谢帕德在评价德鲁里时就指出,由于他“对施特劳斯犹太背景和写作的有限理解,所以德鲁里的开拓性努力最终归于失败”。⑤

施特劳斯的弟子们强烈抗议把施特劳斯视为保守主义的简单、粗暴的做法。雅法对德鲁里的批判进行了回击⑥。美国著名学者凯瑟琳(Catherine)与迈克尔·扎克特(Michael Zuckert)也对这种观点提出了强烈的质疑。他们认为,保守主义的标签不但与施特劳斯的性格方枘圆凿、格格不入,在学理上也难以经得起细致地考察。与其说施特劳斯是自由主义的敌人,不如说是“自由主义的诤友”。西方媒体夸大了施特劳斯学派和伊拉克战争的

---

① Bern Richard:"A Very Unlikely Villain (or Hero)", *New York Times*, Jan, 29, 1995.

② Shadia B. Drury:*The Politics of Leo Strauss*, St. Martin's Press,2005. PXXV.

③ Shadia B. Drury:*The Politics of Leo Strauss*, St. Martins Press,2005. P111.

④ [美]霍尔姆斯:《反自由主义剖析》,曦中等译,北京:中国社会科学出版社,2002 年,第 106 页。

⑤ 参见[美]谢帕德:《〈施特劳斯与流亡政治学〉引言》,高山奎译,北京:华夏出版社,2013 年,第 4 页。

⑥ Harry V Jaffa:"Dear Professor Drury", *Political Theory*, Vol. 15, No. 3 August 1987, p316-325.

关联。① 托马斯·潘戈尔(Thomas L. Pangle)也对简单称施特劳斯为保守主义者的流行观点进行了反驳。他认为,施特劳斯的古典政治哲学"不是简单的保守主义,因为它不是被传统和祖先所引导,而不驱使人们去追求自然和善"②。因此,施特劳斯根本不是保守主义者,甚至可以说是自由主义的拥护者。

以斯密什、潘戈尔和劳勒等为代表,为施特劳斯式的自由主义进行了辩护。斯密什(Steven B. Smith)依据施特劳斯对苏格拉底—柏拉图传统的再解读,认为他是一位柏拉图式的自由主义者,其思想具有开放性。在斯密什看来,施特劳斯以苏格拉底的"无知之知"的观念为基础,承认了整全的不可知性,为人类的自由探索预留了空间。另外,柏拉图所依赖的对话体写作方式也表明了《王制》中所建构的理想国,并非波普尔所批判的、基于历史决定论的封闭主义城邦,而是处于探索之中的、未定型的理想政制。因此,柏拉图的政治哲学是一个具有怀疑主义特征的开放性体系,施特劳斯的政治理论就是一种柏拉图式的自由主义③。潘戈尔则认为,施特劳斯通过对古典政治哲学传统的再解读,希冀回归古典意义上自由主义。这一论点我们可在他的论文集《古今自由主义》中得到证明。施特劳斯应该是一位古典意义上的自由主义者或共和主义者④。彼特·劳勒(Peter Augustine Lawler)在一篇名为《什么是施特劳斯主义?》的文章中,对施特劳斯的政治哲学倾向进行了探讨。他认为处于现代思想境遇中的施特劳斯力图避免历史主义和绝对主义的两个理论极端,并极力主张历史性的、具体的动态性环境是人类创造性和非个人的自然力共同作用之结果⑤。因此,施特劳斯实际上赋予人类选择以一定的自由,总体上应该属于自由主义的阵营。此外,其弟子曼斯菲尔德也认为施特劳斯在一定意义上是为自

---

① 参见 Catherine:Michael Zuckert, *The Truth about Leo Strauss:Political Philosophy and American Democracy*, The University of Chicago Press. 2006. P1-8.

② Thomas L. Pangle:Leo Strauss:*An Introduction to His Thought and Intellectual Legacy*, The Johns Hopkins University Press, 2006,P83.

③ 关于柏拉图式自由主义的论证详见斯密什的著作中译本《阅读施特劳斯——政治学、哲学、犹太教》(高艳芳的中译本,华夏出版社,2012.)和其论文《施特劳斯的柏拉图式自由主义》(Steven B. Smith:*Leo Strauss's Platonic Liberalism*, Political Theory, Vol. 28, No. 6 (Dec. 2000),pp. 787-809.)。

④ 关于潘戈尔的观点可参见 Thomas L. Pangle:Leo Strauss:*An Introduction to His Thought and Intellectual Legacy*, The Johns Hopkins University Press,2006. 及其选编的《古典理性主义的重生》序言(华夏出版社,2012年)。

⑤ Peter Augustine Lawler:*What is Straussianism?* (According to Strauss), Soc(2011)48:50-57.

由主义辩护。

当然,施派弟子为施特劳斯的辩护并非是客观和中立的,带有一定的感情色彩。纽约州大学教授约翰·华拉克(Johnr. Wallac)就曾撰文对潘戈尔的解读进行了批判性分析。他认为潘戈尔的解读是狭隘和误导性的,在取材上也只是剪取对其有价值的东西,是实用主义的,其对自由主义的理解也过于宽泛随意了。施特劳斯所论证的古典自由主义与现代自由主义有天壤之别,根本不是自由主义,其核心思想也是与自由主义格格不入的。潘戈尔仅从“施特劳斯声称自己是自由主义的朋友”这一个别字句出发,忽略了施特劳斯对现代自由主义的整体性批判。① 因此,把施特劳斯看作是自由主义者肯定是不合适的,要从整体上准确理解施特劳斯。

自然正当是施特劳斯政治哲学的核心概念,这一思想也是对苏格拉底和柏拉图学说的整合与改造,至于为何改造和重新阐述,施特劳斯具有自己的理论目的。

关于“自然”的含义,一方面,施特劳斯首先继承了古希腊哲学的传统特别是柏拉图的学说,即灵魂和宇宙的同构论。德鲁里和古涅维奇都认为,施特劳斯自然正当论就是依据柏拉图的这一学说,视人的欲望和目的与宇宙的自然等级制相一致。② 自然的生活就是符合人的欲望或目的等级的生活。如果没有理性对低级冲动的压制就没有人性的完美。③ 自由主义学者德鲁里更多地批判的是其中包含的“人类依据自然就是不平等”这一精英主义观点。另一方面,施特劳斯的阐释又肯定了人的社会性,自然是人的自然性与社会性的混合。曼斯菲尔德认为施特劳斯已经注意到人性的复杂性,即人性是自然与习俗性的混合④。肯宁顿也认为施特劳斯关注的是哲人与普通人之间的差别。对于普通人来说,自然正当的根基是人的自然社会性;对于哲学家而言,自然正当的理论源于人的自然构成之等级秩序。立法者注意到了二者的差异,主张人性更易在政治家、立法者

① John R. Wallach:"Smith, Strauss, and Platonic Liberalism" ,*Political Theory*, Vol. 29, No. 3 (Jun. , 2001), pp. 424-429.

② [美]古涅维奇:《自然正确问题与〈自然权利与历史〉中的基本抉择》,彭刚译。见刘小枫选编《施特劳斯与古今之争》,上海:华东师范大学出版社,2010 年,第 106 页。

③ Shadia B. Drury:*The Politics of Leo Strauss*, St. Martin's Press,2005,P93.

④ 邓正来,曼斯菲尔德:《与施特劳斯派相关的若干问题——与曼斯菲尔德教授的对话》,见徐戬选编《古今之争与文明自觉:中国语境中的施特劳斯》,上海:华东师范大学出版社,2010 年,第 142 页。

身上得到完美的实现①。对于人的自然性与社会性之间的关系，施特劳斯缺乏更有利的论证，肯宁顿也没有给予更多的说明。

可以肯定的是，施特劳斯对"自然"的重新阐释有其重要的考虑。本斯在一篇题为《前科学世界与历史主义》的文章中指出，施特劳斯对自然的认知是沿着胡塞尔、海德格尔的研究理路开展的，他认为科学与哲学"必须始于前科学与前哲学的经验、始于日常经验的世界"②，也就是从现代经验自然之对立面来理解它。这种"自然"既不是现代科学中的作为人类征服对象的自然，也不是古典的完全抽象意义上的自然，"而是进入我们视野的最初的东西"③。这一现象学意义上的自然，唯有通过人类的意见才能意识到它的存在。自然并非确定性的，探索自然就是哲学的任务，这是施特劳斯哲学的怀疑主义特征。

关于施特劳斯如何处理自然与城邦的关系（哲学与政治）存在两种不同的观点：一是哲学优于城邦，沉思的生活优于政治的生活。"东岸派"的弟子认为，施特劳斯承认人性的完善和自然生活是人类共同的追求，而哲人是探究这种生活方式的代表，是属于"蒙福之岛"的居民。城邦生活应该服务于人的完善或哲学生活这一目的，人性之自然为城邦生活立法。德鲁里也认为，施特劳斯的政治哲学暗含着哲学式的生活高于、优于城邦生活，所以，对于施特劳斯而言"城邦及其正义就其指向根据自然的人的完善的意义而言，都是自然的"。④ 另一种看法是其"西岸派"弟子的观点，他们大多认为施特劳斯在为政治生活进行辩护，即强调哲学的政治化。从施特劳斯的写作意图来看，他写作的目的明显是为政治哲学进行辩护，但他力图表明的是：古典政治哲学已经很好地处理了哲学与政治的关系问题。

历史主义是一个复杂的问题。在探讨施特劳斯所批判的历史主义之前，我们不妨简单了解一下它的起源及其多种涵义。历史主义源于启蒙哲学抽象理性的批判与超越，梅尼克、克罗齐、哈密尔顿等都持这一观念，如梅尼克（也译作迈尼克）认为历史主义兴起的根源在于对近代自然法传统的反叛。其方法论来自于新柏拉图传统的沙夫茨伯里的个体论和莱布尼

---

① Richard Kennington："Strauss's Natural Right and History"，*The Review of Metaphysics*，Vol. 35，No. 1（Sep.，1981），p77.

② 本斯：《前科学世界与历史主义》，见刘小枫主编：《施特劳斯与古典政治哲学》，张新樟等译，上海：上海三联书店，2002 年，第 380 页。

③ ［美］施特劳斯：《自然权利与历史》，彭刚译，北京：读书·生活·新知三联书店，2016 年，第 125 页。

④ Shadia B. Drury：*The Politics of Leo Strauss*，St. Martin's Press，2005，P94.

茨的原子主义。历史主义在德国思想家兰克那里达到了最高峰。① 然而,关于如何认定何谓历史主义确实充满了争议:波普尔把历史主义等同于"历史决定论"。② 有人也把黑格尔的历史哲学称为历史主义,这恰恰是施特劳斯所反对的。施氏则接受了尼采的观点,把相对主义等同于历史主义。美国著名历史学者德怀特·李和罗伯特·贝克认为,当下流行历史主义至少包括五种不同甚至对立的含义,立基于当代审视历史的方式、历史地进行解释和评价的方式、一种观念论的历史哲学、相对主义和历史预言(历史决定论)。他们主张,历史主义是一种评价事物的哲学理念和方法,也是一种立足历史来理解、评价人类当下处境及问题的反实证主义和反自然主义观点。相对主义、历史哲学和波普的历史决定论都是历史主义所反对的。③

当今天学者们谈论"历史主义的危机"时,都是在相对主义意义上使用"历史主义"这一概念,并把它视为一种德国思想传统。在伊格尔斯看来,除了历史主义强调自然与历史的对立以外,也与德国政治民族主义的兴起相关。④ 巴勒克拉夫认为德国历史主义的形成是历史的观念与德国唯心论传统相结合的理论后果。⑤ 在德国的历史主义传统中,特别是在德国浪漫派那里,对民族精神、情感的过分强调和对非理性因素的重视,使其逐渐失去了世界的视野和理性的态度,逐渐转变为一种狭隘的历史主义。另一个重要原因是历史主义本身存在的问题:由于脱离了自然的观念,柯林伍德把历史视为"活动着的心灵的自我认识",毫无客观性而言,"一切历史都是当代史"。⑥ 克罗齐视历史主义为一种"逻辑原则"。⑦ 因此,历史主义先天性地与唯心主义存在亲缘关系。同样,19 世纪以来历史主义对特殊性的强调和对历史规律的排斥,更让人觉得历史无法把握,正如英国思想家 E. H. 卡尔所言:"历史浑身上下都渗透着相对性"。⑧

---

① [德]弗里德里希·梅尼克:《历史主义的兴起》,陆月宏译,南京:译林出版社,2010 年。

② Karl Popper: *The Poverty of Historicism*, The Beacon Press, 1957.

③ [美]德怀特·李,罗伯特·贝克:《"历史主义"的五种含义及其评价》[A],焦佩锋译,见《当代国外马克思主义评论》(第 7 辑)[G]. 北京:人民出版社,2009 年,第 308-320 页。

④ [美] 格奥尔格·G·伊格尔斯:《德国的历史观》,彭刚等译,南京:译林出版社,2006 年,第 5 页。

⑤ [英] 杰弗里·巴勒克拉夫:《当代史学的主要趋势》,杨豫译,上海:上海译文出版社,1987 年,第 21 页。

⑥ [英] 柯林伍德:《历史的观念》,何兆武等译,北京:商务印书馆,2003 年,第 286 页。

⑦ [意] 贝内德托·克罗齐:《作为思想和行动的历史》,田时纲译,北京:商务印书馆,2012 年,第 57 页。

⑧ [英] E. H. 卡尔:《历史是什么?》,陈恒译,北京:商务印书馆,2008 年,第 166 页。

当历史主义强调一个国家的政治价值和政治制度由其历史传统、文化基因等因素所决定时,它便与政治现实主义联系起来:存在的就是合理的,历史的就是正当的。在政治哲学上对历史主义的批判大都集中于这一点。克罗齐、尼采、施特劳斯等思想家都对历史主义的相对主义后果进行了批判,也同样都没有摆脱相对主义。在对历史主义进行辩护的过程中,克罗齐与黑格尔一样,求助于自由主义的自由和逻辑观念,曼海姆、亚当·沙夫在马克思主义的基础上,提出了“超越性”的历史主义观念,或者把历史主义视为一种关系主义,为历史主义辩护。

西方学界对施特劳斯的研究表明:施特劳斯的政治哲学是深刻且复杂的,其影响力也是重要而恒久的,我们切不可把施特劳斯简单化,或者随意贴上各种“主义”的标签。对于大部分学者而言,研究施特劳斯确实是太难了,以至于只是“学习”而非“批判”,这也是现有研究成果大都属阐释性的原因。即便偶尔有像德鲁里那样的批判性著作问世,其批判往往也不得要领。历史主义也是一个复杂的问题,直到今天,关于历史主义的纷争仍在继续。总之,西方现有的研究并没有给我们描绘一个清晰的施特劳斯的画像,关于施特劳斯的研究仍在继续。

(三)国内研究现状

与以美国为代表的西方学界的施特劳斯研究相比,国内的研究虽然起步稍晚,基本上始于20世纪八九十年代。国内学界对施特劳斯的关注始于甘阳和刘小枫的大力引荐。特别是刘小枫先生,一直致力于施特劳斯思想的推荐和著作的翻译,推动着国内的相关研究。

甘阳先生关于施特劳斯的著述不多,比较有影响力的只有《政治哲人施特劳斯:古典保守主义政治哲学的复兴》一篇文章,该文也被彭刚教授作为《自然权利与历史》中文版的序言。在这篇文章里,甘阳先生置施特劳斯的思想于美国当代的思想语境中进行阐释。施氏的目的在于,“勾勒西方自由主义理论与后现代左翼理论的某种同源性,从而突显施特劳斯政治哲学是对自由主义与后现代性的双重批判”①。值得注意的是,在本篇引论中,甘阳更多关注的是施特劳斯对哲学政治化的理解,强调哲学政治化的重要性。总体而言,此文是引荐性的,是中国学者了解施特劳斯的一篇必读文章。

甘阳先生对施特劳斯的评论兼顾了政治的哲学与哲学的政治化的双

① 甘阳:《施特劳斯与美国保守主义》,《书城》,2003年第9期。

重维度,并没有明显偏向古典,是一种比较客观的持平之论。中国“施特劳斯热”的出现在很大程度上得益于刘小枫的学术贡献,以至于有人称其为“中国的施特劳斯”。刘小枫先生之前一直关注现代性问题,在这一点上与施特劳斯是一致的。他关于施特劳斯的著述也比较多,大都是阐释性和引荐性的。在其早期较有影响力的论文《温顺的刺猬》中,对伯林的一元论传统和施特劳斯主义进行了比较研究。总体上看,刘小枫先生更多关注如何避免相对主义和虚无主义问题,为古典的政治哲学进行辩护,这一点也与其对中国古典传统的关注相一致。与此同时,刘小枫也注意到了施特劳斯的自然正当所包含的绝对主义的危险,提醒我们注意“古典政治哲学是绝对情人”①,具有导向普遍主义的危险。他认为施特劳斯并非保守主义者,其否定论哲学蕴含着自由与开放的精神,施氏的自由是追求人性完善和绝对真理的自由,而非犬儒哲人式的自由主义。② 在《施特劳斯的“路标”》中,刘小枫对施特劳斯的解释学进行了细致的解读,并对施特劳斯的思想理路进行了细致的梳理。他认为施特劳斯受其路标式人物阿里斯多芬、阿尔法拉比思想的引导,阐释了被尼采和海德格尔埋葬了的、真实的苏格拉底—柏拉图传统的古典自然正当。刘小枫与施特劳斯具有同样的问题意识,他们都认为中国问题与西方问题具有根本的同源性,只不过是,“现代西方式的学问已经切断了中国的古典学问,正如它已切断了西方的古典学问”③,解决中国问题之道在于重塑中国古典的心性。

我国著名政治学者马德普教授长期以来致力于西方政治思想的批判性研究。在国内学界,他较早意识到了历史主义与西方自然法传统的对立,并以马克思主义的历史主义为理论武器对西方自然法的普遍主义传统进行了批判。④ 针对施特劳斯所提出的相对主义的危机问题,他批判混淆二者的区别,把历史主义等同于相对主义,“尽管适用于某种类型的历史主义,但是根本不适合历史唯物主义”。恰恰相反,对于施特劳斯所批判的相对主义和崇尚的普遍主义而言,“历史唯物主义却是一副很好的‘解毒剂’”。历史唯物主义克服了传统历史主义的局限,为消解历史主义的危机提供了足够的智识资源。为此,他提出了价值比较中的几个基本原则:

---

① 刘小枫:《施特劳斯的路标》,北京:华夏出版社,2013 年,第 72 页。

② 刘小枫:《施特劳斯的路标》,北京:华夏出版社,2013 年,第 82 页。

③ 刘小枫:《施特劳斯与中国:古典心性的相逢》,《思想战线》,2009 年 2 期。

④ 具体内容参见马德普教授的《普遍主义还是历史主义?——马克思主义与西方政治哲学在方法论上的区别》(《政治学研究》,2005 年第 1 期);《历史主义的兴起及其对自由主义普遍主义的冲击》(《政治学研究》,2003 年第 3 期)等论文。

情景性与适当性、多元性和整体性、冲突性和协调性相结合的原则。[①] 台湾学者钱永祥认为施特劳斯坚持错误的二分法，不承认多元主义的可能性，“没有注意到多元论与普世主义搭配的可能”[②]。钱永祥研究的可贵之处在于对多元论和相对论进行了区分，并指出施特劳斯的自然正当论是典型的价值一元论，他对一种多元论的普遍主义的论证最后还是诉诸“跨越文化、时代、族群等的普遍人性”。

南开大学陈建洪教授认为施特劳斯的政治哲学是一种“否定哲学”，即对人类生活中重要概念的追问和所有既定理解的瓦解，作为现代的批判者，施特劳斯不可能预设一个一元的、客观的价值系统。[③] 作者认为，虽然施特劳斯多次强调哲学是一种对永恒问题的追问或探询，但施特劳斯也同样主张“普遍标准”的意义和“自然正当”绝对性，仅因此论断施特劳斯的自然正当是多元论的，显然不够客观公正。香港青年学者周保松认为，施特劳斯强调“人的本性和目的，具有普遍性和客观性，不受历史文化条件的影响”[④]，是典型的普遍主义者。在自由主义与虚无主义的关系上，周保松为自由主义进行了辩护。他认为施特劳斯把自由主义看作是虚无主义的产物从根本上是不恰当的。虚无主义是现代性的结果，是现代自由主义转向之后的产物。

大陆学者张文喜教授从历史唯物主义的角度对施特劳斯的思想进行了解读与批判。第一，他认为施特劳斯接受了海德格尔的存在论观点，把“自然”看作是理解人类自身的“整全的永恒结构”，人的灵魂能够反映或理解整全。正是人们对整全的前科学理解构成了古典哲学的起点。张文喜质疑的是，当这一永恒的自然进入人类的生活世界，就变成了历史性的存在。施特劳斯古典政治哲学的解决方式，并不能克服虚无主义。[⑤] 第二，施氏自然正当论的基础是柏拉图的精英主义，其理想的政体也是古典的贵族制，即智慧优于同意的方案。但如何协调智慧与民主二者之间的冲突，施特劳斯的政治哲学并没有提供明确的答案。第三，张文喜教授认为施特劳斯并没有摆脱德意志意识形态的一般特征，[⑥]依然把思想与哲学看

---

① 马德普：《历史唯物主义对伯林价值多元论的破解》，《中国社会科学》，2013 年第 11 期。

② 钱永祥：《动情的理性：政治哲学作为道德实践》，台北：联经出版社，2014 年，第 260 页。

③ 陈建洪：《论施特劳斯》，上海：华东师范大学出版社，2015 年，第 113 页。

④ 周保松：《自由主义、宽容与虚无主义》，载《自由人的平等政治》（增订版），北京：三联书店，2013 年，第 104 页。

⑤ 张文喜：《列奥·施特劳斯：哲学与政治哲学》，《哲学研究》，2005 年 5 期。

⑥ 张文喜：《列奥·施特劳斯：政治哲学与历史唯物主义》，《浙江工商大学学报》，2005 年 3 期。

作决定性的东西,并努力通过降低哲学的要求来解决哲学与政治之间的矛盾问题,从而忽视了实践、经济基础等因素的基础性作用。第四,施特劳斯对共产主义的批判只适用于苏联的政治实践,并不适用于中国。

华东师范大学吴冠军教授通过对施特劳斯所阐释的“苏格拉底—柏拉图”古典政治哲学传统的分析,指出了古典政治哲学中“苏格拉底传统”和“柏拉图传统”之间的对立。虽然施特劳斯试图避免绝对主义与相对主义的结论,把这两种具有不同取向的政治哲学整合为一种怀疑论的政治哲学,但其论证最终还是倒向了柏拉图的绝对主义传统,赋予自然正当以更多的普遍主义色彩。①

近年来,国内学者对施特劳斯的研究依然处在持续升温之中,涌现出了大量研究施特劳斯的学者与著作,这些成果为我们揭示了施特劳斯政治哲学的不同面向,也为我们进一步认识施特劳斯提供了有益的帮助。施特劳斯的政治哲学之所以有如此大的魅力,在于其把握住了当代自由主义和政治哲学面临的重要问题,即我们到底需要一种什么样的政治哲学?政治的特性到底是什么?这些问题不仅是自由主义所面对的,也是中国学界面临的问题。当前,这些问题的自由主义答案是令人失望的,我们能否突破历史主义的相对主义困境,找到“既是历史的又是客观的”价值标准,也是关心中国问题的中国学者应该努力的方向。

---

① 吴冠军:《施特劳斯与政治哲学的两个路向》,《华东师范大学学报》,2014 年第 5 期。

第一章　启示与理性：施特劳斯对启蒙哲学的初步反思

20世纪以来的思想家们在论及当代的思想危机时，大都把魏玛共和国的垮台与法西斯主义的兴起作为一个标志性的事件，他们试图通过对此问题的反思，来重新认识自由主义和现代性问题。魏玛共和国的失败，既暴露了自由主义自身存在的一些深层次问题，也表明了启蒙运动及其哲学面临的一些困境。在今天，现代性问题，或者说历史主义所导致的各种危机，在西方国家已经不再是具体的个案。正如当代美国一位学者所言，“在德国导致自由魏玛共和国垮台的那种激烈冲突，特别是在西欧和美国也不断出现。那些曾经被认为只是德国思想家们特别关注的思想问题，实际上已经席卷全世界。过去曾被看作是个别国家少数知识分子专门关注的问题，已经成为现代人共同困惑的问题”。①

施特劳斯的学术生涯正是起步于对这一问题的思考。他具有正统的犹太人血统，成长于德国，后又经英国至美国定居，这种复杂的个人经历使他对现代性危机的认识根本不同于西方传统的自由主义者。施特劳斯认为，现代犹太人的处境最能清楚地表明西方的危机、现代的危机和自由民主的危机。② 现代犹太问题的本质是神学—政治问题或者启示与理性之争的问题。哲学与启示曾一度处于严重的对立之中：哲学作为人类对理性的追求，哲学必须拒绝启示，因为一切意见都必须接受人类理性的拷问，反思的生活才是值得拥有的生活；启示认为仅仅依靠人类理性并不能获得关于世界的真知，也不能走向至善的生活，人之理性常常有错失真理的危险，为此，人类生活必须依靠神的启示和指引。现在看来，现代科学（哲学）的胜利只是一种表面现象，科学并没有完全战胜宗教启示，科学也未能指向一种善的生活，反而有时会成为恶的帮凶。因此，任何企图毁灭另一方的狂热都会使人类陷入灾难之中。二者之间的对立将是永久性的，它们不但

---

① 路易斯·沃斯：《〈意识形态与乌托邦〉前言》，见曼海姆著，《意识形态与乌托邦》，李步楼等译，北京：商务印书馆，2014年，第3页。

② 约瑟夫·克罗波西：《列奥·施特劳斯和政治哲学史》，见列奥·施特劳斯，约瑟夫·克罗波西主编，《政治哲学史》（下），李天然译，石家庄：河北人民出版社，1993年，第1044页。

构成了西方文明的生命“密码”，还是西方文明勃勃生机的秘诀所在。①

德国犹太人的现代处境揭示了启蒙哲学的局限性——对理性与历史进步的信仰。② 启蒙运动以来的现代哲学沉迷于盲目的自信，相信现代科学能够完全驳倒启示，人之理性可以代替上帝的指引，从而为人类如何生活提供正确的引导，而现代犹太人的困境则表明：现代哲学不但无法战胜启示，反而自毁其身，最终坠入历史主义的陷阱。正是通过对中世纪宗教哲学家迈蒙尼德、阿尔法拉比等思想文本的重新阐释，施特劳斯发掘出一种不同于现代哲学的中古的宗教哲学。这种哲学意识到了人类理性和政治生活的限度，在一定程度上实现了对启示和理性的调和。沿着迈蒙尼德、阿尔法拉比宗教哲学开辟的道路，施特劳斯一步步走进了柏拉图式的古典政治哲学。

一、斯宾诺莎批判：神学—政治论的当代困境

在研究施特劳斯的政治哲学时，德国学者迈尔（heinrich Meier）提醒我们注意：在 20 世纪 30 年代，施密特和施特劳斯两位政治哲学家进行了一场“隐匿的对话”，这场对话可以作为我们理解施特劳斯的一个突破口。因为这场对话虽然主要围绕对施密特的“政治”理论展开，但其中涉及到政治神学问题。当时的自由主义面临着这样一个问题：“通过有效分离政治与神学，重新赢得并且一劳永逸地保障哲学的自由”。③ 在施密特看来，斯宾诺莎的解决方案依赖于一种“文化”的理解，试图把政治和道德问题区分开来，赋予政治以中立性，从而消解了政治的首要地位。这样，自由主义就“不无草率地宣布了国家的死亡和终结”④。对于施特劳斯而言，斯宾诺莎的方案同样是失败的，因为在他那里圣经成了与文化科学的任何对象都相同的一种对象。⑤ 可以说在这一点上，施特劳斯与施密特各自都承认

① 施特劳斯：《哲学与神学的相互关系》，见迈尔：《古今之争中的核心问题：施密特的学说与施特劳斯的论题》，林国基等译，北京：华夏出版社，2004 年，第 250 页。

② ［美］谢帕德：《施特劳斯与流亡政治学：一个政治哲人的锻成》，高山奎译，北京：华夏出版社，2013 年，第 18 页。

③ ［德］迈尔：《隐匿的对话——施密特和施特劳斯》，朱雁冰等译，北京：华夏出版社，2008 年，第 90 页。

④ ［德］卡尔·施密特：《政治的概念》，刘小枫编，刘宗坤等译，北京：华夏出版社，2018 年，第 50 页。

⑤ ［美］列奥·施特劳斯：《斯宾诺莎的宗教批判》，李永晶译，北京：华夏出版社，2013 年，第 59 页。

了对方对自由主义的批判，虽然两人最后走上了相反的道路。更重要的是，施特劳斯在施密特的政治神学和斯宾诺莎的神学—政治论的对比之中，察觉到了现代科学的失败之命运。

在施特劳斯看来，斯宾诺莎(Baruch de Spinoza，1632—1677)的宗教批判是具有原创性的，开创了历史性地理解宗教的先河，也是人类之驱魅行动的一个标志性事件。他是一位具有犹太血统的哲学家。面对近代科学之发展和人类理性之回归的难以阻挡之势，他也对犹太人所面临的神学—政治困境产生了困惑，但他的解决方式却完全是现代性的。17世纪，欧洲基督教的影响已超越了传统的犹太教。尽管斯宾诺莎自称是站在基督教的立场上反对传统的犹太教，并一再声称相信圣经就是上帝的真言；但是，他对圣经的研究方法却是现代的、历史的理解，也就是从“文化科学”的角度看待圣经这一启示性作品。虽然大部分持现代观点的学者承认斯宾诺莎已经成功批倒了启示信仰，施特劳斯却否认这一问题的根本解决：

> 直到不久以前，人们还普遍相信，《神学—政治论》讨论的问题在十九世纪已由斯宾诺莎的后继者一劳永逸地解决了，因而已完全过时。可是，只要稍稍看看目前的情况，就可以发现，实际情况并非如此，这个问题正重新成为人们关注的焦点。①

斯宾诺莎对《圣经》的处理是历史的和自由主义的，或者说是现代理性主义的方案。这一方案试图用“宽容”“宗教自由”的办法解决自由主义社会中的宗教问题，并为现代处境中的犹太人指明一条“解放”的道路。在施特劳斯看来，当他把“不同于自然科学的历史研究”的方法应用于《圣经》，或者把《圣经》看成与“文化科学的任何对象都相同的一种对象”时，这种研究已经失败了。② 因为启示本身是超越人类理性的，故不能用理性审判或拷问启示。斯宾诺莎的立论基础明显是现代哲学，虽然打着维护《圣经》的旗号，其真实意图却是“反宗教”的。他的现代方案并没有解决哲学与启示的根本问题。

---

① [美]列奥·施特劳斯：《迫害与写作艺术》，刘锋译，北京：华夏出版社，2011年，第135页。

② [美]列奥·施特劳斯：《斯宾诺莎的宗教批判》，李永晶译，北京：华夏出版社，2013年，第58、59页。

(一)青年施特劳斯与现代犹太人问题

法国思想家卡特琳娜·夏利尔(Catherine Chalier)在《现代性与犹太思想家》一书中曾经谈到犹太思想家对启蒙哲学的反思问题。他认为,启蒙运动曾经嘲笑犹太教、基督教和伊斯兰教的失败,它认为自己已经击败了宗教并与其脱离了关系。但是,经历了世俗化过程的基督教,“仍然决定性地标志了西方精神的特征”。“西方文化虽然轻视基督教,但至今仍是基督教的衍生物”。[①] 犹太人对于启蒙运动的感觉除了“犹太人大屠杀”之外,还保持有对现代性观念的警觉。犹太教哲学始终对人之理性抱着审慎的态度,对妥拉保持着某种程度的忠诚,这也是施特劳斯所看重的、应对启蒙哲学的智识资源。

施特劳斯在《我们为什么仍是犹太人》的演讲中,曾经指出自己为什么关注犹太人问题。一方面,自己是犹太人出身,具有犹太人血统。“人不可能脱离自身的出身,也不可能通过希望过去不存在来消除过去”[②]。也就是说,关切自己的出身与民族问题是人的一种本能,哲人也不例外。另一方面,这一问题也与现代政治密切相关。“在犹太人思考自己的犹太身份时,现代政治发展的某些成果似乎使他们陷入非同寻常的困境”[③]。犹太人面临的问题具有普遍性,归属于其他民族或宗教的人们也面临着同样的问题。因此,宗教问题或者说神学—政治问题,与现代科学与现代政治密切相关,不仅仅是犹太人自己的问题。

犹太人的特殊身份和自己在德国的成长经历,以及后来所受的现代教育,使施特劳斯对犹太教的理解不同于非犹太人的思想家。他曾经这样叙述自己的出身:出生于德国一个正统的犹太人家庭,父母皆属虔诚的犹太教徒,家乡的人都过着正统的犹太人生活,自己也从小“相当严格地遵守各种‘礼仪上的’律法”。[④] 虽然如此,在他幼年时期,启蒙的浪潮已经波及到德国这个东欧国家,柏林和法兰克福的犹太人大多已经被现代化,不再恪守严格的犹太教。这些思想似乎对施特劳斯影响并不大,他同时也强调了

---

① [法]卡特琳娜·夏利尔:《现代性与犹太思想家》,刘文瑾编译,上海:上海人民出版社,2017年,第2页。

② [美]列奥·施特劳斯:《犹太哲人与启蒙》,刘小枫编,张缨等译,北京:华夏出版社,2010年,第394页。

③ [美]列奥·施特劳斯:《犹太哲人与启蒙》,刘小枫编,张缨等译,北京:华夏出版社,2010年,第386页。

④ [美]施特劳斯:《剖白》,见刘小枫主编《苏格拉底问题与现代性》,北京:华夏出版社,2008年,第269页。

自己幼年所受的并不系统的人文教育与哲学训练:“哲学家最初的教育通常来自他的父母,乃至他的亲戚,也就是来自城邦”,[①]因此,启蒙思想并没有使施特劳斯完全摆脱犹太教的先天影响。然而,后来犹太人遭受迫害的经历却使青年施特劳斯久久难以释怀。他的父母曾经一度收留过为逃避俄国沙皇的残酷迫害而流亡到德国的犹太人难民,这段记忆使他开始意识到,在一个社会中少数人不得不面对宗教迫害问题,这也在一定程度上增加了施特劳斯对犹太人境遇的同情。因此,青年施特劳斯的宗教情结更多来源于他的犹太人身份与自身经历。格林曾经这样谈施特劳斯的犹太情结:

“在为柯亨的《出于犹太教资源的理性宗教》这一犹太哲学著作写的导言中,施特劳斯简要评论到柯亨对犹太教和犹太人虔敬的‘忠诚’,这些评论用在他自己身上亦适合:‘柯亨从来没有说过丢开自己的人民不管这样的道德义务,尤其当他们需要帮助的时候——犹太人何曾有过不需要帮助的时候?对于柯亨而言,这是不言而喻的。’”[②]

格林进而认为,施特劳斯并非一个正统的犹太人,与其说忠诚于犹太教,不如说他同情或忠诚于犹太人。虽然施特劳斯后来成为著名的政治哲学家,我们也很难把他看作是一位正统的犹太人,但必须承认的是:他是一位犹太人,也曾经在一定程度上忠诚于犹太教。

后来接受的人文和哲学训练,确实使施特劳斯逐渐疏离了正统的犹太教,但并不是那么彻底。在回忆正统犹太教对自己思想的影响的时候,他也解释了自己对犹太教疏远的原因:自己对犹太教的认识原本就非常有限。在读人文中学的时候,开始受到人文主义的教育,偷偷阅读过叔本华和尼采的批判启蒙哲学的作品,同时,柏拉图的古希腊哲学传统也对施特劳斯产生了深深的吸引力,“不知不觉之间,我就疏远了自己的犹太教家庭,用不着造反”。[③] 青年时期,施特劳斯又先后到马堡、法兰克福和汉堡接受正规的大学教育,涉猎哲学、数学和自然科学等现代科学的知识,后来

① [美]施特劳斯:《剖白》,见刘小枫主编《苏格拉底问题与现代性》,北京:华夏出版社,2008年,第277页。

② 格林:《现代犹太思想流变中的施特劳斯》,见刘小枫主编《施特劳斯与古典政治哲学》,上海:上海三联书店,2002年,第39页。

③ 施特劳斯:《剖白》,见刘小枫主编《苏格拉底问题与现代性》,北京:华夏出版社,2008年,第269页。

又在卡西尔教授的指导下,写成了自己的博士学位论文《雅克比哲学学说中的知识论问题》。[①] 也正是从此开始,在传统的犹太教背景与其所接受的哲学和人文教育之间,其中固有的矛盾开始呈现出来。17 岁那年,施特劳斯还一度信奉“简单和直接的复国主义”,希望成为一名现代犹太人。当时,犹太复国主义运动的宗旨是:通过建立一个独立的犹太人国家来恢复传统犹太人的荣耀,即通过建立犹太国的政治途径来有效解决犹太人问题。我们可以发现,这时的施特劳斯既怀有对犹太血统的忠诚,密切关注着犹太人问题的最终解决,又在事实上悖离了正统的犹太教,哲学与宗教、理性与神学的冲突首次在他的思想与行动中表现出来。很快,施特劳斯意识到犹太复国主义已经背离了犹太教的正统教诲,是一种自我的否定。犹太复国主义同样是现代观念的产物,简单地试图通过政治建国一劳永逸地解决犹太人问题是错误的,科学与宗教、神学与政治问题的解决绝不像想象的那样简单。

(二)雅克比的启蒙哲学批判

施特劳斯对犹太人问题的研究,首先受惠于现代犹太哲人柯亨的教诲。正如后来谢帕德指出的那样:“柯亨对德国犹太人的象征意义远远超出了他所处时代作为一流哲学家的地位”[②],施特劳斯也称赞柯亨为“德国犹太人中最伟大的代表和代言人”,为德国犹太人提供了贯通德意志民族精神和犹太教之间关系的可能性。然而,柯亨的思维方式却是现代性的,这最终使施特劳斯部分地离开了柯亨的思想遗产。正是借助于柯亨的思想,施特劳斯对柏拉图、迈蒙尼德和斯宾诺莎的学说进行了思考与诠释。后来,在柯亨的弟子卡西尔的指导下,施特劳斯于 1921 年在汉堡大学完成了其博士学位论文《雅克比哲学学说中的知识论问题》。雅克比是 18 世纪德国著名的后启蒙思想家,也是“指出斯宾诺莎理性主义有疑点的第一人”[③]。正是通过研究雅克比对启蒙哲学方法的批判,施特劳斯找到了批判斯宾诺莎的理论武器。虽然施特劳斯并不特别看重年青时所写的这篇博士论文,但在《斯宾诺莎宗教批判》中,他还是提到了雅克比对其批判斯

① 该博士论文的题目为:"The Problem of Knowledge in the Philosophical Doctrine of Friedrich Heinrich Jacobi",见 *Leo Strauss:The Early Writings*,1921—1932,translate and edited by Michael Zank,State University of New York Press,2002. 中译本见《哲学与律法》(黄瑞成译,北京:华夏出版社,2012 年,第 121 页)中的《雅克比哲学中的认识论问题》。

② [美]谢帕德:《施特劳斯与流亡政治学》,高山奎译,北京:华夏出版社,2013 年,第 13 页。

③ [美]斯密什:《阅读施特劳斯》,高艳芳等译,北京:华夏出版社,2012 年,第 105 页。

宾诺莎带来的帮助："正是雅克比，他以此将对斯宾诺莎——或同类问题的——解释，提升到了斯宾诺莎批评所应有的水平。"①

施特劳斯并不完全同意雅克比的观点，并意识到雅可比的思想也存在自相矛盾之处，甚至还没有形成系统的认识论，因此，他一再声称自己对雅可比的解读并不代表雅可比本人，毋宁说是采用"非雅可比的方法"来解决雅可比思想中产生的问题。在博士论文写作中，卡西尔和施特劳斯都认为现代科学破坏了前科学与真理的确定性图景的根基，但在如何研究雅可比时却产生了分歧。卡西尔希望通过对雅可比的研究，批判前科学知识基础的幼稚与过时，为现代科学和自由原则提供一种现代的辩护。施特劳斯却背弃了导师的初衷，从雅可比的后启蒙哲学中发掘出了对现代理性主义批判的武器。

首先，雅克比把源于启蒙哲学的"知性"观念作为批判的靶子，从而指出了启蒙理性主义所包涵的错误之处。他认为，启蒙哲学是以人的"知性"作为认识事物的方法论基础的，并赋予它至高的地位，这种理论已经背离了康德的初衷。在康德的哲学里，知性具有两个特征：一、"知性是意识的原则"，"是统觉的原初—综合的统一性"，②也是人类获取知识的前提条件和最高原则。二、知性预设了一种人类理性所不及的真实性的存在，也就是说"知性是所有经历的形式，由此形式本身，无法以任何方式达到经历之充盈"。③ 但是，康德之后的启蒙哲学则把知性看作一种证明或推演的科学方法。根据这种方法，人类不仅可以达到对事物本质的认识，还可以对事物的任何可能状态提供一种解释。现代理性主义者以此种知性概念为基础，把科学奠基在人类经验的基础上，否则就斥之为迷信。雅克比对启蒙哲学所理解的知性进行了严厉的批判：第一，雅克比经过仔细分析认为，经过后康德哲学家修正的"知性"只是一种不同于其本意的特殊认知方式，同时也是一种抽象性的概念推演。在整个推演过程中，"以其他方式被给予的对象，经由知性而构成了概念"。在其概念构成中，知性虽然层层推进，但已经不断远离被给予之物，知性概念的对象性，"最后完全依赖于概念的直观基础，在此直观基础上，知性概念必将得到证明。所以，证明这种认知活动，也只是概念向证明概念的……直观的回溯"，④如果依照这种

① Leo Strauss：*Spinoza's Critique of Religion*, *trans by Elsa M. Sinclair*, New York：Schocken Books, 1965, P240.

② 施特劳斯：《哲学与律法》，黄瑞成译，北京：华夏出版社，2011年，第137页。

③ 施特劳斯：《哲学与律法》，黄瑞成译，北京：华夏出版社，2011年，第141页。

④ 施特劳斯：《哲学与律法》，黄瑞成译，北京：华夏出版社，2011年，第139页。

方法,一切推论只是循环性的论证,并没有科学的基础。第二,这种知性的认识方法必然导致对超验的、真实的存在的遗漏。由于每个认识主体所感受的事物都是有其限度的,或者依赖于某一视角,而客体往往超越了知性的认识范围。因为“最终的或最高的某种观念本身往往是不可证实的,或超越一切证据的”。① 可见,基于这种知性的因果律之局限性也只是建立在一定时间和空间范围内的结论,并不一定是真正的知识。正如英国哲学家休谟所批判的那样,当人们把源于一定时空的结论称为必然的、普遍的规律时,它们不过只是习性、惯例与经验的结果。在广袤的宇宙之中,一定存在着人们未经验的广阔空间,前后连续发生的事件之间也许并不具有必然性的联系。可以肯定的是,在我们经验事物的范围之外,还有未被经验和认识的超验之真实存在。雅克比对这种超验存在的重视当然来自于犹太教的教诲,即妥拉的存在不需要理性的证明。在他看来,这个问题之所以如此重要,是因为该问题与成为意识整体原则的知性有关。此原则本身用理性无法证明,也就是说,必须要回溯到其他更为明确的事实,“此原则是最终的被给定之物,它比所有证明更明确”。② 人们对这种未经证实的事实之信仰先于、也优于任何经验证明,它反而可以用来检验以后的各种证明。第三,雅克比仍然为宗教的可能性进行了辩护。他指出,既然人的理性肯定是有限的,而“宗教的必然性就是建立在这样的事实基础之上,即没有任何真理能穷尽一切”。③ 宗教本质上就是那些人类无法表达的、隐藏的和无法表述其意义的基本工具。

如果说传统哲学的本体论倾向遮蔽了主体性的问题,启蒙理性主义则过分强调了主体的作用,主张“主体优先于客体”。施特劳斯通过重温雅克比对科学理性主义的批判,指出了现代科学所依据的康德式狭隘经验观念的错误。人类的认识能力毕竟是有限的,任何对未被人类认识的给定之物的轻视,都将使现代科学难以成功。总之,启蒙哲学中的知性概念“只适宜于解释感知性的被给予之物”④。对于超验事物而言,它并不具备任何解释的能力。对于施特劳斯而言,雅克比对启蒙哲学认识论的批判意义重大,诚如谢帕德所言:

---

① Leo Strauss: *The Early Writings*, translated and edited by Michael Zank, State University of NewYork Press, P54.

② 施特劳斯:《哲学与律法》,黄瑞成译,北京:华夏出版社,2011 年,第 142 页。

③ Leo Strauss: *The Early Writings*, translated and edited by Michael Zank, State University of NewYork Press, P57.

④ [美]施特劳斯:《哲学与律法》,黄瑞成译,北京:华夏出版社,2011 年,第 149 页。

> 根据理性主义观念论和唯物论的学说，伦理道德判断与行为争端的可能性完全来自于作为自主个体的主体尊严。然而这一尊严的内容空洞干瘪，它源自人的傲慢欲望，而这一欲望又以超验上帝的绝对要求所预设的完全自主性为前提条件。对于雅可比而言，“我”是以“你”为条件的。因此，施特劳斯将雅可比看作这样一个人，他决意详尽阐述感知主体把握现实的各种方式，而又没有坠入主体性认识的窠臼。①

虽然施特劳斯并不完全同意雅克比的哲学立场，但后者对认识主体局限性的强调，以及主体与自身之外超验世界之关联的深刻洞见，为施特劳斯的斯宾诺莎批判提供了批判的武器。

（三）犹太人的德意志处境

卡西尔曾经指出，简单地认为18世纪是“非历史”的观点是一种错误，那只不过是后来德国浪漫主义“反对启蒙哲学时创造的一个战斗口号”②。启蒙运动的思想家首先对人类的经验和历史非常重视，这也是他们反对中世纪神学的重要武器，对经验和历史的抽象也是建立在这样的基础之上。17世纪，斯宾诺莎对启示宗教的深刻批判也依赖于这样的方法和手段。他的《神学政治论》通过历史的考证和解释对启示宗教进行了批判。在后来的自由主义者看来，斯宾诺莎已经成功解决了宗教批判问题。施特劳斯则认为，现代犹太人问题已经证明了现代理性主义并没有解决宗教问题，斯宾诺莎的论证是失败的。1925—1928年，施特劳斯的第一本重要的政治哲学著作——《斯宾诺莎的宗教批判》一书问世。在该书中，他对斯宾诺莎的历史方法进行了批判，并指出了启示宗教的可能性。后来，在为该书写的英译本前言中，施特劳斯又从德籍犹太人在魏玛共和国的现实境遇入手，对自由主义的宗教解决方案提出了质疑，同时也对当时普遍流行的自由主义的同化主义、犹太人的政治复国主义、文化复国主义以及新正统论进行了系统的批判。

首先，施特劳斯把批判的矛头对准了自由主义的同化主义方案。第一次世界大战后，德国仿效英、法等西方国家，建立了自由民主的魏玛共和

---

① ［美］谢帕德：《施特劳斯与流亡政治学——一个政治哲人的锻成》，高山奎译，北京：华夏出版社，2013年，第31页。

② ［德］E·卡西尔：《启蒙哲学》，顾伟铭等译，济南：山东人民出版社，2007年，第183页。

国。在宗教问题上,自由主义国家坚持宗教自由的原则,对各种宗教采取宽容的政策,即把宗教信仰视为私人事务,政府不应干预。每个公民的宗教信仰不但是自由的而且是平等的,但现实却是残酷的,结果也令人失望。当魏玛共和国采取自由主义式的放任主义宗教政策时,却又保留了国民对德意志传统的忠诚,“它决意在两种献身——即对1789年诸原则与对德意志的最高传统的献身——之间维持平衡”①。与西方成功的自由民主制国家相比,魏玛共和国是个政治软弱、经济相对落后的国家。一方面由于魏玛共和国是德国战败的产物,其自由主义民主也并非是自发形成的。魏玛共和国也被施特劳斯同时代的知识分子视为西方的舶来品,“在德国传统中没有根基”②。另一方面,卢梭哲学对自由主义的反思也为浪漫主义在德国的兴起准备了理论基础。浪漫主义者从历史中发现了文化的多样性,并以这种复数的文化观念对抗西方的单一文明。同时,它又主张国民对德意志传统和国家的忠诚与敬畏,把国家视为民族精神的载体。因此,观念的冲突、政治的软弱和经济的落后等一系列因素导致自由主义的失败。在这种历史条件下,魏玛共和国的夭折是不难理解的。更为糟糕的是,德国犹太人的处境也是极其险恶的。

根据自由主义的宗教政策,拥有不同信仰的个体可以被同化到他们所处的国家之中,并通过成为这个国家的平等公民而重新获得自己的荣誉,施特劳斯称之为同化主义。但是,这种政策并没有改变德国犹太人的处境。即便在德国的犹太人已经德国化,但“德国犹太人的德意志属性(German-nes)问题的自然裁决者就是非犹太裔的德国人”③。可见,自由主义所宣称的平等仅仅是形式上的,充其量是政治上的平等,信仰的平等与宽容不可能真正实现。在自由主义社会中,多数人的信仰依然压制着少数人的信仰。也可以说,它带来的仅仅是法律上的平等,绝不是社会的真正平等。犹太人的这种状况,不禁让我们想起托克维尔对美国民主的判断,平等的趋势有可能引发“多数人暴政”的问题。多数人对少数人的迫害不是法律上或政治上的,而是舆论上的、心灵上的。因此,施特劳斯认为,自由主义的魏玛共和国并没有彻底解决宗教信仰和犹太人问题,“被连

---

① [美]列奥·施特劳斯:《斯宾诺莎的宗教批判》,李永晶译,北京:华夏出版社,2013年,第1页。

② Steven · B · Smith, *The Combridge Companion to Leo Strauss*, Cambridge University Press, 2009, P17.

③ [美]列奥·施特劳斯:《斯宾诺莎的宗教批判》,李永晶译,北京:华夏出版社,2013年,第7页。

根拔起的、被同化的犹太人除了赤裸裸的自我以外，无以对抗憎恨、鄙夷"，"完全的社会平等看来要求作为犹太人的犹太人完全消失"。[①] 魏玛共和国政治上的软弱，也导致后来恐怖的法西斯主义上台，并对犹太人肆无忌惮地采取了惨无人道的种族灭绝政策。正如施特劳斯所认为的那样，"德国犹太人的问题从未获得解决，这一问题由于犹太人的灭绝而绝迹"。[②]

其次，政治复国主义（Zionism，又称政治锡安主义）同样不能解决犹太人问题。青年时期，施特劳斯曾经积极投身于这一运动。不久，他渐渐有意疏远了这一运动，并对这种政治解决方案进行了反思。复国主义运动的主要发起人是著名的利奥平斯克与西奥多·黑尔兹勒，它希望通过纯粹政治性的解决方案取代神迹的救赎，建立一个独立的犹太人国家来彻底解决犹太人受歧视迫害的问题。施特劳斯认为，这种方案的出发点与自由主义一样，试图"清除犹太人长达千年的贬损状态（degradation），恢复犹太人的尊严、荣誉或自豪感"。[③] 这种做法的潜台词是，犹太人必须放弃正统的犹太教，并把"流亡"看作犹太教的可耻遗物。正统犹太教主张的是，犹太人的命运救赎主要依赖于对律法的信仰和神的干预，决不是任何政治性的现代解决途径。人之干预根本不是对宗教问题的正确解决方法，恰恰是对正统犹太教弥赛亚的根本性否定。正如罗森茨维格所认为的那样，"如果犹太人的民族自决主义通过拥抱国家权力来获得正常性，即变得与其他国家一样成为以土地为中心的存在，那么犹太人存在的一些核心而独特的东西将会受到削弱"[④]。因此，犹太复国主义只是为了犹太人的尊严而抛弃了犹太教。在其他一些犹太思想家看来，政治上的复国主义希望用政治途径解决犹太人问题的想法是幼稚的，同时也是无效的，要彻底解决这一问题，只有回归对犹太人信仰的历史文化理解之中。

再次，现代文化复国主义方案的问题则更加严重，它将导致对犹太教的彻底抛弃。文化论者批判政治复国主义的想法过于肤浅，政治和制度必须以一定的文化为基础，而犹太民族首先是一个具有悠久文化传统和同一血缘的共同体。施特劳斯认为，在自由主义已经浸入的文化和政治背景

---

① ［美］施特劳斯：《古典政治理性主义的重生》，郭振华译，北京：华夏出版社，2011 年，第 303 页。

② ［美］列奥·施特劳斯：《斯宾诺莎的宗教批判》，李永晶译，北京：华夏出版社，2013 年，第 6 页。

③ ［美］列奥·施特劳斯：《斯宾诺莎的宗教批判》，李永晶译，北京：华夏出版社，2013 年，第 7 页。

④ ［美］谢帕德：《施特劳斯与流亡政治学——一个政治哲人的锻成》，高山奎译，北京：华夏出版社，2013 年，第 44—45 页。

下，幻想在自由主义基础上的回归传统的犹太文化已经不再可能。当前社会，现代科学已经严重动摇了上帝存在的根基，甚至一些文化复国主义者也不再坚守上帝的可能性。文化复国主义者希望依赖于民族的传统文化，重建犹太人国家，要真正做到这一点，它必须“将犹太教遗产自身解释为一种文化，亦即解释为一种民族心智和民族天才的产物”。① 矛盾的是，当他们这样做时，文化复国主义的历史性理解已经悖离了正统的犹太教教诲，因为正统的犹太人普遍视宗教为神赐之物，是人的理智所无法企及的。反过来，任何建立在历史文化基础上的、声称是民族心智或民族天才的理解，都是现代心智的结果。当文化复国主义意识到自己的错误时，它极有可能又转化为宗教的复国主义。

最后，新正统论试图在新的基础上回归传统的犹太教，这一想法也难以实现。马丁·布伯和罗森茨威格是新正统论的代表，他们同样反对自由主义对宗教的处理方案，并努力调和上帝观念与现代世界之间的冲突。传统的犹太教义要求人类遵从上帝的启示和律法，因为上帝是给予的，也是不能、无法用理性论证的，从而在根本上回避了律法与拣选等诸多问题。新正统论者认为这一传统信条已经不能适应自由神论对它的挑战，现在应该根据生存经验而不是过去的“假设”来证明上帝是否存在。生存经验是每个普通人都具有的，也是“某种来自外部的、与人的本性格格不入的、并非人所渴望的事物”②。当前的人们完全可以从这种绝对的、无条件的经验中拣选出神圣之律法。这样，在传统看来是具体实在的律法，现在只是隐匿在碎石场里的潜在物。总之，新正统论试图以现代的“生存经验”来回应现代的科学实证论，从而赋予犹太教以新的理论根基。在施特劳斯看来，新正统论者的失败命运同样是难以避免的。这是因为：首先，“宗教正统的前提已经遭到科学与历史的共同打击而臻于荒废”。其次，新正统论“所谓的后浪漫回归，并非回归那个真正的传统，而只是个芜杂的传统”。③ 再次，新正统论的意图是首先恢复犹太教，然后建立独立的现代犹太国家，这在根本上违背了犹太教主张犹太人“流散”的传统教义。

在施特劳斯看来，各种现代解决犹太人问题的方案，都建立在现代的

---

① ［美］列奥·施特劳斯：《斯宾诺莎的宗教批判》，李永晶译，北京：华夏出版社，2013 年，第 10 页。

② 施特劳斯：《〈斯宾诺莎宗教批判〉英译本导言》，汪庆华译，见贺照田主编《西方现代性的曲折与展开：学术思想评论（第六辑）》，长春：吉林人民出版社，2002 年，第 237 页。

③ ［法］丹尼尔·唐格维：《列奥·施特劳斯思想传记》，林国荣译，长春：吉林出版集团，2011 年，第 25 页。

科学与历史观念之上。它们都只不过是自由主义解决方案的变种而已，并不能真正解决德国犹太人问题。犹太人信仰的真谛在于，自己的命运在于上帝的干预和对律法的信仰。无论是自由主义制定的现代同化政策，还是现代犹太思想家所提出的各种复国主义解决方案，其要么立基于启蒙哲学的理性主义，要么受之影响，难以与传统犹太教一致。从实践上看，这两种方案的尝试都是失败的，现代犹太人的遭遇已经证明了这一点。施特劳斯最后指出，自由主义国家根本不可能为犹太人问题提供一个完美的解决方案，“因为这样一种解决方案会要求在法律上禁止每一种形式的‘歧视’，亦即要求废除私人领域、否认国家与社会的差别，换言之，会要求对自由主义国家的破坏”①。从理论上看，用现代科学的方法证明信仰问题也是错误的，科学无力证明信仰问题的真与假，上帝也不能成为知识的对象，更不用说善与恶的问题了。从人类生活的终极意义上看，理性并没有能力战胜启示。

（四）施特劳斯的斯宾诺莎批判

特琳娜·夏利尔认为，整个中世纪，哲学几乎总是可以被归类为犹太教、基督教或穆斯林的。施特劳斯则进一步认为，在现代以前，哲学与宗教也是相容的，几乎不存在任何矛盾。比如在中世纪犹太哲人迈蒙尼德那里，哲学与宗教就曾经是互补的。这种状况在 17 世纪以后，特别是斯宾诺莎以来，哲学逐步获得了独立于宗教的自主性。斯宾诺莎从现代理性主义出发，把宗教驱逐出了哲学的领域，从而关闭了哲学与神学之间的通道。施特劳斯认为，虽然从表面上看斯宾诺莎是成功了，其《神学—政治论》成了理性主义抨击启示信仰的一部真正的经典文献，但问题依然没有解决。1930 年，施特劳斯完成了这部批判性的巨著——《斯宾诺莎的宗教批判作为其圣经学的基础：斯宾诺莎〈神学—政治论〉研究》，质疑现代理性主义对启示宗教的胜利。

斯宾诺莎一方面追随古典伊壁鸠鲁式的宗教批判传统，坚信正是人类的愚昧和对未知事物的恐惧导致了各种迷信的盛行，“谬误的宗教所尊奉的预兆不过是心在沮丧或惧怕的时候所产生的幻影而已”②。在专制社会，统治者往往利用错误的宗教或迷信来麻痹人民进行统治。同时，迷信

---

① ［美］列奥·施特劳斯：《斯宾诺莎宗教批判》，李永晶译，北京：华夏出版社，2013 年，第 11 页。

② ［荷兰］斯宾诺莎：《神学政治论》，温锡增译，北京：商务印书馆，1963 年，第 10 页。

与人类理性也是不相容的,可以用理性之光清除人们对上帝的种种错误观念。另一方面,斯宾诺莎表面上也承认正确宗教存在的可能性,这种宗教不是源于对未知事物的恐惧,而是指引人类追求完美。错误的宗教和迷信往往是人们错误地理解宗教或圣经的结果。在他看来,“迷信都是一股制造仇恨与分歧的力量。另一方面,宗教作为一种培育爱与和平的力量获得需要”。① 因此,他试图正本清源,清除过去人们对于《圣经》的错误理解,建立一种科学的圣经学。

启示、预言和神迹是宗教存在的基础,施特劳斯认为斯宾诺莎对这些核心观念的批判是难以成立的。根据《圣经》,启示和预言都是上帝默示于人的确切的真理。当奇迹的出现或上帝的预言实现时,也就证明了上帝的存在和宗教的真理性。如果启示被驳倒或证伪也就等于推翻了上帝给予的真理。传统宗教认为,人类思维并不具有至上性,人类如果只依靠自身的理性并不能获取真理和善的生活。启示就是上帝对人类尘世生活的指引,也是对人之现世生活的积极干预,人类的理性无法证明上帝的存在,因此,人类必须只能信仰,而不能质疑。从现代观念出发,斯宾诺莎相信奇迹并非上帝对人类生活的干预,而是某种自然原因引起的必然结果,是自然的必然性,只不过这些自然原因人类暂时还未能理解而已。当人类不能用理性解释这些奇异的现象时,就会对之产生恐惧,把这些现象称为奇迹或神迹。因此,奇迹一般发生在人类遥远的过去和前科学时期。随着人类理智的进步和科学的发展,人们对自然现象的认识和理解越来越理性,某中隐含的神秘的因素可能将被理性之光所驱散,奇迹或神迹自然就得到了解释。在施特劳斯看来,斯宾诺莎只是以现代科学的实证主义为方法论,用科学的实证代替宗教的先天预设。在这个过程中,现代科学已经预先假定了认识主体的意识的优先性,或者把超验的宗教观念内在化,其最终结果只能是以科学的偏见代替宗教的偏见。在启蒙哲学家看来,过去的历史总是充满着野蛮、迷信和黑暗,人类的未来总是进步、科学与光明的。人类历史的发展是逐步从黑暗走向光明的过程,是科学战胜愚昧的进步史。启蒙运动中的理性主义,就是“让人类心灵摆脱对上帝的所有恐惧,取而代之的则是一种对理性及其解放能力的信任感,当然也包括对任何外在于人类直接经验范围的东西的不信任感”②。施特劳斯质疑的是,斯宾诺莎对宗

---

① [美]列奥·施特劳斯:《斯宾诺莎宗教批判》,李永晶译,北京:华夏出版社,2013年,第331页。

② [法]丹尼尔·唐格维:《列奥·施特劳斯思想传记》,林国荣译,长春:吉林出版集团出版,2011年,第39页。

教启示的批判并不能证明自己的结论，即启示是不可能的。由于不同的认识主体拥有不同的个体体验，当一个人声称自己确实经历过某种特定的体验，而这种特定体验恰恰是其他具有实证心灵的人未曾有过的，对于这一点，现代哲学是无法进行反驳的。宗教启示的在场与否与人的经验不同，“启示的直接聆听则抑制直接经验的意志，并唤醒一种对非在场状态的渴望”①。因此，我们可以认识到斯宾诺莎只是证明了启示的不可知性，绝非启示的不可能性。既然现代科学不能对所有现象进行解释，同样也不能证明自身前提的合法性，它与宗教一样，也是一种信仰而非真理的论证。可以说，哲学与启示之间的对立不是理论而是道德上的。

宗教与哲学争论的焦点在于上帝创世说和宇宙恒在说，斯宾诺莎处处在否定上帝创世的可能性，同时也在事实上推翻了上帝全能论。《圣经》主张上帝创世说，至于创世的原因人类是无法理解的。在启蒙时代，这种学说基本上已被现代科学所摧毁。斯宾诺莎进一步认为，人类理性可以拥有关于上帝的真正知识，即上帝本身是可以被认识的。一旦人类理解了上帝的本质，神迹也就不再是神迹了。根据现代科学，任何奇异事物的出现背后都存在着一定的自然原因，并不存在掌握着一切的上帝。施特劳斯坚持认为，要从根本上否认上帝创世之可能性，前提条件是我们必须“拥有关于整全的完美知识，因而可以说我们知道任何角落都不存在一个无所不能的上帝”②。如果达不到这一条件，上帝仍然是可能的。要求现代科学能解释宇宙中发生的一切事情，这显然是不可能的。人类不可能拥有关于整全的全部的知识，科学也不可能解释一切自然现象。这样，在人类理性未及的那个神秘领域，我们无法证明上帝的存在与否。也就是说，当现代哲学宣称人类的理性能力不受限制时，它已经走向了癫狂，失去了节制和审慎，并忽视了人类理性所固有的自然限度。上帝观念的本质要素是：“它不受人的干预，发生于人类以外的事物上，并且是为了人类”。③ 施特劳斯认为，现代理性主义基于主体经验的认识也同样是一种独断论，斯宾诺莎也“只是抽离于整全中的某些成分，这些成分并非清晰而明确，而且永远也无

① ［美］列奥·施特劳斯：《斯宾诺莎宗教批判》，李永晶译，北京：华夏出版社，2013 年，第 244 页。

② ［美］列奥·施特劳斯：《古典政治理性主义的重生》，郭振华译，北京：华夏出版社，2011 年，第 342 页。

③ ［美］列奥·施特劳斯：《斯宾诺莎宗教批判》，李永晶译，北京：华夏出版社，2013 年，第 257 页。

法变得清晰而明确”①,通过这样的方法得到的知识不可能把握上帝的本性。因此,现代哲学不能证明上帝的不存在。斯宾诺莎批判宗教启示时,实际上采用的是“嘲讽”的方式批驳启示,以一种偏见对付另一种偏见。当启蒙哲学以“嘲讽”对抗宗教“成见”时,嘲讽显然也不具备理性之基础或客观的证据,总之,嘲讽不是理性的论证,也不能代替理性的论证。最终,启蒙哲学对这种方法的广泛使用不但不利于自身,反而有损于自己的立场。正如施特劳斯所言,嘲讽对于斯宾诺莎宗教批判的意义,反而构成了“正统不可反驳的一个间接证据”②。

尽管现代科学能够阐明启示的不可知性,却不能真正驳倒启示的可能性。正如达尔文所认为的那样,“信与不信的对立持续存在于信徒与不信者的理性运用当中。信与不信之间的这种一般性的鸿沟使得二者对理性的运用分道扬镳”③。也就是说,现代哲学与宗教是站在不同的立场上,依据不同的理性来为自己辩护。与中古哲学不同,现代哲学以实证科学为基础,缺乏一个形而上学的根基,从根本上已经关闭了哲学与宗教之间开放的通道。在斯宾诺莎那里,反对宗教的首要条件就是:“对人自己反思的信任,对人和作为人最高力量的理性的高尚信仰。”④加尔文就曾批判启蒙哲学的这种盲目的自信,施特劳斯称之为“人类完全盲目的自我陶醉”,并认为这一切导致了对宗教的漠视。因此,施特劳斯认为现代哲学与宗教一样,都是建立在“意志”的基础之上。

斯宾诺莎对圣经和宗教的批判并不意味着他抛弃了《圣经》,而是为了重新解释《圣经》。他在《圣经》中也发现了一些重要的真理,“在道德的主题上,《圣经》的教诲与人皆共有的教诲没有什么两样”⑤。由于《圣经》的语言充满了混乱和修辞,人们无法从中发现真理,必须对其进行重新解释。这种解释只能依据自然理性和哲学,上帝内在于自然,并致力于让人追求幸福与完善。正如夏利尔所言,“斯宾诺莎想让哲学和政治同神学彻

---

① [美]列奥·施特劳斯:《古典政治理性主义的重生》,郭振华等译,北京:华夏出版社,2011年,第344页。

② [美]列奥·施特劳斯:《哲学与律法》,黄瑞成译,北京:华夏出版社,2011年,第12页。

③ [美]列奥·施特劳斯:《斯宾诺莎宗教批判》,李永晶译,北京:华夏出版社,2013年,第265页。

④ [美]列奥·施特劳斯:《斯宾诺莎宗教批判》,李永晶译,北京:华夏出版社,2013年,第269页。

⑤ [美]列奥·施特劳斯:《斯宾诺莎宗教批判》,李永晶译,北京:华夏出版社,2013年,第336页。

底分离”①。斯宾诺莎所称的“自然之光”也就是用实证科学或归纳科学的方法来考据《圣经》、解释《圣经》，以清除混乱不堪的材料与表述。根据这种原则，“如果不能表明《圣经》所教导的东西乃是借助于(《圣经》文本的)字面含义得到的，那就不能断定这是一个圣经的教导”②。这样，《圣经》就成了一部人类的作品，对于人类不可能发生的事情必定就是假的或者捏造的。这种理解与信仰的人恰恰相反，他们认为如同神迹一样，不能用理解人类作品的方式来看待《圣经》，用现代的实证方法研究《圣经》，如同缘木求鱼，得不到《圣经》的真谛。

根据时间、地点等因素考据式地研究《圣经》，就是历史主义的理解。这样解释《圣经》已经背离了《圣经》本身的要求。在斯宾诺莎那里，研究《圣经》的方法虽然是不同于自然主义的历史方法，但这种依然是实证主义的。施特劳斯指出，斯宾诺莎对《圣经》的解释“就在于从‘《圣经》史’提供的材料中推断出《圣经》作者的思想，或《圣经》问题之为《圣经》问题的界说”③。在他那里，现代科学对于人类而言仅仅是方法论或研究的手段，依据这些方法得出的知识是有关自然的实证性知识，并非是关于人的至善或幸福的问题。当斯宾诺莎在研究《圣经》的过程中使用这种方法，也就是依据《圣经》本身提供的材料来研究《圣经》时，就相应地“把对《圣经》教义的解释与对这种教义的真理性或价值性判断严格分开”④。此外，历史性的解释也导致了对自身假定前提的否定。既然现代科学或哲学不可能对世界作出彻底的描述，其结果只能以历史的理解代替其原初的、非科学的整全理解。历史主义认为，任何一种哲学都是一定时代环境的对应物，都同样具有历史的正当性。早期的历史主义者受启蒙思想的影响，信奉历史的进步主义：现代的理解一定优于过去。这种进步主义的理解方式与它主张的历史性又是自相矛盾的。就像施特劳斯所批判的那样：当历史的理解演变成历史主义时，就丧失了它原来的批判性，“这种历史主义实际

---

① ［法］卡特琳娜·夏利尔：《现代性与犹太思想家》，刘文瑾编译，上海：上海人民出版社，2017 年，第 18 页。

② ［美］列奥·施特劳斯：《斯宾诺莎宗教批判》，李永晶译，北京：华夏出版社，2013 年，第 249 页。

③ ［美］列奥·施特劳斯：《迫害与写作艺术》，刘锋译，北京：华夏出版社，2011 年，第 137、138 页。

④ ［美］列奥·施特劳斯：《迫害与写作艺术》，刘锋译，北京：华夏出版社，2011 年，第 140 页。

上不过是近代心灵之自我批判的僵化的、自满的形式”①。

斯宾诺莎宗教批判的出发点是“社会的安宁”,而非伊壁鸠鲁式的“心灵的宁静”,也就是说,他是从神学—政治学的角度进行宗教批判的。对于他而言,自然权利不是霍布斯式的自我保存的权利,也不是源于自然状态,而是源自上帝自身,“在上帝身上,亦即在一切力量与一切权利的根源之处,力量与权利是同一回事”②。源于激情的权利需要遏制,否则社会将陷于混乱状态之中,因此,他从上帝、从作为整全的自然的秩序与支配出发界定各种自然权利,并且自然权利具有这种两面性。自然权利从自然出发是违背理性的,从上帝和整全的自然出发又是合乎理性的。在斯宾诺莎那里,大众与智慧者存在着难以弥合的鸿沟,大众由激情引导,智慧者由理性来引导,两种类型的人都自称拥有同样的自然权利。在政治生活中,大众和政客其实是没有理性的,必须将之奴化,这就导向了神权政治。为了解决这一困难,斯宾诺莎提出了自由民主制的宗教解决方案,即以国家理性规制人的生活,保证人的自然权利的实现。然而,在施特劳斯看来,这里仍然存在着困难:自由民主的国家不是一种要求,而是一种总是遇到的存在条件。由于理性既不在统治者那里,也不在被统治者那里,“而只在于统治者(der Regineer)行使统治的能力中,在于被统治者接受统治的能力中”。③这样的国家只是一种权宜之计,没有理性与德性可言,自然权利也不存在上诉的基础。

郎佩特(Laurence Lampert)在评价施特劳斯对启蒙哲学或科学的批判时曾经指出,“就施特劳斯来说,想要的体系始于斯宾诺莎,终于海德格尔(Heidegger),他修辞的靶子是启蒙对一个世界的‘建构’(这个世界看上去完全是个观念建构物),是一种世界解释,它的有效性基于它最终解释一切,而不给神留下位置”④。这个体系的失败也就标志着启蒙哲学或现代科学的失败。当施特劳斯把两者并列进行对比时,他的态度并非完全中立与客观,其论证存在诸多问题。其一,关于解释“体系”的问题。一般认为“体系”是对这个世界的完美的、不留任何空间的解释,或者是一种大致的

① [美]列奥·施特劳斯:《迫害与写作艺术》,刘锋译,北京:华夏出版社,2011年,第152页。

② [美]列奥·施特劳斯:《斯宾诺莎宗教批判》,李永晶译,北京:华夏出版社,2013年,第311页。

③ [美]列奥·施特劳斯:《斯宾诺莎宗教批判》,李永晶译,北京:华夏出版社,2013年,第323页。

④ [美]郎佩特:《施特劳斯的持久重要性》,刘研译,北京:华夏出版社,2019年,第235页。

解释，后一种解释或体系承认人之理性的有限性。而前一种完整的解释或体系则是一块“烫手的山芋”，扔给哪一方就会使其难以逃脱失败的命运，很明显，施特劳斯把之推向了现代科学。从历史上看，宗教与科学的目标应该是不同的，应该与施特劳斯的观念相反，如薛定谔所认为的那样：“宗教运动的一个目标（如果不是主要任务的话）始终是要令人满意地、理解人类所身处的令人不安和令人困惑的境况是要封闭仅从经验获得的看法的令人不安的‘开口’，从而增强人类的生活信心以及与生俱来的对同伴的慈爱和同情。”①但对于科学而言，我们并不赋予它那样的自信，“现代科学对这个世界的描述旨在符合这个世界，同时它认识到这一描述永远未完成，永远服从进一步的发现，沿着唯一可行的基于事实的学问轨迹；科学的获知方法所担保的世界，其真实性是有条件、可验证和可反驳的”②。其二，我们应该承认，在宗教与科学的斗争中，科学所占据的领域是越来越广阔的，宗教占据的地盘却越来越小，“每当科学与神学发生分歧时，科学总是取胜”③。因此，在宗教与科学的对抗中，施特劳斯的论证有意夸大了启示的可能性。

二、哲学与律法：迈蒙尼德宗教哲学的政治阐释

自由主义的宗教政策的失败就在于把政治和神学隔离开来，其哲学基础就是启蒙运动对理性主义的那种盲目的自信，即理性已经完胜了宗教。即便存在着各种各样的宗教，也不会对政治产生影响，因为政治已经完全世俗化了。这种看法当然是错误的，一方面，毕竟人是无法完全被启蒙的，社会的存在还需要共同的信仰；另一方面，当政治脱离了神学的监护时，“以至于哲学已经搞不懂神学—政治批判的愿意，甚至根本就对这种批判无所谓”④。由于斯宾诺莎的政治哲学未能很好地解决政治与神学的关系问题，施特劳斯开始认真思考中世纪宗教哲人的智慧，这种探求在迈蒙尼德那里达到了顶峰。在《斯宾诺莎宗教批判》中，施特劳斯已经指明斯宾诺莎的批判对于迈蒙尼德而言是无效的，现代科学无法证明启示的不可能

---

① ［奥］埃尔温·薛定谔：《自然与希腊人　科学与人文主义》，张卜天译，北京：商务印书馆，2020年，第11页。

② ［美］郎佩特：《施特劳斯的持久重要性》，刘研译，北京：华夏出版社，2019年，第237页。

③ ［英］罗素：《宗教与科学》，徐亦春等译，北京：商务印书馆，2010年，第145页。

④ ［德］迈尔：《隐匿的对话——施密特和施特劳斯》，朱雁冰等译，北京：华夏出版社，2008年，第91页。

性。可以说,迈蒙尼德的宗教哲学在处理神学与政治、理性与启示的关系上为施特劳斯指明一个探究的方向,并"把他当作对现代犹太思想中的当代困境和缺陷的匡正"①。对于施特劳斯更为重要的是,"伊斯兰和犹太哲人在反思启示时首先注意到的不是一个信条或一系列教义,而是一个社会秩序(虽然是一个包罗万象的秩序),这个秩序不仅规制行为,而且规制思想和意见"②,也就是,中世纪的犹太哲学和伊斯兰哲学是一种改头换面的政治哲学。正是通过对中世纪宗教哲学的挖掘与阐发,施特劳斯才有可能回归古典,发现了柏拉图政治哲学的本来面目。

(一)古特曼的《犹太哲学》批判

施特劳斯对中世纪犹太哲学的研究始于对古特曼《犹太哲学》的批判。1933年,德国哲学家古特曼出版了《犹太哲学》一书,在该书中,古特曼同样意识到了启蒙哲学存在的问题,并希望回到迈蒙尼德的中世纪犹太哲学,就这一点而言,施特劳斯与古特曼的意图是一致的。不同的是,施特劳斯反对古特曼对中世纪犹太哲学的历史或现代性的理解,主张按照前现代的传统理解犹太哲学。也正是在古特曼宗教哲学的批判过程中,施特劳斯阐明了中世纪传统哲学的政治内涵,并把中世纪的宗教哲学理解为一种政治哲学。

古特曼认为宗教哲学的核心在于研究宗教在方法论上的内在价值,即历史地解释宗教问题。他对宗教的理解基于康德和施莱尔马赫的"宗教意识"分析。这种方法认为哲学研究是对不同文化现象的分析,宗教只是其中的一个文化领域。宗教哲学研究"宗教世界及其真理",中世纪的犹太哲学的主要特点是宗教哲学。在施特劳斯看来,用文化无法理解宗教的本质,"反而遮蔽了以原初方式理解哲学与启示的张力的可能"③。因为文化是一个现代概念,是人类精神自发的产物,文化哲学把意识世界分割成多个"有效领域"而违背了宗教的本质特征。宗教是一种原初的事实,一种超越文化的事实。宗教的要求是普世性的,不能把它理解为只是一个独特"真理域"或"有效领域"。尽管古特曼刻意与文化哲学保持距离,但他的方法论基础仍然是现代性的。这种提问方法"既非直接源于宗教(不管是

---

① ［美］格林:《现代犹太思想流变中的施特劳斯》,游斌译,见刘小枫主编《施特劳斯与古典政治哲学》,上海:上海三联书店,2002年,第51页。

② ［美］列奥·施特劳斯,黄瑞成译:《哲学与律法》,北京:华夏出版社,2011年版,第3页。

③ 刘振:《回归中世纪理性主义》,见台湾中原大学《汉语基督教学术论评》,第25期,2018年6月。

圣经抑或塔木德),它也不是(圣经)宗教与(希腊)哲学冲突的一个直接结果"①。依据现代宗教意识分析的方法,得出的结果只能彰显现代理性与宗教启示的冲突,即世界是受造的还是永恒的、启示与理性哪个是真理?对该问题的调停式回答则是宗教与哲学并非在方法论上有别,而是在内容上相互一致,即"启示的教诲与理性的教诲是同一的"②。这种回答不仅修改了古典哲学的形而上学观念,也抛弃了传统的宗教观念。古典哲学的前提是人类无法洞见自然的整全,这种回答则认为人类能够认识启示所传达的真理,否认了人类理性的有限性。传统宗教认为启示是不可证明的真理的观念,也被这种调和所否定了。因此,现代哲学与启示是一种根本性的对立。施特劳斯认为,有能力与启示保持平衡的只能是古代目的论式的形而上学,因为古代哲学以人类理性的有限性为前提和以人的完美为目标,这与宗教启示的前提与目标是一致的。由于现代哲学背离了古典哲学的观念,导致了二者的决裂。

古特曼还认为"宗教意识"分析方法更能保护传统宗教的内核。施特劳斯认为古特曼的这一观点同样来源于施莱尔马赫。施莱尔马赫认为《圣经》宗教对上帝的人格主义理解优于其他精神性和宇宙性宗教,更能保存《圣经》宗教的内核。理解人格主义的上帝不能靠释经和神学,只能依据"宗教意识"分析,其他类型的宗教都以神秘主义和泛神论为基础,与《圣经》宗教相对立。施特劳斯认为这种类型学的划分来源于现代哲学,神秘主义是现代哲学对传统宗教带有偏见性的称谓,因此,"对于借鉴'神秘主义'而获得宗教概念,现代方法同样只是一种事后的校正"。③ 现代科学把传统启示宗教视为神秘主义的谬误也是基于一种未经证实的科学偏见。古特曼的宗教意识分析以历史的理解代替了对宗教启示的信仰,正是抛弃了宗教启示观念,也就从根本上改造了宗教的意义。

古特曼并没有认为现代哲学一定优于中世纪哲学,而是认为二者需要相互补充。"现代哲学要比中世纪哲学更有能力合理地保存信仰的'内在世界';但比起中世纪哲学,现代哲学更少有能力肯定这个由上帝统治的'内在世界'与外在世界的自然具有本质关联。"④正是由于古特曼认识到了现代哲学的危险,即现代哲学不再把人理解为宇宙中的一个自然存在,

---

① [美]列奥·施特劳斯,黄瑞成译:《哲学与律法》,北京:华夏出版社,2011年,第24页。
② [美]列奥·施特劳斯,黄瑞成译:《哲学与律法》,北京:华夏出版社,2011年,第24页。
③ [美]列奥·施特劳斯,黄瑞成译:《哲学与律法》,北京:华夏出版社,2011年,第35页。
④ [美]列奥·施特劳斯,黄瑞成译:《哲学与律法》,北京:华夏出版社,2011年,第32页。

而是从人出发，把自然理解为人类意识的建构。对人与外界自然之间关联的重视，使他并没有倒向存在主义。而中世纪哲学在这方面却优于现代哲学，因其不仅承认宗教启示是自明的前提，还要求哲学对启示的权威进行辩护。总之，古特曼试图调和哲学理性与宗教启示的关系，但由于其以基于现代哲学的宗教意识分析宗教的启示内核，最终的结果是以否定神圣启示为代价。他对于哲学的贡献在于认识到了人与外在自然的关联，并承认了作为中世纪哲学的自明前提的启示的存在。正是通过知道自己受制于启示权威的束缚和指导，中世纪哲学实现了自己的律法奠基。

（二）哲学的律法奠基

17 世纪以来的世界是启蒙思想主导的世界，启蒙思想对于我们理解迈蒙尼德而言是个巨大的障碍。对于理解迈蒙尼德而言，柯亨是个不错的引导者，因为他始终自觉地、透彻地把握着启蒙。柯亨认为迈蒙尼德是理性主义的经典作家，他对启示和哲学的关系有着恰当的理解。在迈蒙尼德的宗教哲学中，律法与哲学不但相容，而且互为补充。

《迷途指津》是迈蒙尼德的主要政治哲学著作之一。律法是上帝给予人类的规制其生活和信仰的规范，律法学正是该书研究的基本主题。迈蒙尼德认为，存在两种意义的律法：一种是被称为“费格赫（fiqh）”的一般意义上的律法学。“费格赫通过对权威律法条文的‘演绎’，精确规定了使人的生活变得高尚的行为，尤其是敬拜行为。”①这种律法采取汇编的形式，主要规范人类的一般行为，规定“人应该做什么”，也就是人的实践。《密西拿托拉》就是研究这类法典的主要作品。第二种是真正意义上的律法学。第二种律法学指向了“人应该想什么”和“相信什么”的问题。它研究的是律法或宗教的根基，并不探讨律法规定的人的行为。从整本著作来看，第二种律法是《迷途指津》研究的重心。迈蒙尼德曾经称这本书研究的根本问题是创世论和神车论，也就是物理学和形而上学的问题。② 在他本人看来，研究人之信仰的《迷途指津》的地位应当高于研究人之行为的《密西拿托拉》，因为物理学和形而上学构成了哲学的最高主题。施特劳斯认为迈蒙尼德的《迷途指津》既不是解释律法奥秘的神学和宗教著作，也不是简单的哲学著作。它探讨的哲学的律法奠基和律法的哲学奠基问

---

① ［美］列奥·施特劳斯：《〈迷途指津〉的文学特性》，见施特劳斯：《迫害与写作艺术》，刘锋译，北京：华夏出版社，2011 年，第 32 页。

② 迈蒙尼德把物理学等同于创世说，神车论等同于形而上学。二者是《迷途指津》研究的主要内容，属于理论哲学，即人应该想什么、相信什么的问题。

题,即哲学与律法的关系问题。中世纪是宗教盛行的时期,哲学的律法奠基也就是中世纪哲学面临的首要任务,即在宗教面前取得哲学研究的许可证,“在启示的议廷前为从事哲学所作的一种辩护”①。对于那些适合从事哲学的人而言,只有经启示律法的授权才能从事哲学探求,启示要先于也高于哲思,这是当时的形势所决定的。然而,律法与哲学并不能互相对立,启示本身也需要合适的人从事哲学研究,神法同样要求哲思的帮助。律法的哲学奠基是指在宗教律法的许可之下,哲学享有充分的自由,甚至可把启示作为哲学思考的对象,但这并不表明启示是哲学的核心议题,“居于核心地位的,毋宁是形而上学”②。

当古特曼把中世纪哲学称为“宗教哲学”时,并非仅仅依据现代优于中世纪的启蒙立场,而是有一定原因的。迈蒙尼德认为,中世纪哲学的表现形式就是宗教哲学,这是因为“中世纪哲学必须与其发生关系的宗教,乃是启示宗教;因为,由启示提出的问题,正是中世纪哲学的问题”③。这是每位犹太人和穆斯林必须面临的现实性问题。尤其是哲人在哲学论证和理性思考时,启示成了他们思考和行动的决定性预设和前提。虽然关于启示的具体内容可以进行讨论或存在争议,但启示对于哲学的权威性却不能提出异议或反抗。总之,中世纪哲学把哲学的律法奠基视为进行哲思的前提。当然,所有这一切也面临着许多难题:中世纪的哲学为什么甘愿服从于启示?哲学的研究一旦撼动了启示的地位怎么办?假如律法能够引导人们达致幸福的生活,还有必要从事哲学思考吗?在本性上哲学与律法不是根本对立的吗?通过阅读施特劳斯对阿威罗伊主义以及勒维哲学的批判性分析,我们将理解迈蒙尼德宗教哲学的重要性。

首先,我们看看伊斯兰宗教哲学家伊本·鲁什德是如何理解哲学与律法关系的。伊本·鲁什德与迈蒙尼德是同时代人,在他那里,哲学并不优先于其他任何人类事物,同样需要在律法面前为自身辩护。一切逻辑学和哲学的研究都是律法委托的义务,是工具的理性。哲学研究要服从律法的目的。律法的目的在于“召唤人们追求幸福;幸福在于认识上帝”;人类必须经由存在物才能认识上帝的目的。世上的一切存在物都是上帝创造的,“思考指向其创造者的存在物——这并非其他什么行动,而正是从事哲学;因此,哲学的目的与律法的目的是统一的。”④伊本·鲁什德认为,上帝的

① [美]列奥·施特劳斯:《哲学与律法》,黄瑞成译,北京:华夏出版社,2011年,第61页。
② [美]列奥·施特劳斯:《哲学与律法》,黄瑞成译,北京:华夏出版社,2011年,第41页。
③ [美]列奥·施特劳斯:《哲学与律法》,黄瑞成译,北京:华夏出版社,2011年,第37页。
④ [美]列奥·施特劳斯:《哲学与律法》,黄瑞成译,北京:华夏出版社,2011年,第63页。

目的是至高无上的,哲学思考要服务于上帝,上帝的启示是进行哲学思考的前提,也就是说,哲学与启示的目的是一致的。在施特劳斯看来,这位伊斯兰宗教哲学家对哲学与启示的理解依然是含糊的。如果律法与哲学的结论不同,就需要对律法的结论作出解释。解释是从事哲学的人的权利,其他人是禁止这样做的。至于如何解释,伊本·鲁什德则严格地作出了五项规定。对于这样的哲学自由,施特劳斯明显认为是可质疑的。因此,伊本·鲁什德"先验地排除了哲学与律法的冲突,却没有为从事哲学的权利奠定基础"①。在施特劳斯看来,这位哲学家忽略了这样一种可能性:人类理性也许能够真正理解宗教启示和律法的真理。

其次,施特劳斯相信,迈蒙尼德对律法与哲学的理解已经优于其伊斯兰导师,并解决了伊本·鲁什德的难题。这是因为,"在犹太教中,更甚于在伊斯兰教中,首先必须为哲学辩护并取得成功方能从事哲学活动"②。正如后来阿尔法拉比所认为的那样:在犹太教中,哲学思考的合法性既不是来自于启示,也不是亚里士多德的学说。但是,认识世界只是爱上帝和畏惧上帝的唯一通道,对上帝的认识需要数学、逻辑学和物理学等准备性的研究。律法又可以分为神法和人法,前者关注人的完善,后者规定了一种和平的生活方式。在原则上,迈蒙尼德对阿威罗伊关于哲人有权对律法的字面意思做出解释并保守秘密的义务表示同意,但是,他又对解释的权利做出了迥异于阿威罗伊的限制,这就是由于人的理性存在着一种不可逾越的界限,它也不可能超越这个界限;所以,"人为了荣耀他的主,有义务持守此界限,并且不违背启示的教诲,因而他无法认识证明此教诲"③。迈蒙尼德又进一步指出:哲学解释的只是涉及上帝的肉身和变化无常的经文,关于形而上学的考察对象和托拉的秘密,只能对有资格的人传授其大意,大众不能把它作为研究对象,也不能公开传授其内容。关于世界是恒在的还是创造的,科学无法证明这些东西。如果说伊本·鲁什德否认了存在超越人类理性的真理,迈蒙尼德则承认了人类理性的不足,人的理性依赖于启示。人类理性之外没有真理,这是启蒙运动标榜的真理,是一种当时流行的理性主义。施特劳斯则认为这是伪理性,是盲目的自信,迈蒙尼德的理性主义才是真正的理性主义。

最后,针对勒维的人类理性充足的学说,施特劳斯批判其并没有解决

---

① [美]列奥·施特劳斯:《哲学与律法》,黄瑞成译,北京:华夏出版社,2011年,第65页。

② [美]列奥·施特劳斯,约瑟夫·克罗波西:《政治哲学史》,李天然等译,石家庄:河北人民出版社,1993年,第247页。

③ [美]列奥·施特劳斯:《哲学与律法》,黄瑞成译,北京:华夏出版社,2011年,第71页。

哲学与启示的关系问题。勒维从启蒙的立场来研究圣经，并为人类理性的充足性进行辩护。在他看来，圣经完全可以用科学的方法加以研究，“阐明科学研究的结果正是托拉的观点”①。随着科学的进步，人们逐渐可以揭示那些对于前人而言隐藏着的东西。迈蒙尼德不仅为人类理性设立了不可逾越的界限，也对人类自由研究的权利进行了限制。由于勒维坚持人的理智是充足的，他也主张采取与其他科学一样的方法来研究圣经和形而上学的问题，甚至启示的秘密也是可以公开传播的。人们渴望认识创世真理只是一种天性或本能，“出于一种天性的渴望，不可能指向根本无法认识的事物；因此，解决创世的问题，原则上是可能的，而非迈蒙尼德所确定的那样，根本没有可能”②。事实上，勒维只是错误地把人的渴望与人的理性联系起来。如果人没有渴望关于某种事物的知识，那么人类理性不能获取其真理。施特劳斯认为，正是因为勒维的这一假设使其陷于矛盾之中，因为事实往往是这样，“人恰恰对最难认识的那些对象，抱有最强烈的渴望”③。由此可见，对于哲学研究的自由，勒维的态度是模糊的，一方面他主张毫无顾忌地进行哲学研究，为人类理性进行辩护；另一方面，他也认为托拉和世界都是无限智慧的一部分，律法先于哲学，律法是头等大事。在施特劳斯看来，这个问题依然没有解决：这些哲人如何理解他们首先只是作为现实、作为被给予之物而接受的律法，从而从哲学上表明律法是正确的。

综上所述，迈蒙尼德的宗教哲学以一种温和的理性主义为基础。这种理性主义远不如启蒙理性那样激进，而是承认了人类理性的局限性。因此，它对启示问题始终保持一种开放的态度。同时，迈蒙尼德的宗教学说在一定程度上也赋予人类理性以重要地位，承认人类拥有哲学思考的自由。这样，理性与启示的紧张关系在一定程度上得到了调和与化解。但是，迈蒙尼德的哲学是以理性臣服于启示为前提，其目的是为启示进行理性辩护。所以，他的哲学是一种宗教哲学。从一开始，迈蒙尼德已经倒向了启示那一边。

（三）先知学的政治阐释

与伊斯兰教一样，预言在犹太教的政治哲学中具有重要地位。“预言

---

① ［美］列奥·施特劳斯：《哲学与律法》，黄瑞成译，北京：华夏出版社，2011年，第74页。
② ［美］列奥·施特劳斯：《哲学与律法》，黄瑞成译，北京：华夏出版社，2011年，第76页。
③ ［美］列奥·施特劳斯：《哲学与律法》，黄瑞成译，北京：华夏出版社，2011年，第80页。

被界定为自上帝而及于人的理性能力，其后又及于人的想象力的溢流物。"①由于人类依据自己的理性无法理解神意，神律只能通过先知的创造性的传达才能理解，因此，先知是上帝与人类之间的中介。先知承担着重要的政治功能，是人类的导师，也是政治共同体的领袖的教师。在此意义上，中世纪犹太教和伊斯兰教教义中有关先知的学说，包含着如何处理神学与政治关系的政治哲学。

在施特劳斯看来，迈蒙尼德的先知学对人的认识不同于现代启蒙运动。启蒙运动主张人具有思考的自由、"从事哲学研究的自由"，理性之光迟早要驱逐人类心灵中的无知与愚昧。这种思想的启蒙以平等主义和外传式为其主要特征，它坚信每个人都平等地拥有获取真理的能力，人们对真理探究的自由也不受任何限制。迈蒙尼德则认为，真理对于社会具有一定的危险性，"面对没有资格的大众，哲人有责任隐藏由理性获得的真理"。② 由于中世纪宗教哲学具有这样一种审慎的态度，其启蒙主要是精英主义和内传，只对具有研究潜质的人传授真理，这是对人类理智自然不平等的一种确认，也是基于对政治生活的深刻认识。这种审慎的启蒙观念源于古希腊的亚里士多德学说。亚里士多德认为沉思是灵魂的基本功能，也是最为持久和自足的实现活动。拥有智慧的人才具有独立沉思的能力，越是进行沉思也就越有智慧，这也是人性最接近神性的地方。受这种理论的影响，迈蒙尼德同样主张决定人的完美的东西是沉思，而启示的最高目的就是引导人们进行沉思。神法与启示的独特之处，正在于"它关注的是如何改进信仰，即传播关于'上帝和天使'的正确看法，教育人追求对所有存在者的真知"③。由于这种关注人性完美的律法常常以模糊的或修辞的形式呈现出来，就需要智慧之人对它进行解释。律法的这种神秘特性正是哲学进行自由反思的前提。正是由于这种原因，启示也就寻求合适的人行使哲思的功能。当哲学获得启示的授权之后，哲人就获得了哲思的自由与权利，启示也相应地成了思考的对象。总之，律法的哲学奠基就是对启示及律法的哲学式思考。

在中世纪的宗教哲学中，律法的哲学奠基也就是从人类或人性出发来解释启示。启示是神秘的，并非人人都可以理解。对于大多数资质平庸的

---

① ［美］列奥·施特劳斯，约瑟夫·克罗波西：《政治哲学史》，李天然等译，石家庄：河北人民出版社，1993年，第254页。

② ［美］列奥·施特劳斯：《哲学与律法》，黄瑞成译，北京：华夏出版社，2011年，第84页。

③ ［美］列奥·施特劳斯：《哲学与律法》，黄瑞成译，北京：华夏出版社，2011年，第85页。

人而言，其理性又不足以理解启示。宗教中的先知就是介于神与人之间的中介物，他们是实现了人之完美状态或理解神启之人，也最具有神性，负责启示在人间的宣传和执行。成为先知的人通常要具备一些条件：包括充分的理智、完美的道德和丰富的想象力。迈蒙尼德又进一步认为，只具备这些条件并不保证能够成为先知，它还具有一定的偶然性，毕竟“预言之赐予是神奇的，而预言本身并不神奇”①。之所以需要这些条件：其一，因为启示传达的是“静观真理”，只有具备哲思能力的人才能实现洞察真理，这就要求先知首先是哲人，具备理智上的完美。其二，先知分享了普通人所不具备的神性，能直接认识并获得启示真理，也就是关于彼岸的真知。非先知的哲人经过努力只能拥有关于尘世的知识，至于超越尘世的彼岸知识，他只是间接地获取一部分。因此，哲人不一定能够成为先知，先知要高于一般哲人，是哲人学习和模仿的对象。根据亚里士多德的观点，人的认知就是通过上帝赋予人的超常的“能动理智”，把人的理智现实化、大众化。因为就预言性认识而言，“单靠能动理智对人的理智的影响是不够的；先知还必须让大众直接理解自己”②，也就是先知通过一定的想象力把启示神圣化、具体化。其三，要想获得关于上界的真知，还需要人们摒弃一些肉体的快乐和利己的追求，而这些是常人所不能的。因为普通人一般对肉身和感性的依赖较强，致使他们不具备专心探求上界的真理。只有那些摆脱了对感性、欲望和下界依赖并获得上帝青睐的哲人，才能成就道德上的完美，并最终理解神秘的预言。

施特劳斯之所以对中世纪宗教哲学异常重视，主要原因在于它的政治品格。在他称为异教的犹太教和伊斯兰教的传统中，律法不仅指引着人类追求上帝的善，还详细地规定了一个共同体的政治规范。也就是说这个传统不承认世俗政治与宗教信仰的分离，认为宗教信仰是政治生活的一部分，政治生活应该始终导向一种善的生活，如古典政治哲学一样。施特劳斯发现：在中世纪“宗教首先作为一个政治事实进入哲人的视野”，因此，在犹太教和伊斯兰教共同体中“讨论宗教的哲学科目不是宗教哲学，而是政治哲学或政治科学”。③ 迈蒙尼德阐释的正是这样一种兼顾政治哲学与宗教哲学于一体的学说，以启示为核心、律法为基本规范的宗教理论也就是一种政治哲学，上帝作为律法的制定者相当于政治中的立法者。在其

① [美]列奥·施特劳斯：《哲学与律法》，黄瑞成译，北京：华夏出版社，2011年，第86页。

② [美]列奥·施特劳斯：《哲学与律法》，黄瑞成译，北京：华夏出版社，2011年，第87页。

③ [美]列奥·施特劳斯：《古典政治理性主义的重生》，郭振华译，北京：华夏出版社，2011年，第294页。

中,哲学的自由有可能危及政治共同体的稳定和存在,哲学必须要受到启示和神圣律法的指导与制约。

迈蒙尼德的先知学接受了亚里士多德的"人是政治动物"传统观点。他又强调指出:人不同于动物的地方在于人的社会性,如果他只为关注自己的生命,其生命就不是完美的,"人要真正像人一样活着,就必须生活在社会中;人类的生存和维持,有赖于人的社会生活;社会以相互交往为前提,生活若无秩序和正义,交往就没有可能"。与亚里士多德不同的是,迈蒙尼德更加强调了民众无力自治,必须有一个立法者的存在。一个社会的建立必须具有立法者,否则生活就失去了任何秩序。立法者必须有对人民讲话的权威和强制力,并要求民众服从由他制定的法律所保证的秩序,"因此,立法者也必须是一个人"①。更为重要的是,律法也导向了神圣的生活。从总体上看,律法具有两种功能:

> 第一种律法的任务,无非是使一种和平的共同生活成为可能,从而只针对身体的幸福;而第二种律法不仅以身体的幸福为目的,也同时以灵魂的幸福即完美为旨归。第一种律法是人性的律法。与此相对的律法,以灵魂的完美,更准确地说,以理智的完美为旨归,而且只为了这种人所特有的完美,并以此为前提,才能追求身体安康,这种律法是神性的律法,它的宣告者只可能是先知。②

律法的二元性分别指向了不同的生活目标。前一种律法是世俗性的和人为的,其目标在于实现人类此岸的幸福和人类肉体的安康。后一种律法是属神的,它是由先知制定并传达给民众。先知集卓越的道德和优异的理性能力于一身,并深刻了解人类的灵魂需求。这具有双重关照的神律不仅较好地平衡调节了多元的、复制的且相互之间存在着冲突的人类需要,也更加保证了人类对善和真理的追求,它的真正目标在于帮助人们追求至善的生活。在这里,神律高于俗律。虽然俗律在尊严与完美方面低于神律,但在时间上,肉体的安康和社会的稳定却先于人的完善。可见,共同体生活是人追求完善的先决条件。这样的神律就具有维护共同体的功能,先知学在处理神学与政治关系的意义上实则为一种政治哲学。在中世纪的

---

① [美]列奥·施特劳斯:《哲学与律法》,黄瑞成译,北京:华夏出版社,2011年,第108页。

② [美]列奥·施特劳斯:《哲学与律法》,黄瑞成译,北京:华夏出版社,2011年,第51、52页。

犹太教传统中,启示在宣示律法上的意义甚至高于传达真理。因此,迈蒙尼德坚信,律法的首要意义在于为共同体奠基、为之立法,这一意义远远大于其哲学目的。

政治哲学意义上的律法是如此重要,基于它建立起来的政治共同体是正义的,是神意的安排。迈蒙尼德曾经提到:犹太人并不需要哲人们的政治教诲,因为我们有《律法书》。与现代国家的人为法律不同,神法的引导是全方位的,"人要过日子,就需要指导,结果就需要律法;日子要过得好,就需要获得幸福,需要神法(divine law)——它不仅像人法(human law)把人们引向和平与道德上的圆满,而且还进一步引向对最高真理的理解,并由此引向最高的完美性"①。由于犹太教和伊斯兰教的律法具有如此重要的政治意义,从政治学的角度考察启示宗教,也就构成了理解中世纪宗教哲学的思想基础。

从表面上看,迈蒙尼德之所以把律法看作是政治性的,依据的是亚里士多德的政治学传统,施特劳斯却认为迈蒙尼德的政治哲学是一种经过修正的古典观念,其真正来源应该是柏拉图主义。一方面,在柏拉图的《王制》中,先知就是国家的缔造者;《法义》是关于预言和沙里亚的经典著作。我们也必须注意到:只有在西方世界,被奉为经典的是亚里士多德的《政治学》,"在伊斯兰—犹太世界,政治科学的经典则是《王制》和《法义》"。②在另一方面,亚里士多德主义过多地赋予哲学的沉思以绝对的自由,而更早的柏拉图学说关注的却是哲人保护自身和政治的责任,"哲人也处在城邦之下,他必须在城邦前自辩"③。最后,希腊人和犹太人也一致认可神法的观念,这种神法可以是单行的也可以是总体的律法,同时既是宗教律法又是民法和道德法。

为了帮助我们理解先知学与古典政治哲学的亲缘关系,施特劳斯对之进行了比较:犹太教中的先知是具有哲学家头脑和立法者身份的人,他实际上是政治共同体的缔造者。"先知在中世纪政治学所占有的位置,与哲学王在柏拉图的政治学所占有的地位相同。"④当然,这种宗教哲学与柏拉图政治哲学也存在差异:在柏拉图政治思想中,哲学王的出现并非是必然

---

① [美]列奥·施特劳斯:《简评迈蒙尼德和阿尔法拉比的政治学》,程志敏译,见刘小枫主编《犹太哲人与启蒙——施特劳斯讲演与论文集:卷一》,北京:华夏出版社,2010年,第166页。

② [美]列奥·施特劳斯:《古典理性主义的重生》,郭振华译,北京:华夏出版社,2011版,第294页。

③ [美]列奥·施特劳斯:《哲学与律法》,黄瑞成译,北京:华夏出版社,2011年,第120页。

④ 施特劳斯:《犹太哲人与启蒙——施特劳斯讲演与论文集:卷一》,刘小枫编,张缨等译,北京:华夏出版社,第167页。

的，只是寄希望于未来的某个时刻，机遇与政治权力的偶然一致；其整个政治学是围绕形而上学和人的灵魂学说进行探究的。而犹太教和伊斯兰教中的先知是在过去某个时刻出现的、真实的先知，律法是上帝启示给予人类的行为和信仰的规范，不依赖于哲学的证实或解释。施特劳斯认为，犹太教的先知可以说是柏拉图的哲学王理想的实现。在这里，他们“按照柏拉图的哲学来理解启示。他们由一个非柏拉图式的前提——启示的前提——出发来汲取柏拉图的政治学”①。这种修正已经抹杀了柏拉图政治哲学的探寻(quest)的特质，也是对柏拉图理想国学说的一种批判、对哲学的一种质疑。“如果完美社会的缔造者只可能是一位先知，那么这意味着，对于仅仅是哲人的人而言，要缔造完美社会是不可能的。”②而在柏拉图的学说中，哲人王的设想并没有彻底解决哲学与政治的冲突问题。在中世纪宗教哲学那里，统治者—哲人已经超越了哲人，比哲人更具有现实性。这种修正不管多大，都不能遮蔽中世纪宗教哲学与柏拉图政治学的传承关系，因此，柯亨将伊斯兰哲人和迈蒙尼德视为柏拉图的传人。

关于迈蒙尼德的政治哲学到底是柏拉图式的还是亚里士多德式的，施特劳斯明显偏向了前者。柯亨曾经指明了两种传统的对立：柏拉图的首要问题是好的、正确的生活，是真实的国家；亚里士多德关心的是思考存在者与认识存在，主张静观的生活。如果说迈蒙尼德是亚里士多德主义者，迈蒙尼德的先知肯定与亚里士多德的哲人存在着冲突，因为在迈蒙尼德那里，先知具有管理能力，高于哲人。因此，“亚里士多德的神不是以色列的上帝；一个犹太人作为犹太人，不可能是亚里士多德派；他不会也永远不会仅仅执着于静观优先(Primat der Theorie)”。③ 柏拉图的学说则不满足于沉思的生活，他的哲学王是实践性的。哲人必须注意到现实的城邦，让城邦接受哲人的指引。柏拉图“‘强迫’哲人为他人着想并看护他人，以便使得国家成为现实的(in Wirklichkeit)国家、真实的国家”。④

施特劳斯曾经讲过，“迈蒙尼德学说的典型特征是强调政治的考虑甚于强调奇迹的解释”。⑤ 如果我们仅仅把它视为一种宗教哲学，就会错失它的重要意义。先知就是立法者，律法就是完美的法律。对启示、先知和

---

① [美]列奥·施特劳斯：《哲学与律法》，黄瑞成译，北京：华夏出版社，2011年，第57页。
② [美]列奥·施特劳斯：《哲学与律法》，黄瑞成译，北京：华夏出版社，2011年，第115页。
③ [美]列奥·施特劳斯：《哲学与律法》，黄瑞成译，北京：华夏出版社，2011年，第118页。
④ [美]列奥·施特劳斯：《哲学与律法》，黄瑞成译，北京：华夏出版社，2011年，第119页。
⑤ [美]列奥·施特劳斯，约瑟夫·克罗波西：《政治哲学史》，李天然等译，石家庄：河北人民出版社，1993年，第258页。

律法的推崇,背后隐藏的是施特劳斯对现代理性主义的失望。他认为启蒙哲学的理性主义是一种无知的认识,它将导致宿命论、无神论和虚无主义,真正的理性主义将是对人的理性持保留、审慎态度的理性。政治生活尤其是这种,因为对于普通民众而言,完全的启蒙根本是不可能的。各种政治体必须依靠一个不容置疑的神的存在,否则,哲学将摧毁政治的存在。

对于施特劳斯而言,先知学的政治意义在于维护社会的稳定,即保证社会的统一信仰。他预设了人的自然不平等是永恒的,人民是不可能完全被启蒙的这一假设。现代学者霍布斯在论及宗教时也谈到这一问题。他认为存在两种不同性质的宗教政治:人的政治和神的政治。"一种人根据自己的独创加以栽培和整理,另一种则是根据上帝的命令与指示。但这两种人做的目的都是要使依附于他们的人更服从、守法、平安相处、互爱、合群。"①第一种是人类政治的一个组成部分,是尘世君主施加于其统治的臣民的义务,一般存在于异教徒和立法者的国家,后者属于天国子民的戒律,是亚伯拉罕、摩西和救世基督掌控的天国。对于人的政治而言,统治者为了让人民服从,宣扬他们的宗教信条不是自己毫无依据地提出来的,而是某位神或其他精灵的指令。启示或神迹就是以某种超自然的力量显示出来并使人们信服的东西。虽然宗教无法从人性中根除,但某些神迹并不能总是保持其神秘性。随着科学的进步,"当掌管宗教的人的智慧、笃信或仁爱受到怀疑时,或是不能显示任何可能的神启的征象时,他们想要维持的宗教便也必然会见疑于人;如果不用世俗的武力威慑,便会遭到反对和抛弃"②。一旦宗教失去人们的信仰,政治的权威受到质疑,社会稳定的基础便不存在了。

三、迫害与写作艺术:哲学与政治的冲突

施特劳斯在《哲学与律法》中论述了迈蒙尼德先知学的政治含义,并把它追溯到了古希腊柏拉图主义。在该书中,施特劳斯已经从政治的角度论证启示的必要性。"正是启示性的法律促使哲学家去过一种哲学式的生活,同时也规约哲学家生活于其中的共同体的生活。"③但此时的施特劳斯并没有否定启示的认知价值。随着对法拉比转向研究的深入,施特劳斯逐

① [英]霍布斯:《利维坦》,黎思复等译,北京:商务印书馆,1985 年,第 83 页。

② [英]霍布斯:《利维坦》,黎思复等译,北京:商务印书馆,1985 年,第 89 页。

③ [法]丹尼尔·唐格维:《列奥·施特劳斯思想传记》,林国荣译,长春:吉林出版集团,2011 年,第 74 页。

渐否认了启示在认识上的优先性,并开始意识到理解哲学与政治关系的重要性。同时,在对中世纪犹太哲学和伊斯兰哲学的研究过程中,特别是对中世纪犹太思想家迈蒙尼德和哈列维著作中的隐秘写作技艺的解读中,施特劳斯意识到哲学与政治的冲突的恒久性。

(一)阿尔法拉比转向与古典政治哲学的重生

阿尔法拉比是迈蒙尼德比较推崇的伊斯兰宗教哲学家。施特劳斯也认为,"只有从法拉比的柏拉图化的政治学(Platonizing politics)出发,而根本就不从各种现代观念、或严格说来经院学所提供的各种类比(analogies)出发,不管那些东西有多著名——只有这样才有望达到对中世纪的穆斯林哲学和犹太哲学的真正理解"。[①] 法拉比对于政治哲学史的贡献,也就在于他致力于恢复古典政治的传统,并使在中世纪的启示宗教背景下理解这一传统成为可能。在《哲学与律法》中,施特劳斯已经开始表现出对法拉比的兴趣,并把他看作是先知学传统中的一位重要人物。在此后的中世纪哲学研究中,法拉比成为继迈蒙尼德之后的第二位重要研究对象。正是由于施特劳斯研究的法拉比转向,古典哲学的真正面目才得以完全显现。

首先,通过对"启蒙"和启示宗教的的双重批判,法拉比发现伊斯兰教与古典政治哲学的融通之处。阿尔法拉比生活在公元九、十世纪的伊斯兰世界。这一时期有两个重要特征:一个是"并不比智术师和苏格拉底时代更是'启蒙'"的时代,也就是说这一时期人类理性和科学已经得到一定程度的发展,虽然还远未到达17、18世纪的水平;另一个是政治生活的根基又被千禧年动乱和各种对宗教的批判所动摇。法拉比从柏拉图的政治学中发现了摆脱自然主义与超自然主义这种困境的中庸之道。这种自然主义是"认可自然人的野蛮和毁灭的本能,也就是主人和征服者的本能";超自然主义就是那种"意图成为奴隶道德的基础"的宗教学说。[②] 通过回归柏拉图的政治哲学,法拉比试图把这两者连根拔起并实现更高程度的宗教批判。

伊斯兰教和犹太教传统与基督教明显不同。前者心目中的启示具有律法的特征,同时也是一个社会行为和思想的规范。经过具有智慧和忠诚的先知的解释之后,它便成为完美的律法和完美的政治秩序。在这种宗教

---

① [美]列奥·施特劳斯:《简评迈蒙尼德和阿尔法拉比的政治学》,程志敏译,见刘小枫主编《犹太哲人与启蒙——施特劳斯讲演与论文集:卷一》,北京:华夏出版社,2010年,第170页。

② [美]列奥·施特劳斯:《简评迈蒙尼德和阿尔法拉比的政治学》,程志敏译,见刘小枫主编《犹太哲人与启蒙——施特劳斯讲演与论文集:卷一》,北京:华夏出版社,2010年,第170页。

环境中,启示具有明显的优势,是第一位的和主导性的;哲学必须在启示面前为自己进行辩护,这也是阿尔法拉比所面临的任务。基督教本身则是《圣经》传统与亚里士多德主义的结合,哲学为自身辩护的紧迫性远不及犹太教和伊斯兰教。施特劳斯认为,在这样的背景下,法拉比已经意识到:"如果中世纪伊斯兰哲学和犹太哲学必须得到正确理解的话,它们就必须具有哲学意义。"[①]在犹太和伊斯兰哲学传统中,它们接受了与其启示宗教相接近的柏拉图政治哲学,尤其是柏拉图的《王制》和《法义》。施特劳斯曾经提到,柏拉图的《王制》给了法拉比很大的启发,"促使他将严格意义上的整个哲学呈现于政治框架内"[②]。

在《迫害与写作技艺》一书的导论中,施特劳斯认为法拉比的论述是大胆的,他甚至得出了"法拉比拒绝柏拉图的来世思想、坚信哲学高于启示"的结论。法拉比主张,关于人的幸福的科学不可能是宗教的冥想,而是哲学。哲学引导人类走向幸福,而不是启示宗教。在认识的层次上,哲学也高于宗教。我们注意到,对于一个宗教哲学家而言,法拉比走得如此之远,甚至到了否认宗教的地步。需要记住的只是:为了对哲学和政治生活辩护,法拉比确实有必要那么做。重要的是,法拉比一直在寻找伊斯兰教与古典政治哲学的共通之处,而不是它们之间的冲突与差异。这种共通之处实在太多了,比如二者都把高于人的神作为立法的基本依据,并相信良好的政治制度应该包含着对神圣存在物和自然世界的正确信念;都坚持共同体的缔造者、立法者和继承人在共同体创建和保持中具有核心地位;都反对精神或灵魂派生于肉体的观点等等。[③] 对于法拉比而言,伊斯兰教的优点在于其政治性格,柏拉图政治哲学的优点在于对神法的信仰,对完美立法者的重视;只有把二者结合起来,才能使伊斯兰教克服当时所面临的困境,更好地处理神学与政治学的关系。

其次,阿尔法拉比政治哲学的核心是论证一种以美德为核心的善的制度。他认为人是介于自然存在物和神的存在物之间的存在,政治科学就是人的科学,是理解人的特质、完善的构成要素和完善的途径的重要科学。人类完善的实现"有赖于使其行为服从理性的认识和思考,并通过理性来

① [美]列奥·施特劳斯:《迫害与写作艺术》,刘锋译,北京:华夏出版社,2011年,第2页。
② [美]列奥·施特劳斯:《迫害与写作艺术》,刘锋译,北京:华夏出版社,2011年,第3页。
③ [美]列奥·施特劳斯,约瑟夫·克罗波西:《政治哲学史》,李天然等译,石家庄:河北人民出版社,1993年,第223页。

选择其行为动机"①。通过理性选择达至的善是人性的最高的善和幸福。有助于人类完善和幸福的活动就是高尚的活动,反之就是卑贱的活动。这些高尚的活动所从出的那种素质和状态就是美德。根据柏拉图的人的完善理论,法拉比也认为人的幸福与完善需要理性约束低等的欲望,需要一定的技能与学问。"善的制度中的一切居民必须具备共同的世界观、人生观和政治观。"②由于资质的不同,理想的制度是贵族制或非世袭的君主制。统治者说服或者强迫大众追寻美德和完善,帮助他们实现人生的幸福。城邦的结构依然是等级制:智慧者或哲学家能够认识事物的本性,拥有关于神和自然的知识,居于社会的顶层;哲学家的追随者居于中间阶层;靠比喻认识事物的大众则位居末等。

最后,法拉比认为最好的统治者是先知和哲学家的结合。尽管在法拉比的政治哲学中,启示宗教的认识功能被弱化,但是由于穆罕默德的启示在伊斯兰教中的基础地位,他还是给神法、先知和预言留下了一定的空间。在政治体内,宗教是一套富有想象力的、神律形式的表象,神律是为人的特殊团体而制定的。为了保证对神圣存在物和世界原则的信仰,法拉比把神学与政治哲学结合起来。考虑到普遍大众并不能直接拥有关于神圣之物和世界的直接知识,"统治者应该把统治术与预言术或哲学之术结合起来。统治者先知或统治者哲学家是那种为最好的政治制度提供答案的人"③。作为善的制度的统治者,他们必须具有关于神事和人事的专门知识,并且有感觉、想象力和理性的能力。这就意味着,对于统治者来说,哲学和智慧都不是充分条件,只要不具备完善的能力来模仿理论知识,并让普通大众所接受,就不具备统治的资格。

综上所述,法拉比的宗教哲学就是一种政治哲学或神学的政治化,其激进程度远远超越了迈蒙尼德,因为迈蒙尼德始终没有忘记超越人类理性的存在。不管二者存在何种区别,施特劳斯都把伊斯兰教和犹太教的宗教哲学视为政治哲学,它们继承自柏拉图主义。在这里,施特劳斯也面临着理论上的困境,因为在他为之辩护的柏拉图式的古典政治哲学中,哲学并不拥有确定的真理,而是对真理的探求。正如后来丹尼尔·唐格维(Daniel

---

① [美]列奥·施特劳斯,约瑟夫·克罗波西:《政治哲学史》,李天然等译,石家庄:河北人民出版社,1993年,第225页。

② [美]列奥·施特劳斯,约瑟夫·克罗波西:《政治哲学史》,李天然等译,石家庄:河北人民出版社,1993年,第226页。

③ [美]列奥·施特劳斯,约瑟夫·克罗波西:《政治哲学史》,李天然等译,石家庄:河北人民出版社,1993年,第229页。

Tanguay）所言，当中世纪宗教哲学家用柏拉图主义来解释启示宗教时，由于启示是给定的、不容违反的，“他们不再认为完善的城邦需要继续寻求，因此他们也就背离了柏拉图”①。

（二）迫害与写作技艺

在中世纪宗教哲学的先知论中，想象力是先知必须具备的条件之一。这个条件的直接依据就是哲人与大众理智水平之间的差异。哲人能够直接认识下界真理，并间接认识部分上界真理；而大众则只能理解经过神圣化或具体化的真理。在施特劳斯看来，这种差别是政治社会的普遍状况，是无法消除的自然存在，它也暗示了哲学与城邦、科学与社会之间的冲突。比如法拉比也曾隐晦地拒绝了柏拉图梦想的哲学与政治实现联合的可能性，最后以哲人隐秘的王权代替了柏拉图的哲学王。在对中世纪哲学的解读中，施特劳斯对于哲学与政治的紧张关系的理解进一步的深化：

> 每一个社会最终都依赖某些特定的价值或特定的神话，亦即，依赖某些并不比其他任何假设更优越或更可取的假设。他们由此暗示，社会科学揭示和强调的是，任何既定社会潜在的基本假定都具有武断特性；而社会科学渴望变得“客观”和“非教条”。然而，他们没有看到，这种状况在社会科学的诉求（认识真理并教诲真理）与社会的诉求（全心接受社会的诸原则）之间产生了一种紧张。②

这也是施特劳斯倡导一种哲学社会学的出发点：思想、哲学或科学与社会、世界、城邦或政治领域之间存在着不可调和的矛盾或冲突。这种冲突是政治社会不可消除的一种常态。哲人在城邦面临的这种困境或迫害，既不意味着他必须接受与自己见解不同的大众意见，也不能阻止其独立思考和表达自己知道的真理。在表达真理时，审慎的哲人将采取一种独特的写作艺术：

> 只要涉及至关重要的问题，真理就毫无例外地透过字里行间呈现出来。这种著述不是写给所有读者，其针对范围仅限于值得信赖的聪

① ［美］丹尼尔·唐格维：《列奥·施特劳斯思想传记》，林国荣译，长春：吉林出版集团有限责任公司，2011年，第82页。

② ［美］列奥·施特劳斯，林志猛译：《注意一种被遗忘的写作艺术》，见《什么是政治哲学》，北京：华夏出版社，2011年，第216页。

> 明读者。它具有私下交流的全部优点，同时免于公共交流最大的弊端：作者又可能被处以极刑……①

这种特殊的写作技艺又称作“字里行间的写作方式”。在涉及至关重要的问题时，真理就通过字里行间表现出来，它针对的是值得信赖的聪明读者，即潜在的哲人；通过显白的表述表现出来的东西，针对的是普通的大众，其内容并不违反公共意见。前者往往隐藏在后者之中，而隐藏起来的前者往往是重要的。这是所有持异端观点的作家被迫采用的一种独特的写作技巧，它既有利于保护作者以躲避官方的审查，同时也是出于对社会的保护。因为哲学不但侵犯社会，还能危及社会。古代作家基于这样的一种洞见，“那种将正人君子与卑鄙小人一视同仁的政治教诲，从一开始就是非政治的，也就是说，在政治上或对社会而言是不负责任的”②。哲人公开传播自己的真实观点是不可能的，也是危险的。施特劳斯认为古代哲人发明并实践了这一写作技艺，但直到现代以来，它才渐渐被人们遗忘。

施特劳斯认为，当一部作品的构思出现了模糊性，或者一部著作的内部的论证出现矛盾，以及一个作家的不同著作的观点出现冲突的时候，我们就要考虑迫害这样一种可能。这时，作者经常重复的观点可能并不是作者的真正观点，他偶尔暗示的观点则可能是作者认同的观点。阅读这类作家著作的前提条件是必须考虑作者显明的叙述，然后，我们还必须真正理解“一个陈述的语境以及整部作品的文学特性和构思，然后才能合理地宣称，对这个陈述的解释是充分的或正确的”③。如果文中出现了明显的错误或纰漏，就要考虑作者是否是有意为之。一个作者的真正观点未必就是他在最大段落中表达的观点。这种理解不同于当代的历史主义理解。历史地理解要求对过去每个时期的著作或作家都按其本身来解释。用以描述作家或著作的词语都必须是作家本人使用过的，必须得到作家本人明确陈述的证实。在施特劳斯看来，历史主义的理解错误在于强调历史精确性的同时，忽视了对文本的全面理解，即文本的整个文学特性和整篇构思。它“先验地将昔日作家那些仅仅透过字里行间暗示出的观点从人类知识领

---

① ［美］列奥·施特劳斯：《注意一种被遗忘的写作艺术》，林志猛译，见《什么是政治哲学》，北京：华夏出版社，2011年，第215—216页。

② ［美］列奥·施特劳斯：《什么是政治哲学》，李世祥等译，北京：华夏出版社，2011年，第76页。

③ ［美］列奥·施特劳斯：《迫害与写作艺术》，刘锋译，北京：华夏出版社，2011年，第24页。

域中排除出去”，[①]或者把透过字里行间进行的解读贬为任意的猜想，这样，历史主义的解读就有可能错过文本传达的真正意义。

施特劳斯在对中世纪迈蒙尼德和哈列维哲学的解读中，阐述了显白技艺的必要性以及哲学与政治的冲突的必然性。迈蒙尼德主要基于人的智力的自然差异来使用这一技艺。正是人类智力差异的自然存在，决定了真理不是人人都能掌握的。理解律法的奥秘只能是少数人所能实现的，对律法奥秘的解释必须向多数人保密。大多数人只能把律法视为行为的指南，哲人必须尊重他们对律法的理解，尊重宗教共同体的基础。因此，启蒙的对象只能是少数经过理智训练的有潜力的未来哲人，这种启蒙是内传式、隐秘式的。城邦的存在以意见为基础，哲学与政治的对立是恒久的现象。哲人关注的是永恒的事物，是对存在物的沉思。在他们看来，哲学生活高于政治生活，哲学也有摧毁城邦的危险。由于哲人本身并不是自足的，他在一定程度上要依附城邦而存在。为了不危及城邦的存在，哲人必须表面上表现出并不违背城邦的意见，又秘密地把自己关于真理的真实观点传达给未来的哲人。这也是中世纪启蒙的特点。现代历史主义者则对哲学与政治的关系抱有乐观的态度，并认为隐秘写作只是过去时代的产物。根据启蒙精神，他们乐于相信：“压制自由研究，压制自由研究成果的发表，这只是一种偶然现象，是政治体不健全的结果，普遍黑暗的王国将被普遍光明的王国取而代之”。[②] 施特劳斯认为这种理想源于现代启蒙运动。现代启蒙主张人人都可以成为启蒙的对象，理性之光可以普照大众。在施特劳斯看来，迈蒙尼德对人自然差异的理解优于现代哲学，因为后天的培育和教育并不能抹灭人类的这一自然差异。

哈列维则站在为道德辩护的角度，从哲人关于理性法的双重描述出发，阐述了哲学与政治的冲突。哈列维认为哲人从其本性上是反对一切启示的。“哲人断言，沉思本身高于行为本身：从哲人的观点来看，好品格、好行为本质上不过是沉思生活的手段，或沉思生活的副产品。”[③]即哲人从其本性上是远离社会，对启示有摧毁作用的。同时，哲人也意识到这一点，“一个不受启示法典支配的社会不可能长存，或者说，不但宗教对每个社会

① [美]列奥·施特劳斯：《迫害与写作艺术》，刘锋译，北京：华夏出版社，2011年，第20页。

② [美]列奥·施特劳斯：《迫害与写作艺术》，刘锋译，北京：华夏出版社，2011年，第27页。

③ [美]列奥·施特劳斯：《〈卡尔扎人书〉中的理性之法》，林志猛译，见《迫害与写作艺术》，北京：华夏出版社，2011年，第108页。

的长存具有根本意义,启示亦复如此”。[①] 面对如此境遇,哲人完全有理由信奉自己并不信仰的宗教,从言行方面尊奉该宗教的要求。一旦遇到紧急情况,哲人完全有可能抛弃这种宗教,追随哲学的理性法。施特劳斯认为,哲人的“理性法”是一个含糊的概念,或者说具有双重含义:一种含义是指“一种仅为哲人提供导向的本质上与政治无关的行为准则”,另一种含义是指“本质上具有政治性的法典”。[②] 前者具有隐微意义,后者则属显白说教,因为哲人也意识到宗教对于政治体的必要性。哈列维认为从后者的意义上说,理性法就是一种统治型宗教或者推论性宗教。它服务于统治或者以个人的理性对激情的支配为目的。这种宗教的基础是论证性的、修辞性的或其他形式的推论,作为一个整体而言,它是不完整的或者无根据的。有多少个哲学派别就有多少个这样的宗教。最终,“它导致了怀疑和无政府状态:哲人们不能就单一的行为或信念达成一致意见”[③]。这种理性宗教强调的是实践理性优于理论理性,从实践上看,它的教义是有用的,但从理论上说却根本不是理性的。在施特劳斯看来,后者意义上的理性法就是历史主义或虚无主义的温床,无法为人类的道德提供任何指导。因此,只有在启示为前提的情况下,统治型宗教才能达到人的物质福祉和灵魂福祉;只有在信仰的基础上,理性才有意义。

这种“双重的写作技艺”就是政治修辞或修辞学。柏拉图曾经在《高尔吉亚篇》中通过苏格拉底与高尔吉亚的谈话对修辞学进行了探讨。根据柏拉图的看法,修辞学是“通过言语来产生影响”的技艺,[④]或者是一门“说服”的科学。虽然修辞对于政治很有必要,但修辞可以为善,同样也可以作恶。在施特劳斯看来,对于何谓善,普通人难以理解,这就需要先知或者立法者运用想象力甚至谎言说服被统治者。也就是说,哲学与政治之间的冲突虽然难免,但可以用双重写作的技艺来缓和两者的冲突。古典立法者与犹太教的先知一样,“先知就是《王制》和《法义》意义上的理想城邦的建立者”。[⑤] 二者对哲学与政治抱有一种清醒、审慎的态度。可疑的是,我们如

① [美]列奥·施特劳斯:《〈卡尔扎人书〉中的理性之法》,林志猛译,见《迫害与写作艺术》,北京:华夏出版社,2011年,第127页。

② [美]列奥·施特劳斯:《〈卡尔扎人书〉中的理性之法》,林志猛译,见《迫害与写作艺术》,北京:华夏出版社,2011年,第110页。

③ [美]列奥·施特劳斯:《〈卡尔扎人书〉中的理性之法》,林志猛译,见《迫害与写作艺术》,北京:华夏出版社,2011年,第113页。

④ [古希腊]柏拉图:《柏拉图全集》第1卷,王晓朝译,北京:人民出版社,第323页。

⑤ [美]施特劳斯:《犹太哲人与启蒙——施特劳斯讲演与论文集:卷一》,刘小枫编,张缨等译,北京:华夏出版社,第168页。

何分辨哪些是作家的真正意图,哪些是其背后隐藏的真理,政治修辞学真能弥合哲学与政治的冲突吗?

(三)从政治神学到政治哲学

施特劳斯的斯宾诺莎宗教批判表明:不管是自由民主制的同化主义方案,还是以政治性解决方案取代神迹救赎的政治锡安主义方案,它们都是启蒙哲学改头换面的产物,都无法合理解决现代犹太人问题。通过柯亨的指引,施特劳斯走进了中世纪的伊斯兰教和犹太教哲学,走进了迈蒙尼德和阿尔法拉比等宗教哲学家。在中世纪异教传统中,哲学与宗教的关系可以说是互为前提或相安无事。它们都认识到了自身的局限性,互相都给予了对方存在的理由。当然,说它们互相妥协是较为恰当的,相安无事只是一种表面现象。哲学与宗教的本性,决定了它们之间的冲突的必然性。施特劳斯决定要做的绝不限于这一地步,他不仅要恢复哲学与启示争斗的原初层面,还要恢复古典和现代政治哲学争斗的原初层面。①

我们在一定程度上可以说施特劳斯借用政治神学的某些观点攻击了斯宾诺莎的自由主义的政治方案,但是,他的立场绝非主张一种政治神学。在迈尔看来,政治神学是施密特的专属用语,是与施密特联系在一起的。"它是一种依每个政治神学家自己的理解而以上帝的启示为至高权威和终极基础的政治理论、政治教义和政治立场的规定"。② 在迈尔看来,政治神学对于施密特而言是一个万能的武器,在与自由主义政治哲学的争论中,它是最为有力的手段。施特劳斯也借用了这一武器来反驳基于现代科学的政治理论。也就是说,在这里政治神学与政治哲学共同反对现代科学对于政治正当性的淡化和恶意的删除。然而拥有共同的敌人并没有消弭二者之间的对立态度。政治神学否认政治生活基于理性的可能性,而求助于超验的启示,政治哲学则要求把政治的理解建立在人的智慧之上。当政治神学完成它的任务之后,施特劳斯就转向古典的政治哲学。

对于哲学与启示(宗教)之间的冲突,施特劳斯把我们引领到了希腊哲学与《圣经》传统的一致与对立。他认为这两者是西方文明的重要元素,二者之间的冲突贯穿了西方文明史,也是西方文明的活力所在。施特劳斯在《耶路撒冷与雅典:一些初步的思考》一文中曾经这样强调:

---

① [美]丹尼尔·唐格维:《列奥·施特劳斯思想传记》,林国荣译,长春:吉林出版集团有限责任公司,2011 年,第 61 页。

② [德]迈尔:《隐匿的对话——施密特和施特劳斯》,朱雁冰等译,北京:华夏出版社,2008 年,第 103 页。

> 我们提到耶路撒冷与雅典,似乎意在驱使我们超越任何一方的自我理解。或者,是否有一个概念、一个词可以指称那个《圣经》和希腊人在伟大的著作都声称要传达的至高物?确实有这样一个词——智慧。不仅希腊哲人,连希腊的诗人都会被认为是有智慧的人,而在《托拉》中,"托拉"就被说成"万族眼里的你们的智慧"。因此,我们必须尝试去理解,《圣经》的智慧与希腊人的智慧有什么差异。①

首先,我们考察一下两种传统的一致性。对于这种一致性,施特劳斯是根据它们是现代性的对立面的意义上而言的。第一,不管是圣经的上帝创世说还是古典哲学的世界恒在说,"它们都关注道德重要性、关注道德的内容,关注道德的根本不足"②。对于二者而言,人类的道德都不是自足的,仅仅依靠自身是无法走向完善之路的,因此,它们都拒绝崇拜人类自身,都主张崇拜高于人性的东西。施特劳斯也认为,"柏拉图的《法义》对这个论题的说法,与摩西的说法完全一致"③。柏拉图暗示甚至明言,城邦的善需要神律的引导,圣经也主张人不具有善恶的知识,也禁止人类获取这样的知识。第二,两种传统都同样关注正义问题,关注完全正义的社会。"苏格拉底对最佳社会秩序的勾勒与众先知对弥赛亚时代的视见是一致的"。④ 正义是最重要的德性,它包含着对神圣律法的尊崇与虔敬。在圣经传统中,托拉指导着人类的整个生活,柏拉图则强调"律法使服从它的人蒙受神佑"。圣经的上帝之治和柏拉图的神律之治从根本上都是神权政制,体现的都是神权的正义。我们可以看出,这些相同点都源于一点,即"神性律法这个观念似乎是圣经和希腊哲学的共同立足点"⑤。神律的观念之所以对它们如此重要,在于两种传统在不同的根基之上都接受了亚里士多德主义,把人类视为政治性动物;同时二者皆视人类理性是不能自

① [美]列奥·施特劳斯:《柏拉图式政治哲学研究》,张缨等译,北京:华夏出版社,2012年版,第199页。

② [美]列奥·施特劳斯:《进步还是回归?》,郭振华译,刘小枫选编《西方民主与文明危机》,北京:华夏出版社,2018年,第281页。

③ [美]列奥·施特劳斯:《进步还是回归?》,郭振华译,刘小枫选编《西方民主与文明危机》,北京:华夏出版社,2018年,第282页。

④ [美]列奥·施特劳斯:《柏拉图式政治哲学研究》,张缨等译,北京:华夏出版社,2012年,第231页。

⑤ [美]列奥·施特劳斯:《进步还是回归?》,郭振华译,刘小枫选编《西方民主与文明危机》,北京:华夏出版社,2018年,第284页。

足的。

两种传统表面上的一致并不能掩盖根本上的冲突。在希腊哲学中，对神法的服从之爱只是一种附属功能，在《圣经》传统中，对上帝的爱才是至上与根本的，哲学只是神学的婢女。也就是说，非主导性的一方总是作为达到另一方目的的工具或补充而存在。比如当希腊哲学接受神律时，它往往出于政治上的需要；圣经承认哲学的必要性时，则是出于论证上帝的需要。即便哲学与启示暂时能够和平相处，根本性的冲突总有随时爆发的可能。这是因为，“每一种情况下被使用者都会反抗这种使用，因此这种冲突确实是一种根本冲突”①。两种冲突具体表现在：

第一，在生活态度上，希腊哲学强调人类理性的作用，主张自主认知的生活是一种有价值的生活，是苏格拉底式的反思的生活。《圣经》传统宣传的是神意指导下的生活，是对上帝的虔敬。在柏拉图的形而上学中，“他求助于永恒理式后才创造这个世界”，“永恒理式要高于他自身”。② 哲人对善的生活的探求基于这一永恒的理式。当希腊哲人强调以人类的沉思或知性来完善道德，追求人的完美时，圣经则以谦卑、罪感和神的救赎来完善道德。这样，缺乏神意支撑的哲学随时有挣脱神学枷锁的危险。第二，二者关于完美社会的理想也是不同的。古典哲人的最佳政制是哲学与政治权利的偶然结合，是哲学王的统治。在最佳政治社会里，虽然罪恶已完全被消除，但不同政治社会间的战争仍然存在。众先知的理想社会是弥赛亚时代的来临，是上帝统治之下的普世社会。最后的、也是最重要的区别在于，希腊哲学传统以这种观点为前提，“存在像自然或诸本性这样的东西——这样的观念在圣经思想中没有对应物”③。哲学是对当多种“习惯”的好发生冲突时的一种解决方案，探询的是一种超越性的好。施特劳斯在这里的真实意图是，他并不赞成简单的服从的生活。如郎佩特指出的那样，“耶路撒冷代表把所有情况简单归入有待服从而非探究的、由神永久给予的普遍和不可变更的规则。雅典代表对情境随机应变的回应，七十岁的苏格拉底，理性而非热诚地放弃生命，这是一个针对非理性服从的有力声明”④。

---

① ［美］列奥·施特劳斯：《进步还是回归？》，郭振华译，刘小枫选编《西方民主与文明危机》，北京：华夏出版社，2018 年，第 281 页。

② ［美］列奥·施特劳斯：《柏拉图式政治哲学研究》，郭振华译，北京：华夏出版社，2011 年，第 330 页。另外，这里的“理式”即柏拉图的“理念”。

③ ［美］列奥·施特劳斯：《进步还是回归？》，郭振华译，刘小枫选编《西方民主与文明危机》，北京：华夏出版社，2018 年，第 291 页。

④ ［美］郎佩特：《施特劳斯的持久重要性》，刘研译，北京：华夏出版社，2019 年，第 266 页。

对两种传统的比较表明,施特劳斯已经站在哲学而非宗教的立场了。他对现代犹太人问题的关注,不仅仅是因为犹太人身份的自然情感,更是在于这一问题的普遍性和对于这一问题的理性思考。由于“人不可能脱离自己的出身,也不可能通过希望过去不存在来消除过去”,[①]在一个自由民主社会中,多数人对少数人有特殊身份的歧视是普遍的,法律的平等不能代替社会的平等。启蒙哲学的科学解决方案是通过方法的发现,拉平理智不平等的个人,消除人与人之间的自然差异。在对整全的认识上,现代科学则企图把超越人类经验的存在驱逐出哲学和宗教之外,不给神秘性留下任何余地。在这一点上,现代科学已经背叛了古典哲学和启示宗教,人的尊严与生活的意义一切都变成了虚无。

在《斯宾诺莎的宗教批判》中,施特劳斯已经发现了现代科学(斯宾诺莎)攻击和修正启示宗教的两大工具:“自然主义”和“历史的解释”。斯宾诺莎用“自然之光”解释上帝,也就是用人的理性来分析、解构上帝,而这恰恰违反了上帝不可知的律令。用历史主义来解释《圣经》,不仅预设了现代人的理性高于古代,也消解了《圣经》的神圣性,即人们不能用研究人类著作的方式对待《圣经》。因此,现代哲学并没有战胜启示。同样,当现代哲学转向自然主义和历史主义的迷途时,它已失去了古典哲学的审慎与清明,让位于现代科学了。施特劳斯要做的是,在批判现代科学和历史主义的基础上,发掘和重返古典的自然正当传统,恢复政治哲学的尊严。

---

① [美]列奥·施特劳斯:《我们为什么仍是犹太人》,李春长译,刘小枫编《犹太哲人与启蒙——施特劳斯讲演与论文集:卷一》,北京:华夏出版社,2010年,第393页。

第二章　政治哲学的危机:施特劳斯对历史主义的批判

在《自然权利与历史》一书的开始,施特劳斯告诉我们注意美国思想最近发生的一些变化:建国初期,美国人民曾经坚信自然法所宣称的自然权利的自然性和神圣性。受德国思想家们创造的“历史意识”的影响,自然权利的观念在美国已经变得不再是不证自明、不容置疑的东西。历史主义的影响已经从德国蔓延至整个欧洲乃至北美,以前德国思想界所发生的变化,“现在似乎适用于西方思想的普遍状况了”①。在欧洲和美国法院,替代普遍的自然权利的是各种各样的实在性的权利。这种权利来自于各国议会的审议和认可,并与这个国家的历史传统相适应。实在性的权利即是历史性的权利,它源自于每个社会的“文明”与“理想”,具有多样性的特征。根据历史性的理解,不同人的权利也应该不同,每一种合法的权利都有其存在的依据。

对于自由主义的这种转变,格雷曾经指出,“当代自由主义政权是一种宽容方案的晚期花朵”②。自由主义的“宽容”曾经包含两种不同的政治哲学:一种是预设了最佳生活或政治理想的存在,宽容是达致理想生活的途径;另一种是放弃了对最佳生活方式的追求,转而承认生活多样化的事实。在自由主义的谱系中,存在着这样两种不同的传统。但是,在大多数人看来,对自由主义理想信念的坚定追求主要存在于自由主义的早期,作为宽容的多元主义方案是当代自由主义对多元化的一种理论回应,施特劳斯批判的正是后一种情景。在格雷看来,当前的自由主义处于一种困境之中,“我们不能没有那种早期现代的理想,但在晚期现代的环境中,它再也不能作为我们的指引”③。施特劳斯也认为,历史主义推崇的多种历史标准忽略了一个重要的问题,如果不存在高于历史性的标准的话,我们“就全能不

---

① [美]列奥·施特劳斯:《自然权利与历史》,彭刚译,北京:生活·读书·新知三联书店,2016年,第2页。

② [英]约翰·格雷:《自由主义的两张面孔》,顾爱彬等译,南京:江苏人民出版社,2005年,第1页。

③ [英]约翰·格雷:《自由主义的两张面孔》,顾爱彬等译,南京:江苏人民出版社,2005年,第1页。

能对那一理想保持一段距离，来对它加以审视批判”①。反思的生活才是值的拥有的生活，苏格拉底的箴言对于社会和个人同样适用。不然，我们如何区分“食人的社会”和“开化的社会”，对完美的最佳社会的探寻还有意义吗？

与这种社会状况相对应的是政治学学科所发生的变化。古典的政治学以政治哲学的面目出现，它始终以人的完善为圭臬，关注最佳的生活方式和社会秩序问题，并且对人与政治的自然本性有着清醒的认识。如今，现代的政治学犹如自然科学一般，对人的行动的关切代替了对善与完美的沉思，数理的计算代替辩证的思维，价值的中立代替了对善的追求。一切的政治思考都建在历史的基础之上。哲学在政治学中的王者地位早已不复存在，政治哲学的迷人风采在学术界渐渐消失殆尽。正如罗尔斯所言：“在民主社会中，政治哲学并不拥有任何权威。”②施特劳斯认为，这些所有的变化都来自于启蒙观念的影响。特别是现代的科学与历史观念，深刻地改造了传统的政治哲学，把原来的政治哲学二分为“政治科学”和历史的政治学。科学与历史的结盟，或者说现代科学向历史主义的转化，“最终成功地毁灭了政治哲学存在的可能性本身”③。在《自然权利与历史》中，施特劳斯努力要做的是，“梳理我们时代两种流行的学说——实证主义和历史主义——来尽力表明，自然正确依然是个开放的问题”④。

一、科学的哲学与历史的观念

哲学始于惊奇，始于以“人的智慧”取代对迷信和神话的信奉。古希腊哲人们率先开启了人类理性之光，去探究充满奥秘的未知世界，因此，哲学本身就有“爱智慧”之意。前苏格拉底的自然哲学家们通过推理和观察自然现象，探求世界的本源。后来的苏格拉底拥有关于“地上天上”事物的知识，其哲学更多的是从人的角度来考察世界，更具有属人的特色。他追问的是：对于人本身而言，什么是良善的生活，这种生活在政治和伦理上

① ［美］列奥·施特劳斯：《自然权利与历史》，彭刚译，北京：生活·读书·新知三联书店，2016年，第3页。

② ［美］约翰·罗尔斯：《政治哲学史讲义》，杨通进等译，北京：中国社会科学出版社，2011年，第2页。

③ ［美］列奥·施特劳斯：《什么是政治哲学》，李世祥等译，北京：华夏出版社，2011年，第9页。

④ ［美］列奥·施特劳斯：《尼采如何克服历史主义——尼采〈扎拉图如是说〉讲疏》，维克利整理，马勇译，上海：华东师范大学出版社，2019年，第17页。

具有什么特征，它与宇宙又存在什么样的关联。苏格拉底的哲学转向表明：这时的希腊哲学已经从自然哲学转变为政治哲学。苏格拉底之后的柏拉图、亚里士多德延续了政治哲学的传统。这些古典哲人们认为，人是自然性与政治性的统一，研究人的至善的科学就是哲学，苏格拉底也曾自称“我正在实践的哲学是各种技艺中最伟大的”①，其他各种技艺与研究都从属于哲学。在古典哲学中，科学本身不是自足的，它包含在哲学之中。即便亚里士多德创立了物理学、生物学等学科，这些学科也要受哲学的统领与指导。到了17世纪，自然科学充分发展之后，完全不同于古典哲学的现代哲学出现了，它从根本上改变了人对自身、自然和社会的认识。

（一）作为严格科学的哲学

施特劳斯始终是通过“古今之争”的视域来阐释其政治哲学的。他认为古今政治哲学的对立始于其哲学根基的嬗变，即现代哲学对古典哲学教诲的遗忘。对于现代哲学，施特劳斯采用了胡塞尔的说法——作为严格科学的哲学。1911年，胡塞尔发表了《哲学作为严格的科学》一文，六十年后，施特劳斯则写了《作为严格科学的哲学与政治哲学》。在这里，施特劳斯延续了胡塞尔对科学批判的传统。胡塞尔认为，自哲学诞生之日起，“哲学便要求成为严格的科学”。严格的科学意味着对整全的认识完全实现由意见到真理的转变，并通过对整全的科学认识，为人类的政治—伦理生活提供指南。虽然古典哲人关于这一目标存在着诸多争议，但它不时地被较强或较弱的力量提出来，绵延不绝于世。这表现在自泰勒士以来古典哲人对世界本源以及苏格拉底之后对人间善好的追问。遗憾的是，“哲学在其发展的任何一个阶段都没有能力满足这个成为科学的要求”②。

胡塞尔批判的这种哲学传统，在古希腊哲学中，就是完全达至对人类整全清晰认识的努力，即通过对宇宙或世界的科学认识，为人类提供一个永恒的“理式”或世界观。在中世纪，它以神学的面目出现，并预设了上帝理解整全，规定了人的一切活动及其目的。现代科学的发展破除了旧的形而上学的体系哲学，同时也摧毁了神学的真理性。启蒙初期的哲学家对科学一度抱有谦虚的心态，反对传统哲学的“体系癖”。17世纪的培根也对人的理性保持着清醒的头脑，他认为人只是自然界的臣相和解释者，“他所能做、所能懂的只是如他在事实中或思想中对自然进程中所已观察到的那

① ［古希腊］《柏拉图全集》第一卷，王晓朝译，北京：人民出版社，2017年，第56页。
② ［德］胡塞尔：《哲学作为严格的科学》，倪梁康译，北京：商务印书馆，2017年，第2页。

么多”①。随着自然科学的发展，科学取得一个又一个成功，日益变得自高自大，并逐渐成为现代生活的权威。“没有什么能够阻止科学的凯旋历程，科学在它理想的完成中就是理性自身，而理性是无法容忍它身旁或头上的任何权威的。”②在方法论上，现代科学的方法就是经验主义或实证主义的方法，就是培根、孔德的方法论，至于它们之间的区别则无关紧要。对人类经验的重视，也就是对认识主体、经验的“我”的认可，更进一步表现在笛卡尔的哲学中。笛卡尔直言：“除了清楚分明地呈现在我心里、使我根本无法怀疑的东西以外，不要多放一点别的东西到我的判断里。”③

现代科学的哲学相信每个人都可以通过培养和学习获得辨别真伪、认识事物的能力，人们只要掌握了科学的方法，并恰当地运用自己的理性就能得出关于事物的真知。理性之方法本质上并没有脱离古典，柏拉图曾经强调数学或几何学的方法再次得到运用。遵循从经验之简单事物到复杂事物的演绎式推理，实现对事物的全面考察，力图避免遗漏。最终，在笛卡尔那里，逻辑推理陷入一种形而上学的困境：人类理性依据的前提只能来自于来自自然化、理性化的上帝，只有从他的“上帝”那里才能演绎出普遍的自然律。正如笛卡尔自述的那样：“我不依靠任何别的原理，只是依靠神的无限圆满进行推理，力求对那些可以质疑的规律作出说明，说明它们的确是自然规律，即便神创造了许多世界，也没有一个世界不遵守它们。”④卡西尔在谈到启蒙哲学时，也曾指出了培根的归纳方法与笛卡尔逻辑推演方法的差异：前者遵从的是从特殊到一般的归纳方法，后者以不证自明的抽象公理为前提，推导出其他具体的派生性的结论。这样，根据启蒙理性所获得的知识就像一个封闭循环的知识之链，“链条上的任何一个环节都不可能挪离整体；没有一个环节能从自身得到解释”⑤。

我们可以看到，现代哲学从反抗、反思古典哲学的本欲，到最终又陷入古典哲学的严格科学的传统，但是“哲学没有能力将自身构建成一门真正的科学”⑥。其原因在于：不仅人类的理性有限，不能达至对宇宙的整全性理解，也在于哲学与自然科学差异：关于如何探究永恒的人性的学问不是

---

① ［英］培根：《新工具》，许宝骙译，北京：商务印书馆，1986 年，第 7 页。

② ［美］列奥·施特劳斯：《作为严格科学的哲学与政治哲学》，丁耘译，见《柏拉图式政治哲学研究》北京：华夏出版社，2012 年，第 49 页。

③ ［法］笛卡尔：《谈谈方法》，王太庆译，北京：商务印书馆 2001 年，第 16 页。

④ ［法］笛卡尔：《谈谈方法》，王太庆译，北京：商务印书馆 2001 年，第 36 页。

⑤ ［德］E·卡西尔：《启蒙哲学》，顾伟铭译，济南：山东人民出版社，1988 年，第 5 页。

⑥ ［德］胡塞尔：《哲学作为严格的科学》，倪梁康译，北京：商务印书馆，2017 年，第 3 页。

习来的,也不是可以传授的,哲学思考根本不同于严格科学的自然科学。接着,胡塞尔把批判的矛头对准了自然主义与历史主义。自然主义哲学把一切自然首先看作是物理的,其次才是心理的。所有存在都是依赖于人的感觉的心理物理的存在,其特征在于"意识自然化"和"观念自然化"。[①] 自然主义者希望在自然和精神研究方面都实施这种原则,通过这种方法的应用,可以在道德伦理领域得到客观的、真正的"真、善、美"。然而,以人类经验为基础的科学如何能达至真正的科学,经验之间不会产生矛盾甚至对立吗?一种对自然的科学设定与古典哲学的前科学设定都需要证明,现代科学不但不能证明自身的正当性,也不能驳倒古典哲学的前科学设定。在精神科学领域,经验的理论赋予历史以重要的地位。历史主义视一切知识都是历史性的,历史理性优于纯粹理性。任何社会都有自己的文化构形,通过理解各种文化构形的发展、各种因素之间的关系,就能形成关于精神的科学。

处于一定的历史环境之中,人们也可以对超出自己历史的社会进行直观的观察,"一旦这种世界观获得科学的形式并以科学的方式提出客观性的要求,它便常常被称作形而上学,或者也被称作哲学"[②]。胡塞尔认为不同的世界观将在同一个社会里和平相处,以保持社会的稳定。施特劳斯认为,胡塞尔忽略了多种世界观之间的冲突,而这种冲突在古典哲学那里并不存在,或者并不明显。因为古典哲学既是世界观哲学,也是科学哲学,或者是科学哲学内在于世界观哲学之中。由于科学的不发达,那时的人们或自然哲学家无法对整全做出科学、详尽的解释。但是,人们在理解自身时又需要将整全的意识作为依托,或者出于慰藉自己孤单心灵的必要性,人们急需某种体系性的宇宙观提供安全感和背景。因此,对世界观的呼唤往往出于对一种更高生活方式的追求。整全的意识既包括对宇宙的整体性体验,也涵盖着对道德、政治和审美等各方面的具体体验。政治哲人将体验到的各种感受进行哲学反思,把它逻辑化、理性化和系统化,形成了各种宇宙论或世界观哲学。启蒙运动以来,科学的进步导致"智慧之观念与严格科学之观念的分离"[③]。现代科学抛弃古典自然观念中的整全性意义,把目光局限于经验的自然,自然成为技术的对象,从而隔断了人与宇宙的关联,这就为人们放弃作为严格科学的哲学提供了可能性。施特劳斯视胡

---

① [德]胡塞尔:《哲学作为严格的科学》,倪梁康译,北京:商务印书馆,2017 年,第 9 页。

② [德]胡塞尔:《哲学作为严格的科学》,倪梁康译,北京:商务印书馆,2017 年,第 47 页。

③ [美]列奥·施特劳斯:《柏拉图式政治哲学研究》,张缨译,北京:华夏出版社,2012 年,第 51 页。

塞尔对多种世界观关系的反思为政治性的,因为人类社会的存在往往依赖于某种世界观而非科学。到此为止,施特劳斯还是赞赏胡塞尔的努力的,但胡塞尔仅仅止步于此。他忘记了世界观的多样性,某些社会可能强制把单一的宇宙观或世界观哲学灌输给所有成员,并因此排斥作为严格科学的现代哲学。他更没有想到:"一个容忍无限多元世界观的社会也是由于一个特定的世界观才如此行事的。"①最后,基于现代科学的哲学诉诸的只是事实,在政治哲学上,只能是奠基于历史的或文化的政治哲学。

(二)政治科学与历史主义

现代科学的胜利同样影响着政治学的研究。施特劳斯认为,政治学的古典形态是政治哲学,即便是亚里士多德的政治科学,也是在对最佳生活方式和政治秩序观念的引导下展开的。古典政治哲人之所以把政治学等同于政治哲学,正在于政治追求的目的是"关于好的生活或好的社会"②。也就是说,善的指引是第一位的,至于战术、修辞术和理财术等技术性的科学都隶属于政治学,政治科学与政治哲学是一体的。正如亚里士多德所言,政治学关注的是最高的善,"政治学使其他学科为自己服务"。③。这种最高的善也是人之为人的普遍性的善,哲学是政治的主宰和统帅,它指向了人之最高之可能性。

在施特劳斯看来,传统的政治哲学在近代遭遇了现代科学的挑战,现代科学视自己为真正的科学,数字的计算比抽象的论证更为有力。科学已经占据了古典哲学在社会科学中的至上宝座,成为社会科学中的女王。与此相对应,现代政治科学也取代了苏格拉底传统的古典政治哲学。政治科学家们相信的是,人们必须放弃那种已经过时的、无效的思辨方法,采用现代的经验和实证研究,才能获得关于自然与人类事务的真理性知识,"关于政治事物的真正知识也只有当政治哲学完全让路于政治的科学研究时才开始形成"④。这样,以自然科学的方法为主要范式的政治学就变成了政治科学。新的政治科学致力于良善生活的追求,从对"应然"追问转移到

---

① [美]列奥·施特劳斯:《柏拉图式政治哲学研究》,张缨译,北京:华夏出版社,2012年,第52页。

② [美]列奥·施特劳斯:《什么是政治哲学》,李世祥等译,北京:华夏出版社,2011年,第2页。

③ [古希腊]亚里士多德:《尼各马可伦理学》,廖申白译,北京:商务印书馆,2003年,第6页。

④ [美]列奥·施特劳斯:《什么是政治哲学》,李世祥等译,北京:华夏出版社,2011年,第5页。

"实然"的研究，并悬置了价值判断。它对政治问题的研究采用的是非哲学的方式，如果还存在哲学因素的话，剩下的只有逻辑和方法论了。心理学、统计学和实证分析是政治科学依赖的主要方法，对微观的人或团体的政治行为研究成为其主要兴趣点。就像科学取代哲学一样，政治科学取代了政治哲学，或者，"在非哲学的政治科学与非科学的政治哲学之间作出区分，这种区分夺去了政治哲学的全部尊严和全部城市"①。总之，政治哲学在现代的命运已经岌岌可危。

施特劳斯认为，以现代科学的思维方式去理解政治事务，是与政治本质相悖离的。首先，现代科学的思维方式与政治思维不同，二者依赖于不同的理性 。在施特劳斯看来，社会科学依赖于科学、公民技艺和人文学问，其中以科学与人文学问最为重要，但二者又存在着矛盾之处。科学家们往往蔑视人文知识为非科学的，而人文学者又轻视怠慢现代科学。17世纪，帕斯卡尔曾对人文学问研究中的"科学精神"和"敏感精神"进行过批判，其中的差异在于："科学精神的特征是超然、有力，这些特征都根源于简单性或简单化"，而"敏感精神的特征是依恋或爱以及宽大。科学精神的特征与常识不容。与敏感精神有关的那些原则往往在常识的范围之内"。② 这就是说，对于包括政治事务的人文知识的理解，必须是以对整全的常识或某种洞见为参照物，绝不可能是现代科学所主张的严密之逻辑推理。科学的理性适用于对自然世界的探究，敏感精神则适用于有关人事的学问。古典政治哲人对政治事物的理解就是从非科学的常识出发。这种常识就是人们关于世界的最初理解，是被给予的世界，也就是胡塞尔现象学中的政治的现象。从属人的角度看政治，首先是从公民的、常识的视角理解政治事物，从自然呈现出的样子看待政治。人们首先面对是政治社会的冲突，以及关于善的各种彼此矛盾的意见。古典政治哲人们通过对各种意见的追求，来探求何谓完美的生活与社会秩序。总之，古典政治哲学对善的探询以对整体的结构和目的的洞见为基础。现代科学否认古典哲学对整体的追问是可能的，同时也抛弃了古典的目的论。现代社会科学家用科学方法研究人类事物时，往往遵循着从部分推进到整体的研究理路。这些研究者相信，按照自然科学的方法，把整体先分解为若干组成要素，然后一一分析和研究，最后在科学分析的基础上重建组合。霍布斯的政治哲学

① ［美］列奥·施特劳斯：《什么是政治哲学》，李世祥等译，北京：华夏出版社，2011 年，第 9 页。

② ［美］列奥·施特劳斯：《古典政治理性主义的重生》，潘戈编，张缨译，北京：华夏出版社，2012 年，第 43 页。

就是按照这种方法构建的。这种研究方法需要由众多的学科知识相配合才能最终完成。其结果是,现代社会科学把对整体性的人的研究碎片化、分离化,摒弃了对人和世界的整体性理解。同样,“这无法把各学科统一起来;这也不能产生一个真正等级的秩序”①,这是因为不同学科知识的简单拼凑完全不同于对整体的科学理解,而是一种对整体的歪曲或误读。可见,用源于自然科学的方法研究人文科学,并不适用于从外部理解人类内部精神世界的任务,也更不能以此构建人文科学的知识。如今,政治科学家主张社会科学应该从研究公民和团体行为规律开始,政治和道德价值的判断是现代科学不能解决的,因为价值本身就是多元的。为了客观地研究和科学地理解人类事务,他们致力于复活和重现研究对象的生活场景,或从行动者本身的视角出发理解他们,“他这么做是基于他们自己的观点,而非基于他的观点以及外部评价者的观点”②。深入到每个文明的内部或根据文化的视角对他们进行理解。如果这个设想成立的话,每个共同体享有的价值根据历史都是合理或正当的,也就是由他们的历史所决定的,这样,历史主义就转变成了相对主义。

其次,启蒙理性主义对人或认识主体的重视,还暗示了一种主观主义的可能性。施特劳斯认为,启蒙理性的成功取决于对科学体系的证成,而这一点是不能成功的。现代性把先天受到自然或上帝制约的人解放出来,人类变成了宇宙的中心。然而,人必须通过理论推理和实践来证明,自己是这个世界的主宰和自己的主人,这使得“由他所建构的世界,必须使得纯粹‘被给予’的世界化为乌有”③。一旦解构了“被给予”的世界,也就是破除古典哲人曾经确信不疑的整全性的自然,人类的自然本性也就不存在了。古典的自然曾经给人类活动及其理性设定了不可僭越的限度。启蒙哲学祛除了笼罩在人类身上的神秘面纱,自以为人类的理性是判断一切道德和政治价值的权威,要求一切真理都必须接受人类理性的再审判。从古典哲人对人性的理解出发,施特劳斯批判了现代理性主义的盲目自大:第一,现代科学依赖的人类经验只是特定时空内的认识的产物。一旦超过这一特定时空的界限,它的真理性和客观性就无法保证了,这样就排除了人类经验之外的客观存在的真理性。由于不同的经验者对同一事物具有不

① [美]列奥·施特劳斯:《古典政治理性主义的重生》,潘戈编,张缨译,北京:华夏出版社,2012年,第44页。

② [美]列奥·施特劳斯:《古典政治理性主义的重生》,潘戈编,张缨译,北京:华夏出版社,2012年,第49页。

③ [美]列奥·施特劳斯:《哲学与律法》,黄瑞成译,北京:华夏出版社,2012年,第14页。

同的体验，现代理性主义就陷入矛盾之中：面对不同的经验与感受，由谁来裁决何种经验是真理，哪种经验是谬误呢？在施特劳斯看来，现代人类忘记了苏格拉底的教诲，“人的理智也只是存在理智的一小部分，或者说，有个超人的理智统御无限大和无数多的万事万物，这些东西不受人类理智的统御”①。第二，现代理性主义者要求对那些每个人都熟悉的日常事物加以科学的证明，然而对于我们称之为善的或恶的、美的与丑的事物却无法用科学证据证明，这“将导向对必须先于一切科学研究的思考或反思的忽略”②。现代科学在反对古典哲学的非科学时，自身也并不具有牢固的根基。现代理性主义预设了前科学知识的非真理性，却遗忘了自己的前提同样是不充分的。古典哲人把人们对政治事物的常识判断作为科学的根基，以对自然的探询为其目标，通过对意见的反思来达至真理。第三，虽然启蒙哲学坚信科学是客观的、人的理性是统一的，并以此为基础构建了现代的自然权利论。虽然霍布斯的政治哲学运用了现代理性的形式，但依然难以掩盖自然权利的主观性特征。因此，启蒙哲学对主体性的强调含有滑向历史主义与主观主义的危险。

最后，现代实证主义的结果必然是历史主义。在社会科学中，实证主义就是自然科学思维方式的变种，是 19 世纪西方最为强大的学派。施特劳斯认为，实证主义不但不能证明自身的合法性，其最终结局只能是历史主义。实证主义抨击政治哲学的非科学性，并把现代科学看作是知识的最高形式。对于实证主义而言，古典哲学的自然与中世纪神学中的上帝都是虚妄不实的形而上学的假设，追问这样的绝对知识既得不到结果，也没有任何意义。我们不妨从确定的事实开始，探求如何做的相对知识。十九世纪末期，实证主义者开始意识到事实和价值的区分，承认科学对于价值判断的无能为力，承认“理性价值判断不可能”。③ 在社会科学中，实证主义的作用在于社会事实的研究，价值判断问题唯有采用理解的方式才有可能。其后果是，以实证主义为其主要方法的现代政治科学逐渐在各大学的政治学系繁荣起来，政治哲学则成了政治学中的边缘学科。这种变化是古典哲人不曾预料到的，他们坚信政治事物的研究必须受善好观念的规制，

---

① ［美］列奥·施特劳斯：《色诺芬的苏格拉底》，高诺英译，北京：华夏出版社，2011 年，第 23 页。

② ［美］列奥·施特劳斯：《什么是政治哲学》，李世祥等译，北京：华夏出版社，2011 年，第 16 页。

③ ［美］列奥·施特劳斯：《“相对主义”》，郭振华译，见《古典政治理性主义的重生》，潘戈编，北京：华夏出版社，2011 年，第 67 页。

政治事物的本质是中立,而不是冲突或纷争。当现代政治科学以价值中立和客观性为预设,它不仅错失了政治的本意,也失去了人们对至善生活追求的可能,从而背叛了古典政治哲人的意图。当社会科学家采用这种态度时,"科学家作为科学家已经选择了真理"①。然而,我们看待社会科学家的态度是矛盾的:一方面拒绝价值判断,并将之看作是可有可无的;另一方面,又暗自承认科学的真理性。最终,为了解决价值判断的问题,他们不得不求助于现代"文化"这一概念,以此为前提来理解社会问题。"文化"这一现代概念已经预设了这样的或那样的文化,,即复数的"文化"。如果科学家以客观的、中立的态度对待每一种文化,又是不可能实现的。实证主义是西方社会发展的产物,用这种模式理解非西方社会必定是非科学的。为了避免这种理论的困境,社会科学家认为"必须试图如其他文化理解自身那样来理解那些文化"②。文化的理解就是历史的理解,它的依据就是不同社会享有的价值取决于所处社会的历史与文化传统,即取决于一定时空中的历史情境。在当今,历史学已经成了理解人类社会的唯一科学。历史主义反对实证主义对事实与价值的二元区分,主张每一种理解和理论都与历史文化相关,都蕴含着特定的价值评价系统;即便是现代科学主义或实证主义,也只是众多竞争性哲学主张和学说中的一个而已。这样,科学的认识最终转化成了历史的理解,历史主义成为实证主义的最终归宿。

在施特劳斯看来,现代科学与人文主义的政治方案都存在着不足,前者关注微观的政治行为和相对的知识,摒弃了价值判断问题;极端的人文主义则导致了相对主义问题。为此,我们必须返回常识思维,回到社会科学的真正母体公民技艺,从公民的视域看待政治问题。在这种情况下,社会科学要么做公民技艺的侍女,服务于公民技艺;要么与公民技艺保持同一方向,其眼光要超越公民的视野。③ 施特劳斯暗示了后者的正确性,对于后一种方案而言,不仅要从公民视域(地域主义)中解脱出来,还要从人的共同之处和整全的视角理解政治。也就是说,"以人文精神对待社会科学,意味着从科学主义的社会科学的种种抽象或构想回归到社会现实,还意味着观察社会现象要首先从公民和治国者的视角出发,继而从世界公民

---

① [美]列奥·施特劳斯:《什么是政治哲学》,李世祥等译,北京:华夏出版社,2011 年,第 10 页。

② [美]列奥·施特劳斯:《什么是政治哲学》,李世祥等译,北京:华夏出版社,2011 年,第 17 页。

③ [美]列奥·施特劳斯:《"相对主义"》,郭振华译,见《古典政治理性主义的重生》,潘戈编,北京:华夏出版社,2011 年,第 46 页。

的视角出发,最后从‘世界’的双重含义出发,即整个人类与包罗万象的整全”①。

(三)韦伯的价值论与现代社会科学

就事实与价值的分离而言,施特劳斯选中了马克斯·韦伯(Max Weber)作为批判的靶子。正是在对韦伯价值论讨论的基础上,施特劳斯深化了对现代社会科学及其困境的认识。在《自然权利与历史》中,他赞赏韦伯对现代社会科学的研究达到了一个新的高度,投入了大量的精力,“是这个世纪当之无愧的最伟大的社会科学家”②。尤其是在事实与价值问题上的见解,他已经走在了同时代人的前列,达到一个新的高度。但是,同样是韦伯的价值哲学,进一步把社会科学的研究推向了虚无主义。

施特劳斯认为,虽然韦伯自称是历史学派的传人,但其思想却与历史主义并不一致,最终还是脱离了这一学派。当历史主义者坚信所有自然权利都是历史性的,并由民族精神所决定,并假定人类历史是一个有意义的、必然的历史进程时,韦伯否定了这种观点。他认为,“个别的或部分的现象只能理解为是别的个别的或部分的现象的产物,而绝不会是诸如民族精神之类的整体的产物”,③人类历史也并非是一个有意义的过程。韦伯对于历史主义的保留,与他对现代科学的忠诚有关。尽管现代科学源于西方世界,这并不影响它的有效性和普遍性,社会科学也是如此。但是,韦伯已经认识到,就社会科学所提出的问题却取决于人们的兴趣和价值观念,是历史性的。即便科学是有价值的本身,也是特定历史文化的产物。韦伯没有否认的是,在历史的观念和价值中,存在超越历史的“无时间性的价值”,这也是他拒绝自然权利的依据之一。

这时,韦伯提出了在社会科学中事实与价值的分离。一方面,虽然现代科学把这一前提视为自满的:“在科学所能建构的范围内,掌握宇宙终极规律的知识是有价值的”④,但是,获取最终知识的目的却是难以企及的,无论科学如何进步,未知的领域将是永远存在的。另一方面,事实和价值

---

① [美]列奥·施特劳斯:《“相对主义”》,郭振华译,见《古典政治理性主义的重生》,潘戈编,北京:华夏出版社,2011年,第49页。

② [美]列奥·施特劳斯:《自然权利与历史》,彭刚译,北京:生活·读书·新知三联书店,2016年,第38页。

③ [美]列奥·施特劳斯:《自然权利与历史》,彭刚译,北京:生活·读书·新知三联书店,2016年,第39页。

④ [德]马克斯·韦伯:《学术与政治》,冯克利译,北京:生活·读书·新知三联书店,1998年,第34页。

又是异质性的。我们“从任何事实中都抽绎不出它的具有价值的特性,我们也无法从某物之被视为有价值的或可欲的,而推断出它在事实方面所具有的秉性”。① 事实与价值的区分,不仅意味着理解某事物与赞同该事物是两码事,还暗示着任何赞同与反对都是非理性的。为此,社会科学的研究要摒弃价值判断,在道德态度上采取中立态度。就医学而言,“这条生命是否还有价值,什么时候便失去价值,这就不是医生所要问的问题”②。虽然价值判断是非科学、非理性的,韦伯并没有丢弃“价值”这一概念,因为没有价值选择就无从进行科学研究,无法选择兴趣点和研究主题。他用“价值关涉(reference to values)”取代了“价值判断”。“价值关涉”是指人们在确定研究对象时依据的兴趣点。社会科学工作者通过“价值关涉”,把研究对象从大量的杂乱事实中挑选出来。在此后的研究中,人们必须秉持价值中立的态度,也不能从事实推导出任何价值判断。韦伯的价值哲学对于后来的政治哲学产生了重要的影响,事实上也使霍布斯的现代自然权利学说处于理论上的困境之中,后来尼采就曾经指出,如果是这样的话,作为自我保存的人类目标和现代科学所主张的不存在自然目的之间,就存在着难以消解的紧张。如果人类的价值和目标不存在理性依据的话,“冲突的解决只能留待每个个体自由的、非理性决断”③。因此,施特劳斯批判韦伯的学说使人们无法在高尚与卑劣、善良与邪恶之间做出任何区分,甚至是纵容了恶的发展。

韦伯的道德观念是极其复杂的,他并没有否认客观道德的存在。美国学者贝纳加认为,“韦伯之所以坚决主张道德中立的社会科学,恰恰是因为他倾向于相信客观(新—康德主义)道德的存在。可是,由于它与社会生活要求之间的紧张关系,这种形式道德无法引导社会科学”④。施特劳斯同样也指出,韦伯的出发点源自某些新康德派观点与历史学派观点的融合。在新康德学派的伦理学中,普遍的人类道德命令具有绝对的优先性;在历史学派那里,历史性的文化价值是情感。韦伯相信:虽然处于不同社会的人们的文化价值不同,但还是存在在个体伦理道德上达成某种一致的

① [美]列奥·施特劳斯:《自然权利与历史》,彭刚译,北京:生活·读书·新知三联书店,2016年,第41页。

② [德]马克斯·韦伯:《学术与政治》,冯克利译,北京:生活·读书·新知三联书店,1998年,第35页。

③ [美]列奥·施特劳斯:《自然权利与历史》,彭刚译,北京:生活·读书·新知三联书店,2016年,第44页。

④ [美]贝纳加:《施特劳斯、韦伯与科学的政治研究》,陆月宏译,上海:华东师范大学出版社,2010年,第101页。

可能性，因此个体伦理比文化价值具有更高的约束力。然而，施特劳斯又指出韦伯的道德命令无非是其成长的“传统的残余”。最后，当矛盾依旧无法解决时，韦伯又提出了“人格”与“人的尊严”的概念。施特劳斯认为其“人格”的内涵与自由主义的“自由”是一致的，自由需要某种目的，而目的的选择同样需要终极价值的引导。人之为人，就在于人类具有理性行动和选择的能力，会自主设定他的终极价值。韦伯的“人的尊严”就等于自律，是“个人自由地选择他自己的价值或理想，或者说在于服从‘成为你之所是’的诫条”。① 我们可以看到，当韦伯为道德的客观性辩护时，其依赖的“道德律令”、“人格”和“人的尊严”等概念，都无法建立在任何客观的基础上与历史性或自由相关。虽然韦伯赋予它们以理想主义的色彩，最终都是一种狂热的决断。在韦伯那里，“高尚意味着献身于某一事业，无论它是善还是恶；卑下意味着对所有的事业都淡然于心。”在这里，他提供的标准只是凭借狂热献身或亦步亦趋的态度，态度决断善恶，哪里又有客观性的踪迹呢？

通过对韦伯价值学说的检视，施特劳斯看到了“事实与价值相分离”这一观念所暗含的危险性——虚无主义的后果。对于现代社会科学中的这种变化，古典哲人是反对的，也是想不到的。施特劳斯想表明的也是：“在不了解重要真理，尤其是在不了解允许人们做出价值判断真理的情况下，人们是不可能了解社会现象的。”②不管是社会科学家还是历史学家，没有价值判断就无法研究或描述社会与历史现象，也不可能仅仅理解而不做价值评判。“在我们看到僵化或精神空虚时，我们真的对它们一无所知吗？如果有人不能够看到这类社会现象，这一事实不就说明他不配做一个社会科学家，就像是一个盲人不能做绘画评论家一样吗？”③当我们论及宗教的真实与虚假时，对宗教的真实理解是必不可少的；同样，当谈到“高尚的宗教”或“艺术的衰落”时，人们已经做出了自己的价值判断。在社会科学中禁止做价值判断是荒谬的，就像人们在谈论希特勒的集中营时禁止说“残忍”一样。科学研究之前就持有的观念具有极端重要性，“没有一个概

---

① [美]列奥·施特劳斯：《自然权利与历史》，彭刚译，北京：生活·读书·新知三联书店，2016年，第46页。

② [美]贝纳加：《施特劳斯、韦伯与科学的政治研究》，陆月宏译，上海：华东师范大学出版社，2010年，第119页。

③ [美]列奥·施特劳斯：《自然权利与历史》，彭刚译，北京：生活·读书·新知三联书店，2016年，第52页。

念框架或参照系,他就无法去理解"①。但是,如果研究者仅仅着眼于信仰,客观的规范就是不可能的,此岸的冲突就是持久的、无法解决的。

当人类无法在价值问题上达成一致时,韦伯求助于现代科学。他忠诚于这个科学与理性的时代,"科学的目标乃是明晰,亦即对于重大问题的明晰,而这最终就意味着不仅是对于全体的、而且是对于人之作为人的处境的明晰"②。科学不仅是我们摆脱迷信束缚、获得自由的根基,也是理性生活的重要表征。同时,韦伯也注意到了时代的局限性:与其他时代一样,科学的时代也不能摆脱历史性的困扰。由于科学还没有最终获取胜利,不能提供对世界的终极解释,它将导致这样的后果:"如果纯粹从经验出发,必入多神论的境地"③。只有相信科学的人才信仰科学真理;对于那些热衷于迷信的人而言,科学并不能帮助他们摆脱幻觉。对于历史主义,韦伯心存侥幸的是,"那看来是人之作为人的处境的,是否不至于当下人的处境或者人类历史处境所无可逃避的境况"④。他似乎认为,科学已经把人类从迷信和蒙昧中解决出来,我们已经看清了人类的根本处境。在施特劳斯看来,韦伯的主张同样是一种幻觉,是我们时代的问题所在。后来,古涅维奇在评价韦伯的困境时直言:"韦伯理论所谓'终级价值之间无可调和的冲突'只不过是'雅典还是耶路撒冷'这一根本而'永恒'的问题近来最具影响力的形式罢了"。⑤

事实与价值的分野对于政治科学的影响是巨大的,当然也是自相矛盾的。正如贝纳加所指出的那样:"一方面,它否认人们能够从事实中合理地推导出价值。另一方面,正是这个分野——是一个实际的分野——为合理证明自由民主政体提供了依据。"⑥这种理论不但暗示了自然权利的内在悖论,它也否认了公共善的可能性。正如施特劳斯所言:"新政治学看起来就是要教授不可能存在实质的公共利益这个道理,因为没有,也不可能有

① [美]列奥·施特劳斯:《自然权利与历史》,彭刚译,北京:生活·读书·新知三联书店,2016年,第58页。

② [美]列奥·施特劳斯:《自然权利与历史》,彭刚译,北京:生活·读书·新知三联书店,2016年,第74页。

③ [德]马克斯·韦伯:《学术与政治》,冯克利译,北京:生活·读书·新知三联书店,1998年,第39页。

④ [美]列奥·施特劳斯:《自然权利与历史》,彭刚译,北京:生活·读书·新知三联书店,2016年,第75页。

⑤ [美]古涅维奇:《自然正确问题与〈自然权利与历史〉中的基本抉择》,见刘小枫主编《施特劳斯与古典政治哲学》,彭刚译,上海:上海三联书店,2002年,第341页。

⑥ [美]贝纳加:《施特劳斯、韦伯与科学的政治研究》,陆月宏译,上海:华东师范大学出版社,2010年,第270页。

一个全社会所有成员都认可的单一目标。”[1]新的政治学把对价值与政治哲学的偏爱视为非理性的，科学的、客观的只是政治事实。以价值中立为态度的政治现象分析与自由主义的政治规划是一致的，即各种价值都是平等的。自由民主制的弊端在我们时代已经显现，不仅在于对恶的放纵与默许，还在于粗俗低级对善与高贵的胜利。

二、历史主义及其批判

在批判历史主义的道路上，施特劳斯并非一人孤军作战，我们可以发现阿伦特、沃格林等许多政治哲学家也是历史主义的批判者。不同的是，他们对历史主义的理解不同，批判的焦点也存在着较大的差异。可以说，施特劳斯对历史主义的批判是最激烈的，也是最具有深度和广度的，他把批判的矛头对准了历史主义的最终形式：相对主义与虚无主义。在施特劳斯看来，现代科学主义及其后果——事实与价值的根本区分，已经暗中摧毁了古典政治学的哲学根基，并在政治价值上导向了历史的理解。现在，科学与历史的观念共同催生了现代历史主义这一现代思潮。历史主义最终抛弃了孕育它的现代理性主义与自然权利学说，走向自然法传统的对立面，导致了我们时代的危机。

（一）历史主义的形成及其发展

施特劳斯在论及“历史”这一词汇的最初意义时，曾把它追溯至古希腊的历史学家希罗多德那里。“历史（historia）这个词是一个希腊词，它仅仅意指探究，一种特定的探究，换句话说，通过询问他人探究之前发生的事情。”也就是说，古典的“历史”关注过去的事情，关于过去的记忆与知识，更是一种探求的方式。现代的历史却改变了它的原初含义，“意指知识的对象，现实的维度，或者无论你们如何称呼它，即所谓的历史进程（the historical process）”[2]。历史主义中的“历史”的意义就源于后者。

施特劳斯认为，我们要想理解现代历史主义，就必须返回古典哲学的一种特殊形式——习俗主义，并注意两者的具体分别。在古典哲学中，习

---

① ［美］列奥·施特劳斯：《古今自由主义》，马志娟译，南京：江苏人民出版社，2010年，第255页。

② ［美］列奥·施特劳斯：《尼采如何克服历史主义》，维克利整理，马勇译，上海：华东师范大学出版社，2019年，第24页。

俗是与自然对立的概念。习俗主义认为正当与正义都是习俗性或历史性的,是基于祖传的观念,并得到共同体成员的共同认可。因此,存在着不同的习俗,它们之间存在着明显的冲突;社会的法令建立在共同体成员的共同同意的基础之上。柏拉图在《王制》中,把基于同一信仰而存在的城邦称为"洞穴"。"洞穴乃是与知识相对的意见的世界。"①意见是古希腊城邦存在的基础,它是非理性的且具有多样性。在一个城邦内部,意见规定了人们的信仰、生活方式和世界观。自然就是对习俗的超越与反思的结果,哲学化就意味着从意见上升到真理的过程。

正如安布勒(Wayne Ambler)所言,"科学试图理解自然,历史主义试图解释随时间而变迁的 nomos"②。在施特劳斯的政治哲学中,现代历史主义的直接敌人是 17 世纪以来的自然权利论。从其理论内涵看,历史主义是对古典自然正当的否定,也是自然正当论的现代敌人。历史主义认为古典哲人对自然的追问是无意义的,并把自然正当视为理想主义的神话加以拒绝。历史主义者相信"所有人类思想皆是历史性的,因此自然正确是错误的"③。在人类社会的历史中,不存在普遍的、适用于一切社会的运行规律,也不存在良善绝对的判断标准。社会正义或正确本身就是多样的、也是可变的。自然与历史的对立表明:古代人与现代人在对哲学的看法上也存在根本差异。古典哲人的"哲学化"是从封闭的洞穴上升到真理之光的普照之下,从公共的教条上升到本质上乃是私人化的知识;现代学者则认为,普遍的、绝对化哲学是不可能的,所有的哲学化"在本质上都属于某一'历史世界'某一'文化'、'文明'或'世界观'"④。因此,历史主义实际也就是否定了政治哲学的可能性。施特劳斯认为,历史主义的形成是与对自然权利的批判紧密缠绕在一起的。正是在对现代自然权利之不可能性与不可知性的论证中,历史主义才逐渐羽翼丰满,走向了理论的前台。

施特劳斯认为,最早与古典的"非历史"哲学决裂的是产生于 18 世纪末期的德国"历史学派",其中最著名的是以萨维尼为代表的历史法学派。受英国思想家埃德蒙·柏克(Edmund Burke)的影响,历史学派反对法国大

---

① [美]列奥·施特劳斯:《自然权利与历史》,彭刚译,北京:生活·读书·新知三联书店,2016 年,第 13 页。

② [美]安布勒:《施特劳斯讲维科》,方楚道译,见刘小枫编《从普遍历史到历史主义》,北京:华夏出版社,2017 年,第 275 页。

③ [美]列奥·施特劳斯:《尼采如何克服历史主义》,维克利整理,马勇译,上海:华东师范大学出版社,2019 年,第 19 页。

④ [美]列奥·施特劳斯:《自然权利与历史》,彭刚译,北京:生活·读书·新知三联书店,2016 年,第 14 页。

革命中提出的自由、平等、博爱等普遍性的抽象的自然权利。他们认为普遍性权利所具有的革命性是危险的。正如柏克所言,如果接受了这些权利,“就必然会在思想上带来翻天覆地、让人不得安宁的后果”①。历史学派指责现代自然权利论是一种理论上的悖论,不可能加以调和:一方面,自然法赋予个人的自然权利是绝对性的、神圣不可侵犯的,生命、自由、平等等权利是符合自然和理性的;另一方面,对于每个人而言,享有的自然权利又是平等和相同的。当不同的人行使同样的权利时,冲突就是难免的。革命派们从现代理性主义出发,既反对不自然的或者习俗的东西,又反对超自然的迷信的观念。当他们依据个人主义提出自然的都是个人的,而人的自然禀赋是不同的,人人划一也就是不符合自然的。如果这样,革命派们把人的天赋差异与自然权利对应起来就是错误的。于是,历史学派提出了与一定社会相适应的历史的、具体的权利,“唯一的一种既能与社会生活相容、又不人人划一的权利就是‘历史的’权利。时空的变幻似乎为反社会的个人主义和不自然的普遍性之间提供了一块稳妥而牢固的中间地带”。② 这样,历史学派就赋予了特定时空的东西以至上的地位,以历史的权利否定了普遍性的自然权利。

在历史学派的思想中,已经体现出具体的、历史性的价值高于普遍价值的观念,甚至否认了普遍正义的存在,这种观念其实就是把卢梭对自然的批判和历史的发现又向前又推进了一步。在19世纪德国的浪漫主义思潮中,在他们对法国理性主义的批判过程中,赫尔德等人提出了“民族精神”的概念。每个民族都具有自己独特的内在精神,也就是它自己的民族精神(Volksgeist)。只有那些独特的民族精神才能解释人类历史的进程。正如施特劳斯所指出的那样:“历史学派假定有某种民族精神的存在,亦即假定民族或种族群体乃是自然的单位,或者他们假定存在着历史演化的一般法则,或者把这两种假定都兼容并包。”③历史学派的这些发现对于革命派声称的普遍的自然权利而言,是沉重的一击。它不仅否定了致力于普遍规范的努力,也动摇了18世纪自由主义对历史的进步信念。他们声称在此岸世界就有安全的家园感,不必去寻求毫不确定的彼岸世界。施特劳斯

① [美]列奥·施特劳斯:《自然权利与历史》,彭刚译,北京:生活·读书·新知三联书店,2016年,第15页。

② [美]列奥·施特劳斯:《自然权利与历史》,彭刚译,北京:生活·读书·新知三联书店,2016年,第16页。

③ [美]列奥·施特劳斯:《自然权利与历史》,彭刚译,北京:生活·读书·新知三联书店,2016年,第17页。

认为历史学派发现的只是显明的东西，遗忘的却是古典政治哲学的重要教导，他们“没有发现正义观念在时空中所发生的变异，最显眼的东西倒不一定就能被人发现”①。

在对历史学派进行批判时，施特劳斯并没有忘记历史的另外一个面目——理性。“理性和历史是自然的代替者。这一思想从康德到黑格尔那里得到了充分的发展，他们二人以各种各样的方式处理了这个问题。”②康德把整个人类历史视为大自然隐秘计划的实现过程，黑格尔则相信“自由”支配着世界历史。无论把人类历史视为大自然的计划还是自由的历史，都是理性贯穿于其中，对其的探讨与研究就是历史哲学。如果历史的进程是理性的进程，那么人类历史也将存在一个普遍明晰的绝对时刻。历史哲学是现代理性主义运用于历史过程的结果，它暗示着历史有自己的理性目的，也存在着一个严密的体系。

黑格尔之后，他的反对者们要求一个开放的未来，“历史必须被感知为一个未完成的和不可完成的进程”③。成熟的历史主义逐渐摆脱了早期历史主义中的进步主义观念和抽象的民族精神的预设，并克服了之前实证主义史学的缺陷，逐渐形成了自己相对稳定的特征。一、历史主义注意到自然与历史的差异，不再用自然科学的方法来研究“经验”，也拒绝用琐碎的心理学与社会学来研究社会知识。“历史学就被认为是提供了那唯一的经验性的、因而也就是唯一可靠的有关真正人的、有关人之为人的知识。”④历史的方法不是哲学的分析，而是情境的分析，只有这样才能摆脱以往史学研究的哲学假定。二、历史主义拒绝了进步主义的幻想，不再把人类历史进程看作根本上是理性主义的，也拒绝视历史进程是合乎理性的，并进一步“否认现代科学的权威性，认为现代科学不过是世界上诸多人类思考方式中的一种”⑤。人类历史的各个阶段没有高低之分，现代并不优于过去，一切都是历史性的。历史发展并不存在贯穿其中的永恒的规律，当然

① [美]列奥·施特劳斯：《自然权利与历史》，彭刚译，北京：生活·读书·新知三联书店，2016年，第16页。

② [美]列奥·施特劳斯：《尼采如何克服历史主义》，维克利整理，马勇译，上海：华东师范大学出版社，2019年，第26页。

③ [美]列奥·施特劳斯：《尼采如何克服历史主义》，维克利整理，马勇译，上海：华东师范大学出版社，2019年，第27页。

④ [美]列奥·施特劳斯：《自然权利与历史》，彭刚译，北京：生活·读书·新知三联书店，2016年，第18页。

⑤ [美]列奥·施特劳斯：《什么是政治哲学》，李世祥等译，北京：华夏出版社，2011年，第18页。

也没有一个历史的终结。科学只是现阶段人们认可的一个权威性的理解方式，它不能保证在未来的权威性和有效性。三、历史主义最终拒绝历史事实与价值的分离，承认每一种历史事实上预设了价值评判。每一种思想根据其所处的历史情境和历史传统都具有合理性，历史的解释才是唯一合理的解释。

历史主义者相信存在着既是历史的、又是客观的价值，并致力于寻求这一标准。施特劳斯认为历史主义的努力必然是失败的。不仅是历史主义的标准是模糊不清的，即"民族精神""历史传统"和"历史性的理解"这些概念是难以界定的，而且人类对之的理解难以达成一致，因为历史总体上是非理性的。人们知晓的历史都是过去的产物，对于未来我们无法进行预测。历史的证据表明的只是一种历史标准向另一种历史标准的变化，"并没有教导我们，这种变化是否合理，或者那被拒斥了的观点是否就理当受到拒斥"①。施特劳斯坚信的是，必须依据某一普遍的原则，历史的标准才能被赋予权威性，才能证明历史变化的合理性。如果缺乏这一普遍的原则，历史的标准难免陷入主观性，失去任何理性或道德的依据。根据历史主义的观点，历史过程只是一张毫无意义的网，我们从历史中探求任何客观性规范的努力都是枉然。而且，历史主义的命题本身就是自相矛盾或难以成立的，这难以回答的是：历史性的观念就是永远正确的呢？因此，如果"不超越历史，不把握住某种超历史的东西，我们就无法看到'一切'思想——亦即除了历史主义的洞见及其中所蕴含的一切思想——的历史性"②。从历史主义的视域看，我们看到的都是关于自然权利是否存在的疑问，还有关于正义的相互抵触的答案。如果不存在普遍的正义，也就无法为自然权利提供任何论证了。

在尼采与海德格尔的思想中，历史主义已经进入到了最激进的阶段：相对主义与虚无主义。尼采注意到，依据历史主义，人在其最高的思想中是彻底历史性的，如果这样，真理的可能性就成了问题。历史主义本身并不是一种融通的世界观，它仅仅指出了各种融通世界观的相对主义特征。历史主义的出现，"粉碎了那使得生活、文化或行动在其中成为可能的保护层。并且，既然这种理论分析是立足于生活之外，它将永远也不能够了解

---

① ［美］列奥·施特劳斯：《自然权利与历史》，彭刚译，北京：生活·读书·新知三联书店，2016年，第20页。

② ［美］列奥·施特劳斯：《自然权利与历史》，彭刚译，北京：生活·读书·新知三联书店，2016年，第26、27页。

生活”①。因此,历史主义使人的生活建立在非理性的基础之上。为了躲避相对主义的危险,要么求助于柏拉图那种“高贵的骗局的观念”,要么屈服于生活或命运,或者寻求历史中的“某个绝对时刻”。寻求历史中的“某个绝对时刻”只不过是黑格尔历史哲学的翻版,也就意味着历史存在着终点。屈服于生活与命运,就是转向了虚无主义和存在主义。人们开始相信:“摆脱当今人类困境在于明智的信念,这种信念是人的能力之一,唯凭借这种信念,才可以掌控自己的命运。”②既然一切都是历史性的,人类唯有求助于自身的存在根基(Sein),才能进行人生的筹划(Project)。这种筹划就是“每个人通过实行其自由,其对一种特定观念的抉择(即他选择一种筹划,或是未能如此),便得以是其所是”③。这种选择当然是无任何依据的选择,生存主义的实质就是虚无主义。

施特劳斯认为,历史主义出现的原因我们可以在18世纪的政治哲学即自然权利论中找到。由于现代政治哲学是由“对于自然权利的一种特殊的解释、一种具体说来是现代的解释构成的”④,现代自然权利在为自己论证时,采用的马基雅维利和霍布斯开创的现代政治思想的传统。这一传统已经把对永恒秩序的追求视为过时的观念,把哲学看作是人类改造自然和自身的工具。也就是说,哲学本身已经完全政治化了,或者说是政治现实化的结果。历史主义的发展不但否定了自然权利的可能性,也导致了政治哲学的危机。施特劳斯坚信,历史主义只是一种错误的现代观念,它远远没有驳倒正义的普遍性和自然权利的可能性。只要历史主义和古典哲学的争论没有结束,自然权利就依然是个开放的问题。

(二)进步的观念及其批判

在施特劳斯看来,与历史主义相伴而来的是一种关于进步的错误观念。历史主义视历史为不断走向进步的“历史进程”,在这一点上已经偏离了哲学传统,但与古典哲学并不完全对立。进步的观念“赞同政治传统:

---

① [美]列奥·施特劳斯:《自然权利与历史》,彭刚译,北京:生活·读书·新知三联书店,2016年,第27页。

② [美]列奥·施特劳斯:《尼采如何克服历史主义》,维克利整理,马勇译,上海:华东师范大学出版社,2019年,第16页。

③ [美]列奥·施特劳斯:《西方民主与文明危机》,刘小枫选编,丁耘等译,北京:华夏出版社,2018年,第120页。

④ [美]列奥·施特劳斯:《自然权利与历史》,彭刚译,北京:生活·读书·新知三联书店,2016年,第35页。

两者都承认存在普遍有效的标准”①，与古典哲学传统不同的是，历史主义把现在或未来看成进步的终点。现代的进步观念坚信：人类理性是不断进步的，随着科学的发展，自然可以被征服，人间的恶同样可以被根除，科学的进步必然伴随着社会的进步。但是，现代的人类状况表明：进步的观念“已经把我们领到深渊的边缘，因此有必要思索与进步相抗衡者”②。我们不能再盲目地相信这种启蒙的梦幻，必须反思科学与社会的关系，反思历史主义的这一立论基础是否牢固。

首先，施特劳斯认为，古典哲人对于理智进步有着较为清醒的理解。由于古希腊时期种种技艺与志业（crafts）落后，古典哲人并不否认在某些方面存在着理智无限进步的可能性。正如亚里士多德在《政治学》中所言：“医疗技术从求得健康来说是没有限度（止境）的，一般的技术在其所拟想的目的（效益）也都没有限度（止境）——各行各业都希望在其本业上获致最大的成果。”③如果我们往上追溯的话，其师柏拉图确实也提出过理智无限进步的可能性，因为他相信苏格拉底关于智慧就是“无知之知”的观点，哲人不可能完全拥有神的智慧，拥有的只是对智慧的不懈追求。但是，古典哲人又认为，无限进步在实际上是做不到的，这是因为自然为人的理性设定了绝对的界限，正如一些古典学派所主张的那样：“依据某一个学派的看法，可见的宇宙具有有限持存性；它已经诞生，而且将归于消亡。那些持另一种看法（即可见宇宙是永恒的）的人们——尤其是亚里士多德——断言，存在着周期性大灾难将摧毁所有早先的文明。”④在此我们必须注意的是，古典哲学中的科学哲学与世界观哲学是结合在一起的，且科学服务于人的生活，科学仅具有次要的地位。

施特劳斯接着又强调，“古典概念并不认为理智进步与社会进步有一种理所当然的关系”⑤。比如在《政治学》中，亚里士多德就曾经指出立法技艺与理智进步的差异：由于社会稳定的需要，立法必须是审慎的，不能经常变动，而科学的进步则是对人类有益的，因此，二者不是同步的，立法技艺的进步必须考虑到社会的政治稳定和人类长期所养成的习性。从人的

---

① ［美］列奥·施特劳斯：《什么是政治哲学》，李世祥等译，华夏出版社，2011 年，第 56 页。

② ［美］列奥·施特劳斯：《进步还是回归?》，郭振华译，见刘小枫选编《西方民主与文明危机》，北京：华夏出版社，2018 年，第 258 页。

③ ［古希腊］亚里士多德：《政治学》，吴寿彭译，北京：商务印书馆，1965 年，第 28 页。

④ ［美］列奥·施特劳斯：《古典理性主义的重生》，潘戈编，张缨译，北京：华夏出版社，2012 年，第 307 页。

⑤ ［美］列奥·施特劳斯：《进步还是回归?》，郭振华译，见刘小枫选编《西方民主与文明危机》，北京：华夏出版社，2018 年，第 270 页。

理智水平来看，不同的人之间存在着自然禀赋的差异，较高的理智水平只属于少数哲人，他们具有优良本性和天赋，“他们的进步，即这些，并不必然——甚至根本不会——影响整个社会”①。因为对于大部分人而言，并不拥有关于自然或善的知识。施特劳斯意在提醒读者，古典哲人对于人类的理性能力和价值的判断具有清醒的认识，而现代哲人则意欲突破这一限制。因此，现代意义上的进步观念对于古希腊人而言是陌生和无法想象的。

其次，现代的进步观念源于现代科学技术。施特劳斯认为进步观念的源头必须到《圣经》的迈蒙尼德式解释中寻找。迈蒙尼德曾经发现圣经对人类历史的解释是：人类有开端、创世，但没有终结，也不存在周期性的大灾难。但这种解释“不是因为自然的必然性，而是因为上帝跟诺亚（Noah）立了约”②。况且《圣经》中的原罪观念一定会抵消进步的观念，即便有进步，也并非是科学与理智的力量所推动的。施特劳斯认定是现代科学技术的进步催生了现代的进步观念：

> 现代工程不再把哲学或科学本质理解为沉思和值得骄傲事，而是把它理解为行动的和仁慈的；它只是用来减轻人类痛苦的遗产；培养它只是为了人类力量；只是为了使人们能够通过智力征服自然，成为自然的主人和拥有者。③

现代科学史无前例地加强了人类的力量，推动人类社会向着更大的繁荣与前进方向迈进，自由与正义也必定能在全球范围内实现。正如施特劳斯后来在《城邦与人》中评论的那样：“这种进步将必然受到社会成员的同等拥护：这是一个民族自由和平等的全球联盟，每个民族都是由自由和平等的男女组成。”④理智进步伴随着社会进步的思想几乎充满了培根及其以后的启蒙思想家的著作中，并为现代的乌托邦式政治理想奠定了基础。当代美国学者郎佩特也曾经指出进步观念的这种后果：培根的进步观念对

① ［美］列奥·施特劳斯：《古典政治理性主义的重生》，潘戈编，张缨译，北京：华夏出版社，2012年，第308页。

② ［美］列奥·施特劳斯：《进步还是回归?》，郭振华译，见刘小枫选编《西方民主与文明危机》，北京：华夏出版社，2018年，第271页。

③ Leo Strauss：*The City and Man.* Chicago and London：The University of Chicago Press，1964，p5.

④ Leo Strauss：*The City and Man.* Chicago and London：The University of Chicago Press，1964，p6.

于政治哲学而言,包含着对马基雅维利的现实主义政治观的批判,“恢复了关于不可能的正义城邦的柏拉图式观念,并且刻意使他表述的目标像是基督教的目标:他把基督教天国转译为地上的人类未来,因为真正的自然科学及其衍生的技术而变得可以想象的未来,他保留温和宽容的基督教作为公民宗教”①。

20世纪第一次世界大战的爆发,标志着西方没落的开始与进步观念的破产:科学的发展并非一定带来社会的进步。施特劳斯认为,理智与社会平行进步的观念,是现代哲学中“方法的观念”胜出的结果。17世纪的思想家已开始对古典哲学中的精英主义发动了挑战。他们相信:现代科学方法一旦被广泛应用,一定会“拉平了心智的种种自然差异”②。这是因为,虽然发现属于少数人,但是所有人都能学会方法的应用,得到发现的成果。现代科学的进步似乎已经证明了这一结论,比如在数学方面,现代中学生的水平已超过了古代的科学家。施特劳斯提醒我们注意,现代人这种观念意味着人性是可变的,否则进步将是不可能的,这与古典的教诲格格不入。人的自然本性不仅限定着理智进步的步伐,也决定了政治进步的限度。

最后,在现代观念中,理智的进步与善的增进已经失去了任何关联。如前所述,施特劳斯认为古典哲学与科学是一体化的,人们对自然的理解必定会推动对善的理解。当自然成为征服的对象时,现代科学已经否认了这种可能性。“人们不得不从理性而非自然,从理性的‘应当’而非中立的‘是’中寻求指导。”这样,研究“是”的自然科学就与研究“应当”的哲学、伦理学等相分离了。在自然科学取得巨大成就的同时,理性却失去了以往的信誉。无论社会科学怎样进步,它也“很难教人们如何使用自己之于人类和其他事物的权利”③。知识的进步并不直接导致社会的进步,甚至在科学发展的同时,文明走向了堕落。价值与事实分离之后,兴起的就是历史的和文化的概念:所有的历史都是合理的,所有的文化都是平等的。这样,政治哲学就堕落为意识形态,再也没有什么能证明价值判断的正确与否,一切都变成了意识形态的偏见。

---

① [美]郎佩特:《施特劳斯的持久重要性》,刘研译,北京:华夏出版社,2019年,第275页。

② [美]列奥·施特劳斯:《进步还是回归?》,郭振华译,见刘小枫选编《西方民主与文明危机》,北京:华夏出版社,2018年,第27页。

③ Leo Strauss: *The City and Man*. Chicago and London: The University of Chicago Press, 1964, p9.

(三)历史主义与政治哲学的危机

进步的观念与理性的胜利就是启蒙运动的核心主张,进步也就等于历史观念的启蒙。启蒙了的历史观念认为:“18 世纪晚期比先前的一切时代更优越,且期待着更大的进步。”①启蒙时期的历史学家普遍持有的是现在优于过去的进步史观:现代人的理性高于古代人的理性,现代人对过去的理解也优于古人对自己的理解。他们在研究过去时,不是根据作者的真实意思表示,而是立基于当下而研究过去,并追问过去对于当下的意义何在。在历史主义者看来这是错误的,这就等于把现在作为历史评判的标准,是一种历史的偏见。它预设了过去是迷信与野蛮的时代,现代是文明的时代。由于同一历史现象在不同的历史处境中会呈现不同的面相,如果研究者认为本人对某种学说的理解优于创建者,那么从不同面相出发的解释似乎都具有合理性,都会宣称自己的解释是唯一正确的。历史主义者认为,对过去的理解必须站在古人的立场上,走进古人的内心,并根据其所处的历史情境进行理解。也就是说,“恰如以往的思想家理解自身那样去理解他们,或者,根据他们本人的解释来复活其思想”。② 只有这样,才能达到历史研究的客观性标准,这样的历史学家才真正具有“历史感”。在施特劳斯看来,历史学家的理想是丰满的,现实却是骨感的。当历史主义者把这种方法应用于社会科学或政治现象时,一种知识社会学便取代了哲学或政治哲学,一切都处于历史的变动之中。人类思想失去了所有牢固的根基,政治判断的标准无处可寻。

首先,在施特劳斯看来,历史主义不但没有摆脱进步主义史学的谬误,反而重蹈了前者的覆辙。在对柯林伍德《历史的观念》一书的评论中,施特劳斯质疑了柯林伍德的历史哲学。他认为历史哲学的出现以“科学历史学”为前提,而科学历史学批判过去的思想立足点则是现代文明,这将导致历史主义会出现理论上的困难:一方面,历史主义的观点已经暗示了过去的观念只具有历史性的正确,并非普遍的真理,这一事实就关闭了获取真理的途径。历史主义是绝对观念的敌人,它批判的是自柏拉图以来的西方绝对主义的传统。它致力于思想与行动、理论与实践的和解,并进而否认了政治哲学的可能性。当历史主义者把过去的一切都理解成特殊性和历

① [美]列奥・施特劳斯:《什么是政治哲学》,李世祥等译,北京:华夏出版社,2011 年,第 55 页。

② [美]列奥・施特劳斯:《什么是政治哲学》,李世祥等译,北京:华夏出版社,2011 年,第 56 页。

史性时,就拒绝了历史的某一时刻是发现真理的理想条件这一可能。施特劳斯坚信古典哲人对人之为人的处境考虑如此周全,为我们提供了发现真理的绝对条件,“我们必须愿意考虑这一可能性:它完全正确”①。另一方面,当历史主义者声称每个时代都是平等的且都有其合理性时,其中也蕴含着现代优于过去的思想。历史主义平等地看待各个时代,主张应该以过去每个时代的标准去衡量过去,而不是以现代的标准去衡量历史。然而,当我们相信一切时代都是平等时,意味着“我们对过去思想的解释尽管不比过去思想对本身的解释更为优越,但至少与过去思想的自我解释同样合法;况且,我们也只能以我们今天能够做到的方式去解释过去的思想。因此,我们有必要严肃对待过去思想的自我理解的方式。换句话说,对一切时代之平等性的信仰只是一种更巧妙的进步信仰而已”②。因此,虽然柯林伍德的历史主义试图摆脱黑格尔历史哲学的影响,并相信历史中有自由选择的空间,但由于他始终未能严肃对待过去的历史,从而根本就没有重演过去的思想。

其次,施特劳斯坚持认为,政治的历史分析并不能取代政治的哲学。一切政治学必须以善的观念为引导,施特劳斯始终坚守古代政治哲学的价值取向,反对历史主义的理论进路。在苏格拉底和柏拉图那里,追求的是远离庸俗和一切不和谐的最佳政制。虽然修昔底德使我们转向了历史:一个不同的政治世界。在修昔底德历史中,“政治生活或政治自身的伟大性丢失了许多魅力——即使不是全部;似乎只有建国者和立法者的伟大性魅力才顶住了一切严厉的考验”③。但是,“无论柏拉图和修昔底德之间的差异有多深,他们的教导都不必定是不相容的;他们可能相互补充”④。也就是说在古典政治哲学中,善具有主导地位,历史只起补充或辅助作用。现代历史主义则拒绝古典哲人对先验的或形而上学的善的探求,否认普遍的善的存在,主张通过对历史情境的分析取代哲学的探求。正如施特劳斯所言,如果我们想了解连绵不断的政治观念,“就必须如实描述过去曾是显白

① [美]列奥·施特劳斯:《什么是政治哲学》,李世祥等译,北京:华夏出版社,2011 年,第 57 页。

② [美]列奥·施特劳斯:《评柯林武德的历史哲学》,余慧元译,见刘小枫主编《苏格拉底问题与现代性》,北京:华夏出版社,2008 年,第 145 页。

③ Leo Strauss:*The City and Man*. Chicago and London:The University of Chicago Press,1964, p139.

④ Leo Strauss:*The City and Man*. Chicago and London:The University of Chicago Press,1964, p140.

的观念的隐含之意,这唯有借助于政治观念史才能做到”①。这样,原来的政治哲学就被政治哲学史所代替。历史主义对政治的另一影响是从思想到行动转变。古典政治哲学推崇沉思的生活,认为唯有如此才能实现人的完善。历史主义的“第一步就是区分知识与行动,或区分理论与实践”②。历史主义批判古典政治哲学是静态的沉思,是与实践相分离的抽象哲学,而政治总是实践或者行动的。正如阿伦特所认为的那样:人的本性不等于人的处境,人的处境是复数性和行动着的。行动就是走出家庭,走向社会,“行动是最出色的政治活动”③。从实践与行动理解政治,也就是关注政治的历史境况,这是19世纪历史学家或具有历史主义倾向的政治学家的理论兴趣所在。

对于历史主义的批评,施特劳斯认为古典哲人已经较好地处理了这些问题。苏格拉底、柏拉图等在探求最佳制度的同时,也关注政治行动的历史或个别的处境,并把有关政治处境的知识作为探求理想政治的材料和基础。同时,古典哲人也意识到了哲学与政治之间难以弥合的冲突,也懂得必须把本质上最可欲的真理付诸于实践。但是,他们更钟情于超越于历史的、高于人类自身的善的探询,因为“只有理解了永恒与反复的东西,才能最终理解独特的东西”④。古典政治哲学在关注理想秩序的同时,也对城邦的性质和起源进行着历史性的反思,并按照政治的自然来看待政治。一切政治处境都包含一切政治的本质性要素。对于政治的本质要素的研究只能采取哲学式的分析,而非历史的方法。历史主义证明的仅仅是以往的政治哲学是失败的,而不是没有政治哲学。人类历史的多样性是表面现象,统一性却是蕴含其中的,唯有透过现象才能发现本质。因此,无论历史知识对于政治哲学有多么重要,“它也只是政治哲学的预备与辅助,它不可能成为政治哲学的组成部分”⑤。

再次,政治哲学史所呈现的无政府状态,并不能否定政治哲学的必要性与可能性。历史主义认为,以往各种政治哲学观点之间相互冲突与矛

---

① [美]列奥·施特劳斯:《什么是政治哲学》,李世祥等译,北京:华夏出版社,2011年,第62页。

② [美]列奥·施特劳斯:《评柯林武德的历史哲学》,余慧元译,见刘小枫主编《苏格拉底问题与现代性》,北京:华夏出版社,2008年,第143页。

③ [美]汉娜·阿伦特:《人的境况》,王寅丽译,上海:上海人民出版社,2009年,第2页。

④ [美]列奥·施特劳斯:《评柯林武德的历史哲学》,见刘小枫主编《苏格拉底问题与现代性》,余慧元译,北京:华夏出版社,2008年,第140页。

⑤ [美]列奥·施特劳斯:《什么是政治哲学》,李世祥等译,北京:华夏出版社,2011年,第47页。

盾,证明了过去的政治哲学是无用的。政治哲学即便可能也必须是历史性的,历史处境的分析是理解政治哲学的前提。比如,柏拉图的政治哲学只有放在公元前四世纪城邦历史处境中才能得以理解,同样,只有了解1688年光荣革命的人才能理解洛克的政治学说的真正用意。由于不同时代的历史情境存在着差异,柏拉图和洛克的政治哲学也是互不相容的。人类历史处于不断的变迁之中,传统的思想逐渐被各种新的学说所取代。对于这种当前流行的历史主义言论,施特劳斯据理力争:历史上出现的各种政治学说之间相互抵牾、前后矛盾,恰恰说明了政治哲学的必要性与可能性。"历史仅仅告诉我们,他们相互矛盾。"①在各种充满争议的主张背后,存在着对超越争议的必要性,我们也不能否定政治哲学的可能性。历史主义的谬误在于,满足于当前的历史处境,或者用现代人、现代的文明的标准,"取代政治事物之本性、国家、人的自然本性这类问题。然而,如果没有首先了解某个国家是什么,某种文明是什么,人的自然本性是什么,就难以弄清,我们如何恰当地谈论现代国家、我们的文明、现代人等等"②。

施特劳斯提醒我们注意:古典哲人在阐述自己的观点时是明智的,也是负责任的。他们极其关切当时的历史与政治处境:自身与城邦的安全、公民的接受程度等等,大体相当于我们今天讲的政治意识。为了不与同时代人持有的观念发生冲突,古典哲人常常有意迁就公民的意见,并不惜降低自己的标准以适合同时代人的偏见。施特劳斯强调的是,与我们的常识相反,古典哲人比我们更懂得哲学与政治的区别,他们的哲学具有政治性,是真正的政治哲学。为了保护哲学,也为了保护城邦,他们审慎地采用双重的写作技艺,即政治修辞。用秘密的写作方式向少数潜在的哲人暗示真理,用显白的写作方式向大众传授可以接受的流行学说。这种写作技艺不仅是"哲学的",同时也是"公民的"或"历史的"。因此,不能否认政治哲学的存在,通过证明政治哲人们的政治学说整体上受到"历史性地制约",我们压根无法证明,他们的政治哲学同样受到"历史性地制约"。③

最后,政治哲学是试图用有关政治基本原则的知识取代政治意见的尝试。历史主义指责传统的、非历史的政治哲学所提供的一劳永逸的解决方

---

① [美]列奥·施特劳斯:《什么是政治哲学》,李世祥等译,北京:华夏出版社,2011年,第52页。

② [美]列奥·施特劳斯:《什么是政治哲学》,李世祥等译,北京:华夏出版社,2011年,第49、50页。

③ [美]列奥·施特劳斯:《什么是政治哲学》,李世祥等译,北京:华夏出版社,2011年,第53页。

案是不可能实现的,施特劳斯批判历史主义使政治哲学不再可能。那么,到底存在着政治哲学吗?存在的政治哲学又是什么样的?施特劳斯认为,"只要不曾消除人与天使、人与野兽之间的差异,或者,只有存在政治事务,那么,未来的可能性就不是无限的"①。也就是说只要存在着制约着人性的自然限度,政治哲学就是必要的,也是可能的。施特劳斯相信:虽然在政治哲学的意图与其历史主义的命运之间存在着无法避免的冲突,政治哲学问题依旧是开放的。一方面,"以往的政治观念必须求助于它们的历史就可获得彻底的澄清"②,这是政治哲学的前提条件,是批判和反思的前提,我们必须借助政治史才能获得清晰的描述。另一方面,我们又要超越某一历史处境,摆脱受时代支配的观念的影响与控制。古典的政治哲人一直致力于探求善好的生活,而不是僵硬地信奉某一学说。"对以往的哲人而言,他可能想到的所有答案,在他进行检审之前,均具有可能性,相反,历史主义哲学家在检审之前,就排除了先前时代能让人想到的所有答案。"③因此,只要人性不变、政治根本问题不变,政治哲学的未来就不是无限的。

三、现代性的兴起及其危机

"现代性"是施特劳斯政治哲学中的一个核心概念。与其他哲学家不同,施特劳斯对现代性及其危机的认识与批判受英国近代文学家斯威夫特(Swift)的影响,正是这位作家掀起了那场闻名的古今之争。在这场表面上关于诗歌之争的背后,是两种哲学或思想体系的对立:"一个以古典哲学为根基,另一个则是现代哲学。现代人认为他们找到自然的真正原则,并且,通过他们的方法,在物质自然、真正和各种技艺中可以找到新的力量源泉。"④也就是说,在人与自然的关系上,现代人已经背离了古典哲学教诲并与古典相对立。在施特劳斯看来,现代人对自身、自然和政治的错误的理解,已经使人类逐渐偏离了文明的道路,陷入了现代性的危机。这场危机动摇了整个西方现代文明的根基,侵蚀了人们固有的道德与政治信念。

---

① [美]列奥·施特劳斯:《什么是政治哲学》,李世祥等译,北京:华夏出版社,2011年,第60页。

② [美]列奥·施特劳斯:《什么是政治哲学》,李世祥等译,北京:华夏出版社,2011年,第61页。

③ [美]列奥·施特劳斯:《什么是政治哲学》,李世祥等译,北京:华夏出版社,2011年,第59页。

④ [美]阿兰·布鲁姆:《巨人与侏儒(1960——1990)》,张辉等译,北京:华夏出版社,2011年,第30页。

它使我们陷入对现代事业的深深怀疑之中,人应该如何生活、什么是美好和正义的生活、如何看待人类的理智和精神生活等,这些古老的问题必须重新审视。

(一)现代性的基本特征

对于何谓现代性的危机?施特劳斯在一次讲演中曾经这样描述它:"现代性危机表现或者说存在于这样一宗事实中:现代西方人再也不知道想要什么——他再也不相信自己能够知道什么是好的,什么是坏的,什么是对的,什么是错的。"①在如今这个时代,政治哲学只是个高贵的梦想,它已无法以一种普遍的方式回答什么是最佳社会秩序的问题。原本只是政治哲学危机的现代性危机已经突破政治领域,蔓延到人类文化或文明之中。在以《进步还是回归?》为题的一次讲演中,施特劳斯把现代性危机的基本特征概括为:人类中心主义、现代权利观念的出现和人的历史的发现。②

首先,现代性的首要特征是人类中心论。对于什么是现代性的特点,施特劳斯首先指出:"现代性是一种世俗化了的圣经信仰;彼岸的信仰已经彻底此岸化了"③。这一特征的出现源于现代科学的发展改变了人与自然关系的传统观念。在古典哲学中,哲人们从整全的或某种宇宙观的视角看待人类,他们知道人类低于自然,也应该服从于自然,因此,神性或自然是高于人类的存在。在希腊政治哲学中,政治依赖于一定的宇宙观和特定的整体秩序,"对神圣事物的关切,作为对城邦关切的一部分,同时也超越了城邦,也就是说,以哲学的形式超越了城邦"④自然就是对城邦的超越,它规定了城邦与人的目的。中世纪,基督教教义中的上帝取代了自然的位置,成为人类思考道德与政治的基点。无论自然还是上帝,都预设了人在宇宙中的地位,以及人类理性的界限。中世纪之后的人文主义运动和现代科学的发展,不仅打破了古典宇宙目的论的神话,即宇宙或自然本身并没有自身的目的,更谈不上规定了人类生活的目的,同时,也动摇了基督教中

---

① [美]列奥·施特劳斯:《现代性的三次浪潮》,丁耘译,见刘小枫选编《西方民主与文明危机》,北京:华夏出版社,2018 年,第 38 页。

② [美]列奥·施特劳斯:《进步还是回归?》,见施特劳斯:《古典理性主义的重生》,郭振华译,北京:华夏出版社,2011 年,第 315—317 页。

③ [美]列奥·施特劳斯:《现代性的三次浪潮》,丁耘译,见刘小枫选编《西方民主与文明危机》,北京:华夏出版社,2018 年,第 39 页。

④ [美]列奥·施特劳斯:《古典政治哲学引论——亚里士多德〈政治学〉讲疏(1965 年)》,扎科特整理,娄林译,上海:华东师范大学出版社,2018 年,第 49 页。

上帝与理性一致的神话预设。笛卡尔的认识论揭示了人在认识世界中的核心地位，现代科学赋予了人现代性的各种手段，人开始成为宇宙的中心，并成为自然的主人。至此，中世纪神学图景被现代的人的世界所取代，“上帝作为理解万物的钥匙的位置被自我取代了，自我成了万物的尺度和价值。这个自我创造尺度，做出价值评判”①。

现代科学的胜利使人类摆脱了古典的自然和《圣经》中上帝的庇护，同时也加强了人类对于自身理性和未来的信心。启蒙思想家批判传统哲学对人性的压抑及其非科学性，促进个人的觉醒和主体的解放，崇尚个体本位和自身的理性。人类优于并先于其他超验的客观存在。这种认识论开辟了拒绝了前现代的个人嵌入自然整体之中的传统观念，并导致了这样一种理论后果，“在运用事物的过程中，是把事物的实质看成为他掌握的主体。这种等同性构成了自然界的统一性”②，这种现代做法简化了自然界或者宇宙中本来就存在的各种复杂依赖关系，拒绝了前科学的自然施加于人类的各种限制。总之，现代的人类中心主义相信的是，“一切真理或意义、一切秩序、一切美都源自思想着的主体，都源于属人的思想，都源于人”。③ 现代性的“自我”观念不再探究对世界的终极性解释，抛弃了整全的自然，从社会和历史出发理解人性。哲学的关注的重心从古典的“是什么”本体论转移至现代的“如何认识”认识论。传统哲学中超越、高于和先于人类的自然降格为人类现代技术改造或控制的对象，人类僭越为宇宙的主人；科学成了创造性的技艺，知性为自然立法。

其次，与人类中心主义相对应的是，现代权利观念取代了古典的义务观念。在施特劳斯看来，古典哲学中只有自然正当，并无现代的自然权利，虽然二者都可以用英文“nature right”，这与古今对人的地位的理解相关。古人以一种整体主义的视角看待宇宙，人是宇宙的一部分，对人的理解依赖于对宇宙的某种洞见。人必须服从自然，整体意义上规定了人的义务，自然为人类立法。在亚里士多德的政治学中，城邦也指向了最高的善，优于家庭与个人，整体优于部分。因此，古典政治哲学把合乎自然的生活视为高贵，城邦的善与普遍的自然相一致。考虑到自然与城邦之间的潜在冲

---

① [美]列奥·施特劳斯：《尼采如何克服历史主义》，维克利整理，马勇译，上海：华东师范大学出版社，2018年，第58页。

② [德]马克斯·霍克海默，特奥多·阿多尔诺：《启蒙辩证法》，洪佩郁等译，重庆：重庆出版社，1990年，第7页。

③ [美]列奥·施特劳斯：《古典政治理性主义的重生》，郭振华译，北京：华夏出版社，2011年，第316页。

突，他要求公民忠诚于城邦，遵守理性、德性或正义的规范，这也是义务。所以，古典政治哲学是整体主义的，自然和城邦高于个人。亚里士多德即便提到权利，也只是在强调义务的时候偶尔论及，“政治权利的分配必须以人们对于构成城邦各要素的贡献的大小为依据”①。施特劳斯多次强调古今政治哲学的这种差异：“前现代思想强调义务，就算提到权利，也只是将其视为义务的衍生物，或实现义务的附属品。”②在苏格拉底等政治哲人那里，激情被视为应该加以规制的对象，往往与恶相关，是可以被克服、制约之物。也正基于此，“当苏格拉底听说克利托布勒斯吻了一个俊美的男童；克利托布勒斯就在谈话现场，苏格拉底严厉训斥了克利托布勒斯莽撞至极的行为”③。激情应该受制于理性或德性，一个具备美德的人必然是自制和审慎的人。有理性的政治行动同样指向了人类德性的完美。因此，古典的政治哲学是一种追求善的科学，也是追求人性完美的政治学。

现代性瓦解了束缚人类的传统自然和上帝的观念，以此带来了自身的解放。在现代人看来，传统的旧的理解模式阻碍了人类的进步和对自然的认识，只有依靠科学的力量才能突破旧秩序加在人们观念上的枷锁。在古典哲学中，哲人意识到人类智慧的不完美性，也知晓人在宇宙中的非中心地位，并经常检视自己的意见和偏见。现在，解放了的人类放纵了自己的内心，以自己的意志为出发点，追求个人的绝对权利。现代权利学说把可感受的、普遍性的欲望作为政治哲学的根基，“绝对稳定的是某些所谓的生理特征”④，如人类对生命和自由的普遍渴望、摆脱恐惧的欲望等，这就是马基雅维利、霍布斯和洛克等人开辟的现代政治思想传统。这一传统把实现人类的最低欲望作为绝对不可侵犯的普遍性权利，构建了现代自然权利理论。这样，古典政治哲学力图抑制的激情，不再受传统德性的引导和控制，反转成为现代作家理解政治的起点。现代哲人逐渐相信，“好生活并不像早先观念所主张的那样在于遵循一种先在于人类意志的方案，而首先在于方案本身的创造”⑤。人类有理性能力构建或描绘一个美好的政治蓝

① ［古希腊］亚里士多德：《政治学》，吴寿彭译，北京：商务印书馆，1965 年，第 154 页。

② ［美］列奥·施特劳斯：《古典政治理性主义的重生》，郭振华译，北京：华夏出版社，2011 年，第 316 页。

③ ［美］列奥·施特劳斯：《色诺芬的苏格拉底》，高诺英译，北京：华夏出版社，2011 年，第 19 页。

④ ［美］列奥·施特劳斯：《古典政治理性主义的重生》，郭振华译，北京：华夏出版社，2011 年，第 316 页。

⑤ ［美］列奥·施特劳斯：《古典政治理性主义的重生》，郭振华译，北京：华夏出版社，2011 年，第 316 页。

图，它的实现既不求助于偶然性也不依赖于全能的上帝，一切均在自己的理性控制之中。

最后，当人类中心论将人从超验的自然和上帝的庇护下解放出来之后，转而诉诸人的历史和社会。在苏格拉底开启的古典政治哲学传统中，人性的完美在于对自然的沉思和对卓越思想的追求，人的智慧在于苏格拉底式的无知之知，谦卑是古希腊人对生活的态度。在那时，如果有人想获得尊敬或者成为权威，“他必须把自己表现为对最高意义的权威的反映，尽管人类的权威只能微弱地反映真正意义上的权威”①。隐藏于背后的最高权威就是超越人类的自然，它构成了人类道德与政治生活的普遍规范。现如今，自然只是实然意义上的，或者是人类控制之对象，早已失去了古典所具有规范性。对道德和政治的历史文化分析取代了传统哲学对善好的追问，人性不再是永恒的，而是历史与文化塑造了它。这一切都源于现代科学的发展，哥白尼以来，天文学和物理学的进步摧毁了自然在人类心中的至高地位，传统哲学裂变为自然科学和人的哲学，被隔离起来的人类成为现代哲学的研究主题。在近代，培根率先注意到了准则的知识和运用之间的差异。与早期历史主义者一样，他们认为古典政治哲学衰落之原因并不在于准则的正当性出了问题，而是运用中的有效性问题。知识和运用的差异是：哲学是准则知识来源，历史的归纳则提供了准则运用的知识。“研究历史之‘收获’，只涉及成败，不涉及道德上的高尚与卑劣”。这种有所保留的历史观念并未止步于此，它不断地延伸着自己的范围和主张，之后的历史主义者逐渐不满足于研究人类如何行动的方案，它慢慢触及到了人类生活目的的正当性问题。在《霍布斯的政治哲学》中，施特劳斯指出，当人们希望从历史中发现如何行动的准则时，实际上“我们就只能或明或暗地把道德上的善同成功并论，把德性同审慎相提并论”②。这样的态度已经是把进步的等同于好的，把历史的视为合理的。在人性之中，我们已经很难发现自然的、普遍的东西，从而得出人从来就是历史性的这一结论。

（二）现代性的危机

从政治哲学的角度考察，现代性的危机就是政治正当性的缺失，即人们对于如何区分正确与错误不再拥有客观的标准，不再像古典政治哲学那

---

① ［美］列奥·施特劳斯：《古今自由主义》，马志娟译，南京：江苏人民出版社，2010 年，第 30 页。

② ［美］列奥·施特劳斯：《霍布斯的政治哲学》，申彤译，南京：译林出版社，2001 年，第 112 页。

样追求正义的或良善的最佳秩序，因此，现代性也意味着对古典政治哲学的“激进变更（radical modification）与拒绝”，是当代政治哲学的危机。对于现代性的危机，施特劳斯将之分为“三次浪潮”，一次比一次逼近现代性的深渊，直至海德格尔的虚无主义。

在施特劳斯看来，通过与前现代政治哲学的对比，我们可以清晰地发现现代性的开启。这个标志性的人物便是霍布斯，他是“第一个把所有先前的政治哲学当作在根本上不充分甚至不健全的东西明确加以拒斥的政治哲学家”①。但是，霍布斯与古典政治哲学的决裂是建立在马基雅维利的首创之上的。在《君主论》中，马基雅维利对古典的政治哲学传统发起了进攻：古典政治哲人关心的是人应该如何生活、什么是理想的政治秩序等“应然”的问题，如今，我们是“要探讨人们实际上是怎样生活的”②。他认为，古典政治哲学热衷于对自然的探究，追问永恒不变的自然本性及其客观秩序，这些研究对于人类政治而言并没有实际的意义。马基雅维利不再谈论关于世界的事情，主张对政治的理解应该讨论“现代的事务与古代的事务”③。古今之事当然就是人类的历史。在他看来，古典政治哲学的标准是抽象的，或者是圣贤的标准，用这种标准对标政治家是不可行的，对于普通人而言，它也是不适用的，必须把这一标准降低。既然每个人都属于特定的国度，国家的存在就是首位重要的。当国家处于危机时刻时，普遍的人类德行不但一无用处，反而会危机国家安全，因此，应当把人的德行替换为政治德性，把抽象的爱人类降低为更为现实和具体的爱祖国。也就是说，真正的德行必须是居于政治社会之中的、以政治社会的存在为前提的德行。世界上根本不存在不加限制条件的道德法则。“在人们成为文明社会的成员之前，或者在人们受到文明驯化之前，道德法则根本不可能找到倾听者，所以就不可能找到道德规范的对象。”④政治社会出现之后，为了自身的稳定和安全，才出现了制约人类行为的道德规范。而且，就政治社会的建立而言，一般采取的都是非道德的手段。假定在文明社会之前，人类先天地具有道德或遵从善的观念支配，这本身是毫无根据的，是虚幻

---

① ［美］列奥·施特劳斯：《现代性的三次浪潮》，见贺照田主编《西现代性的曲折与展开：学术思想评论（第六辑）》，丁耘译，长春：吉林人民出版社，2002 年，第 88 页。

② ［美］列奥·施特劳斯：《自然权利与历史》，彭刚译，北京：生活·读书·新知三联书店 2016，年，第 181—182 页。

③ ［美］列奥·施特劳斯：《关于马基雅维利的思考》，申彤译，南京：译林出版社，2003 年，第 13 页。

④ ［美］列奥·施特劳斯：《关于马基雅维利的思考》，申彤译，南京：译林出版社，2003 年，第 407 页。

欺骗之辞。国家的目标并不是人之道德德行的完满,而是追求共同的幸福生活。一个政治体的共同福祉包括:“免受异族控制、免受暴政统治、法制、生命安全、财产安全、每个公民的尊严、财富与势力的不断扩张,以及虽然排在最后而非绝非次要的国家荣耀或帝国事业”。① 尽管政治社会并不把政治德行作为自己的直接目标,但它却是实现其直接目标的不可或缺的条件与手段。对于公民而言,真正的德行不是对善的沉思和追问,而是现实的爱国主义。共和国对于我们是第一位的,个人价值的多少在于对共和国或自己社会的福祉所作的奉献与努力,个人的抱负遵从于共和国的抱负。这种爱国主义要求所有的公民必须压制个人的野心抱负,并把之同化或吸收进爱国主义之中。总之,“只有共和国,才能以共同福祉为最终目标”②。施特劳斯认为,当马基雅维利把人类德行替换为爱国德行的时候,就已经降低了德行的古典标准。从此,德行不再关注人的灵魂完善或宇宙自然目的等级秩序,它只关心现实的国家,因为德行无非就是社会的或习俗的产物,或者是夺取和维持政权的手段。在马基雅维利那里,古典政治哲人排斥的“勇敢”,乃至非道德的“欺诈”都成为君主必须的美德,直至降到“卡里克利斯式的德行”。这种德行在柏拉图那里,通常指恶性给人带来的好处。根据施特劳斯的看法,马基雅维利反对的只是传统的道德和政治哲学,其暗中支持一种“明智”的做法,即根据具体情况的变化,采取适当的手段,这乃是现实政治所要求的,也是必要的。

受现代科学的影响,马基雅维利对人类理性持乐观的态度。虽然有命运和偶然性的存在,但人类理性可以控制或降低偶然性因素的制约,根据理性建构起理想的政治社会。柏拉图政治传统和中世纪神学政治把理想社会的产生寄托于权力与知识的偶然结合,或者是神之意志的实现。马基雅维利的政治科学立基于政治家的明智与审慎。他一方面相信世界受自然的必然性的支配,人们虽然无法改变这一事实,但是却有可能认识或把握这一规律。另一方面,人类又具有在行善和作恶之间做出自由选择的能力。马基雅维利相信的是:人能够认清时代的形势,使自己与时代的要求保持一致。这样,如果时代和形势发生了变化,人们也应该改变自己所采取的行动和德行。一个人只有根据时机及时调整他所采取的那类行动,才是明智的选择。也就是说,一个人“只有具备完美无瑕的审慎,只有成为审

---

① [美]列奥·施特劳斯:《关于马基雅维利的思考》,申彤译,南京:译林出版社,2003年,第409页。

② [美]列奥·施特劳斯:《关于马基雅维利的思考》,申彤译,南京:译林出版社,2003年,第409页。

慎的化身,或者只有体现着审慎,才能够控制偶然机遇”①。施特劳斯认为,相信人类可以控制或运用偶然性的机遇,或者理性能够改变“质料”,这一想法当然是近代自然科学革命的产物,是启蒙理性主义的结论。马基雅维利政治思想中的这一明显变化,暗含的就是人的理性已经摆脱了古典自然的限制,人类科学技术征服或者统治自然的时代已经到来,也为“劳动是一切有价值的源泉”观念的出现铺平了道路。这样以来,现代国家已经不再是古典政治哲学所主张的自然的产物,而是变成了源于人类理性的人工造物。在施特劳斯看来,马基雅维利在基本的政治立场上已经脱离了古典政治哲学,并实现了与其的根本决裂:开始把现实的政治作为思考的出发点,并以之为基础探究现代政治的道德基础。当然,他面临的理论困境依然存在:当强调政治德行时,他已经排斥了自然观念,并制造了政治与自然的人工屏障。马基雅维利的政治现实主义立场也使政治哲学处于现代科学造就的危险之中,在其观点中,政治行为的道德目的不声不响地被紧迫的情势所代替,政治社会成立的基础从正义变成了不义,“一切合法性的根据都变成了不合法性”②。

尽管施特劳斯在霍布斯的首创性问题上有所犹豫,但他还是把霍布斯视为近代政治哲学的创立者。霍布斯在马基雅维利所奠基的现代性基础之上,开创了现代自然权利论的传统,重新建立起政治与自然的联系。虽然霍布斯政治哲学的方法与形式是以近代自然科学为基础构建的,但其道德论证原则却是前科学的,又是近代独有的。这种前科学的传统就是对人的道德原则和政治生活关注,没有霍布斯这一工作,就没有近代的政治哲学。施特劳斯也提醒我们注意,“霍布斯政治哲学里蕴含的那个道德态度是独立于近现代科学的基础的”。③ 在他试图建立的政治哲学中,古典的政治理想与传统的享乐主义不和谐地结合在一起。霍布斯试图恢复自然法作为政治道德原则的基础,建立政治哲学,但他拒斥了传统政治哲学的自然正当论。在他看来,传统政治哲学的失败不在于对于自然正当的探究,主要在于人性目的的学说。人类绝非亚氏的所主张的天生的城邦动物,而是更像伊壁鸠鲁的观点:善不是人性的完美,而是个人快乐的生活,

① [美]列奥·施特劳斯:《关于马基雅维利的思考》,申彤译,南京:译林出版社,2003年,第391页。

② [美]列奥·施特劳斯:《自然权利与历史》,彭刚译,北京:生活·读书·新知三联书店,2016年,第18页。

③ [美]列奥·施特劳斯:《霍布斯的政治哲学》,申彤译,南京:译林出版社,2001年,第5页。

追求快乐是人的本性。在霍布斯那里,古典政治传统的理想主义诉求与伊壁鸠鲁式享乐主义的融合,产生一种现实主义的政治哲学。从此以后,“这种学说革命化了人类生活各个角落,从来没有其他学说产生过如此广泛的影响”。①

霍布斯的时代已经开始接受“人是平等的”这一现代信念。古典政治哲学人性基础在于自然的不平等,包括能力、德性等。在《利维坦》中,霍布斯的理论依据是“自然使人在身心两方面的能力都十分相等”②。尽管每个人的智力和体力存在差别,但总体来说是平等的。这种平等还在于,处理各种问题的技能并不是一种天生的能力,慎虑就是人之后天学习的结果,“相等的时间就可以使人们在同样从事的事物中获得相等的分量”③。霍布斯也反对古典传统中的“人的完美性”观念,因为这是一种理想主义的政治观念。为了使政治的根基更加牢固,他论证了一种更加现实的、也更普遍的人的自然本性。在政治社会出现之前,人类本来处于互相残杀或无度竞争的无政府状态之中。在自然状态中,本能驱使人们去占有一切事物,这种欲望是无止境的。由于可资利用的资源是有限的,对资源的争夺使人们的关系陷入永远的战争状态之中。因为占有更多的资源就意味着自身更加安全,否则就有可能面临着死亡。死亡是人类的最大威胁,也是最大的恶。“保存生命”构成了人类的最大愿望。正如霍布斯所言:“不是自然,而是‘自然的可怕对头——死亡’,提供了最终的指南。”④古代自然法主张的“善”远不如“自我保存”的强烈感情更为坚固。当霍布斯把自我保存的欲求作为其政治哲学的基础时,“基本的道德事实就不是一桩义务,而是一项权利;所有的义务都是从根本的和不可离弃的自我保存的权利中派生出来的”⑤。立基于这样的道德基础,一切社会的职能和界限就变得明了。当霍布斯及其以后的自由主义者从人的自然权利出发规定政府的职能时,其目标就不再是人性的完善和自然的生活,而是如何保障人的自然权利的实现。社会或国家的目的不再高于个人,个人变成了考量、评判一切政治与道德价值的出发点。

---

① Leo Strauss:*Natural right and History*, Chicago and London:The University of Chicago Press, 1953, P145.

② [英]霍布斯:《利维坦》,黎思复等译,北京:商务印书馆,1985年,第92页。

③ [英]霍布斯:《利维坦》,黎思复等译,北京:商务印书馆,1985年,第93页。

④ [美]列奥·施特劳斯:《自然权利与历史》,彭刚译,北京:生活·读书·新知三联书店,2016年,第184页。

⑤ [美]列奥·施特劳斯:《自然权利与历史》,彭刚译,北京:生活·读书·新知三联书店,2016年,第185页。

施特劳斯认为，“现代性首次浪潮中提出的解决方案是：将应当设想为并未对人提出过高的要求，或者设想为与人最强烈、最共同的激情相一致”①。在霍布斯的政治哲学中，自然权利这一观念构成了现代政治哲学的基础，它从根本上动摇了古典政治哲学的道德根基，同时也开启了政治价值中的主观主义以及相对主义的序幕。根据现代的自然权利理论，每个人的自然权利都建立在自我保存的基础之上，为了自我保存和实现自然权利可以采用任何的必需手段。自我是裁决保护手段是否正当的最终法官。无论一个人多么愚蠢或道德品行如何，“依据自然都是其自我保存所必须手段的裁定者，那么人们就可以合理地把任何东西都视作为自我保存所必需；依据自然，一切皆为正当”②。如果一切以人类的自我保存的激情为目的，古典式的德性便失去了意义，保持国内和平稳定（避免战争）就成了国家追求的唯一目的。就像马基雅维利把统一的人类德性偷换成爱祖国的政治美德，“霍布斯将德性化约为为获取和平而必需的社会德性”③。当人类为了实现自己天赋般的自然权利，通过订立契约成立国家而代替自然状态时，正义也就变成履约的习惯了。由此可见，霍布斯的政治哲学在道德意义上已经不再具有裁决善与恶的标准，“正义不再是符合独立于人类意志的标准。一切实质性的正义原则……就都不再具有内在的有效性”④。在马基雅维利的国家学说中，他赋予“国家理由”高于一切的地位，霍布斯的国家学说则以“自然公法”代替“国家理由”，只是为国家主权披上了一层自然法的合法外衣。在政府学说中，如果说马基雅维利用功利主义的“有效政府”代替了柏拉图传统的最佳制度，霍布斯则以现代的同意原则为基础的“合法政府”代替了古典的最佳政制。

施特劳斯指出，霍布斯的自我保存的自然权利不仅包涵了“身体自由”的权利，也涵盖着范围更大的追求舒适生活的权利。对于追求舒适生活正当性的论证，却是洛克自然法理论的核心所在。也就是说，虽然表面上洛克拒绝了霍布斯的自然权利论，代之以系统的自然法理论，本质上却延续和发展了前者的自然权利学说。

---

① ［美］列奥·施特劳斯：《现代性的三次浪潮》，见贺照田主编《西方现代性的曲折与展开：学术思想评论（第六辑）》，丁耘译，长春：吉林人民出版社，2002 年，第 95 页。

② ［美］列奥·施特劳斯：《自然权利与历史》，彭刚译，北京：生活·读书·新知三联书店，2016 年，第 189—190 页。

③ ［美］列奥·施特劳斯：《自然权利与历史》，彭刚译，北京：生活·读书·新知三联书店，2016 年，第 191 页。

④ ［美］列奥·施特劳斯：《自然权利与历史》，彭刚译，北京：生活·读书·新知三联书店，2016 年，第 191 页。

首先,在施特劳斯看来,洛克的自然法传统已经背离了古典的自然法传统。表面上,洛克还是以古典的语气阐述近代自然法:它是可以依据人类理性推导出的道德法则,与自然的要求相一致,同样也可以用科学来证明。“如果人类能正确运用他们的自然官能,他们就可以通过自然之光获得自然法的知识。”①无论在自然状态还是社会状态中,它都是自然强加于人类的需要严格服从的义务。但另一方面,洛克又否认这一观点:“自然法不论是作为斯多亚学派所命名的‘道德善’,或者作为‘正当理由’,还是作为‘按自然而生活的规则’,都一方面区别于自然权利,另一方面不应被称作理性的命令:因为(a)它是发布命令的和禁令的神的意志的法规,并且(b)它由上帝置于人类的心灵因此理性只能发现和诠释它。”②这种近乎矛盾的解释使洛克面临这样一个理论上的困境:自然法到底是人类的理性法还是源于上帝的神圣意志?为了解决这一矛盾,他努力调和自然理性与上帝的关系,并一再坚持自然与上帝启示的内在一致性,“自然理性能够证明,《新约》乃是不折不扣的启示录”。“既然《新约》教导说人们的灵魂将会永生,自然理性就能证明德性的真正基础,并从而建立起作为真正的法的自然法的尊严”③。在施特劳斯看来,洛克已经觉察到了政治和哲学之间的矛盾,他在这个问题上始终保持着审慎,“一切可能会揭开社会中那令人肃然起敬的那一部分用来掩盖其分歧的面纱,他都会避免提到”④。正如古典作家一样,在涉及到公众的信仰时,他会为了社会的稳定或者自身的安全,迁就公众的信仰。如果他真的赞同上帝启示的话,他写的就可能是“《圣经》话语中的政治学”,而不是现代的政治著作《政府论》了。施特劳斯推测一定是洛克遭遇了难以克服的困难,或者陷入到自我矛盾之中了。他实际上赞同的一定是斯宾诺莎的学说,这就是“人们无法通过证明某一个特定现象是超自然的,就证明这一现象是神迹”⑤。施特劳斯又进一步论证,洛克在青年时期就表示过对天赋观念的质疑,他“已经否认任何

---

① [英]洛克:《自然法论文集》,刘时工译,上海:上海三联书店,2012年,第99页。

② [英]洛克:《自然法论文集》,刘时工译,上海:上海三联书店,2012年,第97页。

③ [美]列奥·施特劳斯:《自然权利与历史》,彭刚译,北京:生活·读书·新知三联书店,2016年,第209页。

④ [美]列奥·施特劳斯:《自然权利与历史》,彭刚译,北京:生活·读书·新知三联书店,2016年,第211页。

⑤ [美]列奥·施特劳斯:《自然权利与历史》,彭刚译,北京:生活·读书·新知三联书店,2016年,第209页。

天赋观念的存在”①。由于洛克在上帝存在问题上持暧昧态度,要么对此保持缄默,要么含糊其辞,我们可以推测洛克已经以另一种秘密的方式否认了上帝的存在。对于古典政治哲人根据人的自然倾向推导出的自然法理论,他也进行过批判:他们往往“从人的自然倾向中得到道德原则,人就必须奉行所有人实际上都倾向的东西;既然人在这方面形形色色,人就无法得出任何能普遍适用的原则”。因此,洛克实际上延续了霍布斯的思想理路,并“以大多数人的自然倾向为起点;大多数人天生都倾向于自己的私人利益,甚至是眼前的私人利益”,但是,“这种自然倾向远不是支持德性和正义,而是颠覆德性和正义”②。

其次,施特劳斯相信,只有沿着霍布斯所指引的方向,洛克的自然法才能找到稳固的世俗的根基。追随着霍布斯的指引,洛克的政治构想同样以自然状态的假设为预设前提,虽然其阐释的自然状态要缓和得多。在这个前社会的状态中,人人享有一样的源于生存的权利欲望,他们主张的权利和欲望之间存在着难以回避的矛盾冲突。自然法“不过是理性为着人们的‘相互保障’或人类的‘和平与安全’而发出的诫命”③。洛克特别强调的是:由于自然状态中每个人都是涉及自身纠纷的裁判者和执行者,就不可能公正地处理这些问题。根据理性的指示,人们选择通过建立公民社会、成立公共权力来克服这一困难,并规定了公民社会怎么建立、公民权利和界限是什么等基本问题。因此,他肯定地说存在着一部基于理性自然的公法,“那部公法的原则是,一切社会的或政府的权力都是本然属于个人的权利派生而来的”④。公民的自然权利就是对幸福的追求,也是一种绝对的普遍的自然权利,它是比自然法更为根本的东西,是自然法存在的基础。

在洛克主张的各项自然权利中,对财产权的强调是最具特色的部分。他认为在原初时期,人们对于一切具有同等的权力,即没有所有权和财产。财产源于每个人的身体,是身体参与劳动的应得之物。“每个人对于他自己的人身和他自己的劳动的所有权是原始的和自然的所有权;它是自然状

① [美]列奥·施特劳斯:《什么是政治哲学》,李世祥等译,北京:华夏出版社,2011年,第192页。

② [美]列奥·施特劳斯:《什么是政治哲学》,李世祥等译,北京:华夏出版社,2011年,第191页。

③ [美]列奥·施特劳斯:《自然权利与历史》,彭刚译,北京:生活·读书·新知三联书店,2016年,第233页。

④ [美]列奥·施特劳斯:《自然权利与历史》,彭刚译,北京:生活·读书·新知三联书店,2016年,第234页。

态中所有其他所有权的基础。”①财产权是实现自我保全的物质条件，源于自我保全，因此，也是符合自然的、不可剥夺的自然权利。在前社会的自然状态中，人们对于财产的占有要受到几个条件的约束：“(1)要求只能依凭劳动而占有，(2)要求防止浪费，以及(3)允许对他人需要的漠不关心”。②设定这些制约性条件的目的在于，洛克意识到自然状态乃是物质匮乏的状态，必须对人的贪欲进行必要的限制。在现代公民社会中“完全可以将这些限制抛弃，因为公民社会乃是丰足的状态”③。文明社会中，通用的货币导致个人对财产更多的占有，这时，人们即便拥有超过自己使用的更多东西也是合法的。根据这种理论，资本主义的社会中人们的贪欲得到了最大程度的解放，并导致了社会的极大不平等。在施特劳斯看来，洛克对过多财产占有合法性的论证也是根据霍布斯的学说，他为人的贪婪甚至色欲进行辩护：

> 贪婪心和色欲远非本质上就是邪恶或愚蠢的，如果用之得当的话，它们会是大有裨益和合理的，比之“悲天悯人之心”更是如此。一旦将公民社会建立于自私的“低下的但却是稳固的基础”或者某种“个别的恶”之上，人们就会比之徒劳无益地求助于德性——那是自然所“未赋予人的”——而获得更大更多的公共利益。④

但是，施特劳斯并不认同洛克的看法，并批评了其论证是无力的。在自然状态之后的公民社会中，差不多所有的财产都是有其主人的，资源同样会渐趋稀缺起来。社会的公平必定呼吁对财产的占有应当加以限制，如果不加制约，穷人就难以生存下去。因此，洛克主张的财产权利根本不是合乎自然的，与正义的要求也不一致。正如施特劳斯所指出那样，假如说“马基雅维利发现或发明了用一种不道德或非道德事物替代了道德需要，

---

① ［美］列奥·施特劳斯，约瑟夫·克罗波西：《政治哲学史》，李天然等译，石家庄：河北人们出版社，2016年，第559页。

② ［美］列奥·施特劳斯：《自然权利与历史》，彭刚译，北京：生活·读书·新知三联书店，2016年，第244页。

③ ［美］列奥·施特劳斯：《自然权利与历史》，彭刚译，北京：生活·读书·新知三联书店，2016年，第247页。

④ ［美］列奥·施特劳斯：《自然权利与历史》，彭刚译，北京：生活·读书·新知三联书店，2016年，第252页。

洛克则发现或发明了把获取作为这一替代物”①。

最后,施特劳斯批判洛克自然法学说是以习俗的统治代替了古典的自然正义。在施特劳斯看来,洛克关于财产权的论述同样是革命性和原创性的,具有划时代的意义。因为一旦承认一切价值的源泉是人的劳动,这就意味着古典政治哲学中的自然不再是高贵的,其后果就是从根基上摧毁一切德性的基础。这种转变的后果是:标志着人性之高贵的,“不是感恩戴德和有意识地服从或模仿自然,而是充满希望的自强自立和创造性”。当洛克通过解放人的贪欲而提升社会的生产能力时,他实际上已经把人“从自然的束缚中解放出来,并且个人也从先于一切同意或协约而存在的社会束缚中解放出来”②。尽管洛克一再坚持,把人的贪欲从道德的牢笼中解放出来并不会损害人类的道德性,反而会使公民社会的基础更加坚实和可靠,但是,这种理论带来的后果对于一个社会而言却是致命的。一旦赋予人的创造性劳动以至上地位,人成了世界的最高主宰,“实际上就是习俗的统治取代了自然规则的统治的世界”。人的地位上升的同时一定伴随着自然地位的下降,这时“自然仅仅提供本身并无价值的质料;赋予其形式的是人,是人的创造性”③。作为人类理性之结果的现代国家不再是原来的道德共同体,只能降格为满足肉体与和平需要的工具性的国家。最终,由马基雅维利开启、霍布斯创立、臻善于洛克的现代自然学说,取代了古典政治哲学的自然正当论,结束了现代性的第一次浪潮。到此为止,马基雅维利和霍布斯开启的现代政治传统对此岸幸福与和平的世俗追求,代替了古典和中世纪对政治根基的超验探询。

施特劳斯认为,现代性的第二次浪潮开始于卢梭,同时在其思想中也表现出了现代性的第一次危机。霍布斯和洛克等人把“道德问题与政治问题还原为技术问题,以及设想自然必须披上人工制品的文明产物之外衣”④。卢梭试图修正前者的错误,返回古典的政治哲学。然而,他在返回古典的同时,却再次推进了现代性。

卢梭希望借助于城邦德性和自然来挽救现代性,然而由于他已经部分

---

① [美]列奥·施特劳斯:《什么是政治哲学》,李世祥等译,北京:华夏出版社,2011年,第40页。

② [美]列奥·施特劳斯:《自然权利与历史》,彭刚译,北京:生活·读书·新知三联书店,2016年,第253页。

③ [美]列奥·施特劳斯:《自然权利与历史》,彭刚译,北京:生活·读书·新知三联书店,2016年,第253页。

④ [美]列奥·施特劳斯:《现代性的三次浪潮》,见贺照田主编《西方现代性的曲折与展开:学术思想评论(第六辑)》,丁耘译,长春:吉林人民出版社,2002年,第93页。

接受了现代性的观念,最终导致无法克服二者之间的矛盾。卢梭赞叹古典的德性与城邦如鱼得水、相得益彰,如今,社会的商业化已使德性荡然无存、销声匿迹。然而,施特劳斯指出,在城邦德性上,卢梭欣赏的却是西塞罗描述的西罗马的爱国主义精神。这种德性并非苏格拉底所主张的,而是一种"政治品德,爱国者的品德,或者是一整个民族的品德"①。后来,卢梭进一步接受了孟德斯鸠的人类平等观念,调和了德性和平等之间的关系,根本拒绝了德性是人之本性和依据自然人是不平等的古典观念。在自然观念上,卢梭批判性地继承霍布斯的自然法和自然状态思想,承认"自然法的根基必定在于先于理性的原则之中"②。他也认为,要真正理解人,就必须返回真正的自然状态,在先于文明社会的状态中寻找人的本性。在他看来,霍布斯对自然状态的认识却是错误的,这是霍布斯理论失败的主要原因:一是霍布斯主张的自然人性并非是自然的,恰恰是源于对现代社会的考察,根据人的现代状态推导出的自然状态并无理性依据;二是当霍布斯把自然情感作为自然权利的来源,或者理性的命令,是与实际情况不符的。在对霍布斯的学说进行批判时,卢梭提出了自己的自然状态理论:在真正的自然状态中,人是没有理性的,理性是社会或后天的产物。在那一状态中,人是没有虚荣和骄傲的,并同时拥有为善和作恶的潜质。也就是说,人并没有自然本性,也不是天生的理性动物,只有无限的可塑造性和可完善性。只有进入了社会状态,"在他们的行为中正义就取代了本能,而他们的行动也就被赋予了前所未有的道德性"③。由于社会是习俗性的,这种源于社会的正义与德性自然就不再是古典意义中的自然与德性。事实上,卢梭已经暗示源于自然的本性是根本不存的,一切皆是历史的产物。遗憾的是,他对人性的历史性理解,并没有得出后来历史主义者得出的结论:历史是人类行动准绳。卢梭看到了,历史的过程到处充满着偶然性,从中难以寻觅历史的法则。即便"那一过程有着某个隐蔽目的的话,其有目的性也是人们所无法认识的,除非存在着超历史的标准"④。在卢梭政治哲学中,历史过程对于人类意义仅在于赋予我们公共权利的知识,而不是确定的历史标准。

---

① [美]列奥·施特劳斯:《自然权利与历史》,彭刚译,北京:生活·读书·新知三联书店,2016年,第261页。

② [美]列奥·施特劳斯:《自然权利与历史》,彭刚译,北京:生活·读书·新知三联书店,2016年,第272页。

③ [法]卢梭:《社会契约论》,彭刚译,北京:商务印书馆,2003年,第25页。

④ [美]列奥·施特劳斯:《自然权利与历史》,彭刚译,北京:生活·读书·新知三联书店,2016年,第281页。

施特劳斯一直把卢梭当作从自然到历史转变过程中的关键性人物。他认为卢梭的理想国家已经与自然法传统渐行渐远。在他的思想中，自然不足以指导人的行动，必须求助于人生活于其中的社会才能理解人的保存。“如果人未确定市民生活具有的特定结构，一个对其自身保存具有指导意义的结构，那么他便会危及其自身保存。”①为了寻求出路，卢梭构建了一个基于人民主权学说的社会：在这样的社会里，每个结合者及其自身的一切权利全部转让给国家，“既然从任何一个结合者那里，人们都可以获得自己本身所渡让给他的同样的权利，所以人们就得到了自己所丧失的一切东西的等价物以及更大的力量来保全自己的所有”②。在这个人造的共同体中，每个公民都平等地参与了法律的制定，相应地，法律对每个人也应具有同等约束力。法律是普遍意志的表达，它不同于个体意志简单相加的众意，是体现公共意志的公意。在施特劳斯看来，这样以来卢梭的理论就陷入了难以摆脱的窘境：“如果正义的最终标准变成了公意，也就是一个自由社会的意志，食人族就同其对立面同样正当。”③在卢梭之前霍布斯和洛克的学说中，基于自然权利的自然法依然被当作实定法上诉的基础，在卢梭学说中，实定法与自然法已经无法区分，两者之间的鸿沟已被悄悄地消除了，实定法成为正义的标准。

施特劳斯进一步认为，沿着霍布斯等人开创的现代性思路，卢梭已经否认能从人的自然目的中找到正义的原则。即使他把自然状态看作一个消失殆尽且无法寻回的完美状态，通过公意建立的社会也至多是个最接近自然的社会。卢梭的政治理论始终存在着两个无法根除的难题：一是人类的历史进程中有没有一个明确的目的，即是否存在一种历史哲学。二是回归自然的可能性是否存在。就历史哲学来讲，卢梭主张人类进化到文明状态并非有其必然性，只是历史进程偶然的结果。但是，有时卢梭却分明又暗示着历史存在某个绝对的时刻。施特劳斯曾经这样评价卢梭面临的困境：对于卢梭而言，人之本性在于历史而非自然，但是，“这个独一无二的过程并不是目的论的：这过程的目的或顶峰并未被预见也不能被预见，但一旦接近了充分实现人的理性或人性之可能性，那么，这个目的或顶峰也就

① ［美］列奥·施特劳斯：《现代性的三次浪潮》，见贺照田主编《西方现代性的曲折与展开：学术思想评论（第六辑）》，丁耘译，长春：吉林人民出版社，2002 年，第 94 页。

② ［法］卢梭：《社会契约论》，何兆武译，北京：商务印书馆，2003 年，第 20 页。

③ ［美］列奥·施特劳斯：《什么是政治哲学》，李世祥译，北京：华夏出版社，2011 年，第 42 页。

在望了”①。这似乎表明：卢梭的历史观依然烙印着启蒙的进步主义的痕迹，其中暗含着进步主义的历史哲学。这种历史观推翻了偶然因素对历史进程的决定性作用，人类历史的结果是人类理性不断进步的产物。就自然来讲，卢梭希望人类能回归到自然的意图，仅仅试图找回人类原初对生存感的体验。他的意图只能是，“通过让自己只感觉目前的存在，一点不思索未来，从而生活在对一切忧虑担心的极乐遗忘中，个人感觉到所有生存的甜蜜：他已返回自然”②。但是，卢梭的希望只能寄托于少数哲人，这个目标只有几个孤独梦想者才有可能达致，对于大部分人而言，关注的只是由生存感所产生的自我保全，这是现代政治的特征。因此，施特劳斯认为卢梭的政治哲学根本没有实现自己的目标：个人与社会的真正和解。在卢梭政治哲学的基础上，后来的尼采延续了对这一问题的关注，并试图重返古典。

在卢梭那里，理性与历史逐渐取代了自然，这一思想在康德和黑格尔那里达到了顶峰。尼采批判卢梭及其后续的思想家把历史看作是有意义的目的论观点，同时也否认了黑格尔所发现的“理性的狡计”的可能性。“理性的狡计”主张，在人类历史中存在许多满足个人欲望的无意识的行为，这些行为最终会自动地实现社会的目的，不自觉地成为历史进程的工具。尼采接受了历史主义的观点，即“人在其最高的思想中是彻底历史性的”③。但是，尼采同样也看到，如果一切源于历史经验，真理的可能也变得成了问题。如果人类思想和行动的原则都是历史性的，全部的社会理想都来源于人类的创造性活动，是现代人类自由筹划的结果，不存在一个牢固的根基，那么，“这种筹划形成一个境域，特殊文化正是在这一境域中得以可能；这些理想并不被安置进一个体系，对这些理想的真正综合乃是不可能的”④。正是历史主义的问题，使他诉诸一种特殊的形而上学。尼采发现了使人类创造性与一切存在者统一性的基础——权力意志。以往的哲人注重的是消除痛苦，而尼采的权力意志则是通过对生存的苦难、空虚和深渊的体验，并超越之，而不是体验其中的快乐。拥有权力意志的不是

① [美]列奥·施特劳斯：《现代性的三次浪潮》，见贺照田主编《西方现代性的曲折与展开：学术思想评论（第六辑）》，丁耘译，长春：吉林人民出版社，2002 年，第 94 页。

② [美]列奥·施特劳斯：《什么是政治哲学》，李世祥等译，北京：华夏出版社，2011 年，第 44 页。

③ [美]列奥·施特劳斯：《尼采如何克服历史主义》，维克利整理，马勇译，上海：华东师范大学出版社，2019 年，第 27 页。

④ [美]列奥·施特劳斯：《现代性的三次浪潮》，见贺照田主编《西方现代性的曲折与展开：学术思想评论（第六辑）》，丁耘译，长春：吉林人民出版社，2002 年，第 99 页。

一般的俗众和末人，而是具有特殊能力的超人。只有他们才具有超常的终极洞见，进而实现对传统价值的评估。尼采的政治理想是一个精英主义的超人社会，这与马克思设想的自由人联合体根本不同。在施特劳斯看来，尼采“超人”理论的依据是人固有的自然等级秩序，但是，这又是与超人拥有的无限权力冲突的，因为根据自然，权力也不是不受限制的。在尼采思想中，“自然本性便是权力意志，而这在原初的层面上意味着超克他人的意志：出于自然本性，人是不会意欲平等的”①。施特劳斯指出，当尼采说所有的善都是创造时，他已暗示自然、神和理性都不是善的来源，“人根本上是无遮蔽的，是悬于深渊上方的一根绳索”②。因此，尼采的学说不是回归古典，而是对古典的永恒观念的根本性弃绝，是一种更加彻底的历史主义或相对主义。在以尼采的思想为标志的现代化第三次浪潮中，人类完全成为绝对的主权者和自然的拥有者。

四、相对主义、虚无主义与自由主义

施特劳斯绝非空而论道的书斋式政治哲学家，也没有抽象地谈论政治与哲学、自然与历史的关系；相反，他是始终关切着生活于其中的自由主义社会的历史与现实，同时也关切着现代社会中的犹太人命运。在施特劳斯看来，现代自由主义与历史主义、相对主义紧密地联系着，甚至有陷入虚无主义的危险。自由主义的这种现代表现是自霍布斯以来现代谋划的结果。现代作家们曲解或背离了古典政治哲学的基本精神，从而导致自由主义的现代性危机。

（一）自由主义的古典来源及其批判：哈普洛的解读

在《古今自由主义》一书的第三章，施特劳斯批判了一位现代自由主义者哈普洛对古典政治哲学的现代解读。在对哈普罗的反驳中，他暗示现代自由主义绝非古典哲学的产物，而是对古典传统的篡改与摒弃。对于艾里克·哈普洛（Eric A. Havelock）这位现代作家我们并不熟悉，但从施特劳斯的批判中可以得知：他是以现代观点去理解古典自由主义，从而错失了古典政治哲学中的要义。哈普洛在古典思想家那里寻求自由主义的源头，

① ［美］列奥·施特劳斯：《现代性的三次浪潮》，见贺照田主编《西方现代性的曲折与展开：学术思想评论（第六辑）》，丁耘译，长春：吉林人民出版社，2002年，第100页。

② ［美］列奥·施特劳斯：《尼采如何克服历史主义》，维克利整理，马勇译，上海：华东师范大学出版社，2019年，第73页。

他认为在希腊的智者、唯物主义者思想里或者《新约》中早已存在现代自由主义的基因，而不是施特劳斯所尊敬的柏拉图、亚里士多德或《旧约》传统。这样一来，就与施特劳斯的古典政治哲学分道扬镳了。哈普洛的研究结果是，古希腊的历史哲学及其道德与政治理论包涵着现代自由主义的主要元素，到了近代，这些并未遗失中断的古典因素终于发展成为自由主义的理论基础。为了与自己的古典自由主义相区别，施特劳斯称哈普洛发现的自由主义为“古希腊自由主义”。

从现代立场出发，哈普洛把古典政治哲学错误地理解成为历史哲学。根据施特劳斯所阐释的古典传统，古典政治哲学始终关注着何谓良善的政治这一主题，探究着人的自然本性与宇宙的自然本性。历史的作用只是辅助性的，它帮助我们从变化的或者不同的历史中辨识出普遍的、永恒的东西，并防止我们把一时一地的好错误地当做绝对的好。即便在古希腊历史学家那里，历史也仅仅意味着探求，“修昔底德通过叙述个别事件确实使我们从中看到了普遍性：正是这个原因，他的工作才意味着为一切时代所拥有”①。在哈普洛那里，“自由主义意味着一种历史哲学。‘历史’在这里不是指一种探寻或者探寻的结果，而是探寻的目标或者‘现实的维度’”②。根据历史观念理解的自由主义，主张人类及其道德是个不断变化的过程，没有固定不变的人性。人类的历史进程是从野蛮的开端到现代的文明社会的过程。人类的历史进步与科学的发展是紧密联系在一起的。希腊神话中普罗米修斯盗取了智慧的火种，开启了人类进步的历史。火种点燃了人的智慧之火，同时也推动了艺术的进步。“每一种艺术对人类而言都是极大的恩惠，而且更为重要的是，他带给人类理解的能力。”③施特劳斯提醒我们注意：哈普洛的错误在于遗忘了亚里士多德的教诲：科学发展与社会进步的非同步性；甚至忘记了普罗米修斯本人的警示：艺术和必需品不同，它更加脆弱。古典哲人也曾经指出事无恒长，宇宙有其产生也可能有其消亡，文明兴起也必有其衰落。施特劳斯批评哈普洛错误解释古典的思想家，把现代自由理念随意地安置在古典哲人那里，“然后把这些古代人都

① Leo Strauss：*The City and Man*. Chicago and London：The University of Chicago Press，1964，P143.

② ［美］列奥·施特劳斯：《古今自由主义》，马志娟译，南京：江苏人民出版社，2010 年，第 36 页。

③ ［美］列奥·施特劳斯：《古今自由主义》，马志娟译，南京：江苏人民出版社，2010 年，第 45 页

变成至少是现代思想家,如果没有直接装扮成自由主义者的话”①。

首先,施特劳斯认为,哈普洛所讲的“古希腊自由主义”,主要是从对德谟克利特、普罗泰哥拉和安提芬的政治主张进行歪曲而得出的。当他研究德谟克利特时,关注的不是整部作品而是个别片段,并草率地得出了德谟克利特是一个历史主义者的错误结论。在施特劳斯看来,哈普洛在“承认‘德谟克利特的价值判断’无处不在的同时,相信他可以在这些片段中洞察出德谟克利特的‘历史方法’”②。这种态度是任何一个审慎的人都不可能接受的,是研究哲学的大忌。古典哲人普遍相信的是,善与真实都是相同的,尽管愉悦因人而异。如果“我们不了解什么是对于所有人而言的善,我们就不可能凭借对政治问题的描述从而明智地解决这些政治问题”③。施特劳斯进一步批评哈普洛,指责他继续坚持自己的错误思路,从实用主义的态度出发,又贸然得出了德谟克利特支持民主的观点。当德谟克利特批评民主制下的贫困时,哈普洛偷换成“民主之下的贫困比任何寡头统治下的繁荣都要好”,并巧妙地得出德谟克利特喜欢民主制的结论。施特劳斯批驳哈普洛从根本上误解了德谟克利特,德谟克利特暗中赞成的是贵族制,而法律只是一种对糟糕之事的补救措施。总之,哈普洛只是“用自己的方式,毫不费劲地结合了自己对民主制的信仰与德谟克利特对贵族制原则的认可”④。

其次,在希腊智者普罗泰哥拉的研究中,哈普洛把苏格拉底混同于智者,并误解了普罗泰哥拉的政体和美德理论。从自己的意图出发,哈普洛坚持哲人苏格拉底与古希腊的智者并没有什么本质的区别,因为柏拉图与智者同样是收取学费的。施特劳斯批评哈普洛遗漏了关键性的差异,即对于普罗泰哥拉来说,“只要确定他的潜在顾客有能力支付他提供的服务就足够了,而苏格拉底关心他潜在的年轻朋友是否具有适当的天性高于一切”⑤。一个关心的是财富,而另一个关心的学习哲学的天性,这样一来,

① [美]列奥·施特劳斯:《古今自由主义》,马志娟译,南京:江苏人民出版社,2010年,第36页。

② [美]列奥·施特劳斯:《古今自由主义》,马志娟译,南京:江苏人民出版社,2010年,第58页。

③ [美]列奥·施特劳斯:《古今自由主义》,马志娟译,南京:江苏人民出版社,2010年,第58页。

④ [美]列奥·施特劳斯:《古今自由主义》,马志娟译,南京:江苏人民出版社,2010年,第59—60页。

⑤ [美]列奥·施特劳斯:《古今自由主义》,马志娟译,南京:江苏人民出版社,2010年,第62页。

高下一目了然。对于普罗泰哥拉是民主的捍卫者或制造者的观点，施特劳斯又指出："柏拉图笔下的普罗泰哥拉捍卫的是民主制与寡头制的混合政体，或者说一种偏离单一民主制、向寡头制靠拢的政体。"①在古典美德问题上，哈普洛赞同的是普罗泰哥拉倡导的实用主义的多种美德观，这种美德与现代的自由主义相符；并反对柏拉图式的单一美德观，把他视为自由主义的敌人。施特劳斯站在古典政治哲学的立场上，指责哈普洛忽视了柏拉图对政治美德和纯粹美德之间的区分。对于政治美德与纯粹美德，古典哲人早已指出其中的差异：政治美德是宙斯恩赐给人类的礼物，具有多样性的特征；纯粹的属人的美德是普罗米修斯所赐，具有单一性。政治美德是纯粹美德的政治化或者稀释。

最后，在对安提芬法律与自然对立的观点中，哈普洛否定了自然正当的可能性。安提芬多次强调：当有目击者在场时，应该遵守城邦的法律；在独处时遵守自然法则。城邦的法律是人制定的，也是习俗性的。哈普洛认为安提芬已经提出了美德就是习俗性的主张："法律不是'由得到授权的立法者的美德'界定的，而是'社会成员的社会影响的结果。'"②施特劳斯则认为哈普洛混淆了古典哲人对二者的区分，安提芬的法律是人类处在一定社会中协定的法律，是习俗而并非自然。这并不一定意味着法律只是历史的产物，"它也不能排除法律或惯例主要是某个杰出人物功劳的可能性，这个人被认为具有超人类的美德，他的建议能被人类采纳"③。

由此可见，现代自由主义绝非古典政治传统的继承者，而是背叛了苏格拉底开创的那一传统。但是，它又并非与古典哲学无缘，正如17世纪的宗教批判受到伊壁鸠鲁主义的影响一样，现代自由主义同样有着其古典的来源，只不过这一来源是柏拉图传统的敌人。在施特劳斯看来，自由主义的危机就是自由主义的中立性问题，即相对主义的危机。

（二）自由主义的危机：相对主义

历史主义的发展也改变了自由主义的初衷。如果说在自由主义的初期，西方社会还对自然权利抱有坚定信念的话，如今这一切已经悄然改变

---

① ［美］列奥·施特劳斯：《古今自由主义》，马志娟译，南京：江苏人民出版社，2010年，第63页。

② ［美］列奥·施特劳斯：《古今自由主义》，马志娟译，南京：江苏人民出版社，2010年，第70页。

③ ［美］列奥·施特劳斯：《古今自由主义》，马志娟译，南京：江苏人民出版社，2010年，第70页。

了。人们对理性已经失去了信心,自由、宽容的精神支配着西方社会。布鲁姆发出这样的感叹:在当今的自由主义社会中,把人们连接在一起的只是相对主义的宽容和对平等观念的忠诚。相对论和平等主义是一对孪生姐妹。"真理的相对性不是一种理论观点,而是一种道德要求,是自由社会的存在的条件。"①这种思想源于对不同历史条件下人们所持信念的宽容与尊重,也是对自由主义那一原初理念"消除歧视"的继承。人们不再关心各种观念的正确与否,也不再关切所主张权利的正当与否,存在的就是合理的,政治判断的理性基础似乎已经荡然无存了。

施特劳斯认为,相对主义的自由主义"根植于宽容的自然权利传统之中,或者根植于认为每个人都具有按照他对于幸福的理解而去追求幸福的自然权利的观念之中"②。也就是说,无论是宽容还是作为人之为人的绝对权利,自由主义都存在滑向主观主义和相对主义的危险。它一方面对个体性和多样性表示尊重,另一方面坚持绝对自然权利是合乎理性的。"当自由派们对于甚至是由最具自由主义色彩的自然权利论对多样性和个性所施加的绝对限制感到不耐烦时,他们就得在自然权利论和丝毫不受束缚的对个体的培养之间作出选择,他们选择了后者。一旦走出了这一步,宽容对许多人而言就成了一种价值观或者理想。"③也就是说,今天的自由主义已经把宽容而不是对自然权利坚持当成自由主义的核心理念。在宽容的要求下,个人的主观偏好和不同的文明都具有同等的地位,享有同等的权利。这时,它也就否认了人们可以依据理性获得有关内在的就是善的或正确的知识。真正的、绝对的善的知识常常被指责为"极权主义",并加以拒绝。因此,宽容是自由主义的没落,自由主义也就转化为相对主义。

对自由主义的相对主义特征的强调,表现在具有历史感的自由主义者伯林的著作中。施特劳斯指出,伯林对消极自由的强调表明"自由主义已抛弃了其绝对主义根基,而且试图完全变得相对主义化"④。为了澄清对自由主义"自由"的混乱认识,自由主义者伯林把自由区分为消极自由与积极自由,前者是指"免于……的自由",它要回答的是:某个人或群体"被

---

① [美]艾伦·布鲁姆:《美国精神的封闭》,战旭英译,南京:译林出版社,2016年,第001页。

② [美]列奥·施特劳斯:《自然权利与历史》,彭刚译,北京:生活·读书·新知三联书店,2016年,第6页。

③ [美]列奥·施特劳斯:《自然权利与历史》,彭刚译,北京:生活·读书·新知三联书店,2016年,第5页。

④ [美]列奥·施特劳斯:《古典政治理性主义的重生》,潘戈编,郭振华译,北京:华夏出版社,2011年,第60页。

允许或必须被允许不受别人干涉地做他有能力做的事，成为他愿意成为的人的那个领域是什么？"，积极自由是指主动"去做……的自由"，它关注的是"什么东西或什么人，是决定某人做这个、成为这样而不是做那个、成为那样的那种控制或干涉的根源？"①在具有历史感的伯林看来，自由主义传统主张的是消极自由。积极自由预设的是：人们要想实现自由，"只有参与到真正正义、真正理性、真正完美的社会中，此社会所有成员的所有正义或理性的目的都和谐地得到满足，或者说每个人都服从他自己即他的真实自我。这个观念的前提是，在人的诸目的之中，存在一个等级制，因而也存在一个根本和谐"②。积极自由的前提与人类的经验是相矛盾的，其立论基础为一种形而上学的世界观。在人类的经验中，不同的目的之间往往存在着难以解决的矛盾与冲突，其中也不存在着固定的等级秩序。为此，当众多的个人实现社会的联合时，必须为了集体或他人的缘故而牺牲一些自由。也就是说，社会为个人的自由设定一个边界。应该保持着一个最低限度的、也是神圣不可侵犯的个人自由领域；"如果这个领域被践踏，个人将会发现他自己处于一种甚至对于他的自然能力的最低限度发展也嫌狭窄的空间中，而正是他的那些自然能力，使他有可能追求甚或领会各种各样人们视为善良、正确或神圣的目的"③。施特劳斯认为，这种绝对个人的消极性自由离不开一个绝对的、固定的根基，但伯林似乎并没有赋予它这样的根基。他同样意识到了消极自由的历史性和相对性特征。伯林也承认理想消极自由的支配地位，"即使在西方近代史中，也是一个例外而不是通则。这类意义上的自由也从未变为人类大规模的战斗口号"。④ 显而易见的是，伯林的政治理想难以摆脱这样一个两难的困境："若没有一个绝对根基，自由主义就无法生存；而若拥有一个绝对根基，自由主义也无法生存"⑤。"消极自由"的理想就是当今自由主义所标榜的中立性，这也是自由主义对于历史主义的妥协。然而，自由主义的这种让步不但没有解决历史主义问题，反而使自由主义陷入自我矛盾之中。

施特劳斯认为，相对主义认识论根源在于现代社会科学中盛行的实证主义，实证主义否定人类理性在价值选择上的可能性。根据实证主义的观

① ［英］以赛亚·伯林：《自由论》，胡传胜译，南京：译林出版社，2003年，第189页。

② ［美］列奥·施特劳斯：《古典政治理性主义的重生》，潘戈编，郭振华译，北京：华夏出版社，2011年，第56页。

③ ［英］以赛亚·伯林：《自由论》，胡传胜译，南京：译林出版社，2003年，第191—192页。

④ ［英］以赛亚·伯林：《自由论》，胡传胜译，南京：译林出版社，2003年，第197页。

⑤ ［美］列奥·施特劳斯：《古典政治理性主义的重生》，潘戈编，郭振华译，北京：华夏出版社，2011年，第58页。

点,科学或理性只能验证事实问题,对于人们的价值选择是否正确是无能为力的。也就是说,理性能告诉我们的仅仅是达到目的最佳手段,而不能证明我们选择这一目的理由是否正当。正如施特劳斯所言,"如果理性的行为在于为正确的目的选择正确的途径,那么相对主义实际上教导我们,理性的行为不可能"①。实证主义告诉我们:人类价值的科学或理性研究是不可能的。同样,现代社会科学研究也不能证明自身的合理性,这是因为社会科学依据的工具是归纳推理,其目的是预测或发现事物的原因,并不能预测未来。英国怀疑论者休谟以心理学为基础批判了因果关系的可能性,也对人类的理性能力提出了质疑。施特劳斯进一步指出,"既然因果律本质上并不明显,那么没有什么可以阻止我们假定,世界曾经从虚无且通过虚无变为存在。合理性不仅消失于科学所研究的行为;这种研究本身的合理性也变得极端成问题"②。也就是说,实证主义的前提是成问题的。实证主义为了证明自身,反对康德把科学的起源归因于某种先验东西的预设,主张根据"人类有机体"论来回答这个问题。依据后者,"实证主义必须把科学理解为某种有机体的一种活动,理解为实现那种有机体的生命中一种重要的活动。简而言之,倘若不能进行预测,作为有机体的人就活不下去或活不好,而最有效的预测形式就是科学"③。实证主义的这种辩护,等于已经做出了价值判断:科学是人们正确生活的选择。这就与实证主义声称任何价值判断都是非理性的相矛盾。实践已经证明的是:科学与社会的进步绝非同步的。科学技术的发展导致非西方国家的人们生存困难重重。假设没有科学,他们同样能够生存下去,甚至生活得更幸福。因此,实证主义对相对主义的流行应该负有不可推卸的责任。历史主义批判实证主义在价值问题上的无能表现,也比实证主义更具反思性。它不但重新强调了事实与价值的关联,还提出了实证主义无力提出的一个问题:为什么需要科学?历史主义的高明之处在于"考虑到了科学得以产生的人类处境"④。正如施特劳斯所指出的那样,实证主义如果理解了自身,就必然转向历史主义。

---

① [美]列奥·施特劳斯:《古典政治理性主义的重生》,潘戈编,郭振华译,北京:华夏出版社,2011年,第61页。

② [美]列奥·施特劳斯:《古典政治理性主义的重生》,潘戈编,郭振华译,北京:华夏出版社,2011年,第61、62页.

③ [美]列奥·施特劳斯:《古典政治理性主义的重生》,潘戈编,郭振华译,北京:华夏出版社,2011年,第66页。

④ [美]列奥·施特劳斯:《政治哲学的危机》,李永晶译,见刘小枫主编《西方民主与文明危机》,北京:华夏出版社,2018年,第22页。

受历史主义影响,伯林选择了消极自由的理念为自由主义辩护。施特劳斯认为,伯林的消极自由的理论后果不是自由主义的宽容,而是后来的存在主义。在政治实践中,赋予每一种选择以同等的地位是根本不可能的,人们必须在诸多互不相容的目的中放弃一些而选择另一些。假如不平等的选择不能追溯到目的的不平等,这种选择就只能说是无根据,或者说最终的真正选择依赖于果断的或非常危急的非理性的决断。但是,这个决断更类似于绝对主义而不是宽容。最终施特劳斯指出:"自由主义的相对主义,是洛克的'宽容'的自然权利传统的结果。或者是,每个人都享有追求自己所理解的幸福这一观念,最终变成了不宽容的源泉。"①

(三)自由主义的毁灭:从存在主义到虚无主义

施特劳斯的弟子艾伦·布鲁姆在《美国精神的封闭》一书的卷二部分,以《虚无主义,美国的风格》为题谈到了相对主义及其后果虚无主义对美国社会的影响。他指出,在美国,当前任里根总统对苏联的称谓从"邪恶帝国"转变为仅仅"价值观不同"时,意味着西方世界观的一种转变。前者表明还存在善恶之分,后者蕴含的则是价值观的消除。正如布鲁姆所言,"'价值'一词意味着善恶信仰是极其主观的,这有助于人们以放松的心情寻求惬意的自我保存"②,这也证明:美国的自由主义社会已经接受价值上的相对主义了。

价值相对主义的出现标志着黑格尔历史哲学的破产,因为黑格尔的体系预设了历史是已经完成了的,理性已经战胜了邪恶。施特劳斯认为,"相对主义起初以历史主义形式——更确切地说是以一种已衰微的黑格尔主义形式——引起尼采的注意"③。尼采认为,一个人或民族的认识与感觉是有其限度或是狭隘的,以此为标准,可能会把"一种不义置入每一个判断,会把失误置入每一个经验"④。为了避免历史主义的困境,尼采求助于人的创造性视域。这种创造性是非历史性的,它把人类"非历史地感受的能力视为更重要的和更原初的能力,这是就在它里面有能够让某种正当

---

① Thomas L·Pangle:*Leo Strauss:An introduction to his Thought and Intellectual Legacy*, The Johns Hopkns University Press, 2006, P21.

② [美]艾伦·布鲁姆:《美国精神的封闭》,战旭英译,南京:译林出版社,2011年,第96页。

③ [美]列奥·施特劳斯:《古典政治理性主义的重生》,潘戈编,郭振华译,北京:华夏出版社,2011年,第68页。

④ [德]尼采:《不合时宜的沉思》,李秋零译,上海:华东师范大学出版社,2007年,第143页。

的、健康的和伟大东西，某种真正人性的东西在上面生长的基础而言的"①。它以某种经过修正的自然观念为基础，但最终指向了超人才具备的"权力意志"。为了避免尼采的"权力意志"学说重返传统形而上学的窠臼，海德格尔以存在主义学说来克服尼采哲学的弊端。但最终的结果是，他不但没有摆脱尼采的影响，甚至继承了尼采的思路，还把相对主义进一步推向了虚无主义的深渊。

海德格尔跟随尼采，对现代科学和现代哲学采取激进主义的批判态度，并提出了自己的存在主义哲学。他认为现代性的美梦已经破碎，启蒙以来的现代科学试图提供一种能够解释宇宙和人的真理的整全学说，这种企图和努力没有也不可能成功。现代科学技术虽然以前所未有的力量增强了人类行动的能力，把自然对象化，但它却根本无法为自身的正当进行辩护，即不能证明人类选择科学的理由。海德格尔同样批评科学无法为人类提供价值判断的根基。如果科学的正当性得不到明证，选择科学将与选择其他一样是非理性的。当现代科学拒绝价值判断时，我们就无法判断人类与社会的进步或者倒退。海德格尔确信的是，"形而上学与哲学根本就不是科学，也不能够由于它们的发问在根本上是历史的发问而成为科学"②。为了理解人类自身及其存在，必须借助于形而上学的理解，回归到对人的生存处境的理解。

海德格尔面临的哲学处境是自由主义哲学的无能，这种哲学把人推到无法理解的深渊。当历史主义陷入相对主义的困境时，存在主义把相对主义视为真实的，并试图超越它。在施特劳斯看来，海德格尔的存在主义肇始于现代性的危机。现在，"我们发现所有的客观的、理性的知识之根基乃是一个深渊。最终，支持一切真理、一切意义的别无他物，只有人的自由"③。同时，当我们否认科学之价值判断之可能性时，也意味着所有的价值是平等的。自由与平等构成了当今自由主义的价值核心，这种转变标志着自由主义已经陷入无根基的深渊：一切都是无意义的，一切都是虚无。而这一切又都是现代科学和技术统治的结果。它不是把自然看作是被给予性的，或者人嵌入自然之中，而是把人看作是独立于自然，自然是人类征服或改造的对象。在现代性的筹划之中，人类处于宇宙中心的地位，且人

① ［德］尼采：《不合时宜的沉思》，李秋零译，上海：华东师范大学出版社，2007年，第143页。

② ［德］海德格尔：《形而上学导论》，熊伟等译，北京：商务印书馆，2010年，第43—44页。

③ ［美］列奥·施特劳斯：《古典理性主义的重生》，潘戈编，郭振华等译，北京：华夏出版社，2011年，第82页。

的本性只是历史性的。立基于狭窄的历史性视阈,当然无法获得人类存在的真正知识。生存主义者被迫承认:“人无法基于整全、基于自身的来源或者终结来理解自身。这种无可救治的无知乃是人类迷茫的基础,或是人们处境的核心。”①

为了摆脱尼采和相对主义的困境,海德格尔意识到必须回归柏拉图和亚里士多德开创的存在论形而上学传统:不断追问存在(Being)究竟是什么,存在的依据又到哪里去追寻等基本问题。但是,人类最终是一个有限的存在者,始终不可能拥有关于整全的真理,所以,人所理解的最高意义的存在(to be)也就不可能是柏拉图主张的永远存在(to be always),真实的真相是:最高意义的存在唯有生存(to exist)。如果“以人存在(is)的方式去存在(to be):最高意义上的存在(to be)由有死性构成”②。这就是海德格尔对柏拉图存在论的修正。海德格尔的存在论具有两个基本特性:一是它根源于人类经验意义上的、某种宗教式的焦虑,而不是建立在对整全知识的把握之上;二是他理解的存在赋予人的主观体验以绝对的价值,并拒绝了外来的任何客观性的评判。施特劳斯认为,海德格尔的生存主义是难以成立的:第一,他借助于基督教神学中的宗教式体验(焦虑感)来证明自己的观点,而这种观念只不过是已经过时的思想方式的残余,没有任何真理性而言。第二,他的生存分析论依托于特定的生存理念,而这种生存理念他没有阐释清楚,更没有进行有效地证明。第三,他假定最高形式的知识是关于事物的有限知识,问题是,如果不借助于关于整全的洞见或无限性,如何能够理解有限的存在呢?处于理论困境之中的海德格尔并没有重返古典的形而上学,而是转向了现代的历史。他认为只有通过对一切存在者赖以存在的历史性东西的理解,才能最终领悟人的生存。这样以来,海德格尔的存在主义就与古典的存在论失去了关联。施特劳斯认为,在古典哲人视域中,“‘存在’首先意味着‘在自身之中存在’,而不仅仅是‘相对于……存在’:‘存在’首先意味着一个主体,而非一个客体的存在”③。恰恰在这一点上,海德格尔背离了古典哲学,把“存在”理解为历史性的存在,或者是每个人都可以体验到的存在,最终,对人之存在的理解便失去了坚

① [美]列奥·施特劳斯:《古典理性主义的重生》,潘戈编,郭振华等译,北京:华夏出版社,2011年,第83页。

② [美]列奥·施特劳斯:《古典理性主义的重生》,潘戈编,郭振华等译,北京:华夏出版社,2011年,第83、84页。

③ [美]列奥·施特劳斯:《什么是政治哲学》,李世祥等译,北京:华夏出版社,2011年,第243页。

固的基础。因此，施特劳斯批判海德格尔没有建立起一门真正的伦理学。

施特劳斯认为，海德格尔的存在主义是历史主义发展的最终结论，它不但否认了获得理性知识的可能性，也把人类抛进了一个无根基的世界。其本质就是虚无主义，“是对文明本身的拒斥”①。在现代社会主要表现为缺乏坚定的信念，又夹杂着本能与情欲方面的混乱。它最早出现在德国，最后导致了法西斯主义。至于虚无主义为什么首先发生在德国，它又在何种意义上是存在主义的理论后果呢？施特劳斯的解释是：首先，德国虚无主义之所以构成了现代文明的主要对手，原因在于它对现代政治哲学的道德持反对态度。历史主义者认为，“国际主义是现代文明固有的，或者说得更确切些，建立一个完美的开放社会，从而还有对这个目标的渴望，这些与道德生活的基本要求格格不入”②。因为根据历史的观点，所有社会的道德生活及其标准都是历史性的，有其自身的特殊性，普遍性的社会道德只是一场幻想。自由主义出现以来，它所希冀的普遍性国家不但没有形成，国家和地区之间价值和军事冲突依然存在，文明社会的价值理念遭受着严重的挑战。虚无主义就是用一种濒危道德的责任感来反对现代文明的。他们并非是真正的无道德主义者，反而是继承了卢梭、尼采等人对道德的关注。在他们看来，科学与哲学是普遍的，而政治则是特殊的。政治的特殊性决定了不能用普遍的道德来评判政治。只不过虚无主义从强调历史走向了道德的虚无。其次，施特劳斯认为，德国哲学对前现代理想与自由主义现代理想的错误结合，致使德国历史主义最终拒绝了现代文明。英、法等国的现代文明和近代自然法传统把古典的道德理想降格为自由主义的个人权利，被启蒙了的个体道德取代了传统的超越性的道德理想。德国哲学家认为这是对古典哲学精神的拒绝。为了重拾被丢弃的哲学精神，必须反对现代西方文明。他们返回古罗马，寻求传统的尚武和好战精神，“坚持自我牺牲与自我否定（的德性）……英勇是唯一毫不含糊的非功利性德性”③。这种精神迎合了德国哲人反对现代文明的需要和冲动。最后，虚无主义也适应了德国人摆脱一战后发展困境的需要。一战结束后，作为战败国的德国对打败自己的自由民主制产生了深深的抵触情绪。摆在德国

---

① ［美］列奥·施特劳斯：《德意志虚无主义》，见刘小枫主编《苏格拉底问题与现代性》，丁耘译，北京：华夏出版社，2008年，第116页。

② ［美］列奥·施特劳斯：《德意志虚无主义》，见刘小枫主编《苏格拉底问题与现代性》，丁耘译，北京：华夏出版社，2008年，第116页。

③ ［美］列奥·施特劳斯：《德意志虚无主义》，见刘小枫主编《苏格拉底问题与现代性》，丁耘译，北京：华夏出版社，2008年，第127页。

人民面前的只有两条道路可走:一条是反动的道路,即再来一次新的革命;另一条是苏联的共产主义道路。对他们而言,这两条道路都不能选择,因为现代的社会都是平庸者的社会。在这样的社会中,"每个人都幸福而满足,每个人都有他渺小的日间快乐……不再会有伟大心脏的跳动、不再会有伟大灵魂的呼吸"①。这分明是人性的堕落社会,或者是人类末日的来临。为了阻止这种可怕事情的发生,只有诉诸毁灭性的行动。但是,"他们未尝真正知道,他们究竟想要用什么来替代当今世界,替代其所谓注定的未来或结局:他们所能确定的,只是当今世界及其一切潜能均须摧毁,以便阻挡否则必然来临的共产主义终极秩序"②。

施特劳斯进一步认为,虚无主义并非完全来源于相对主义的实践,它同样也在于对人类理性信心的丧失,因为虚无主义不但反对政治生活,也反对承担一切道德责任感,主张解除社会成员对社会的忠诚。但可以肯定的是,虚无主义"是相对主义合乎逻辑的必然和不可抵制的结果,尤其来自于我们自由主义社会所主导的无限制地对个体性或多样性的尊重"③。这样,基于历史观念和实证主义之上的历史主义,经过相对主义这一中介,最终到达了其理论的终点——存在主义或虚无主义。

---

① [美]列奥·施特劳斯:《德意志虚无主义》,见刘小枫主编《苏格拉底问题与现代性》,丁耘译,北京:华夏出版社,2008年,第109页。

② [美]列奥·施特劳斯:《德意志虚无主义》,见刘小枫主编《苏格拉底问题与现代性》,丁耘译,北京:华夏出版社,2008年,第109页。

③ Thomas L · Pangle: *Leo Strauss: An introduction to his Thought and Intellectual Legacy*, The Johns Hopkns University Press, 2006, P22.

第三章　自然正当：古典政治哲学的遗产

在施特劳斯看来，历史主义的危机是由现代“科学”的政治理解方式造成的，要根本改变这一状况，必须回归古典哲学对政治的“自然”理解。如果我们不了解古典的自然正当观念，也就意识不到政治哲学的可能性。即便是现代的自然权利观念，在 19 世纪早期还被人们普遍接受，如今，自然的观念已被历史所取代。施特劳斯认为，在现代哲学家中恢复自然的过程是由尼采开启的，“他试图使历史转向自然”①，遗憾的是这一努力最终败于其彻底的历史主义。为了避免重蹈尼采的覆辙，施特劳斯采取了一种“非历史主义”的历史研究，通过考察“对我们的常识或自然世界的自然理解”，去理解古典哲学中的自然与自然正当观念。

一、古典哲学中的自然观念

在一次演讲中，施特劳斯曾经指出，“现代概念通过转化古代（classical antiquity）以来的概念而形成，因此，如果想要理解现代概念，我们就必须首先返回古代的根基”②。现代的自然权利概念就是源于古代的自然正当，要想理解前者就必须先理解后者。在《自然权利与历史》的第三章和第四章中，施特劳斯分别讨论了自然正当观念的起源与古典的自然正当论。这里的“自然”是与现代的科学理解相对立的理解政治的方式，是一种方法论或者哲学，也就是施特劳斯所要阐释的古典政治哲学。因此，施特劳斯一再强调，“如果把自然理解为‘现象之全体’的话，发现自然的要旨就无从把握”③。胡塞尔也曾在《哲学作为严格的科学》一书中批判了现代自然主义在心理物理意义上对“自然”的理解。他认为“心理因素不是一个一个自为的世界，它是作为自我和自我体验（此外，这个词的意义有着很大差

① ［美］列奥·施特劳斯：《尼采如何克服历史主义》，维克利整理，马勇译，上海：华东师范大学出版社，2019 年，第 16—17 页。

② ［美］列奥·施特劳斯：《古典政治哲学引论》，扎科特整理，娄林译，上海：华东师范大学出版社，2018 年，第 35 页。

③ ［美］列奥·施特劳斯：《自然权利与历史》，彭刚译，北京：生活·读书·新知三联书店，2016 年，第 82 页。

异)而被给予的,而从经验上看,这类东西常常表明自身受到某些被称作身体的物理事物的束缚"①。这种现代经验主义的研究不仅会把研究对象与其他事物的关联割裂开来,还会使自然错失其客观性的意义。受益于胡塞尔的教导与启示,施特劳斯求助于"前科学与前哲学的经验","日常经验的世界",在前科学或前哲学与古典的哲学或科学之间的张力,恰恰表达了政治哲学的基本问题。

(一)自然的发现

通过追溯前哲学状态来理解自然观念的产生,这本身就是历史研究,但是,施特劳斯把这种研究称之为"非历史主义"的历史研究。也就是说,通过追溯自然的起源"发现与人类思想相伴的根本问题和不变框架"②。自然的发现也就是哲学的产生,首先点燃人类理性之光的并非是苏格拉底,而是前苏格拉底的自然哲学家们。苏格拉底只是把哲学从天上引到人间事务的第一人,是政治哲学的创始者,但发现自然的任务是由他的先行者完成的。

施特劳斯认为,自然的观念很难用"自然是什么"这一现代方式来探究。"自然是一个用于区分的名辞","如果一个人心里面没有想到与自然相区别的,或自然反对的是什么,自然也就是一个最模糊的哲学发现。如果所有的事物都是自然或自然的,自然就是一个空洞的概念"。③ 在第一批研究自然的人出现以前,人类对宇宙万物的理解依赖于口口相传的神话或传统。人类首先划分为不同的部落,每个部落中都有自己信仰的独特的神;部落的神为该部落的人提供了对世界的终极解释。这一解释往往是不可置疑的,人们把神的谕令或部落的传统视为权威的规范加以遵守:"我们的生活方式"就是至高的和正确的方式。因此,我们通常称之为"诸神之争"的时代。在诸神存在的神学时代,神谕或祖传的就等于好与正确,其"正确性是由其古老性来保障的"④。这种前科学的假定拒绝新奇或陌生的东西,并把新奇的或陌生的事物视为是糟糕的。施特劳斯认为,部落时期人们主张的正确方式"必定蕴含着仅仅是对祖先并且从而是对初始事物

① [德]胡塞尔:《哲学作为严格的科学》,倪梁康译,北京:商务印书馆,2010年,第14页。

② 古涅维奇:《自然正确问题与〈自然权利与历史〉中的基本抉择》,彭刚译,见刘小枫主编《施特劳斯与古典政治哲学》,上海:上海三联书店,2002年,第342页。

③ *Leo Strauss and The Theologico-Political Problem*, Edited by Meier, Cambridge University Press 2009. P521.

④ [美]列奥·施特劳斯:《自然权利与历史》,彭刚译,北京:生活·读书·新知三联书店,2016年,第84页。

的怀想”①。在古代的政治共同体中，传统的权威就以法律的形式表现了出来，法律就等同于共同体的生活方式。有多少个共同体就存在多少种不同的法律，即生活方式。然而，不同的神圣法典或传统的存在必然引发这一困难：不同的法典的观念之间存在着难以调和的冲突。此时，由古老性所保证的正确性便不再是自然而然的，好的等于祖传的这一观念开始受到人们的质疑。理性的人就开始了对迥异于祖传之物的、本身就是好的事物的探询，于是，哲学就产生了。

在前哲学时期，人们对于初始事物的探求同样产生了“人之为人”和“超人的绝对存在”的区分，而这种区分则构成了发现自然的前提。首先，人们借助于耳听和眼见的途径，发明了走出了“洞穴”的“抽象的人”的观念。最初，人们通常认为“耳听为虚、眼见为实”，并把这种区分应用在特别的或次要的问题上。随着人们视域的不断扩展，“耳听”和“眼见”开始被应用于所有的事物上。这时，人们就不再轻信那些未经证实的传说，而是把这些传说与神话同自己观察到的事物对立起来。这时，人们开始意识到了清醒时所看到的真实世界与以梦幻为基础的虚幻世界之间的区别。它的依据是人之普遍的、抽象的理性，恰如施特劳斯所言：“衡量一切事物之真与假、有与无的，既非任何特殊团体的‘我们’，也非某一独一无二的‘我’，而是人之作为人”。② 这种人已经是超越原处的“洞穴”或走出历史的抽象人。正是“人之为人”的抽象理性人才是发现自然的真正主体。这些走出“洞穴”的人们已经具备了区分因不同群体而名称相异的事物之能力，也能够用事物之间的“自然的”区分，来代替因群体而异的事物之间的武断区分。其次，通过人为事物与非人为事物之间的区分，人们发现了绝对性的存在。古人认为，人显然不是初始事物，“人工的造物在所有方面都劣于或晚于不是由人制造、而是由人找到或发现的事物”③。如果说人造物来源于人的创造与设计，那么非人工造物就可能是由初始事物通过其他途径产生出来。因此，古人相信“所有可见物是由思维者的存在创造的，或者存在着某种超人的思维着的存在者”④。人为事物与非人为事物的这种

① [美]列奥·施特劳斯：《自然权利与历史》，彭刚译，北京：生活·读书·新知三联书店，2016年，第84页。

② [美]列奥·施特劳斯：《自然权利与历史》，彭刚译，北京：生活·读书·新知三联书店，2016年，第88页。

③ [美]列奥·施特劳斯：《自然权利与历史》，彭刚译，北京：生活·读书·新知三联书店，2016年，第89页。

④ [美]列奥·施特劳斯：《自然权利与历史》，彭刚译，北京：生活·读书·新知三联书店，2016年，第89页。

区分,不仅假定了前者优于后者,而且还以永恒不变的初始事物为前提,正如施特劳斯所认为的那样,古人们显然以为:

> 显明可见的偶然存在物就要求有某种必然的从而是永恒的事物的存在。始终如一的存在物比之并非始终如一的事物更加高贵,因为只有前者才是后者以及后者存在的终极因;或者说,因为并非始终如一的事物要在由始终如一的事物所构成的秩序中才能找到其位分。①

古典"自然"之发现产生了两个重要的理论后果:一个是原来的"习惯"或"方式"被划分成了"自然"和"习俗"的概念。这就导致了自然(Physis)与习俗(Nomos)之争日益成为古典哲学的基本主题。另一后果则是"自然的就是好的"这一古典观念取代了"祖传的就是好的"。自然在拒斥祖传的同时,也保留了后者"古老的就是正确的"这一根本因素。因为,当最早的哲学家谈论自然时,他们"指的是初始事物,亦即最古老的事物;……自然乃是万祖之母,万母之母。"②鉴于自然先于任何人造之物,并为所有人造物提供了材料和模型,自然就成了权威与规范,成为人们虔敬的对象。

自然之发现既是人类理智的产物,也标志着哲学的产生。施特劳斯认为:理性(reason)或理智(understanding)通过人的感官知觉,帮助人类发现了自然。习俗体现了人类对某种不理解的权威的服从,理性却表明了人的自主理性对传统权威的质疑,这种理性或理智与其对象的关系,"根本就不是丝毫不问为何要与权威一致就俯首听命"③。也就是说,理性并不会自动地服从权威,除非权威与理性是一致的。总之,正是人类理性推翻了传统的或神学的权威,把自然的标准牢固地树立了起来,从而也催生了古典哲学。需要强调的是,正是自然的出场与否构成了区分前哲学状态与哲学状态的分界线。前哲学的理解与哲学的理解也表明它们唱的是对手戏:"它们乃是两者之中只能择一的权威与理性、耶路撒冷与雅典中相互反对

① [美]列奥·施特劳斯:《自然权利与历史》,彭刚译,北京:生活·读书·新知三联书店,2016年,第90页。

② [美]列奥·施特劳斯:《自然权利与历史》,彭刚译,北京:生活·读书·新知三联书店,2016年,第92页。

③ [美]列奥·施特劳斯:《自然权利与历史》,彭刚译,北京:生活·读书·新知三联书店,2016年,第93页。

的两极”①。

在与习俗主义的争论中，自然把习俗主义中的“古老的就是好的”这一观念改造为：自然是一切人为事物的源泉，是超越习俗的永恒存在，是“第一物和本原”。在《城邦与人》(City and Man)中，柏拉图通过雅典异乡人之口强调了自然本原性：“所有现存的事物最终出自或通过‘第一物’而存在，此‘第一物’并非严格意义上的‘事物’，它是一切现存的或毁灭的事物得以生成或毁灭的原因。第一物或依赖第一物而存在的事物就是人们所说的‘自然’；第一物和产生于它的事物之所以是自然的，是因为它不同于通过人类行动产生的事物”②。在关于人间事物和什么是正确生活方式的问题上，自然与习俗分别代表了两种对立的生活。习俗的生活是多样的，自然的生活只有一种。在多种互相冲突的习俗背后隐匿着统一的、超越性的自然。这种对立也表明：自然事物和人间事物存在差别，自然界有着统一的自然律，而人间的正义则是多样的。习俗主义从现实政治生活出发，主张一切“正义”和法律所规定的生活就是善好的，甚至善就等于快乐、个体与城邦的利益。自然的观念虽然被哲学家所推崇，施特劳斯也承认自然的生活并没有彻底战胜习俗主义，因为“好的生活中，合于自然的生活，是生活在公民社会的边缘的哲学家的退隐的生活”③，普通公民并不一定会选择这种生活。

(二)古典的自然观念

苏格拉底之前的自然哲学家们首先发现了自然的观念，这种观念认为自然是超越于人类经验或习俗的客观存在，是“第一物”和永恒不变的，但是在面对正义问题时，它无法解决自然与城邦的紧张关系，也没有提供一个充足的理由让人们选择合乎自然的生活。施特劳斯认为，苏格拉底及其后继者柏拉图等人完善了前人的自然观念，为一种正当的生活提供了证明。

施特劳斯认为，前苏格拉底的自然是“颠覆性的”“狂热的”，与现代科学一样，它致力于清除所有的迷信和神话。这样，自然与习俗就是对何谓

① 古涅维奇：《自然正确问题与〈自然权利与历史〉中的抉择》，见刘小枫选编《施特劳斯与古今之争》，彭刚译，上海：华东师范大学出版社，2009年，第98页。

② Leo Strauss：*The City and Man*. Chicago and London：The University of Chicago Press，1964，P14.

③ ［美］列奥·施特劳斯：《自然权利与历史》，彭刚译，北京：生活·读书·新知三联书店，2016年，第114页。

正当生活的对立性的理解。苏格拉底—柏拉图哲学则对哲学与政治均持有一种清醒与审慎的态度。施特劳斯认为,苏格拉底传统的古典哲学是对“那些早先的自然哲学与神话类型的批判性拒斥”。[①] 早先的自然哲学不但对自然与人间事务不加以区分,还对整全自然的理解抱着不切实际的想法。古典哲人对自然的追问常常始于“什么是自然”、自然的本质是什么等这些大而全的问题。我们应该改变追问的方式。于是,“苏格拉底在将关于整体的科学、或者说关于每一存在物的科学等同于对‘每一个存在物是什么’的理解这个方面,脱离了他的前辈”[②]。也就是说,如果“‘存在’就是‘作为某物而存在’,那么一物之存在,或一物之本性(nature),首先就是它的‘什么’,它的‘形状’‘形式’或‘特征’,尤其是使它区别于它所由之生成之物的那些东西……‘什么’本身就是某一类事物或某一‘族’事物——那些处于本性而同属于或构成为一个自然群体的事物——的特性”。[③]

对古典哲学的这种修正和对苏格拉底式古典哲学的阐释,施特劳斯受惠于胡塞尔对现代自然主义的批判。它接受了这样一种观点:对知识的探求始于“为我们所是”的东西和经验常识等事物自然呈现出来的东西,也就是从“意见”出发来探索“真理”。这样,“意见”与“真理”就不再是完全对立的,“意见”中包含着“真理”的片段,“真理”也就隐含在“意见”之中。人们对真理的认识永远不可能达到终点,哲学只是意味对真理的探寻,而不是拥有绝对的真理。

施特劳斯对古典自然观念的阐释基于苏格拉底的“无知之知”这一对人类理性的深刻洞见,为此他花费了颇多的笔墨。哲学是从古典哲人对智慧的认知开始的,对人的智慧的追问也就是对人类之理性的追问。在那篇著名的《苏格拉底的申辩》中,苏格拉底巧妙地反驳了人们对其拥有智慧的恶意指控,承认自己的所谓智慧无非是“无知之知”。但是,这种智慧恰恰“就是一种人间智慧”[④]。所谓的“人间智慧”并非仅仅就是色诺芬所说的关于人间事务的知识,而是表明了人类理性的有限性。在苏格拉底看来,作为哲人的自己所拥有的知识,是介于神的绝对知识和一般人的自以

① 梅耶斯:《施特劳斯与海德格尔》,徐英谨译,成官泯校,见刘小枫选编《施特劳斯与现代性危机》,上海:华东师范大学出版社,2010 年,第 213 页。

② [美]列奥·施特劳斯:《自然权利与历史》,彭刚译,北京:生活·读书·新知三联书店,2006 年,第 123 页。

③ [美]列奥·施特劳斯:《自然权利与历史》,彭刚译,北京:生活·读书·新知三联书店,2016 年,第 123—124 页。

④ [古希腊]柏拉图:《苏格拉底的申辩》,吴飞译疏,北京:华夏出版社,2000 年,第 76 页。

为是的知识之间。普遍人通常满足于自己知道了别人不知道的知识,其实这个人并不智慧。苏格拉底的智慧在于:“我既然不知道,也就不认为我知道。我觉得好像在这件事上总比他智慧一些,即我不知道的东西,我就认为我不知道。”①就此而言,苏格拉底承认自己是拥有智慧的。于是,他并没有反驳这一神谕:苏格拉底是拥有智慧的。通过对苏格拉底的“无知之知”的辨析,施特劳斯阐释了古典哲人对于人类理性的看法:

> 苏格拉底的智慧仅仅限于他自知其无知上。关于苏格拉底的谜一般的神谕的意涵是:人的智慧渺小,不足为道,只有像苏格拉底这样自知其无知的人才是最有智慧的。神暗示了这一条真理,人的智慧从内容上纯粹是否定性,这种智慧的价值也可以说无甚价值——神就通过这种暗示来表明他这个神才是真正有智慧的。②

也正因为如此,苏格拉底的哲学为诸神预留了一定的位置,也没有将智慧与审慎割裂开来,即“在最重要的问题上,人们必须请示神谕”③。认识到人类理性的有限性,这也是苏格拉底优于先前的自然哲学家和现代哲人之处。意识到人类理性没有能力发现超越人间事物这一事实,也就表明自然是一种高于人类理性的存在。承认了自然的存在,也就等于承认人类理性的有限性。在施特劳斯看来,“人无能获得完全的智慧;哲学这一名字——追求智慧,爱智慧——本身就表明,严格意义上的智慧人不能企及。换言之,哲学与其说是完整的体系,不如说是有关无知的知识”④。这就是苏格拉底创立的古典哲学,它是对智慧的探求过程,而非拥有完全智慧的知识。

由于意识到人类理性的不足或者渺小,施特劳斯强调古典哲学所采取的独特表述方式——对话体,这在柏拉图的作品中尤其明显。根据施特劳斯的统计,柏拉图的著作中一共有35部采用对话体,这些对话体中又有25部以对话参与者的名字为题目。由此可见,对话是柏拉图作品的一种较为普遍的表达形式。由于形式往往决定了作者所要表达的内容及意义,因

① [古希腊]柏拉图:《苏格拉底的申辩》,吴飞译疏,北京:华夏出版社,2000年,第80页。

② [美]列奥·施特劳斯:《柏拉图式政治哲学研究》,张缨等译,北京:华夏出版社,2012年,第59页。

③ [美]列奥·施特劳斯:《色诺芬的苏格拉底》,高诺英译,上海:华东师范大学出版社,2011年,第6页。

④ [美]列奥·施特劳斯:《论柏拉图的〈会饮〉》,[美]伯纳德特编,邱立波译,北京:华夏出版社,2011年,第5页。

此，无论从何种地方开始研究，我们都要更加关注形式而非仅仅是内容。“如果不清楚柏拉图的对话录是什么，人们就无法领会柏拉图的教导。我们不能把对柏拉图的理解与他的表达形式分离开来。”①施特劳斯认为，柏拉图采用对话体的原因在于其对传统写作方式的抗议。在柏拉图看来，传统的写作方式及其价值是难以令人满意的，因为“它同等地进入所有读者中，或者因为它们不知道对谁该说对谁该沉默，它们对不同的人说着同样的事情”②。也就是说，过去的作者把所有人类看作是在智力、地位上平等的、甚至是无差异的一个群体。这些人处于同一情境之中，并且对某些问题持有一样的观点。前人的这种预设明显是与现实不符的，因为不同的人往往存在着智力上的差别，而且也处于不同的“洞穴”或历史情境之中。对于何谓正义的观念，他们也必然持有不同的观点。对话体是不同主体互相交流的最佳载体，其中没有强制，可以克服以往写作方式的缺陷和不足，“它拥有口头交往的弹性或适应性”③。在色诺芬的叙述中，苏格拉底往往以不同的方式或谈话对待不同的人群。古典哲人认为，人类存在着自然禀赋的差异，对话就是试图吸引或引导那些潜在的哲人与本性善良的人。当苏格拉底引导某些人朝向有益的意见时，“恰当的表达方式就是向某些人真实地谈论、或揭示真理，激起那些天生适合思考的人的思考”④。但是，苏格拉底有意引导的谈话者，也并非是拥有最好本性的人。在柏拉图的著作中，“没有哪个与主要说话者对话的人拥有最完美的自然天性”⑤。这是因为往往是在与自然天性并不完美之人的争论过程中，真理才能逐渐显现。

在柏拉图的著作中，对话呈现的也可能是一种文学式的、晦涩的谜团，但施特劳斯坚信这一形式与真正的哲学问题相关。只有当我们既注意到人物间的对话，也赋予对话的情境以不同寻常的意义时，才能理解柏拉图的真实意图。施特劳斯的阐释正是依赖于每段对话的“偶然”性特征，才

① Leo Strauss: *The City and Man*. Chicago and London: The University of Chicago Press, 1964, P52.

② Leo Strauss: *The City and Man*. Chicago and London: The University of Chicago Press, 1964, P52.

③ Leo Strauss: *The City and Man*. Chicago and London: The University of Chicago Press, 1964, P53.

④ Leo Strauss: *The City and Man*. Chicago and London: The University of Chicago Press, 1964, P54.

⑤ Leo Strauss: *The City and Man*. Chicago and London: The University of Chicago Press, 1964, P54.

使柏拉图的哲学更具有开放性。正如后来斯密什所言："施特劳斯的解释学使得对柏拉图的理解带有一种不确定性。我们绝不能声称理解了对话的原意，尤其是当其他对话中的字句能够驳倒这种解释时。"①要想理解柏拉图的这些，我们唯有利用自己的才智去发现争论中蕴含的决定性部分，绝不是成为文本的附庸，只有这样才能洞察对话的真实意图。因此，施特劳斯相信，柏拉图的哲学至多为读者提供了一些他自己最严肃教导的一些决定性暗示，并没有为重要问题提供一成不变的终极真理。

施特劳斯对古典自然观念的阐释是在与习俗相对立的意义上进行的，并以此作为理解人的生活与目的的基础，自然之发现也就是"对人类的某种可能性的实现"②。因此，这种观念构成了人类道德与政治生活的基础，古典哲学基本上等于政治哲学。综上所述施特劳斯的自然观念具有以下含义：一是指事物的本源与特征。它假定了初始事物的真实存在，人工以自然为前提，且自然是永恒不变的，也"是超历史、超社会、超道德和超宗教的"③。二是施特劳斯更多强调的是，自然首先是每一事物的自然，且"事物彼此有别，彼此分离，总是受到事物之间关系的限制"④。每一事物的自然规定了它发展的方向和目的，因此，自然又是权威和规范。对于人类而言，自然是人的生活目的和完善状态。三是自然总是隐匿的。施特劳斯认为，由于我们是在自然与习俗对立的意义上理解自然的，这也意味着"自然根本是被权威的裁断所隐匿了的"⑤。因此，发现自然的存在绝非等于发现自然的真知，发现自然的过程是哲学式的探求过程。最后，自然的也就是不平等的。施特劳斯认为："自然作为一个整体具有等级"⑥，自然秩序也是一个等级秩序，比如柏拉图讲的身体与灵魂的关系、自然禀赋的差异等。

---

① ［美］斯密什：《阅读施特劳斯》，高艳芳等译，北京：华夏出版社，2012年，第138页。

② ［美］列奥・施特劳斯：《自然权利与历史》，彭刚译，北京：生活・读书・新知三联书店，2016年，第90页。

③ ［美］列奥・施特劳斯：《自然权利与历史》，彭刚译，北京：生活・读书・新知三联书店，2016年，第90页。

④ ［美］列奥・施特劳斯：《古典政治哲学引论》，扎科特整理，娄林译，上海：华东师范大学出版社，2018年，第53页。

⑤ ［美］列奥・施特劳斯：《自然权利与历史》，彭刚译，北京：生活・读书・新知三联书店，2016年，第91页。

⑥ ［美］列奥・施特劳斯：《古典政治哲学引论》，扎科特整理，娄林译，上海：华东师范大学出版社，2018年，第50页。

(三)古典哲学的世界观:开放的整全

从传统观点来看,古典哲学的自然正当依赖于一种目的论的宇宙观,通过这种宇宙观来理解宇宙中的万物。古典哲人相信"一切自然的存在物都有其自然目的,都有其自然的命运,这就决定了什么样的运作方式对于它们是适宜的"①。这种观念在科学尚未充分发达的古希腊,为古典哲人理解人间事务提供了最终认识论的依据。简单地说,古典哲人理解的哲学,"是关于事物之所是的知识。必须在最高存在的视野下来理解所有存在者,这是传统的哲学"②。近代天文学和物理学的发展已经摧毁了这一传统观念,宇宙本身并没有其自身的目的。近代哲学家甚至进一步认为,不但宇宙没有目的,整个人类也不存在自身的目的,整个宇宙处于混沌之中。为了防止自然主义者对人类目的论的摒弃,现代学者被迫接受了一种二元论的解决之道:在人类学和道德领域接受目的论,在人类以外的自然领域承认现代的非目的论。施特劳斯明确拒绝这种现代解决方案,并认为一种古典的政治哲学不依赖于任何一种特定的宇宙观。

施特劳斯理解的"整全"就是"万事万物的本性的总体"。③ 人们对于整全的不同理解构成各种各样的世界观或宇宙论。任何一种世界观都自称提供了对世界的终极性的体系式的解释,对每一种现象的解释之间是和谐的。现代科学家则批判过去哲学家对世界的形而上学或神学的理解是神秘的、非科学的,多属于宗教范畴。在现代科学面前,任何一种试图为世界提供终极解释的学说都是不可能的。为了获得整体的知识,现代哲学家采取了专业化的方式来重建整体,即首先研究独立的或部分的要素,再从这些部分出发重组整体。古典哲人始终相信,存在首先意味着作为区别于其他事物的某物而存在,即作为一个部分而存在。但是,只有从整体入手才能理解其中部分。也就是说,所有的知识"无论其多么有局限或多么'科学',都以一个视域、一种知识在其中成为可能的完备的观点为先决条件"④。虽然人们持有整全之洞见存在着抵牾,所有这些洞见也只不过是

---

① [美]列奥·施特劳斯:《自然权利与历史》,彭刚译,北京:生活·读书·新知三联书店,2016年,第8页。

② [美]列奥·施特劳斯:《尼采如何理解历史主义》,维克利整理,马勇译,上海:华东师范大学出版社,2019年,第185页。

③ [美]列奥·施特劳斯:《什么是政治哲学》,李世祥译,北京:华夏出版社,2011年,第3页。

④ [美]列奥·施特劳斯:《自然权利与历史》,彭刚译,北京:生活·读书·新知三联书店,2016年,第126页。

关于整全的意见,但我们不能否认其中存在着真知,同时也存在超越这些洞见而通向真理的可能。“哲学是否能够合理地超越讨论或争辩的阶段而进入作出决断的阶段,对此人们并无把握。”①它只是以知识取代意见的努力或尝试,如果哲学声称拥有了绝对的知识,这不但与人的本性不符,也成为一种独断论了。于是,施特劳斯坚信苏格拉底根本没有依附于任何特定的宇宙观,因为“其知识是关于无知的知识。无知的知识不是无知,它是认识到真理和整全难以捉摸这一特性”②。鉴于人类并不拥有关于整全的绝对知识和人类智力的自然差别,能够从意见中辨别出知识的只有少数哲人。哲人的智慧介于全能的神与无知的大众之间,其目光既仰视着天空,也思考着人性的完美和生活的目的。古典哲人认为,“人的灵魂是整全中唯一向整全开放的部分,因此比其他事物更接近整全”③,只有哲人是最接近整全、理解整全的人。唯有借助于对整全的自然理解,才能发现人类的自然目的。

施特劳斯对古典哲人关于整全的诠释是有其自身目的的。现代哲学批判古典哲学是绝对主义的,而现代哲学又面临着相对主义和虚无主义的危险。在现代哲学内部,又存在着如何调和自然哲学与政治哲学关系的问题。施特劳斯认为,任何一种价值观都依赖于对自然和人类的正确理解。现代哲学的困境是,长期以来人类拥有的知识从未有效克服其二元论的特征:“在二元中的一端,我们发现关于同质性的知识:这种知识主要存在于算术中,还有数学的其他分支以及所有以数学衍生而来的生产性技艺或手艺。在二元的另一端,我们发现关于异质性的知识,尤其是关于异质目的的知识;这类知识的最高形式是政治家或教育者的技艺”。④ 前者是有关自然的知识,属于自然科学的范畴;后者涉及到人类的价值判断,通常是非确定性的知识,属于哲学的范畴。但在古典哲人那里,科学与哲学是没有被如此分离的。关于整全的知识也是关于人类如何生活的知识,科学附属于哲学、技艺也明显低于善的知识。因此,关于整全的知识“需要把最高意

① [美]列奥·施特劳斯:《自然权利与历史》,彭刚译,北京:生活·读书·新知三联书店,2016年,第126页。

② [美]列奥·施特劳斯:《什么是政治哲学》,李世祥等译,北京:华夏出版社,2011年,第29页。

③ [美]列奥·施特劳斯:《什么是政治哲学》,李世祥等译,北京:华夏出版社,2011年,第30页。

④ [美]列奥·施特劳斯:《什么是政治哲学》,李世祥等译,北京:华夏出版社,2011年,第30页。

义上的政治技艺和同质性的知识联合起来”①。但是,这样的结合往往是常人所难以掌握的。更多的是,“人们经不住诱惑要么强加给现象以统一性,要么通过把同质性的知识或关于目的的知识绝对化解决这一问题。人们不断地为两种相反的魅力所吸引或欺骗:一种魅力是数学或者与数学相似的一切事物所产生的能力;另一种魅力是沉思的人类灵魂及其经验所产生的谦卑的敬畏”②。如果强加给现象某种统一性或把同质性的知识绝对化,就会得出整全可以完全理解的错误结论。一旦“整全是可以理解的(或‘合乎规律的’,用现代物理学的说法),那它就是可预测的或可控制的”③。这种观念一旦胜出,必然导致人类相信自己能够控制或征服自然,人类自身就成为判断一切的出发点,成为“万物的尺度”。

站在古典哲学的立场上,施特劳斯为之进行了辩护。他认为苏格拉底传统的古典哲学已经不再具有前苏格拉底哲学的狂热,而是转向审慎与清明,它秉持的是开放、探索的科学精神。哲学的特点“是温和又坚定地拒绝屈从于任何一种魅力,哲学是勇气与节制结合的最高形式”④。它把有关自然的知识和属人的知识结合起来,既从自然的整体性视域来看待人的目的和人的生活,也从人类的日常的生活与政治经验出发理解哲学。这是因为苏格拉底开创的古典哲学传统本身就是政治哲学,与追求人的完善和高贵的生活相关。在古代哲人那里,真正人的生活或政治生活,是与对智慧的追求联系在一起的。

二、作为古典政治哲学的自然正当

苏格拉底是古典自然正当论的创立者。施特劳斯把这一传统规定为“由苏格拉底创始,为柏拉图、亚里士多德、斯多亚派和基督教思想家们(尤其是托马斯·阿奎那)所发展”的那种特定的自然正当理论。⑤ 对于他而言,自然正当问题是政治哲学的首要问题,是关于何谓最佳政制和生活方式的问题。目前,政治哲学的危机就是现代自然权利论对古典自然正当

① Leo Strauss:"What is Political Philosophy?" *The Journal of Politics*,1957. Vol. 19. P368.

② Leo Strauss:"What is Political Philosophy?" *The Journal of Politics*,1957. Vol. 19. P368.

③ [美]肯宁顿:《施特劳斯的〈自然权利与历史〉》,见刘小枫选编,《施特劳斯与古今之争》,高艳芳译,上海:华东师范大学出版社,2009 年,第 125 页。

④ [美]列奥·施特劳斯:《什么是政治哲学》,李世祥等译,北京:华夏出版社,2011 年,第 30 页。

⑤ [美]列奥·施特劳斯:《自然权利与历史》,彭刚译,北京:生活·读书·新知三联书店,2016 年,第 121 页。

的修正与拒斥,要克服这一危机,我们必须廓清和返回古典意义上的自然正当。

(一)自然正当涵义

如前所述,在古典意义上,“自然”是指高于人类历史与社会的一个客观存在,并指向了一种良善的人生生活,那么,“正当”的确切意义又是什么呢?施特劳斯认为,尽管现代政治科学继续使用古典政治哲学的一些政治词汇,却改变了它的根本含义,并从而隔断了古今政治科学的关联。“nature right”一词今天我们往往称之为“自然权利”,是人享有的不可剥夺的权利;古典哲人则称之为“自然正当”,它意味着人的义务。正如施特劳斯所言:“正当性(righteousness)便是遵从被神圣地建立起来的秩序,这正如在古典思想中,正义(justice)乃是遵从自然秩序;对无从把握的机运的认识,正对应着对难知究竟的天意(providence)的认识。”①根据柏拉图的理念论,自然的正当或正义就构成了正义的“理式”(the “idea”)。

在对自然的认识方法上,施特劳斯主张从人的共同经验和事物的自然目的出发,对自然进行探究。在古典哲学看来,自然是一种外在于人的客观规范,也是人类进行创造或自由选择的根基,但自然对于人类却又是隐匿的,因此如何认识自然成为古典哲人关注的基本问题。前苏格拉底的哲学家曾经预想通过探究事物的生成因,并剔除那些被共同感觉经验来达到认识的目标。施特劳斯认为,对于任意一种或其他种类的存在物而言,仅仅认识了它们如何生成(come into being),或者能够重构整个生成过程,都算不上对这一物的完整认识。认识自然就是始于人们的共同经验到的状态,事物自然呈现出现来的样子。在这里,施特劳斯拒绝了现代科学式的分析方法,因为现代科学的合法性毕竟不是自明的。另一方面,如果它们有生命,尤其对于人而言,我们还要关注“它们需要什么,属与属之间有何关联”②。在古典哲人那里,事物的本性始终意味着具体事物的形状、形式或特征,使它区别于其他物的那些东西。这也是事物所属的自然群体的“种”或“属”的本性或特性,也就是说,类的或属的特征对于苏格拉底具有特别重要的意义。当苏格拉底从事物所属的“种”或“属”出发,意味着从事物的目的出发。不同的事物当然具有不同的目的,因为“除了从完整的

① [美]列奥·施特劳斯:《现代性的三次浪潮》,丁耘译,见刘小枫选编《西方民主与文明危机》,北京:华夏出版社,2018年,第39页。

② 潘戈:《〈柏拉图式政政治哲学〉序言》,见《柏拉图式政治哲学研究》,胡艾忻译,北京:华夏出版社,2003年,第6页。

事物或那一过程的目的着眼,过程本身就无法理解”①。

作为古典政治哲学的自然正当,其主题是人与自然、城邦与自然的关系。在人性自然上,施特劳斯基本上接受了柏拉图的人类灵魂目的等级论,并以之作为其政治与道德哲学的立论基础。由于苏格拉底的古典哲学是探究式的,而非关于整全的绝对知识,再加上目的论的宇宙论已被现代科学所摧毁,施特劳斯阐释的古典自然正当“绝少诉求目的论的宇宙论”②。唯有从古典的人类学出发,才能理解古典传统的自然正当。在苏格拉底等哲人看来,善的事物是因其本身而值得追求的事物,它有别于使人快乐的事物,比快乐更为根本。对于人而言善的事物与人的需求或爱欲相关。不同的存在物具有不同的欲望,寻求不同的善。依据自然,人的欲望也有其固定的、自然的顺序。总之,存在者的自然构成决定了自身的善,这是因为,一个存在者欲望的高低顺序,表明了它的自然构成和特征;这种构成决定了存在者的各种欲望或各种喜好的等级。对于这个存在者而言:

> 一个存在者如果其份内运作良好的话,它就是善的,是“有序的(in order)”。因此,如果人把他份内的工作、与人的天性相对应并为人的天性所要求的工作做好的话,他就是善的。要判定对人而言何者本于自然(by nature)就是善的,或者是自然的对人而言的善(natural human good),就必须判定人的天性(nature)或者人的自然构成(natural constituton)是什么。正是人的自然构成的等级秩序,为古典派所理解的自然正当(natural right)提供了基础。③

古典哲人相信,人是由肉体和灵魂两部分构成,灵魂高于肉体,一个做服从的奴仆,另一个进行统治。与其他动物相比,人又是理性动物,“那使人区别于禽兽的,乃是语言,或者理性,或者理解力”④。人之所以是高贵的,是因为人追求善的生活,即使自己的生活与自然保持一致。至于人如何与自然相关联,柏拉图求助于人的灵魂。人之灵魂是唯一向整全开放、

---

① [美]列奥·施特劳斯:《自然权利与历史》,彭刚译,北京:生活·读书·新知三联书店,2016年,第113页。

② [法]丹尼尔·唐格维:《列奥·施特劳斯思想传记》,林国荣译,长春:吉林出版集团有限公司,2011年,第166页。

③ [美]列奥·施特劳斯:《自然权利与历史》,彭刚译,北京:生活·读书·新知三联书店,2016年,第126—127页。

④ [美]列奥·施特劳斯:《自然权利与历史》,彭刚译,北京:生活·读书·新知三联书店,2016年,第128页。

同时也是最接近整全的部分。当一个人的生活最大程度地与宇宙保持一致,也就是人的存在与自然秩序相一致时,就达致了善的生活。这种生活最大程度地满足人的自然喜好,实现了人性的完美。出于本性就是高贵的或令人钦佩的东西,也就是人类高贵性之组成部分,它们"都指向秩序良好的灵魂,那是人类现象中无可比拟的最令人敬佩之物"①。在古典政治哲学中,自然规定了人的"德性"这一关键问题,也就是自然而然的正义。人的灵魂由理性、血气和欲望组成,只有当每一部分都获得特定的德性和完美时,它才是符合自然并符合正义的。正如施特劳斯所言,自然正当"首先是各种德性的自然秩序,而这些德性乃是人类灵魂的自然的完美"②。

自然正当不仅规定了一种个人道德的生活,它也决定了最佳政制问题。今天的"政治"一词源于古希腊的"polis",它的意思绝非今天的"国家",我们通常译之为"城邦"。城邦本身就是一种共同生活的共同体,一个城邦有别于另一城邦的是其 Politeia(政制)的区别。Politeia(政制)通常被现代人错误地译为"宪法"(constitution),把它局限于一种法律现象,或一个国家的基本法,而不同于其古典的用法——躯体或灵魂的构成。事实上,古典哲人是在与法律相对的意义上使用 Politeia 一词的,这是因为 Politeia(政制)比一切法律更为根本,"它是一切法律的来源。与其说 Politeia(政制)是要管制政治权力,不如说是对共同体内部的权力的事实上的分配"③。因此,不是法律,而是政制才构成了古典政治哲学的主题。在柏拉图等人看来,政制本质上就是一个共同体的形式、秩序或生活方式。古人把 Politeia(政制)理解为一种值得追求的生活方式,这意味着它遵守这样一种组织原则:

> 生活是指向某个目的的活动;社会生活是一种指向只有某个社会才能追求的目的的活动;但为了追求作为其全面目标的一个特定的目标,必须要以一种与那目标相符的方式来组织、安排、建构和组成社会;但是,这意味着掌权的人必须与那一目标品性相同。④

① [美]列奥·施特劳斯:《自然权利与历史》,彭刚译,北京:生活·读书·新知三联书店,2016 年,第 129 页。

② [美]列奥·施特劳斯:《柏拉图式政治哲学研究》,张缨等译,北京:华夏出版社,2012 年,第 184 页。

③ Leo Strauss:*Natural Right and History*, The University of Chicago Press,1953, P107.

④ [美]列奥·施特劳斯:《什么是政治哲学》,李世祥等译,北京:华夏出版社,2011 年,第 25 页。

政制不但规定了一个社会崇尚什么,把什么看作是高贵的和应当追求的东西,同时也规定了在这个社会中何种类型的人居于统治地位。理想的政制不仅规定了理想的生活方式,这种高贵的生活必定与某一类的灵魂相对应。柏拉图坚定地认为:"有多少种类型的政体就能有多少种类型的灵魂。"①由于自然指向了致力于人类灵魂完美的理想的生活,自然就成为理想政制的正当性标准。

施特劳斯认为,古今政治科学对于 Politeia 一词的不同理解,也表明了两者政治观的差异。现代政治科学从科学的意义看待政治,由于科学是中立的,政治往往蜕化为对公共事务的管理;同样,有关政治的知识也只有依靠实验性和经验性的方法才能获得。这种方法导致的后果是:在细微的或无足轻重的事情上我们研究得越来越精细,在重大问题上却越来越陷入无知:无从区分政治的好与坏。古典的政治哲学关注的是人的德性塑造:如何成为完善的人,过一种因其自身值得追求的生活。在古典哲人看来,人类的认知活动可分为指导性与分辨性的。就政治生活而言,指导性的技艺高于分辨性的技艺,王权就属于指导性的技艺。② 政治科学的研究开始就必须得到某种善好观念的引导,因为政治是属人的事物,"对政治知识的学术探求从根本上受道德冲动和对真理热爱的激励"③。由此可见,古典政治哲学不但把政治和人类的完善结合起来,还把政治理解为一种特殊的技艺,它要求政治家必须理解什么是善。

施特劳斯同样知道,在当代自由主义的政治观念中,存在着对政治的否定趋势,这一观念存在于施密特的思想中。"现代精神在自由主义运动中大获全胜,而自由主义的特征在于对政治的否定"④,施特劳斯同意施密特对自由主义的这一批评。但是,他认为施密特只关注于"当前的政治",而忽略了古典政治对政治的理解。如果从施密特的对立的角度理解政治,政治便只能是"论争性的",或者是现实的具体的政治。于是,施特劳斯不得不重新思考在何种程度上政治构成了国家的基础。他认为,现代科学和自由主义对于我们理解政治并没有提供帮助,反而消解了政治问题。胡塞尔已经注意到了现代科学这种后果,并认识到唯有"借助于现象学的本质

---

① ［古希腊］柏拉图:《理想国》,郭斌和等译,北京:商务印书馆,1986 年,第 175 页。

② ［古希腊］柏拉图:《政治家》,洪涛译,上海:上海世纪出版集团,2006 年,第 7—8 页。

③ ［美］列奥·施特劳斯:《什么是政治哲学》,李世祥等译,北京:华夏出版社,2011 年版,第 7 页。

④ ［美］列奥·施特劳斯:《〈政治的概念〉评注》,朱雁冰等译,见《隐匿的对话——施密特和施特劳斯》,迈尔著,北京:华夏出版社,2008 年版,第 192 页。

把握,一个无限的工作领域便显露出来"①。借助于胡塞尔提供的现象学视角,施特劳斯希望能在自由主义的"否定政治"和施密特的"对立政治"之间找到一种合理的解释。"政治事物的精髓不是中立",②施特劳斯明确拒绝了自由主义的政治概念。他遵循着胡塞尔指出的路径:回归政治现象,从自然呈现出来的样子理解政治。古典政治的自然或现象学图景是:在政治道德领域,首先是关于何谓正义的意见之间的纷争,政治哲学就说要努力超越各种争议,虽然未必达到真理或对争议的解决。施特劳斯暗示,人终究是城邦动物,这种政治性是人类固有的,不可能从人性之中抹去,故此,人类社会终究是政治社会。但人的政治或社会本性,并不意味着是人之理性的无能。正是因为人是理性的并具有反思性,他能通过对自然的追问,反思他的政治处境,过一种有意义的生活。因此,古典政治哲学不满足于自然呈现出的政治差异或对立,也不对现代自由主义的世界帝国理想抱任何幻想。

古典政治哲学把正义具体理解为"给予每个人依据他应得之物"③。也就是说,正义是每个人的所得与人们之间的自然差异相适应。自然首先意味着不平等。对于每个人的自然需求是什么,普通人并不拥有这样的知识。如果在城邦中,由法律规定一个人应该得到什么东西,这就等于把每个人视为平等的,即便是不平等的法律,由法律规定具体的分配也是愚蠢的或缺乏灵活性。真实情况是:每个人在具体情况下欲求的是不同的东西。如果不论具体情况如何而仅仅僵硬地依靠法律的规定,结果就可能很糟糕或贻害于人。如同人们有病求助于高明的医生一样,在正义问题上我们也必须求助于政治家。他们通晓应该给予每个人什么东西,即依据自然对于他什么是善的。正义由自然规定,法律则是人为的,自然高于法律。因此,正义必须独立于法律,或者优于法律。"自然正确也决定了最佳政制"④。在合乎自然的最佳政制中,那些凭天赋和训练达到最好的人掌握绝对的权力以统治不智者,分配他们依据自然是正义的东西,这样的政制只能是哲学家的统治。

---

① [德]胡塞尔:《哲学作为严格的科学》,倪梁康译,北京:商务印书馆,2010年,第69页。

② [美]列奥·施特劳斯:《什么是政治哲学》,李世祥等译,北京:华夏出版社,2011年版,第3页。

③ [美]列奥·施特劳斯:《自然权利与历史》,彭刚译,北京:生活·读书·新知三联书店,2016年,第148页。

④ [美]列奥·施特劳斯:《柏拉图式政治哲学研究》,张缨等译,北京:华夏出版社,2012年,第185页。

(二)自然与城邦

伯纳德特在谈到施特劳斯的古典政治哲学时,曾经谈到古今政治科学的差异:“政治哲学是二元的,现代政治科学则不是二元的,因为前者关怀城邦与人,后者则关怀意识形态。意识形态模糊了对政治的政治支持与非政治支持之分。”①也就是说,古典政治哲学既关注哲学的引导,也重视政治的特性。施特劳斯不但要恢复善在政治中的应有地位,也要照顾到城邦与人的感受。因此,古典政治哲学既是哲学的,也是政治的,这种政治哲学既没有了前苏格拉底哲学的狂热,也不像现代哲学那样以历史来消解哲学问题,而是使自然与城邦之间保持着必要的张力。

在前苏格拉底的自然观念中,自然与城邦的冲突是无法调和的。由于城邦存在的基础是习俗与意见,自然恰恰要质疑并削弱城邦的这一根基,这也是苏格拉底为什么被城邦所不容的根本原因。苏格拉底在《申辩篇》中也曾直言:“正义的真正斗士,如果想要活下来,也一定要把自己限定在私人生活中,远离政治。”②自然的生活与城邦的生活也是两种不同的生活方式,哲人对城邦也许并不感兴趣,或不愿插手城邦事务。但是,施特劳斯所阐发的古典政治哲学的特征恰恰在于“与政治生活的关联”,并“把政治哲学的可能性与必要性视为理所当然”。③ 在如何处理自然与城邦的关系上,古典哲人有着清醒的认识。

面对自然与城邦之间的冲突,古典哲人认为城邦的正义要服从于自然的正义。苏格拉底—柏拉图的政治哲学就是使政治生活从属于哲学生活,良好政治行动必定基于哲学的沉思。正如施特劳斯所言,如果对于永恒真理的追求构成了人类的最终目的,那么,“一般而言的正义或道德品行要想获得充分的合理性,就唯有依赖于这一事实:它们是为最终目的所必需的,或者,它们是哲学生活的前提条件”④。这样一来,城邦的正义与自然的正义就不存在不同的源由。它们不但享有共同的自然根源,还共同指向了这一目的——人类的完善或善的生活。虽然哲人最终要超越城邦与政治生活,但他们还离不开城邦生活。哲学的沉思生活对于城邦的明显依赖,还

---

① 伯纳德特:《施特劳斯的〈城邦与人〉》,张新樟译,见刘小枫主编《施特劳斯与古典哲学》,上海:上海三联书店,2002 年,第 558 页。

② 《柏拉图全集》第一卷,王晓朝译,北京:人民出版社,2017 年,第 20 页。

③ [美]列奥·施特劳斯:《什么是政治哲学》,李世祥等译,北京:华夏出版社,2011 年版,第 66 页。

④ [美]列奥·施特劳斯:《自然权利与历史》,彭刚译,北京:生活·读书·新知三联书店,2016 年,第 153 页。

有人与人之间、哲人与亲属之间的自然亲情，“这二者都必然使得哲学家再度下降到洞穴中，亦即要以直接的或者迂回的方式来关心城邦事务”①。在城邦生活中，哲学家承认那合乎自然的、沉思的东西也许并非是人类最迫切需要的。简言之，城邦生活首先以公民接受习俗为基础。为了维护城邦的稳定，也为了提升城邦的生活，哲人“就必须修正或淡化对于智慧的要求”②。通过对纯粹的自然正当给予淡化和稀释，自然正义与城邦正义之间的关系就得到了调和，自然之善转化成政治之善，城邦正义上升为自然正义。这样，哲学对于城邦也就不再具有危险性了。

在古典政治哲学传统中，亚里士多德是最容易引起争议的一位哲学家。在对亚里士多德的自然正当论的辨析中，施特劳斯阐明了自然与城邦的关系，并指出了自然正当在面对城邦正义时所具有的灵活性。“柏拉图认为城邦与家庭只有量的区别，而无质的差异，亚里士多德不同意这一断言。换言之，亚里士多德为城邦的高贵性辩护。”③从城邦正义的多样性出发，亚里士多德甚至得出这样的结论：一种试图超越政治社会的权利，不可能是人的自然权利，因为人的本质乃是政治动物。在施特劳斯非常看重的《尼各马可伦理》中，亚里士多德也声称“在我们这个世界，所有的公正都是可变的，尽管其中有自然的公正”④。施特劳斯认为，亚里士多德不但没有偏离自然正当论的传统，反而进一步证成了古典的自然正当论。首先，亚里士多德在强调正义可变时，指的是属人的政治社会、城邦的正义。他始终谨慎地使自然正义与城邦正义之间保持着恰当的距离：

> 他并不是否认那一辩证过程的终极权利，或者是哲学的要求与城邦的要求之间的紧张关系；他知道，纯然最佳的制度属于与充分发展的哲学全然不同的阶段。但是，他表示说，那一过程的中间阶段对于所有实用目的而言，虽非绝对地相容，却也是足够地相容。⑤

---

① ［美］列奥·施特劳斯：《自然权利与历史》，彭刚译，北京：生活·读书·新知三联书店，2016年，第154页。

② ［美］列奥·施特劳斯：《自然权利与历史》，彭刚译，北京：生活·读书·新知三联书店，2016年，第155页。

③ ［美］列奥·施特劳斯：《古典政治哲学引论》，娄林译，上海：华东师范大学出版社，2018年，第54页。

④ ［古希腊］亚里士多德：《尼各马可伦理学》，廖申白译注，北京：商务印书馆，2003年，第149页。

⑤ ［美］列奥·施特劳斯：《自然权利与历史》，彭刚译，北京：生活·读书·新知三联书店，2016年，第159页。

亚里士多德也认为城邦的本性就是自然的。如果“一个自然事物的目的是这一事物的自然”，那么城邦与其他联合体相比就更加符合自然。“因为一切其他的联合体在某种程度上都不完整。它们都未能实现人全部的自然需求。”①因此，城邦从其本性上就是自然的，在此意义上，习俗就非城邦的本质。同样，人只有在城邦中才能完善自身，呈现出人的特性，人依其自然也就是政治动物。人通过言辞、理性和逻各斯感知、辨别和思考何谓正义的问题，虽然他们从未达成清晰的一致，但他们受着同一问题的引导。因此，亚里士多德并没有否认自然正当的存在，而是在思考该问题时，更多地注意到了其政治特性。

亚里士多德认为“自然正当是可变的”，后人对这一观点的解释有两个不同的版本：一是托马斯·阿奎那主义的解释。阿奎那认为亚里士多德的自然正当论必须加以某种限制条件，亚里士多德的真实意思是：导出自然正当原则和各项具体规则的公理是普遍有效的，“可改变的是自然正当的更加具体的规则”②。施特劳斯批驳此种解释并不符合亚里士多德的原义：首先，亚氏在文本中直言自然正当是可变的，并没有对此做任何限制。其次，托马斯·阿奎那主义对实践原则的解释明显含有早期基督教主张的“良知”这一宗教术语。其本身就已经背离了古典自然正当论的本意。二是阿威罗伊主义的解释，即伊斯兰教和犹太教中亚里士多德主义的观点。在施特劳斯看来，根据阿威罗伊的观点，“亚里士多德所理解的自然正当是‘法律上的自然正当’。或者，根据马西里奥的说法，自然正当只是准自然正当，它依赖于人为的制度或习俗；它之所以区别于纯然的实在权利在于这一事实：它是基于无处不在的习俗的”③。在一切社会中得到一致认同的、共同的正义规则，是社会存在的最低要求，这些规则只能是习俗性的。主要原因在于，任何规则如果不加以改变，都无法应对多变的社会情势。公民社会与任何永恒不变的规则都不相容。某些社会为了教化的缘由，“把某些一般情况下有效的规则说成是普遍有效的”④。事实上，这些被当作普遍性的规则在遇到特殊情形时，往往必须加以改变，可见，所谓的普遍有效是虚妄不实的。这种观点表面上与亚里士多德的观点保持了一致，在

---

① [美]列奥·施特劳斯：《古典政治哲学引论》，娄林译，上海：华东师范大学出版社，2018年，第46页。

② Leo Strauss：*Natural right and History*，The University of Chicago Press，1953，P135.

③ Leo Strauss：*Natural right and History*，The University of Chicago Press，1953，P135.

④ [美]列奥·施特劳斯：《自然权利与历史》，彭刚译，北京：生活·读书·新知三联书店，2016年，第161页。

实质上却否定了自然正当的可能性,从而违背了亚里士多德的真实意思。

施特劳斯坚信,亚里士多德的自然正当论延续了柏拉图的传统,而不是偏离了它。他对于环境条件和具体情形的强调,并不能够说明其主张是自然正当可变的。不管怎样,人们也很难否认,“在所有具体的裁决中,都隐含或预设了一般性的原则”①。如果我们抛开亚里士多德对社会情势的判断分析,根本无法理解其自然正当论的真实意思。施特劳斯认为,亚里士多德把社会分为常态和极端情形。在常态的、稳定的社会中,人们普遍关注的是交换正义或分配正义问题。但一个社会偶尔也会陷入极端情形,即在一个社会的存在或独立危在旦夕的时刻。在极端和非常态情形下,交换正义或分配正义的要求与社会的自我保全要求发生冲突,公共安全上升为社会的首要目标。在战争期间,一个社会做出什么样的决策,在某种程度上取决于对手,不会依据不变永恒的原则,也就是说,“没有什么可以预先规定的界限,没有什么可以指定为正当报复的界限”②。甚至战争的阴影也会投向和平时期,比如在和平社会中存在着间谍的活动,社会内部也有可能出现颠覆分子的活动。每一个社会的外部或内部敌人也会寻找某种借口,把正常状态改变为极端状态。于是,“为了能够对付这种邪恶的发明,自然正当必须是可变的”③。虽然在极端情形中,公共安全成为至高无上的法律,自然正当必须是可变的;但在一般的正常状态下,严格意义上正义规则仍然是不变的。问题只是在于,对于什么是正常状态或极端情形,也无法做出任何明确的规定。这将导致正义的实现只有依靠智慧的政治家们,由他们依据政治情形对自然正当做出变易。因此,当亚里士多德承认自然正当的存在或永恒不变时,他指的是在正常的社会状态中;当亚氏强调自然正当是可变的,他指的是极端的社会状态。但是,“内部(或外部)战争不是城邦的自然状态”④,和平也不必然是古典城邦或社会的最终目标。理想社会的真正目标在于人的完善或德性的圆满。以此之故,人类自然目的之等级秩序是判断理想社会的标准。

变动的、多样化的社会中蕴含着不变的自然正当,尽管人之理性并未完全把握这一神秘“理式”。在实践或社会中,自然正当又往往以各种形

① [美]列奥·施特劳斯:《自然权利与历史》,彭刚译,北京:生活·读书·新知三联书店,2016年,第162页。

② [美]列奥·施特劳斯:《自然权利与历史》,彭刚译,北京:生活·读书·新知三联书店,2016年,第163页。

③ Leo Strauss:*Natural right and History*, The University of Chicago Press,1953, P138.

④ [美]列奥·施特劳斯:《柏拉图〈法义〉的论辩与情节》,程志敏等译,北京:华夏出版社,2011年,第7页。

式出现,以淡化的或稀释的面目出现。这是因为自然与城邦之间的确存在不和谐之处,自然是普遍的,城邦是具体的;哲学是沉思的,政治是行动的。古典哲人柏拉图和亚里士多德都坚持认为,“存在着一种普遍有效的诸目的等级制,但却不存在普遍有效的行动规则”①。如果只强调自然正当的绝对性,忽视城邦生活的特性,极有可能导致政治上的绝对主义;反之,如果否认了自然正当的存在,就会落入相对主义的困境。施特劳斯认为,古典哲人在对待政治和哲学时,持有一种清明或审慎的立场。在处理二者时,哲学的生活是主导性的或根本性的,因为自然的标准“足以令人们对于个人、群体或行动和制度的高尚程度作出判断”②。但是,只有正义的“理式”或影像还远远不够,人们的政治行动必须顾及此时此地的社会情势,并决定在具体的情形中哪个目标应当优先。最为紧迫的目标往往在等级上低于人类的自然目的,但它们最终也是服务于人类的完善。

亚里士多德的自然正当论包含着有关自然正确(nature right)和实定正确(sound positive right)之分。自然正确或自然正当就是那种任何想要持存下去的政治社会必须认可的正确,如此理解的自然正确刻画了政治生活的最低条件。这种条件因此也是普遍的,而实定正确是一种政治正确,它表明的是不同城邦的特性。比如存在民主制的正确和君主制的正确,它是多样的。在此意义上,“自然正确与政制的差别无关,而实定正确则与政制相关”③。但是,施特劳斯认为,唯一合乎自然的最佳政制是王政。在这种政体中,自然正确与实定正确合二为一,实现了最完美的结合。

(三)自然正当与自然法传统

在西方政治思想史上,存在着一个绵延不绝的自然法传统。一般认为,该传统源于古希腊的斯多葛派,后来,斯多葛派的自然法思想与基督教教义相结合共同构成了自然法传统的根基。如果这样,自然正当是否存在独立的传统就是大有疑问的。施特劳斯反对这种说法,并坚持自然正当与自然法存在着原则性的差异:自然正当是苏格拉底—柏拉图开辟的古典政治哲学传统,并非源于斯多葛派。古典政治哲学中的“自然”不仅仅与技

① [美]列奥·施特劳斯:《自然权利与历史》,彭刚译,北京:生活·读书·新知三联书店,2016年,第165页。

② [美]列奥·施特劳斯:《自然权利与历史》,彭刚译,北京:生活·读书·新知三联书店,2016年,第165页。

③ [美]列奥·施特劳斯:《柏拉图式政治哲学研究》,张缨等译,北京:华夏出版社,2012年,第186页。

艺相对立,更为重要的是,在政治和道德意义上,它是习俗或法律的对立面,是一种高于人类理性的客观性规范。自然法中的“法”则预设了一个立法者的人格存在,不管这个立法者是人类自身或者是超越人类的神。在古典政治哲人那里,自然的发现“预设并且也意味着否决这些法典的权威”①。可见,“根据‘自然’的原初意义,‘自然法’这一概念在说法上自相矛盾,它绝非当然之事”②。如果把自然正当错误等同于自然法,就有可能使作为超越人类理性的自然正当,滑向现代实定法的危险。

在施特劳斯看来,不但自然正当与自然法存在根本的差异,自然法也可以分为传统的自然法与现代自然法,二者同样是不同的。传统的自然法是托马斯主义的,它源于廊下派(the Stocism),经过古罗马西塞罗的发展、基督教的重要修正,在阿奎那那里臻于完善。廊下派的自然法最初只是一种关于宇宙的科学,然后才逐渐具有道德与政治规范的含义。在早期自然法学者那里,自然的过程是严格由自然律所决定的,并不承认偶然的存在。同时,自然法等同于上帝(God)或最高的神(火、以太等)或他的理性(his reason),也就是说,“自然法或神法或永恒法通过型塑(molding)恒在的质料,等同于遍布整全并由此支配整全的有序原则(the ordering principle)”。③当人类的行动与自然相一致的时候,也就实现了善的和有德行的生活。这种自然法已经包含了部分的自然正当,且具有永恒不变的特性,它构成所有实定法的基础,与之相抵触的实定法是无效的。依据传统观点,廊下派主张依据自然人人是平等的。施特劳斯并不赞同这一说法,虽然廊下派哲人否认有人根据自然就是奴隶,但这并不能说明,“他们认为所有人在关键方面——即在涉及成为智者或有德性者的可能性方面——依据自然都是平等的”④。施特劳斯认为,廊下派是首批断言自然法存在的哲人,但这种自然法与自然正当并不相同,自然正当是哲学的探究,而传统的自然法从一开始就借助于神性,他们的教导比柏拉图等人更为清楚地表明了:“神意

① [法]丹尼尔·唐格维:《列奥·施特劳斯思想传记》,林国荣译,长春:吉林出版集团,2011年,第152页。

② [美]列奥·施特劳斯:《柏拉图式政治哲学研究》,张缨等译,北京:华夏出版社,2012年,第183页。

③ [美]列奥·施特劳斯:《柏拉图式政治哲学研究》,张缨等译,北京:华夏出版社,2012年,第187页。

④ [美]列奥·施特劳斯:《柏拉图式政治哲学研究》,张缨等译,北京:华夏出版社,2012年,第188页

的存在为遵从或不遵从德性的诸多要求配备了神的制裁”①。

在阐释托马斯传统的自然法时，施特劳斯把“自然法”基本上等同于自然正当。他认为，托马斯主义的自然法摆脱了亚里士多德自然正当论的踌躇与含混的特点，尤其突出了自然正当与人类社会的一致性和永恒性。托马斯强调自然法的基本原则既是普遍有效的，又是永恒不变的：“道德律的原则（尤其是‘十诫’的第二块石板所教诲的）没有例外，除非可能遇到神意的干涉”②。明显的是，托马斯主义的自然法已经接受了基督教的关于“良知”的教义。根据他的教义，自然法的根本原则会自动呈现在每个人的“心灵”之上，也就相当于第二个“十诫”，每个人同等地接近自然法，不存在差异。在托马斯的自然法中，自然法的根基就是参与了永恒理性的道德良知。而这一点正是施特劳斯的古典自然正当论所不能接受的，因为对施特劳斯而言，主张道德良知“也就意味着主张一种道德方面的造物主”③。

古典自然正当以人的自然目的论为基础，其他一切都是从人的目的推导出来的，且人的自然目的是充分的。托马斯的自然法则拒绝了古典哲人这一观点，并强调：根据自然理性，人的自然目的恰恰是不充分的，也可以说超出了它自身，据此，人的目的也就不可能在于哲学研究，更不用说是其他政治活动了。“这样，自然理性本身就为神法作出了有利的推定，神法使得自然法得以完备或完善。”④也就是说，在施特劳斯看来，自然正当与自然法之间的真正区别在于哲学生活和道德生活的高低之争，该问题也正是围绕人之最高目的产生的分歧：“哲学家们的自然权利观念视人的目的为纯理论性的，而自然法则在人的道德命数中见证人之目的”⑤。如托马斯所做的那样，要论证人的至上性在于道德生活，只有使自然法依托于神的启示律法。然而这种做法的后果则是危险的，假如“自然法同启示不可分离，那么也无法再将它同实证的神法区分开来了。自然法由此也便如同所

---

① ［美］列奥·施特劳斯：《柏拉图式政治哲学研究》，张缨等译，北京：华夏出版社，2012 年，第 188 页

② ［美］列奥·施特劳斯：《自然权利与历史》，彭刚译，北京：生活·读书·新知三联书店，2016 年，第 166 页。

③ ［法］丹尼尔·唐格维：《列奥·施特劳斯思想传记》，林国荣译，长春：吉林出版集团，2011 年，第 154 页。

④ ［美］列奥·施特劳斯：《自然权利与历史》，彭刚译，北京：生活·读书·新知三联书店，2016 年，第 166 页。

⑤ ［法］丹尼尔·唐格维：《列奥·施特劳斯思想传记》，林国荣译，长春：吉林出版集团，2011 年，第 155 页。

有其他的法律或者约定了”①。随之，自然法可能就遮蔽了自然，随着它依靠神圣权威来证明自己的主张，也由此关闭了通向自然正当的道路。

德鲁里把施特劳斯表述的两者之间的差异概括为以下方面：第一，古典的自然正当源于人类之理性，而传统自然法则是以神法或上帝的意志为依托。自然正当始于对祖传和神之法典的质疑。它认为自然才是一切人造物的始基，并且优于人造物。即便人类之理性不能完全把握整全或自然，但可以通过洞察人的灵魂，部分地把握或接近自然。人类灵魂的自然秩序或自然目的决定了人之德性的正当次序，政治制度的目标也正在于实现人类的完美德性。托马斯主义的自然法认为人的自然目的是不充分的，它既无法指导人类的心智，也无力引导人类的道德生活。为此，人类需要神的启示。虽然托马斯特意对自然法和神法进行了区分，施特劳斯认为这一区分是无效的，并没有改变自然法对神圣意志的依赖。从神的意志到人的意志仅一步之遥，从神的意志通向主观主义就是自然而然的了。第二，自然正当与传统自然法表明了两种不同的价值取向。古典自然正当主张，人从根本上从属于理性的、普遍、秩序，但并不是自然地属于任何特定政治社会。那种属于特定政治社会的感觉是后天获得的。“既然自然在地位上比人为的或习俗要高，那当普遍共同体与政治共同体产生冲突的时候，人就要效忠于前者。”②人之最高目的在于实现与自然相一致的生活，或者说在于哲学式的沉思生活。传统自然认为人的自然目的对于获得人类幸福生活是不充分的，因此需要一个超自然的目的：这就是“人的最高幸福在于与神在一起的生活”③。当托马斯把人之幸福指向了遥远的彼岸，为了实现这种神启的生活，人们必须在尘世过着遵从神法的谦卑生活，从而降低了沉思生活的意义。这与施特劳斯主张的相反——人生之意义就在于哲学式的生活，道德生活或政治生活唯有依赖前者才有意义。第三，古代自然正当和传统自然法同样反映了对人类理性的不同观点。前者主张人类对自然的认识是一个积极探索的过程，也可以说，自然正当是一个开放性的问题，没有确切的或绝对的结论。理想的结果也只是，少数哲人能够部分理解自然，或者模仿自然，因此，人类之理性是有限度的；而后者则相信人类只有分享了上帝的理性，或者有天生的“良知”，才能够认识或把握自

---

① ［法］丹尼尔·唐格维：《列奥·施特劳斯思想传记》，林国荣译，长春：吉林出版集团，2011年，第155页。

② Shadia B. Drury：*The Politics of Leo Strauss*, St. Martin's Press，2005. p202.

③ Shadia B. Drury：*The Politics of Leo Strauss*, St. Martin's Press，2005. p203.

然。施特劳斯认为,基督教的“良知”观念也是它与异教区别的主要标志,它表明人类依靠天生的“良知”可以把握上帝的启示或自然法,而犹太教或伊斯兰教的启示则是人类理性无法达致的,人类理性的有限性决定了人只能过一种谦卑顺从的生活。最后,古典哲人认为自然正当有淡化的必要,而托马斯的自然法则是永恒不变的。亚里士多德把实现合乎人性的完美,或培养人之自然的德性作为政制的目标,但又意识到政治生活的特殊性和多样性,他清醒地知道,“人们能够合理期待的仅仅是严格对应于自然正确的那种政治秩序的一个稀释的版本”①。简而言之,虽然自然正当包含了一个固定的目的等级,但在具体情况下它又是可变的。在托马斯那里,由于自然法严格对应于基督教的“十诫”,变更的唯一条件是神意的干涉。

施特劳斯认为,传统自然法尽管在某种程度上保留了古典自然正当论之外观,但就其内容而言已经与自然正当决裂。自然法的存在“就要求构思出一位自然法的创造者,同时也要构思出人类理性或道德良知对于创造者的永恒理性的参与”②。与此同时,它也强调了对违反自然法的惩罚,以及对忠诚自然法者的奖赏,这种惩罚或奖赏均由神圣正义加以担保。于是,“自然法由此便能够展现出法律本身的两种特性,其一,它是命令的结果;其二,它的效力乃是经由一种可以对侵害加以惩罚的权威而得以保证的”③。在施特劳斯看来,这种经过托马斯主义调和的传统自然法已经失去了古典自然正当的客观性与探索性,更接近于实证法了。正如马西利乌斯所认为的那样,经过修正的自然正当一方面已经构成实定正确的一部分,它至多能在隐喻意义上称为自然正当;另一方面,托马斯的自然法也并非普遍有效,因为它事实上并没有被普遍遵守。传统自然法的实定性特征,不仅奠定了通向以自然权利为中心的现代自然法的转变之路,也为后来历史地理解自然奠定了基础。

现代自然法传统始于霍布斯及其后继者。霍布斯等人视传统自然法为乌托邦主义的,与人的自然并不相符。他们反对传统自然法的目的论,从人的自我保存等激情出发,开辟了现代自然法的传统。施特劳斯认为,

---

① [美]列奥·施特劳斯:《柏拉图式政治哲学研究》,张缨等译,北京:华夏出版社,2012年,第185页。

② [法]丹尼尔·唐格维:《列奥·施特劳斯思想传记》,林国荣译,长春:吉林出版集团,2011年,第152页。

③ [法]丹尼尔·唐格维:《列奥·施特劳斯思想传记》,林国荣译,长春:吉林出版集团,2011年,第152页。

传统与现代自然法的区别在于:第一点,托马斯主义的自然法,“建立在人类的三种根本性的自然本能之上,分别是自我保存、社会性和认识(尤其是对上帝的认识),这是一个上升的次序”①。现代自然法更加关注的是最低层次的自我保存,从而失去了上升的可能性。第二点,关于人的社会性问题。传统自然法承认人具有社会性,是政治动物。现代自然法把人的天性设定在前社会状态,即自然状态之中。第三点,不管是古典自然正当和传统自然法,都设定了一个外在于人类的标准,给人类设定的是服从的义务,而现代自然法关注的是人之权利的实现。第四点,这一点虽不比前三点重要,但绝非无关紧要的是,传统自然法一般在“法的语境或在神学的语境中加以讨论”,而现代自然法“在现时代(17 和 18 世纪)才写下专门的自然法典”。② 最后一点,传统自然法是一种保守的学说,而现代自然法却是一种革命的学说。尤其是在霍布斯那里,“对于主权权力的一切传统限制都失去了约束力”③。在主权者认为是必要的时候,可以抛开这些限制,因此,现代自然法具有革命性。由于现代自然法赋予人之主体性以如此重要的地位,使自身失去了古典自然的一切限制,最终走向了实定法的结局。

三、自然正当与古典政制

古典哲人始终是在城邦生活中探讨自然正当的,人是城邦动物,人的灵魂结构亦与城邦存在平行关系。对于个人来讲,灵魂理应统治激情,对于城邦而言,哲人王统治的城邦是完美的城邦,这是柏拉图乃至亚里士多德的政治结论。哲人王的统治指向了人性的完美和德性的完善,因而也是最高贵、最理想之政制。然而,由于人类往往处于不同的“洞穴”,且哲学与政治的潜在冲突,理想的政制只能是理想,只能存在于哲学之中。虽然施特劳斯也承认王制的理想是难以实现的,但它乃是所有政制的“理式”。

(一)古典政制的基本特征

如前所述,施特劳斯首先从词源学的意义考察古典的政制。在亚里士

① [美]列奥·施特劳斯:《从德性到自由——孟德斯鸠〈论法的精神〉讲疏》,潘戈整理,黄涛译,上海:华东师范大学出版社,2017 年,第 99 页。

② [美]列奥·施特劳斯:《从德性到自由——孟德斯鸠〈论法的精神〉讲疏》,潘戈整理,黄涛译,上海:华东师范大学出版社,2017 年,第 99 页。

③ [美]列奥·施特劳斯:《从德性到自由——孟德斯鸠〈论法的精神〉讲疏》,潘戈整理,黄涛译,上海:华东师范大学出版社,2017 年,第 100 页。

多德那里,“政制”来源于希腊文“politeia”一词,也可以用“polis”(城邦)来取代它。无论是“politeia”还是“polis”,我们都不能把它译作现代的constitution(宪法、结构或政体),因为今天的constitution指的是基本法或大地法之类的东西,表明的是一种静态的东西。我们最好把Politeia或polis理解为“产生包括宪法在内的各种法律的政治秩序”或政体(regime)。唯有如此,我们才能准确把握柏拉图和亚里士多德关于政制的看法。

如果说现代政治制度关注于权力的分配、社会的安宁与福利等,而古典政制的目标则在于实现人性的完善。在现代自由主义者看来,国家是某种在政治上保持中立的东西,由于幸福是完全主观性的东西,人们在幸福问题上难以达成一致的观点。但是,“幸福是主观的,但幸福的条件却不是主观的”①,诸如生命、自由和对私有财产的保护是追求幸福不可或缺的普遍性条件。因此,现代国家把善好生活的问题置于私人领域当中,并对私人的选择权利予以保护。古典哲人认为,关于善好的生活的观念是社会存在的基础。每个社会或属于每种文明的人们之所以能够和谐一致,正是在于他们所珍爱的东西、他们的价值观以及他们所尊敬的东西都具有某种特定的秩序,如果“没有一个并且唯一一个高高在上的东西,就不会有一个统一体。这个高高在上的东西赋予社会以特性”②。根据柏拉图的看法,一个社会的首要(上层)部分与这种特性一定存在某种一致性。社会的首要部分为社会的全体立法,这就是古典的政体。政体体现了一个社会崇尚什么,视什么为高贵,并以此为目标进行立法。因此,政体就是一个社会的形式,“形式高于质料,因为只有形式才与目的结合在一起”③。当一个城邦的政体发生了变化时,那么这个城邦就不再是原来的城邦,而变成了另外一个城邦。由此可见,古典哲人把享有某种高贵的德性视为一种政制的灵魂,没有灵魂的城邦就不再是人的城邦。它假定的是:城邦与一种类型的人类灵魂相对应,理想的城邦就是与人的灵魂的自然秩序保持一致,它规定了人性的完美与高贵。

施特劳斯认为,古典哲人对人性和政制的理解又是审慎的。受启蒙哲学的影响,现代哲人追求的是普世的自由主义的帝国或世界,柏拉图等人

---

① [美]列奥·施特劳斯:《政治哲学的危机》,见刘小枫编《苏格拉底与现代性》,李永晶译,北京:华夏出版社,2008年,第23页。

② [美]列奥·施特劳斯:《政治哲学的危机》,见刘小枫编《苏格拉底与现代性》,李永晶译,北京:华夏出版社,2008年,第27页。

③ [美]列奥·施特劳斯:《政治哲学的危机》,见刘小枫编《苏格拉底与现代性》,李永晶译,北京:华夏出版社,2008年,第27页。

认为普世的理想是不可能的,政治社会必定是一个封闭的且范围有限的社会。这是因为:首先,在一个完善的城邦里,必须以人与人的相互信任为条件。没有相互间的信任,也就没有了共同的生活。城邦必须是这样一个共同体,“在其中每个人确实并不了解其余的每个成员,然而,他至少熟悉其他每一个成员”①。相互熟悉之所以如此重要,在于“只有一个小的足以让人们相互信任的社会,才会小得足以让人们产生相互的责任或监督”②。因为根据人的本性,人类并非全部是自动向善的,往往需要他人的在场与监督。其次,人类对同类的爱的能力,以及获取直接知识的范围都是有限的。就对同类的爱而言,要求城邦的范围必须与个人予以主动关心的范围相一致,范围过大则不能达到其目标。就后者的重要性而言,一个成熟的人唯有通过直接的知识才能在城邦中给自己以准确的定位。再者,鉴于不同社会之间的发展是不平等的,只有在封闭状态下才有利于一个好社会的保存,否则,便存在较低社会拉平较高社会的危险。人类政治自由之实现是多代人共同努力的结果,我们需要对之保持最高程度的警惕。因为“一切社会都能在同一时刻获得真正自由的概率,实在小之又小”③。另外,在一个封闭的社会之中,诸多代人在趋向人的完善方面积累了丰富的经验,它存在的前景也较为宽阔。最后,古典政制的实现途径依赖于哲人王的引导与强制的结合。这是因为:一方面,自然的人性与现实中的人性存在着差距,自然只是规定了理想的人性,唯有哲人才能理解合乎自然的人性或正义是什么样子。在城邦中,完美人性的实现并不在于公民社会中消极的成员身份,而“在于受到政治家、立法者或创建者的恰当指导的活动中”④。这就要求指导人类政治活动的统治者同时也是哲人。另一方面,由于现实的人类灵魂总是包含着一些低级的欲望和激情,如果不对这些低级欲望进行控制和规导,人类就无法实现高贵的生活,因此,对人类的某些限制也是必须的或合乎自然的,哲人可以通过自己的灵魂来主宰自己的肉体,对于大众而言,哲人的引导和强制就是必须的。社会是大众化的社会,靠意见而存在。这样的社会并不能仅通过哲人的说服与教育就实现人性的完美。

---

① [美]列奥·施特劳斯:《自然权利与历史》,彭刚译,北京:生活·读书·新知三联书店,2016年,第132页。

② [美]列奥·施特劳斯:《自然权利与历史》,彭刚译,北京:生活·读书·新知三联书店,2016年,第132页。

③ [美]列奥·施特劳斯:《自然权利与历史》,彭刚译,北京:生活·读书·新知三联书店,2016年,第133页。

④ [美]列奥·施特劳斯:《自然权利与历史》,彭刚译,北京:生活·读书·新知三联书店,2016年,第135页。

因此,对人而言,限制就像自由一样符合自然,而且为了具有效力,“限制在许多情况下必须是可以施加的限制,那么就不能说,城邦因其为强制的社会,就是习俗性的或违背自然的”①。

(二)理想的最佳政制——王制

古典哲人认为,政治制度的品格源于不同的公民品性,“公民的品性就像天平上的砝码,决定着其他事物的倾向”②。不同的政制必定代表着不同类型的人类灵魂,它们以不同的德性为美德。因此,任何对理想政制的研究也必须建立在这一事实之上:“人与人天生就有差别,这就证明他们天生就处于不平等的层次。他们的不平等首先就表现在他们获得美德的能力上。”③鉴于这种自然禀赋的差异,城邦中不同类型的人自然地承担不同的工作。哲人的特征是,其智慧介于神与普通人之间。神完全拥有整全或自然的知识;普通人拥有的只是关于自然的意见;哲人依靠理性,努力从各种意见中探询关于自然与整全的知识。也就是说,哲人是最接近神的,虽然他不可能掌握关于美德的绝对知识,只是无限地接近自然。因此,哲学不是智慧本身,只是意味着“爱智慧”。总而言之,唯有哲人通过使其灵魂摆脱一切烦扰,独立地探索实在,进而掌握关于人类灵魂构成的部分知识,也只有他才能对人类德性的自然秩序有所察觉。古典哲人对人与城邦的关系持一种同构性的观点,即人的灵魂与城邦的各个部分都依照同一秩序即自然秩序构成其整体,如此便实现了正义。这也就是柏拉图所说的,正义就是人之灵魂,或者城邦的各个构成部分做到“各司其职、各守其位”。人的灵魂由理性、激情和欲望等部分构成,根据自然,理性应该统治着激情和欲望,这就是合乎自然。同样,理想的城邦也应该由统治者、护卫者和生产者三部分构成,他们分别代表了正义、勇敢和欲望三种品德,正义居于统治地位。由于只有智者或哲人才能认识自然或实现正义,理想城邦的政制就是王制。在古典哲人看来,理想的城邦不仅是可欲的,也是可行或可能的。原因在于:由于它合于自然,“它的实现就不需要人性中出现什么奇迹般的或寻常的变化;它并不要求将人类和人类中的本质性的恶或不完满之

---

① ［美］列奥·施特劳斯:《自然权利与历史》,彭刚译,北京:生活·读书·新知三联书店,2016 年,第 134 页。

② ［古希腊］柏拉图:《柏拉图全集》(第 3 卷),王晓朝译,北京:人民出版社,2017 年,第 547 页。

③ Leo Strauss: *The City and Man*. Chicago and London: The University of Chicago Press, 1964, P113.

处荡涤净尽；因为它乃是可能的。同时，由于它与对人性的卓越或完美的要求相一致，它又是最可欲的”①。

施特劳斯认为，古典哲人设想的合乎哲人王的统治之所以是最佳的合乎自然的制度，不仅为人的完善指明了实现的路径，更在于为后世的人们评判政治制度的优劣提供了一个牢固的判断支点，以克服相对主义的危险。虽然最佳制度和合法制度存在着区别："在或多或少有些不利的条件下，只有或多或少不那么完美的制度才是可能的。最佳制度只有一个，而合法的制度则多种多样。"②合法制度的多样性特征源于其所处环境之多样性，它的合法性依赖于传统、习俗、环境以及神性的不同。无论如何，"合法的或正当的制度无论何时何地都是可能的，并且在道德上是必须的"③。也就是说，古典哲人也承认处于某一特殊历史处境下的政治共同体可能只有一种形式适合它。但是，正当的并不必然是高尚的，高尚的东西必定是正当的。高尚的标准与人性的完善相关，与历史并无关联。历史地看待政治制度无疑会使人们在区分何种是高贵的、何种是卑劣的时遇到麻烦。合法的制度必须以高尚的制度为根本"理式"，或以人类文明的绝对原则为圭臬，才能避免相对主义的后果。古典的最佳制度是从人性的自然出发，竭力实现人性的高贵和德性的完满，它不仅仅是合法的，同时也是尊贵的。

柏拉图在谈到他的理想政制时，也顾及到了理想与现实之间的距离。他承认理想的最佳政制并非就等于现实的最佳政制，这种城邦也许仅存于"言辞"而非行动之中。"我们当初研究正义本身是什么，不正义本身是什么，以及一个绝对正义的人和绝对不正义的是什么样的（假如这种人存在的话），那是为了我们可以有一个样板……我们的目的并不是要表明这些样板能成为在现实上存在的东西。"④绝对的合乎自然的城邦现实中并不存在，存在的只有绝对的"理式"。毕竟，自然的生活与城邦的生活之间并非完全一致。在城邦生活中，哲学必定受到某些限制，因为身体的缘故，灵魂需要受到节制。因此，施特劳斯在《城邦与人》中甚至说"正义的城邦是

---

① ［美］列奥·施特劳斯：《自然权利与历史》，彭刚译，北京：生活·读书·新知，三联书店2016年，第140—141页。

② ［美］列奥·施特劳斯：《自然权利与历史》，彭刚译，北京：生活·读书·新知三联书店，2016年，第141页。

③ ［美］列奥·施特劳斯：《自然权利与历史》，彭刚译，北京：生活·读书·新知三联书店，2016年，第141页。

④ ［古希腊］柏拉图：《理想国》，郭斌和等译，北京：商务印书馆1986年，第213页。

不可能的,不可能在于它是反自然的"①。

这种理论的困境在于:首先,柏拉图的《王制》设想是建立在对抽象之人性基础上的。抽象的人性往往是哲人才具有的,它与现实的、丰富的人性存在着差别。符合自然的人就是其灵魂的各个构成部分能够很好的协调运作,这只有哲人才能做到,即唯有在哲人的灵魂结构或秩序中,理性才能居于支配地位,对于普通人而言,则常常是激情不受理性的控制。柏拉图似乎赋予这种差别以永久性,并用各种措施保证各个阶层不能僭越。在《王制》的结尾部分,苏格拉底也谈到了非道德的灵魂:人生在世时,神和人的回报和惩罚,以及人死之后的回报与惩罚问题。可见,现实中人的灵魂并非是完美无憾的,神话中对人死后的回报与惩罚证明了这一点。这些神话也并非是完全任意妄想的,"因为它是建立在人类的非道德灵魂的证据之上。如果灵魂是由许多东西所组成,那么只有它是完美创作出来的才不是非道德的。② 我们依靠日常经验也可以知道,灵魂并非经常处于完美的和谐之中的。既然人类灵魂并非是道德的,也就暗示了人类之邪恶是无法根除的。即便柏拉图为了发现真理,并试图通过论证灵魂的本源或本性来找回真理,但这种论证在《王制》中也未能真正实现。苏格拉底或柏拉图仅仅告诉我们:正义的本性就是灵魂结构的正确秩序;或者告知我们正义是有益的,而无需知道正义之本性的确切意蕴。但是,"如果一个人不知道灵魂的本性,他又怎么知道灵魂的正确秩序?"③由此可见,柏拉图在《王制》中对人类灵魂的论证并不完善。

其次,人之灵魂与城邦结构之间并不存在平行关系。古典哲人认为,如果城邦要实现正义就需要各个部分做好自己份内的事情,即每个部分拥有自己的美德,那么该城邦就是尽善尽美的。但是这种假设是难以成立的,施特劳斯也指出了其中的困难:个体与城邦不同,"如果个体是明智的、勇敢的和节制的,他还不是尽善尽美;因为他对同类的善意不会因为他拥有先前的三种美德就出现,该善意就是乐于帮助其同类,照料他们或为他们服务"④。其中缘由正在于个体并非自足的,个人需要依赖他人而存在。

---

① Leo Strauss: *The City and Man*. Chicago and London: The University of Chicago Press, 1964, P127.

② Leo Strauss: *The City and Man*. Chicago and London: The University of Chicago Press, 1964, P137.

③ Leo Strauss: *The City and Man*. Chicago and London: The University of Chicago Press, 1964, P138.

④ Leo Strauss: *The City and Man*. Chicago and London: The University of Chicago Press, 1964, P110.

城邦与灵魂的不平行还表现在城邦对欲望的贬低。出于反对外邦和城邦的内部敌人的需要，在城邦中勇敢高于其他欲望是有一定道理的。可是，对于个人而言却不是这样。勇敢可以涉及不同的对象，但人类却拥有相同的欲望，比如爱欲，“其健康形式的范围从繁衍后代、追求名声到通过关于事物中的知识来参与等形式追求非道德，这在各个方面都是不变的”①。由此说来，勇敢高于爱欲就是没有道理的。在柏拉图的《王制》中，当苏格拉底谈及人类社会的产生时，其中对生育需求的沉默就表达了对爱欲的一种承认。在论述僭主时，他也曾经把自己看作是爱欲的化身。总之，爱欲与城邦或者爱欲与正义之间存在着难以消除的冲突。正如施特劳斯所言：“‘我们和他们’之间的对立是政治联合体的本质”②。相应地，城邦要存在下来必须贬低人类的爱欲。如果说只有哲人才能使自身的灵魂合乎自然秩序，他与城邦的正义也不一致。一个居于城邦之中的哲人可能出于各种原因服务于自己城邦的公民，或者服从城邦的法律，这只是从正义的结果来看正义是好的，因为毕竟哲人的爱欲在于寻求真理，他的真正家园并不在城邦。

最后，城邦正义的实现在于哲人和城邦的互相改变。柏拉图指出，出于本性，“那些真正关心永恒实在的人的心灵确实没有时间去关心凡人的琐事，也不会参与充满妒忌和仇恨的斗争”③。简而言之，由于被对真理和哲学的渴望、欲望所支配，哲学家往往无暇顾及城邦事物而远离它。在哲人看来，最好的城邦也仅仅是洞穴，唯有跳出洞穴才能接近哲学的生活。对于城邦中的公民来说，他们以立法者的指定观念来理解一切事物，并把这些意见视为真理。由于哲学家的本质在于对各种意见的质疑，提出为什么，因此哲学与城邦的意愿往往是不和谐的，“只有城邦和哲人两方面都有一个根本的改变，才能带来两者之间的和谐……简明地说这种改变在于：城邦变得愿意由哲人统治，哲人变得愿意统治城邦”④。要使城邦接受哲学的统治，哲人必须采取一种说服或修辞的手段。施特劳斯指出，“恰当的说服是改变城邦、非哲人或大众的充分要求。恰当的说服是由说服的技艺

---

① Leo Strauss: *The City and Man*. Chicago and London: The University of Chicago Press, 1964, P110.

② Leo Strauss: *The City and Man*. Chicago and London: The University of Chicago Press, 1964, P111.

③ [古希腊]柏拉图：《柏拉图全集》(第2卷)，王晓朝译，北京：人民出版社，2017年，第494页。

④ Leo Strauss: *The City and Man*. Chicago and London: The University of Chicago Press, 1964, P123.

提供的，即忒拉叙马霍斯的技艺，由哲人指导并服务于哲学"①。因此，施特劳斯暗示：后来苏格拉底与忒拉叙马霍斯成为朋友。忒拉叙马霍斯所呈现的技艺就是一种"高贵的谎言"。由于仅仅通过哲学是无法说服或驯服大众的，高贵谎言的政治意图是：通过教育使公民忘记以下这个真相，"他们并不仅仅是人或自然人，或让人知道自己成为公民的真正特征不仅仅是人或所谓的自然人还是一个城邦的公民。同时，它还意味着抹除自然与技艺、自然与习俗之间的差异"②。至于使哲人愿意统治城邦，施特劳斯在《城邦与人》中则抱着一种悲观的态度。总的来说，要使正义实现，哲学与城邦必须互相改变。对于这种策略，施特劳斯也是抱着一种怀疑的态度，因为人性的不完美并不能仅仅通过说服的技艺来改变。

施特劳斯对最佳政制——王制的批判表明，对正义的本性的理解必须立足于对城邦的清醒认识之上，只有理解了政治的限度才能回答正义是什么。正如西塞罗所言，《王制》没有表现最佳政制的可能性，但却表明了政治事物的本性——城邦的本性。也正是在此意义上，我们可以说《王制》清楚地说明了什么是正义。

（三）实际可行的最佳政制——法治国

《王制》中柏拉图对正义"理式"及最佳制度的探究，依照的是传统本体论的方式——围绕"什么是正义"展开的。在这个过程中，未经任何修正或淡化的哲学或自然指导着城邦的建立。然而，由于这一最佳政制最终依赖哲学家与最高权力的偶然机遇的结合，它必然只是海市蜃楼般的梦幻。因此，柏拉图也只是在自己的哲学之中建立一座城邦，而远非在政治行动上。施特劳斯把柏拉图的晚期著作《法义》称作是"唯一的政治著作"，该书对现实政治做了进一步的分析，并论证现实的最佳政制——法治国。《法义》也是唯一的苏格拉底未出场的对话，苏格拉底的缺席某种程度上已经暗示了哲学的非自足性。正是柏拉图的《法义》，使其政治哲学摆脱了早期理想主义的狂热，并进一步贴近了现实的政治。

首先，柏拉图越来越认识到，人之邪恶无法根本祛除，哲学也并非全能的，必须退而求其次，建立一种融合智慧与同意的法治国。原先，柏拉图对

① Leo Strauss：*The City and Man*. Chicago and London：The University of Chicago Press，1964，P123.

② Leo Strauss：*The City and Man*. Chicago and London：The University of Chicago Press，1964，P102.

最佳制度之设计依赖对人性的乐观看法:第一,人性都是向善的,对自然和高贵生活的向往是人之本性;或者,人人都可以通过古典式的教育而成为中国的尧、舜那样的谦谦君子。于是,教育是实现理想政制的最佳途径。第二,人性存在腐化的可能,或者由于人类的理性所限而未能认识自然,依赖哲学理智与最高权力的结合也能实现最佳政制。简言之,要实现哲人王的统治,哲人必须具有僭主般的政治权力,然而这一机遇也是可遇不可求的。在《法义》篇中,柏拉图一方面承认人性中含有向善与作恶的两面性,对于何谓高贵与低贱,人们也难以达成认识上的统一;另一方面,城邦中不义的多数人极有可能战胜正义的少数人。如果"要使得明智者的统治依赖于不明智者的选举或同意,那就是将本性较高、适于统治的人屈服于本性较低的人,那就是违背了自然"①。在施特劳斯看来,调和自然与城邦,也就是智慧与同意之间的冲突,是城邦面临的难题之一,也是最佳政制能否实现的关键。要解决这一问题,仅仅"通过说服来指引大众是不够的,还必须依赖于强制性的法律"②。柏拉图解决这一问题的办法是:通过明智者的立法,用稳定的法律取代哲学的统治,"就是由一个明智的立法者制定一套公民们经循循善诱而自愿采用的法典。那套法典既像是智慧的体系,它就尽可能少地变动"③。

其次,在法治的城邦中,法律秩序从属于节制与正义。早在《普罗泰戈拉篇》的对话中,柏拉图借普罗泰戈拉之口论及了政治智慧的问题,"政治智慧总是遵循正义和节制的原则"④。但是,普罗泰戈拉否认柏拉图所主张的美德集中于一人身上和美德是自然的观点,他认为正是因为不同的人身上具有不同的美德,因此政治生活需要正义和节制,且美德是后天习得的。在后来《法义》篇的对话中,柏拉图通过异方人之口,进一步揭示了人类德性的自然秩序,并把它作为立法者仿效的目标。第一步证明节制之德性高于勇敢。雅典人提出,良好的法律提供了所有的善,属人之善依次是健康、美貌、强健,以及明智所带来的财富;神明之善是明智、节制、正义(明智、节制与勇敢的混合体),以及勇敢等。勇敢只是战争中的德性,指向了外在的东西,它与属人德性中的财富一样,都是最低的。雅典人对勇敢德

---

① [美]列奥·施特劳斯:《自然权利与历史》,彭刚译,北京:生活·读书·新知三联书店,2016年,第141页。

② Leo Strauss: *The City and Man*. Chicago and London: The University of Chicago Press, 1964, P23.

③ [美]列奥·施特劳斯:《自然权利与历史》,彭刚译,北京:生活·读书·新知三联书店,2016年,第143页。

④ [古希腊]《柏拉图全集》(第一卷),王晓朝译,北京:人民出版社,2017年,第444页。

性之否定就意味着对战争的否定。因为人类之目的不是战争而是和平,即便幸福本身也属于和平;战争状态也并非城邦的自然状态。和平为人类德性的实现提供了外在的条件,唯有在战争期间勇敢才可以称作一种德性。因此,“勇敢、好战的美德是最低的美德,次于节制更次于正义和智慧”①。这些美德的次序就是立法者仿效的最高原则。实现人类的完美、人类灵魂的卓越依然是立法的根本目标。

节制之所以能作为一种高于勇敢的德性,还因为人的双面性或多面性。古典哲人承认,“人内部就有互相对立的非理性因素,首先是快乐和痛苦,然后就是对未来的恶或善的意见或预感。在这一切之上还附有对什么更好什么更坏的推理(reasoning)或计算”②。所以,节制是建立在对人性的一种更全面理解的基础之上,也是人类理性逐渐发展的认识结果。人们根据这种源于自身的推理作为行动的指南。值得注意的是,这种推理还不能直接成为城邦的法律,因为“推理的确高贵,但轻柔而温和,不暴烈,因此,如果没有坚硬而刚强的肌腱相助,推理无法进行统治”③。法律的引导不仅是可行的,而且是最高贵的。如果法律相比推理更加高贵,那么德性也就等于守法。施特劳斯认为,至此,柏拉图的思想已经发生了重大转变,即承认实践理性是最高的技艺。法律之所以是节制与高贵的原因在于:一方面,城邦的立法者不仅要拥有涉及人类美德的知识,也必须具备“领头的理智”、治国的技艺。属神之善是属人之善的规范,而属神的善又依赖于“领头的理智”。在城邦生活中,“领头的理智”不同于甚至高于明智,是一种立法者应该具有的智慧。它不但必须界定何为高贵或低贱、正义或不义;也必须考虑如何惩恶扬善,以及设置法律的护卫者等诸多问题。“‘理智’在把所有这些东西结合起来后,就会表明这些东西从属于正义和节制。”④另一方面,法律被视为高贵的,还在于它统一了个人理性和城邦习俗。雅典人认真区分了以下两方面:一是掌握哲学之智慧的个人;二是从某位超越城邦的神或已获得相关知识的人那里接受法律的城邦。在城邦中,“一个人得以完美的那种德性,就是理性和习俗之间的和谐——依据这

① [美]施特劳斯等:《政治哲学史》(上),李天然等译,石家庄:河北人民出版社,1993年,第76页。

② Leo Strauss:*The Argument and the Action of Platos Laws*, The University of Chicago and London Press. 1975, P19.

③ Leo Strauss:*The Argument and the Action of Platos Laws*, The University of Chicago and London Press. 1975, P 20.

④ Leo Strauss:*The Argument and the Action of Platos Laws*, The University of Chicago and London Press. 1975, P9.

种和谐,理性理解并认同了原先仅由习性培育出来的爱好和憎恶”①。也就等于说,当实现了法律统治之后,个人理性与城邦习俗也就实现了融合,哲学不再具有原初理性的疯癫与狂热,变得更加节制与高贵。

最后,在法治国中,执行法律还得依赖一批具有正义感的高尚之士。高尚之士接近明智者,他们同样都体验着崇高完善之物,即都具有某种哲学的智慧。与明智者不同的是,高尚之士适应了城邦的生活,“对于严谨刻板怀有一种高贵的蔑视”②。也就是说,他们是人性自然与城邦生活融合的产物。这些高尚之士不再偏向哲人般的狂热,而是怀有王者技艺之人。他们一般出身地产贵族,受到过良好的教育又具有一心为公的精神,既严格执行法律又自愿接受法律的统治。最后,这些高尚之士经由公民选举成为城邦的护卫者,并接受公众的监督。这种政制之所以是可行的,在于其既保证了智慧的支配地位,又照顾到城邦大多数公民的感受,集中了智慧与同意的因素。从理想的、单纯的最佳政制——王制,到实际可行的混合政制,表明了古典哲人对自然正当认识的一种渐进式的变化,即在追求政治哲学化的同时,哲学也必须相应地政治化,或者自然正当必须得到淡化与稀释,否则就无法消解哲学与政治之间的冲突。

(四)古典政制与自由主义

亚里士多德在《政治学》中曾经认为,保全政制的最重要的方法在于“按照政体(宪法)的精神实现公民教育”③。即便已经经过公民同意的法律,也要符合这一原则。不论在何种政体中,都要按照政制(政体)的精神教化其公民的言行与政体精神相一致,只有如此才能保证城邦的长治久安。特别是谈到极端的平民政体时,亚里士多德指出由于公民“各自放纵于随心所欲的生活”,从而误解了自由的真正意义。放纵式的自由是卑劣的,它将导致城邦的无序与混乱。④ 这种放纵的自由,在现代的自由主义国家已经变成了现实。

施特劳斯认为,现代自由主义已经在最重要的方面背离了“自由”的原初意义,沦落为不分善恶的相对主义了。在古典政治哲人那里,自由始

① Leo Strauss:*The Argument and the Action of Platos Laws*, The University of Chicago and London Press. 1975, P23.

② [美]施特劳斯:《自然权利与历史》,彭刚译,北京:生活·读书·新知三联书店,2016年,第143页。

③ [古希腊]亚里士多德:《政治学》,马志娟译,南京:江苏人民出版社,2010年,第275页。

④ [古希腊]亚里士多德:《政治学》,马志娟译,南京:江苏人民出版社,2010年,第276页。

终是幸福的要素,或者是幸福达致的条件。“古典政治哲学就其原义而言是自由主义的。”①这里的“自由”当然不同于现代自由主义所理解的消极自由,古典派推崇的混合政体也根本不同于现代的共和政体。若要克服现代自由主义所面临的危机,我们必须返回古人对自由的理解。

在古典政治哲人那里,“最高层次的自由主义者最重视思想及卓越的思想”,他们意识到,“在最理想的状态下,人类是自治的而不受制于任何权威,但同时人为了赢得或者成为真正的权威,在其他各方面又受制于某种权威——他必须把自己表现为对最高意义的权威的反映,尽管人类的权威只能微弱地反映真正意义的权威”②。也就是说,古典意义上的自由主要包括三层涵义:第一,这里的“自由”是古典哲学意义上,自由首先体现着对传统或祖先权威的质疑,以及对人之自然的探求。第二,自由代表了古典哲人对人之完美德性的追求,也是一种目的论。自由之德性包括“奉献、专注、广博和深刻”等品质,它是因其自身而值得追求的东西,而现代的自由则是追求其他东西的一种工具和条件。第三,古典的自由预设的同样是人并非最高的存在,存在着高于人类自身的东西,“对那一自由完全而不加限制的使用是不正当的”③。总之,古今自由主义的区别也正在于:古典政治哲人把自由作为人类实现自身完善所需要的重要美德,也是义务性的,甚至是一种自我克制;现代自由主义已经不再把自由理解成必需的德性,而是“每个公民按照自己的意愿生活的权利”④。现代自由主义的危机也就在于从古典“德性”到现代“自由”的现代转变过程。

与古典政制相适应的是贵族文化,或者说是对绅士的教育与培养。古典哲人认为,实现人类之卓越的途径是自由教育。何谓自由教育呢?与今天的专业化教育不同,古典的自由教育首先是一种综合性的素质教育和人文主义的教育。正如施特劳斯所言:“自由教育是文化教育,或以文化教养为目的的教育。它的最终产品是一个有文化教养的人。”⑤它不是单纯地向人们灌输某种信仰或专业化的知识,而是对人之心智的培养与教育。如

---

① [美]列奥·施特劳斯:《古今自由主义》,马志娟译,南京:江苏人民出版社,2010年,第30页。

② [美]列奥·施特劳斯:《古今自由主义》,马志娟译,南京:江苏人民出版社,2010年,第30页。

③ [美]列奥·施特劳斯:《自然权利与历史》,彭刚译,北京:生活·读书·新知三联书店,2016年,第131页。

④ [美]列奥·施特劳斯:《古今自由主义》,马志娟译,南京:江苏人民出版社,2010年,第12页。

⑤ Leo Strauss:"What is Liberal Education?" *Academic Question / Winter*, 2003-04, P31.

柏拉图提到的音乐、体育等涉及到各学科综合训练等。其次，自由教育也是一种哲学教育。施特劳斯直言："教育在最高意义就是哲学"，即"有关最重要、最高层次和最广泛的事物的知识的探求"。① 获得了有关这些内容的知识才能拥有美德和达致幸福。鉴于人类理性的有限性，即便哲人也不能完全拥有关于整全的绝对知识，但是，他可以拥有关于整全的部分知识或接近整全。因此，哲人也就拥有人类智力所能及的、所有的或最高层次的卓越品质。虽然不可能人人成为哲人，但我们可以爱哲学爱智慧，通过接受哲学教育而学会哲学思考。最后，自由教育的重要实现途径就是认真阅读古人的经典著作。阅读不同经典，也就是聆听最伟大的哲人之间的对话，同样，"聆听最伟大思想家之间的谈话，也就是研习伟大的著作"②。我们不仅要聆听西方伟大思想家和哲学家的教诲，也要聆听东方思想家的思想，这一过程是开放性的。古典教育的过程首先是一种勇气的训练过程。它既要求我们"与知识分子及其敌人喧嚣、浮躁、轻率和低劣的浮华世界彻底决裂"，也要求我们鼓起勇气"把普遍接受的观点仅看作是某种意见，或者当成至少与最陌生的和最不受欢迎的观点一样，可能是错误的极端观点"③。根据古典哲人的看法，此种训练把人导向一种善的生活。因为当阅读经典时，人类就会不自觉地审视自身，也是一种"思考之思考"的纯理性过程。在这一过程中，人们会逐渐接近思想的高贵、人类尊严之真正基础与世界之善。如果一个人做到了这些，"他是唯一通过他的研究的特性面向整全的人，是一个具有想达至完美的人本身的知识关怀的典型"④。总之，古典教育必然导向一种高贵的、理性的生活。

古典的文化是一种心智的培养和教化，而现代则赋予它多样性和平等性。如今的文化不再关注人性的完善，且已经堕落为各种各样的意识形态。在古典政治哲学中，美德控制着激情；在现代，"评判激情只能按其社会影响的可取与不可取"⑤。现代教育宣扬的是一种大众文化，它是与现代自由民主制相适应的一种文化。自由主义的选举制为了吸引大众的选票，必然处处关心大众的偏好，而不是公共精神。另一方面，民主的平稳运行也需要这样一种美德，"就是对选举的一种冷漠，即公共精神的贫乏"⑥。

---

① Leo Strauss："What is Liberal Education?" *Academic Question / Winter*, 2003-04, P34

② Leo Strauss："What is Liberal Education?" *Academic Question / Winter*, 2003-04, P35

③ Leo Strauss："What is Liberal Education?" *Academic Question / Winter*, 2003-04, P36.

④ ［美］阿兰·布鲁姆：《巨人与侏儒》，张辉等译，北京：华夏出版社，2011 年，第 377 页。

⑤ ［美］阿兰·布鲁姆：《巨人与侏儒》，张辉等译，北京：华夏出版社，2011 年，第 302 页。

⑥ Leo Strauss："What is Liberal Education?" *Academic Question / Winter*, 2003-04, P32.

这也是由现代国家的超大规模决定的，大范围的政治参在现代是不可能的，也极易引发“参与爆炸”。施特劳斯认为，当今自由主义的大众文化已经“无任何智力和道德努力可言，价格极为低廉且最平庸的能力就可以形成的一种文化”①。大众文化满足于猎奇求新，不再关注人性的完美，只能产生“没有灵魂和洞察力的专家及没心没肺的酒色之徒”。古典自由教育对人性完美之关注，则完全可以对抗大众文化的腐化与堕落。只有通过恢复苏格拉底传统的自由教育，西方才能克服现代性的危机，从今天的商业化的大众民主返回古典式的自由主义。

哲人王的统治依赖偶然的机运，古典的理想政制实际上是一种贵族政治，但现实可行的又只能是混合政体。施特劳斯认为，要理解古典的“自由”，必须参照古希腊的奴隶制度。在城邦时代，“自由人”是相对奴隶而言的。奴隶是没有任何自由的，他们不拥有任何财产也不能支配自身的行动。自由人是奴隶的主人，他们拥有自己的财富，还有空闲时间从事学习和参与政治。当然，这些自由人是拥有土地的贵族，不同于资本主义时代的商人或企业家。自由人经过接受古典的自由教育而成为绅士。绅士是“热心人(the earnest ones)”，这是“由于他们关心最重要的问题，关心那些本身值得严肃对待的事物，关心灵魂和城邦的良好秩序”②。城邦正义的实现有赖于这些绅士们的统治。当然，这种贵族政治也会受到质疑：第一，绅士们的贵族统治也许是非正义的。因为正义之原则要求“同等的人得到同等对待”。但是，“一个人最终成为绅士还是平民，只是出生的偶然性决定的，因此，贵族统治是非正义的”③。个别出生高贵的人也会逐渐流于平庸，出生高贵未必后来一定出人头地。第二，就绅士对平民负责而言，也是不符合自然的。绅士之统治既需要自身的特殊能力，还必须以民众的同意为基础。这就等于要求绅士对普通人负责，但高等人对下等人负责似乎与其自然天性相悖。第三，绅士与哲人存在明显的差异。如前所述，绅士之统治的正当性在于其德性是对哲人德性的反映与仿效，但二者在重要问题的看法上还是存在着差异。“绅士会不加考察地接受某些有关最重要问题的观点，哲学家则要对此进行调查与盘诘。”④城邦的稳定需要保持对传统

① Leo Strauss: "What is Liberal Education?" *Academic Question / Winter*, 2003-04, P33.

② [美]列奥·施特劳斯：《古今自由主义》，马志娟译，南京：江苏人民出版社，2010年，第10页。

③ [美]列奥·施特劳斯：《古今自由主义》，马志娟译，南京：江苏人民出版社，2010年，第11页。

④ [美]列奥·施特劳斯：《古今自由主义》，马志娟译，南京：江苏人民出版社，2010年，第13页。

权威的虔敬,哲人则要挑战传统的权威。在现实的城邦中,哲人也没有义务为城邦而工作。“哲人之为哲人,他们对城邦负有的责任就是通过司行本职,保全自身的福祉以增进城邦的福祉。哲学必然能使人更加仁慈和开化。城邦需要哲学,但仅限于借助于中介或者间接的方式,甚至是经过稀释的哲学”。① 因此,古典哲人并不认为真正的贵族制是现实的,他们提出了更加现实的政体:

> 它们对绅士与平民共享权力的政体感到满意:民众从绅士中选举地方官员和立法会议员,并要求他们在任期将满时对民主述职。这种政体可能的变体是混合政体:绅士组成参议院,在众议院和掌握军事大权的君主(或选举产生或是世袭)之间,参议员把持主要职位。②

古典哲人论证的混合政体首先保证的还是绅士的统治,虽然允许平民参与政权,它要求的依然是统治者要关注整体利益、追求德性本身、崇尚自由教育等。施特劳斯强调,早期的现代共和制尚能保持古典混合制的这些优点,如洛克还一度钟情于古希腊和古罗马的教育,主张绅士应该担当人民的代表,汉密尔顿认为土地所有者和金钱所有者等“知识阶层”没有自己的特殊利益而更加应该考虑整体的利益,密尔也提议公务员也必须接受古典式的自由教育。然而,我们更应该看到,随着启蒙精神的普及以及自由平等的连续不断和不可抗拒的发展,古典的自由精神已经逐渐消失殆尽,人类的灵魂也不再追求卓越与完美,自由主义的危机不可避免地到来了。

施特劳斯认为,古今自由主义之间存在的巨大差异,来自于古典自由教育与现代科学教育的对立。前者以传统的古典哲学为根据,而古典哲学则依赖对人性的正确理解。古典哲人始终相信,科学有其限度,“正确理解的人性比科学更能给我们提供直接的帮助,洞察力和见微知著的精神比几何学更加有用”③。古典哲学不但预设了人类的卓越和美德是人之本性所向,即人在本性上是向善的;同时,也承认人与人的天赋存在着自然的差

① [美]列奥·施特劳斯:《古今自由主义》,马志娟译,南京:江苏人民出版社,2010年,第14—15页。

② [美]列奥·施特劳斯:《古今自由主义》,马志娟译,南京:江苏人民出版社,2010年,第15页。

③ [美]列奥·施特劳斯:《古今自由主义》,马志娟译,南京:江苏人民出版社,2010年,第25页。

异。现代哲学(科学)不再以人性的完美和卓越为自身目的,而是关注人类的身体需求,如何使人类更加健康、富裕;它不再给予人类的自然禀赋差异以任何特别的重要性,而是试图依靠科学的力量抵消自然差异。启蒙之后,科学取代哲学成了我们时代的唯一权威。于是,“我们再也看不到宗教教育和自由教育之间富有成果和高贵的对峙,取而代之的是民主思潮和技术官僚的关系”①。然而,科学只是现代精神的产物,它无力证明自己的正当性,尤其在至关重要的善恶问题上。为了争取大众的支持,它费尽心机地赢取顾客的廉价口味。总之,大众就是科学的顾客。但是大众之所以为大众,是因他们不会对任何人或事负责。正如亚里士多德所认为的那样,在涉及政治生活方面,人们也许天生就不是平等的。

现代共和制在平等主义精神的支配下,使人类失去了追求高贵生活的可能,哲学也不再指导政治。密尔、托克维尔以及卢梭都洞察到了现代共和设计的这种弊端,托克维尔寄希望于使出身良好的人接受良好的教育,卢梭则提出了另一种方案。由于贵族制已不再可能,他通过社会契约,把自然人转变为社会人,建立人民主权的政治制度,并依托一种公民宗教实施公民教育。然而,他付出的代价则是“让哲学屈从于社会,或者把哲学整合进‘文化’之中”②。

---

① [美]列奥·施特劳斯:《古今自由主义》,马志娟译,南京:江苏人民出版社,2010年,第23页。

② [美]列奥·施特劳斯:《论卢梭的意图》,娄林译,见刘小枫主编《苏格拉底问题与现代性——施特劳斯讲演与论文集:卷二》,北京:华夏出版社,2008年,第96页。

第四章　自然正当性的贫困

施特劳斯对自然和自然正当的论证还是围绕着“古今之争”进行的，稍微遗忘了这一点，我们就可能陷入思想的迷途。我国著名学者刘小枫先生曾经讲过，从施特劳斯对启蒙哲学的批判性分析中，西方的哲学史暗含着两种不同启蒙：“一种是真的启蒙，一种是假的启蒙，假的启蒙的真实名称应该是‘蛊惑人心’。”①真的启蒙就是施特劳斯所阐发的古典哲学，一种审慎的理性主义，假的启蒙就是现代哲学，一种狂热的理性主义。受这种思维的影响，施特劳斯把古典的自然视为一种探求式的哲学，以与现代“科学的哲学”相区分。对于自然正当，施特劳斯则基本上继承的是柏拉图的那种传统政治哲学。理解施特劳斯的意图，我们要区分古今哲人的两种自然观念，并探究现代哲学对事实与价值之区分的限度。

一、自然观念的历史与哲学批判

为古典政治哲学奠基的自然是一种超越习俗的、抽象的存在，它以宇宙目的论为基础，并预设了人的灵魂与自然的同构性、向善性，从而指向了人的完善与高贵的生活，谓之为良善的政治。在古典哲人的视域中，自然意味着高于人类理性、历史和社会的的客观规范，自然为人类立法。在现代哲学中，自然不再是本质和规范，也不再拥有超验的目的，更多的是经验意义上的自然，变成了人类理性征服的对象。在政治哲学中，马基雅维利、霍布斯等人正是以此为基础，推导出了现代的自然权利论。

（一）作为规范的古典自然观念

在潘戈为施特劳斯的《柏拉图式政治哲学研究》写的序言中，他一再提醒我们注意施特劳斯的一句话，“要对古典自然权利论有充分的了解，就要对苏格拉底所造成的思想转变有充分的了解”②。施特劳斯对“自然”的

① 刘小枫：《施特劳斯与启蒙哲学》（上），《西北师大学报》（社会科学版），2009 年第 3 期。

② ［美］列奥·施特劳斯：《自然权利与历史》，彭刚译，北京：生活·读书·新知三联书店，2016 年，第 121 页。

论述是从人间事物谈起的,而不是从前苏格拉底的第一批论述自然的哲学家开始。现在看来,也许施特劳斯有意为之,为自己古典政治哲学的论证奠定基础。

我们在古典的自然哲学家那里,看到的是另一种自然的观念。在最早的自然哲学家那里,面对混沌的、流变的自然界或者自然界的各种暴力,他们希望了解其规律、发现其运行机制,或者探求某种永恒不变的东西。在对自然的探究中,哲学(科学)也就产生了。自然之发现就是“意识到‘自然’与‘超自然’之间的区分,即认识到自然现象不是随意或任意影响的后果,而是规律影响的后果,受可确定的因果序列所支配”①。这是人类所特有的理性能力,也标志着人类对外界的理解由神话巫术向科学理解的迈进。但是,由于“希腊自然科学是建立在自然界渗透或充满着心灵这个原理之上的”②,常常导致以自然事实为研究对象的自然科学与以对自然原理进行反思的自然哲学无法区分,因此,古希腊的科学家也就是哲学家。在“自然”与“超自然”相对立的意义上,即自然科学的意义上,自然含有具有“确定性”这一涵义。在古典的政治和道德哲学中,苏格拉底修正了这一观念,并把它引入到人间事务的研究中。

苏格拉底之前的自然哲学家致力于思索世界的本源和终极存在,如伊奥尼亚学派和毕达哥拉斯学派等。他们首先关注的是进入人们视野的外部世界,探究的主题是世界由什么构成、世界如何运转的等这类自然事物。苏格拉底是首位将哲学从天上召唤下来,并对人间的善恶进行研究之人。当然,这并不意味着由苏格拉底开启的古典政治哲学脱离了整全的视野,反而表明了其道德和政治哲学是依托于古典的自然哲学的。人是世界和自然的一部分,自然为人类立法。在古典哲学中,自然更多的是指事物的根本原则、本性或起源等,虽然偶尔也指自然事物的全体。在现代,我们更多地是把自然视为人类的征服对象,在此意义上当然主要指自然事物的总和或集聚,在规范的意义上使用的越来越少。正如柯林伍德所言,“它总是意味着某种东西在一件事物之内或非常密切地属于它,从而它成为这种东西行动的根源,这是在早期希腊作者们心目中的唯一含义”③。在古典哲学传统中,从爱奥尼亚派的泰勒士,到后来的亚里士多德,这些哲学家都是围绕着宇宙是什么、人与宇宙的关系以及人类生活的根本意义等最基本的

---

① [英]劳埃德:《早期希腊科学:从泰勒斯到亚里士多德》,孙小淳译,上海:上海世纪出版集团,2005 年,第 8—9 页。

② [英]柯林武德:《自然的观念》,吴国胜译,北京:华夏出版社,1999 年,第 4 页。

③ [英]柯林武德:《自然的观念》,吴国胜译,北京:华夏出版社,1999 年,第 48 页。

本体论问题来探究“自然”的。在对这些最为基本问题的哲学研究中，它们逐渐形成了关于自然的统一性、自然目的性和自然正当的观念。

首先，我们考察一下古典自然的统一性观念。古希腊哲学家们所探寻的自然并不是组成世界每个具体存在物呈现出来的现象，而是使某一事物成为该事物的本质的东西。由于通过感官获得现象世界总是多样的，也是人类难以把握的，人们认为，只有作为人类智慧的理性或哲学才能认识现象背后的、永恒不变事物本质。泰勒士率先把“什么是自然”这一问题，转换成“事物是由什么组成”。他相信宇宙万物都起源于同质的水，只不过由于经历了物理或化学反应而表现为不同的形态。之后的阿那克西曼德则反对这种看法，因为“如果其中的一种是始基，那么它就会征服其他元素”。① 他认为万物应该统一于某种简单的、无限永恒的“元质”，该元质又可以转化为不同的实体。在阿那克西曼德观念中，物质之多样性已经取代了泰勒士的单一论，这种观念启发了后来的毕达哥拉斯派。但可以确定的是，无论它们把万物的始基简单地认定为一种具体的物质，还是归纳为某种无限的、抽象的元质，都不能科学地解释世界的多样性，更不能合理地说明自然。恰如柯林伍德批判的那样，当你假设宇宙的开端始于一个单一的物质，又想证明为什么万物存在如此大的差别，“那么你逻辑上就必须给出某些理由来说明，为什么差别在它实际发生了的地方而不是别的地方发生”②。

其后的毕达哥拉斯学派拒绝了万物统一于单一原初物质的假想，代之以“形式”的概念。他们认为，事物之间的差异应该取决于事物的几何结构而不是组成元素，这种结构或形式又完全可以用数学的方式进行表达，比如在声学里，音调之间的差异就根源于每个音调振动频率的差异，即形式的不同，与构成声弦的物质元素没有任何关系。和声的美妙悦耳正是因为音符之间比例的和谐，而和谐必定表明它们遵循某些数字比例。在属人的事物中，“像公正、灵魂和理智等等都不过是数目的某种属性”③。柯林伍德认为，毕达哥拉斯派之所以采用数学来表示事物的本质，可能因为数学能够为人类提供一个安全和熟悉的领域，因为在数学领域中，“比其他领域，更比爱奥尼亚的天文预测或宇宙论反思更有可能包含清晰而确定的知

① ［英］罗素：《西方哲学史》（上），马元德译，北京：商务印书馆，2005 年，第 53 页。

② ［英］柯林伍德：《自然的观念》，吴国胜译，北京：华夏出版社，1999 年，第 44 页。

③ ［古希腊］亚里士多德：《形而上学》，苗力田译，北京：中国人民大学出版社，2003 年，第 13 页。

识"①。当毕达哥拉斯用数字统一万物,数字也就构成了事物之本质。这表明古希腊人已经学会离开事物的现象进行抽象思维了,数字就是从具体的现象物质中抽离出来的知识,是人类理性思维之成果。这种思路也导致了质料与形式的宇宙二元论。正如德国哲学家策勒尔所言:在他们看来,"数是某种在本质上不同于泰利斯的水、阿那克西曼德的无限或阿那克西米尼的气的东西;它是某种与物质相对立,并且,虽然与物质联系着但还是有区别的东西;某种限定物质并给物质以形式的东西"②。

柏拉图对数字也是特别青睐,他的理念论也正是奠基于毕达哥拉斯的学说之上。在此意义上也可以说,柏拉图是一个毕达哥拉斯主义者。与以前哲学家不同的是,柏拉图的学说来源是多元化的。在承继毕达哥拉斯的物质与形式二元说的基础上,又融合了巴门尼德的永恒实在观念和赫拉克利特的"万物流变"之观念。柏拉图认为,人类感官所接触到的现象世界是变幻不定的,也是难以理解的。只有理性才能把握到现象背后的永恒的理式。现象属于"意见"的范畴,也是不真实的;理念才是知识或智慧的范畴,它超越于事物的现象而存在。罗素认为,柏拉图的这种理论推演"一部分是逻辑的,一部分则是形而上学的"③。亚里士多德反对柏拉图的理念超越论。他认为自然本身是运动的,推动自然运动的形式与本源就不可能独立于事物本身。因此,形式与质料分离的观点是错误的,它们应该结合在一起。不能否认的是,形式与质料存在着根本的区分:形式是不变事物之实在,而质料则是不完善的或者潜在的。不变的形式应该是可变之质料存在的基础与前提。尽管有时亚里士多德也强调质料的重要性,比如他主张质料不仅包含着潜能,以至于自然的必然性与偶然性都源于它;但总的来讲,形式是"第一因",质料只能是"第二因"或"原始质料"。最后,亚里士多德强调自然的原始和首要的意义应该如此理解,即"在其自身之内有这样一种运动本原的事物的实体,质料由于能够接受这种东西而被称为自然"④。不管古希腊的哲学家就"自然"的具体含义存在着多少分歧,他们都接受了自然是永恒的,且是事物内在的固有的本质这一观念。

其次,古典的自然又具有目的性和规律性的特征。施特劳斯曾经提到

---

① [英]柯林伍德:《自然的观念》,吴国胜译,北京:华夏出版社,1999年,第59页。

② [德]E·策勒尔:《古希腊哲学史纲》,翁绍军译,济南:山东人民出版社,2007年,第37页。

③ [英]罗素:《西方哲学史》(上),马元德译,北京:商务印书馆,2005年,第143页。

④ [古希腊]亚里士多德:《形而上学》,苗力田译,北京:中国人民大学出版社,2003年,第90页。

古典哲人眼中的世界是拟人的，即具有自己的灵魂和目的，绝不是它表面上呈现出的混沌状态。这也是后来为其政治哲学辩护的基础之一。正如后来英国哲学家罗素指出的那样，“世界里混合着必然与目的，这早在哲学的兴起以前已经是一切希腊人实际上所共有的一种信仰了”①。在更早的《荷马史诗》的记载中，未启蒙的古希腊人就处处表现出对掌管命运之神——奥林匹斯山神的敬畏和忠诚。由于人类的愚昧和懦弱，神定的命运几乎是他们无法逃避的结果。对超越人的神定命运的强调，也为后来体现自然必然性的自然规律观念的出现奠定了基础。古典的人与自然皆有目的之观念源于人与自然的对比和类推，或者是人属于自然。后来苏格拉底的道德哲学中，人类肉体与灵魂二分论也是自然中万物有灵观念的拓展，只不过这种观念在早期是以神学的图像体现的。

在早期希腊哲学中，宇宙是一个有机体的观念已被爱奥尼亚派的泰勒士所提出。灵魂支配着这个世界，这个世界也具有自己的目的。这个世界中的一切运动和变化也只服从于自身目的。任何有生命的单个有机体都包含于世界这个大有机体之内。泰勒士还想象自然界是上帝创造出来的，一切存在都“依赖于一个先在的并且超越于它们的力量”②。这样，在泰勒士的学说中就始终存在着一种无法和解的冲突：超越性的上帝和内在性的自然目的。后来的阿那克西曼德试图消解这一冲突，他主张世界是由无限者构成，无限者本身就包含着上帝。这样以来，超越性和内在性就统一于无限之中。同时，阿那克西曼德也承认世界隐含着必然性与自然规律，火、土和水等物质的构成比例应该是确定的。爱奥尼亚派的阿那克西美尼把万物的始基归于气，他开始用物理学的方法解释世界的形成，把宇宙万物的生成归因于空气的弥散或凝聚。虽然现在看来，爱奥尼亚派的哲学家对于自然的解释有些离奇，但已经标志着“对于世界的解释从一种神话的观念向一种自然的，也就是科学的观念的一种有力的和根本的变化”③。

在前苏格拉底的自然哲学家那里，这些推论与其说是科学的，倒不如说是哲学性的思辨与推演。他们从不证自明的假定前提出发，论证出那些远非自明的定理。后来的哲学家在论述自然法的真理性和永恒性时也是依赖这种抽象的演绎推理，例如，虽然赫拉克利特认为一切事物都在流变之中，但他仍然视自然为一个永恒不变的整体，体现整体的自然既不能产

---

① ［英］罗素：《西方哲学史》（上），马元德译，北京：商务印书馆，2005年，第195页。

② ［英］柯林伍德：《自然的观念》，吴国胜译，北京：华夏出版社，1999年，第34页。

③ ［德］E·策勒尔：《古希腊哲学史纲》，翁绍军译，济南：山东人民出版社，2007年，第32—33页。

生也没有消逝。尽管流动变化的只是个别的具体事物,赫拉克里特还是在其中看到了“宇宙的普遍规律”①。普遍的规律就是自然和谐的保证。它有时被称作普遍的理性,有时被视为神的规律、智慧或命运,这就是古代自然法观念的早期表现。

柏拉图相信,理念世界才是永恒不变的真实世界,也是形成现实世界的本源。在宇宙中必定存在一个生物样式的灵魂,该灵魂也指向了“善”。第缪求斯神“按照理念世界的样式从这种物质中创造出整个世界的结构。整个有机自然界,所有数和量的关系以及它的存在的全部井然有序,都是它的创造之功”②。世界的灵魂创造了自然万物,还赋予目的给予各种存在物。柏拉图也曾批评德谟克利特的因果关系论,因为它不能解释世界的生产与变化,原因在于因果关系只适用于解释两个变化过程之间的关系,不能解释过程的整体和非过程的现象。亚里士多德较多从生物学的意义上理解自然。在他看来,自然不仅仅指事物的本质,还涵盖了“生长着的东西的生成”③。概而言之,自然是一个自我运动的、活的世界,它有一个不断成长的过程。生长也预示着它有方向和目的,“具有努力或奋争或趋向,一种以某种确定方式变化的趋向”④。古希腊人认为,自然的目的或规律都没有向人类显现,对于善的知识人们也没有十足的把握。因此,他们常常把自然(形式)等同于上帝,或者深信自然是神圣的、不可违背的。古典哲学之任务,就在于探求自然的奥秘。

最后,古典哲学中的自然观念的伦理和政治特性。在古希腊贤哲们对自然的探求中,就已经蕴含了其伦理和道德特性,如正义、和谐等概念在他们的研究范围之内。正如罗素所言,甚至在哲学开始以前,希腊人“就对宇宙有了一种理论,或者说感情,这种理论或者感情可以称之为宗教的或伦理的”⑤。最早的自然哲学家也认为,宇宙中存在着一种支配着万物的规律,它不仅规定着宇宙万物的各种秩序,也规范了人类这一存在物的行为,甚至宙斯神也得服从它。这种普遍的法令的就是非人格的“命运”或自然的必然性,对于人类政治和道德生活而言就是正义。当阿那克西曼德相信

① [德]E·策勒尔:《古希腊哲学史纲》,翁绍军译,济南:山东人民出版社,2007年,第47页。

② [德]E·策勒尔:《古希腊哲学史纲》,翁绍军译,济南:山东人民出版社,2007年,第157页。

③ [古希腊]亚里士多德:《形而上学》,苗力田译,北京:中国人民大学出版社,2003年,第88页。

④ [英]柯林伍德:《自然的观念》,吴国胜译,北京:华夏出版社,1999年,第88页。

⑤ [英]罗素:《西方哲学史》(上),马元德译,北京:商务印书馆,2005年,第154页。

自然是由若干对立特性(如冷与热)构成的体系时,他要求双方必须将冲突保持在一定的限度之内,只有这样才能体现自然的和谐与正义。和谐与均衡的原则在毕达哥拉斯派那里不仅主导着音乐、医学和物理学,同时也是人类政治生活中的主要原则。现代政治思想史家萨拜因曾经指出古希腊人在使用自然概念时的双重涵义:

> 人们在最初适用和谐或均衡这个根本理念的时候并没有对它是一项自然原则还是一项伦理原则进行区分,而且在最初理解它的时候也没有对它是一种自然特性还是人性之理性特性(a reasonable property of human nature)做出区分。然而,这项原则后来在道德和政治思想方面的运用产生了影响。①

虽然施特劳斯认为古典政治哲学的传统始于苏格拉底,明显的是,他对人类道德和政治现象的方法来源于其前辈。苏格拉底不满足于其前辈所做的工作,受智者学派的影响,其关注的重点从自然界转移到人的道德和政治领域,但继承了之前的古典的自然哲学传统,"探寻变化中的恒定和多样性中的统一性"②。苏格拉底和柏拉图都反对智者学派在道德上的怀疑主义,把自然与约定等同起来。他们认为人之美德在于拥有关于"善"的最高知识,即对人之自然本性的理解。个人之善的实现在于人与自然目的一致或和谐。在柏拉图的政治学说中,自然的城邦就是一切城邦的"理念",是现实城邦的原型和模仿对象。亚里士多德理解的自然更加宽泛,也不同于柏拉图,他从政治学、社会学和生物学的视角理解人和城邦的自然。城邦不仅是为了满足人类共同生活的自然需要,也是人性趋向完美和至善的唯一场所。希腊化时期的斯多葛派也继承了这一传统,虽然城邦政治已经瓦解,但他们从超越于城邦的世界这一广阔视域中论证了统一于人性之中的自然法的存在。

当然,古典哲人对于"自然"认识也存在着诸多争议,他们围绕着本原是"一"还是"多"、"形式"还是"质料"、"变"还是"不变"进行辩论,但总体上还是承认自然或必然性的存在。当开始论及属人的道德与政治观念时,他们都注意到了问题的复杂性,特别是遇到习俗的问题。苏格拉底就是在

---

① [美]乔治·萨拜因:《政治学说史》(上),邓正来译,上海:上海人民出版社,2008年,第56页。

② [美]乔治·萨拜因:《政治学说史》(上),邓正来译,上海:上海人民出版社,2008年,第58页。

自然与习俗的对立中来理解政治哲学的。特别是亚里士多德已经明确提出,“在我们这个世界中,所有的公正都是可变的,尽管其中有自然的公正”①。但是,无论古典政治哲学中的“自然”存在多少问题,对于人类的政治生活来讲,它总是试图提供一个反思的哲学和批评基础,从而开启了西方政治哲学的悠久传统。

(二)作为经验的现代自然观念

现代自然观念的确立过程,也是破除古典自然观念的过程。当代哲学家埃尔温·薛定谔在谈到古希腊的自然观念时曾经指出,这些特征是古希腊的特殊发明,因此不是必然的而是人为的,仅仅是历史的产物,因而能够加以改变或修正。我们出于根深蒂固的习惯,很容易把这些特征看成自然而然、不可剥夺、看到世界的唯一方式。② 古典哲人之所以执着于对本性的追问,常常是因为感觉经常欺骗人。从我们的感觉中提炼出第一性的东西,并视之为真实的、永恒的东西,这是一种尝试性的解决方案。现代的相对论已经证明,“空间和时间在时空中的形状和运动,都是心灵的一种假想的精致构造,绝不是不可动摇的”③。随着近代人的重新发现,尤其是自然科学的发展,人们逐渐接受了一种新的观念:“经验乃是达到自然、揭露自然秘密的一种而且是唯一的一种方法。”④对于人及其经验的重视,自然成为人类征服的对象,而不是古典的仿效标准, 霍布斯开辟的现代政治哲学传统正是始于这一重大的转变。

在古典哲学中,“自然”是指事物的本性,每一事物都有其“自然”。虽然古典哲学家也称其为内在于事物的,但它与中世纪的经院哲学一样,“托庇于一种不可移易的秩序,思想不能创造这种秩序,只能接受它”⑤。人们只能通过直观或沉思理解自然,因为自然并不向人们阐释现象自身。作为“本性”的自然是藐视物质的自然和人的经验的,“因为仅当灵魂与身体分离,独立于身体,获得知识才是可能的”,而“哲学家的事业完全在于使灵

① [古希腊]亚里士多德:《尼各马可伦理学》,廖申白译注,北京:商务印书馆,2003年,第149页。

② [奥]埃尔温·薛定谔:《自然与古希腊 科学与人文主要》,张卜天译,北京:商务印书馆,2020年,第23页。

③ [奥]埃尔温·薛定谔:《自然与古希腊 科学与人文主要》,张卜天译,北京:商务印书馆,2020年,第24页。

④ [美]杜威:《自然的体系》,傅统先译,南京:江苏教育出版社,2005年,第1页。

⑤ [德]E·卡西尔:《启蒙哲学》,顾伟铭等译,济南:山东人民出版社,2007年,第36页。

魂从身体中解脱和分离出来”。[①] 但是,古希腊的“自然”是非科学的,怀特海称之为戏剧性的,“他们认为宇宙的结构方式就像一出戏剧中的情节那样,完全是为了体现出一般观念都归结到一个目的”。[②] 到了近代,随着科学的进步,一场关于“自然”观念的变革来临了。文艺复兴时期的哲学家拒绝了这种超越的自然观念,也驱逐了自然观中的神学色彩。卡西尔认为,启蒙哲学家主张“不应在被创造物(natura naturans)的王国,而应在创造过程(natura naturans)的王国寻求自然的真正本质”[③]。这样做的后果是,把上帝与被造物的对立消除了,剩下的只是探究物体自身运动的形成原则。这是第一步,它虽然还具有神学色彩,但已经包含着对对象的个体性和特殊性的承认。启蒙哲学的第二步就是完成了物活论自然哲学到数学的自然科学的转变。古典的自然观念是模糊的,这与它对情感、直观和想象力的倚重有关。现在,必须采取一种科学的方法取代它,以获得精确的认识,“感情观察必须与精密测量相结合,新的自然理论必须从这两种因素中产生”[④]。这时的自然就不再是古典的人之规范的自然,而变成了自然科学了。

柯林伍德曾经指出,自然科学革命以来的自然观先后经历了近代的机械自然观和现代历史自然观两个阶段。近代科学革命的直接对手虽然是中世纪经院哲学的上帝创世说,但同时也摧毁了古典的自然观念。在近代哲学家看来,古典的自然观念和中世纪的上帝并无不妥,它们都诉诸一个超验的存在,依靠这些抽象的概念我们不能获取关于自然的确定知识。霍尔巴赫也认为,过去人们设想的超乎自然或与自然有分别的东西,一般都是无法验证的虚假事物。“我们永远不可能对这些虚幻的事物形成真实的观念,也不可能对它们所占有的地方和它们行动的方式形成真实的观念。”[⑤]唯有从人的经验出发,才能发现真实的自然法则。启蒙运动的哲学家已经在现实的基础上历史地理解自然了。由于物理学和天文学的发展,机械主义地理解自然已经成为当时的时尚,霍布斯的政治理论依赖的就是机械主义的解释。遗憾的是,机械论的宇宙论对自然规律的执着,依然没有摆脱形而上学思维方式的桎梏。稍后,自然科学的进一步发展质疑了永

---

① [古希腊]柏拉图:《柏拉图全集》(第一卷),王晓朝译,北京:人民出版社,2017 年,第 64—65 页。

② [英]A. N. 怀特海:《科学与近代世界》,何钦译,北京:商务印书馆,1997 年,第 8 页。

③ [德]E・卡西尔:《启蒙哲学》,顾伟铭等译,济南:山东人民出版社,2007 年,第 39 页。

④ [德]E・卡西尔:《启蒙哲学》,顾伟铭等译,济南:山东人民出版社,2007 年,第 40 页。

⑤ [法]霍尔巴赫:《自然的体系》,管士滨译,北京:商务印书馆,1964 年,第 10 页。

恒的自然规律论,自然也有其历史,这样,近代思想家虽然在不同的意义上使用自然概念,但自然依然具有永恒往复或普通性的特征。

近代机械主义宇宙论破除了古典自然的目的论和永恒论。古典的自然目的论认为宇宙具有自己的灵魂或心灵,灵魂是支配自然界规则和秩序的源泉,它规定了事物的善或目的。柯林伍德在《自然的观念》中指出,16世纪哥白尼的太阳中心说是出于研究行星轨迹的考虑,才把太阳作为宇宙的中心,这或许并非其真实的意思。事实上,我们可以把任何一点作为宇宙的中心,这表明哥白尼已经暗示"物质世界没有中心才是它的真正观点"①。太阳中心学说开启了关于宇宙认识的一场革命,从此,世界不再有任何不变的中心,也不存在分化的基础。他的论点无疑促进了有机体论的自然观向近代机械论自然观的转变。之后的培根在和中世纪神学的辩论中,揭示了传统目的论的问题所在。他指出,传统宇宙论的难题在于:"它假定世界是有目的的,所有无法得到解释的现象都被简单地归因于某种神圣行为"②。现在,自然的秘密可以用现代科学得到精确的解释,因为科学已赋予人类理性以征服和控制自然。文艺复兴后的天体物理学得到了迅速地发展:开普勒发现了行星运行的定律,伽利略证明了加速度在动力学上的重要地位和落体定律。后来的牛顿又借助于物理学和数学的最新成果解释世界。他认为是力推动了事物的运动和变化,这也是加速度的起因。依靠万有引力定律,就可以合理地解释任何卫星的运动、彗星轨道以及潮汐等自然现象。尽管牛顿表面上把上帝视为宇宙的终极创造者,但这时的上帝已经变成机械师、建筑师或数学家。宇宙更像一个充满了机械装置的钟表,一旦上帝创造出此物,就可以根据规律自己运转了。这时,传统的具有自身目的和神性的自然被一个新的自然观所取代,新的自然证明的是:"一个僵死的物质世界,范围上无限且到处充满了运动,但全然没有质的区别,并且普遍而纯粹的量的力所驱动。"③新的自然观虽然根除了自然目的论,但又以"规律"强化了自然永恒性的观点。

历史的观念又推动了近代自然观向现代的自然观的转向。柯林伍德再次指出,现代的宇宙论"产生于对历史研究的通晓,尤其得通晓那些置过程、变化和发展概念于图像中心,并且把它们作为历史思想的基本范畴的

① [英]柯林伍德:《自然的观念》,吴国胜译,北京:华夏出版社,1999年,第108页。

② [美]唐纳德·坦嫩鲍姆,戴维·舒尔茨:《观念的发明者:西方政治哲学导论》,叶颖译,北京:北京大学出版社,2008年,第199页。

③ [英]柯林伍德:《自然的观念》,吴国胜译,北京:华夏出版社,1999年,第123页。

历史研究”①。历史地看待自然,就是把“过程”和“时空”的观念嵌入其中,把自然看作是不断发展变化的过程,一切都处于一定的时空之中,这就否定了近代机械论的自然观。马克思主义认为现代自然科学的三大发现已经决定性地改变了人们的自然观念:一是能量转化定律。这种学说证明了自然变化不是某种神秘力的作用,而是能量的转化:一种能可以转化为多种形式,且能量的总和保持不变。二是有机细胞的发现。它论证了一切有机体都是细胞的复制和分化形成的。三是达尔文的进化论。该理论提出了事物的差异性和多样性,不同的物种会随着时间而变化,并且自然还会创造新的物种形式。总之,事物总是运动和发展的,“自然界中一切运动的统一,现在已经不再是一个哲学的论断,而是一个自然科学的事实了”。②

历史观念的兴起也动摇了近代自然法和自然规律的理论。近代自然科学的认识成果得益于认识材料的丰富和人类理智的发展。前者扩展了人类的视野,展现了事物的多样性和特殊性,这使科学家们具有较多的现实感或历史感;后者则一定程度上增强了人们对自身理性的信任,相信人类能根据经验事物获得自然的真理。卡西尔曾经强调了启蒙哲学体现出来的内在矛盾:

> 从思想史的角度看问题,这种新自然观有双重起源,是由两种表明对立的力量造成和决定的。它包含两种冲动,一种是朝向特殊、具体和事实的冲动,另一种是朝向绝对的普遍的冲动。③

假设存在着自然规律或自然法,试图从经验现象中发现自然的规律,尽管表面上摒弃了传统的超验实体与广延的二分法,但依然没有摆脱形而上学的思维范式。自然法或自然规律难以描述自然的丰富性和历史性,“这些概念必然限制直接观察;它们不能使我们充分理解直接观察的结果,反而导致了思想的枯竭”④。自然法或自然规律学说的难题在于:第一,启蒙哲学对人类经验的重视,忽略了经验之外的自然。人之经验的范围毕竟是有限的,事物之间的联系也是非常复杂的,“单凭观察所得的经验,是决

① [英]柯林伍德:《自然的观念》,吴国胜译,北京:华夏出版社,1999年,第11页。
② 《马克思恩格斯选集》第4卷,北京:人民出版社,1995年,第305页。
③ [德]E·卡西尔:《启蒙哲学》,顾伟铭等译,济南:山东人民出版社,2007年,第35页。
④ [德]E·卡西尔:《启蒙哲学》,顾伟铭等译,济南:山东人民出版社,2007年,第71页。

不能充分证明必然性的”①。因此,试图从有限的经验中推导出普遍的自然规律或自然法的做法是可疑的。第二,即便存在自然规律,它往往也是一个历史性命题。如水在多少度变成冰,离开了地球则未必遵循这一规律。后来的波普尔在批判自然规律说时指出:“还有什么能够比日夜交替更明显而又无人不知的规律性呢?然而,如果我们进入北极圈,它就被推翻。”②所谓的规律只是对已经发生的事情的一种总结,不能用它来预测未来。最后,自然规律说同样忽略了人类对自然的介入。马克思认为,自然科学是人类思维作用于自然界的成果,我们决不能忘记“人所引起的自然界的变化,而不仅仅是自然界本身”。③ 传统的自然哲学把自然视为给予人类的,只强调自然作用于人,忽视人对自然的积极影响。

19 世纪以来历史主义的兴起和自然科学的发展,使得自然法和自然规律观念面临着巨大的挑战,自然不再是永恒不变的,感官的可靠性再次受到了质疑。首先是自然科学的新发展挑战了近代关于自然规律的观念,特别是 20 世纪物理学中的量子理论和相对论的冲击,证明了近代自然科学家描绘的世界图景并非是真实的,很明显,“科学在试图描述和理解自然时,将这个非常困难的问题作了简化”④。认识论和心理学的研究成果也揭示了人对自然的认识过程是极其复杂的,人们无法就自然的认识达成一致。这样,自然就不再具有以往在人们认识过程中的基础地位,一切都是从历史出发看到问题,人们的判断就失去了稳固的根基。

(三)政治哲学传统中的自然、理性与价值

对于古典的“规范之自然”与现代的“经验之自然”分别论述,表明了两种对立的自然观念。这就是施特劳斯所讲的:古典哲学“同时是世界观与科学哲学”,但对于现代人的观念而言,“智慧之观念与严格科学之观念的分离已是既定事实,并且从此以后它们将永远分离。世界观之观念随着时代而不同的,而科学之观念则是超时间的”⑤。也就是说,古典的自然不仅是一种科学,更主要的是一种哲学或世界观,它指向了善的生活。现代

---

① 《马克思恩格斯选集》第 4 卷,北京:人民出版社出版,1995 年,第 330 页。

② [英]卡尔·波普尔:《历史决定论的贫困》,杜汝楫等译,上海:上海人民出版社,2009 年,第 79 页。

③ 《马克思恩格斯选集》第 4 卷,北京:人民出版社,1995 年,第 329 页。

④ [奥]埃尔温·薛定谔:《自然与古希腊　科学与人文主要》,张卜天译,北京:商务印书馆,2020 年,第 79 页。

⑤ [美]列奥·施特劳斯:《柏拉图式政治哲学研究》,张缨等译,北京:华夏出版社,2012 年,第 51 页。

的自然是严格的科学观念,对于人类如何生活它不再起指导作用。两种自然观念的另一种区别在于,古典的自然是“给与性”的,现代的自然“被自然科学意指为所与的,意指为自在存在(being in itself)”①。然而,现代人并未理解“所与性”的真正涵义,也不能对经验自身做出有效的批判与证明。

在古典哲学传统中,对自然的追问始于对宗教和神话的批判与超越,因此,哲学和科学可以认为是同时产生的,甚至把哲学等同于科学。古典哲人希望通过探寻自然而超越神话和经验的藩篱,为人类提供宇宙观和人生观的基础,因此,对自然的探究始终是与对人类存在的理解联系在一起的。人类如何认识自然,自然对于人类而言又意味着什么,这是整个古典哲学的主题。但是,从严格意义上讲,古典哲学又与科学不同,用尼采的话讲,就是古典哲学试图“先行跳过那些并不牢固的支撑,希望和想象加快了它的步伐。计算性理智则气喘吁吁,笨拙地跟在后面,寻求更好的支撑,以便自己也能达到那更为机灵的伙伴已经达到的诱人目标”②。也就是说,古典哲学虽有科学的成分,但它并非全科学的,也有惊奇的、微妙的和想象的成分。通过这种哲学开辟的古老传统,理解自然、人之理性和价值。

古典的政治哲学之所以是“自然的”,是因为它与前科学的常识理解联系在一起。自然首先超越习俗的生活并质疑古老事物的神圣性,并指向善的生活。在这里,对宇宙的认知与对善的理解是联系在一起的,事实与价值是不分离的。常识的理解就是从公民的视角来理解政治。人与政治皆有其本性,关于政治本性的经验是前科学的,“对理性的理解只能来自于前科学的掌握,也就是来自常识的秩序,在经验中理性存在的秩序;真的经验,真正的经验是事实与价值统一的经验”③。也就是说,在古典自然的意义中,规范的自然是第一位的,科学的自然是第二位或派生的;哲学是首要的,科学是第二位的。科学的研究要受制于哲学观念的指导。

施特劳斯一再强调:“霍布斯政治哲学蕴含的那个道德态度,是独立于近现代科学的基础的,至少在这个意义上,它是‘前科学’的。”④正如我国青年学者刘猛所言:尽管霍布斯对古典政治哲学的幻想性质持强烈的批判

---

① [美]列奥·施特劳斯:《柏拉图式政治哲学研究》,张缨等译,北京:华夏出版社,2012年,第50页

② [德]尼采:《希腊悲剧时代的哲学》,李超杰译,北京:商务印书馆,2018年,第18页。

③ [法]卡罗勒·维德马耶尔:《政治哲学终结了吗?——汉娜·阿伦特vs列奥·施特劳斯》,杨嘉彦译,上海:华夏出版社,2016年,第146页。

④ [美]列奥·施特劳斯:《霍布斯的政治哲学》,申彤译,南京:译林出版社,2001年,第5页。

态度,其政治哲学“却比柏拉图的许多继承人,对柏拉图的‘梦’更加‘当真’”。霍布斯同样追求统一的人性,这是其政治哲学的基础。为了避免古典政治哲学的虚幻性,他依赖于感觉和经验,几乎完全翻转了古典自然的道德和政治涵义。自然不再是善,而是人性中的恶、自我保存等,人的自然也不存在差异,而是平等自由的,正是这些较低的、现实的,也是更加稳固的东西构筑了他的政治哲学大厦。可见,霍布斯告诉我们现代人关于如何构建政治社会的“并不是苏格拉底的‘高贵的谎言’,而毋宁说是一种鄙贱的谎言。自然状态学说建立的自然平等与绝对自由的政治原则,将‘高贵的谎言’颠倒过来,作为现代政治的出发点,寄希望于黑铁质料的平等能更好地实现原本试图通过黄金德性的统治实现的东西,为现代自由民主的政治社会奠定更为稳固或确定的基础”①。

霍布斯与传统哲学的决裂是在其接受欧几里得之后,“是他转向数学和自然科学的结果”②。对于霍布斯而言,传统政治哲学的失败也在于“自然”的模糊性,不同的观点相互攻击。现在把数学方法应用于政治哲学的研究,也就是把政治提高到科学的最高程度。然而,施特劳斯进一步批判道:这些恰恰对于政治而言是致命的,因为霍布斯所理解的“精确的”科学的道德和政治哲学,“却与前科学的道德与政治,与日常的褒善贬恶,分庭抗礼,截然对立”③。古典的政治哲学完全不需要这样的处理方式,它们的善和正义源于常识或政治现象。政治哲学与自然哲学也完全不同,“美好的事物与正义的事物,作为政治哲学的主题,不允许像数学主题那样严密准确的处理方式”④。当霍布斯构造其人造国家时,他运用了源自自然科学的分析综合法,这时他的政治哲学也就不再是关于个人的实体知识,而是转变为制作和规范国家机器的技艺,“这意味着,将这个方法引入政治哲学,要求事先缩小政治问题的范围,就是,取消涉及国家的目的的那个根本问题”⑤。

---

① 刘猛:《自然社会:自然法与现代道德社会的形成》,北京:生活·读书·新知三联书店,2015年,第175页。

② [美]列奥·施特劳斯:《霍布斯的政治哲学》,申彤译,南京:译林出版社,2001年,第163页。

③ [美]列奥·施特劳斯:《霍布斯的政治哲学》,申彤译,南京:译林出版社,2001年,第166页。

④ [美]列奥·施特劳斯:《霍布斯的政治哲学》,申彤译,南京:译林出版社,2001年,第167页。

⑤ [美]列奥·施特劳斯:《霍布斯的政治哲学》,申彤译,南京:译林出版社,2001年,第183页。

霍布斯开创的近代政治哲学奠基于对自然的现代性理解,即从自然是人类经验的或征服的对象这一基本理念出发,论证了其利维坦的正当性。这时,科学是普遍的,且独立于各种世界观。以此为范本的社会科学也承认,“它是由当下和利益所引导,这是因为它目的的本性,也就是说,对当下的理解其不可能建立最终的整体性原则”①。另一方面,现代社会科学把目光仅仅局限于经验和事实之中,无法对价值问题做出有效的回应。施特劳斯认为,现代实证主义的社会科学显然在理性的判断方面已经无能为力,并消解了政治哲学中的国家目的和人的善之生活的问题。因为在古典哲人那里,“自然”中所包含的理性并非仅仅是科学理性,其中还包含着对人生处境和政治处境的理解。苏格拉底始终关注着生活和真理的关系,从生活的角度来看到真理。“科学或真理,又或者艺术,为生活做了什么?生活才是最终极的关怀。”②因此,自然才指向了美好的生活和善的政治。现代的自然观念已经成为人的对立面,且内化于“自我”之中,或者与价值无涉,并导致了历史主义和虚无主义。

面对这种困境,施特劳斯一方面坚持自然与理性、价值关联,另一方面又对传统的观念进行了修正,重新阐述了古典的政治哲学。在宇宙论问题上,他采取了让步的策略,因为现代科学已经证实了并不存在宇宙的中心,人类也不可能对整全进行真实的和最终的描述,整全的本性依然是神秘的,“苏格拉底绝没有一种特定的宇宙论”③。这意味着施特劳斯承认传统对作为整全的自然的认识是非真实的,但并不等于承认现代科学对自然认识的可靠性,只是对这一问题存而不论而已。但是,对人的自然本性和目的的绝对性他是坚决承认的,尽管人之本性仍然处于探索之中。为了规避现代理性对于政治的支配,重新找回政治中的理性主义,施特劳斯提出了古典政治哲学中的“自然”是现象学意义上,是超越于习俗之争的、隐而不彰的那种“自然”。它源于日常的政治经验,不像现代政治科学那样,理论与实践是分离的。然而,这种经验和现象学意义上的自然,不又是一种古老的政治幻想吗?

当代社群主义者麦金泰尔对于古典政治与道德哲学中的自然与理性

---

① [法]卡罗勒·维德马耶尔:《政治哲学终结了吗?——汉娜·阿伦特 vs 列奥·施特劳斯》,杨嘉彦译,上海:华夏出版社,2016 年,第 222 页。

② [美]列奥·斯特劳斯:《哲人的自然与智慧——尼采〈善恶的彼岸〉讲疏》,布里茨整理,曹聪译,北京:华夏出版社,2017 年,第 69 页。

③ [美]列奥·斯特劳斯:《什么是政治哲学》,张缨等译,北京:华夏出版社,2011 年,第 29 页。

的关系曾有这样的分析。古典政治哲学依赖于古老的目的论体系，这一体系在亚里士多德的学说中有着充分的表达。他的伦理学中存在着“偶然所是的人”与“实现其本质而可能所是的人”的对立，并要求人必须实现由第一种状态向第二种状态的转变。① 这种古典观点预设了人的本质就是追求善，人之善与宇宙的目的论相一致，并需要参照后者，人之目的存在着等级秩序，与宇宙秩序相对应。伦理学就是通过伦理训诫，实现由偶然所是之人向本质或完美之人的转变。在中世纪，各种宗教只是把这种理论置入有神论的框架之下，目的论和神定法混淆在一起，其本质并没有改变。在中世纪晚期，新教和詹森派天主教改变了“理性”的传统观念。在他们看来，“理性对于人的真正目的不可能提供任何真实的理解”②。因为理性有时对于人的激情也是无能无力的，它也把握不了人的本质。现代科学具有反亚里士多德传统的特征，它为理性设置了严格的、不可逾越的界限。理性只是计算性的，其功能主要在于确定有关事实和数学关系的真理，仅此而已。“所以在实践领域，它只能涉及手段。对于目的，它必须保持沉默。”③帕斯卡尔和休谟都对人的理性持一种保留的态度，甚至康德也反对理性具有的目的论和本质论特征。在他们看来，人的道德目的不可能从人的本性或自然之中推演出来。这种观念很快被应用于社会科学之中，并在韦伯那里得到集中的表达：理性只能辨清事实的真伪，对于价值问题是无能为力的。在尼采的哲学中，他已经否认了道德的可能性，并把各种道德视为不同意志的表达和体现。

在麦金泰尔看来，事实和价值的分离是错误的，也是经不起推敲的。比如，从“他是个厨师”这个事实性的前提我们可以得出“他应当能做一手好的饭菜”这样的价值要求。这至少表明一个表述是的前提能够在一定场合表达应该的结论至少不会有语法上的谬误。④ 因此，一个事实性的陈述不可能和价值判断完全隔离。每一个人在社会中都承担着某种角色，不同的角色承载着不同的价值判断，除非那种先于或独立于社会的人。古典政治哲学的错误在于它以普遍性的规范判断不同的人，于是便会出现关于何

① ［美］阿拉斯戴尔·麦金泰尔：《追寻美德：道德理论研究》，宋继杰译，南京：译林出版社，2011年，第67页。

② ［美］阿拉斯戴尔·麦金泰尔：《追寻美德：道德理论研究》，宋继杰译，南京：译林出版社，2011年，第68页。

③ ［美］阿拉斯戴尔·麦金泰尔：《追寻美德：道德理论研究》，宋继杰译，南京：译林出版社，2011年，第69页。

④ ［美］阿拉斯戴尔·麦金泰尔：《追寻美德：道德理论研究》，宋继杰译，南京：译林出版社，2011年，第72页。

谓自然的纷争,这种普遍的自然也容易陷入空洞或抽象的结局。社群主义对于当代政治哲学的贡献在于:它把历史性的观念应用于政治与道德哲学之中,恢复或强调了人之社会性这一现实的基础,批判了自由主义关于人性和自然的各种假设。除麦金泰尔之外,泰勒也批判了自由主义的"自我"观念。他认为古典的善之观念,都是以某种宇宙观为基础的,并把独立于人的权威作为道德标准,"十七世纪形成的现代自由概念,把这点描绘为主体的独立性,在没有外在权威干涉的情况下,决定他自己的目的"①。这种抽离于特定历史环境的"自我"注定无法实现自己的价值判断和对自身的理解。同样,泰勒也注意到历史传统的多样性,并主张对道德的历史性理解。通过返回历史,自然和理性的和解才有可能。

二、自然法传统与西方政治哲学

在施特劳斯的著作中,"自然正当"和"自然权利"虽然都用英文"natural right"一词表示,但二者的涵义却有天壤之别。它们分别代表了古今两种不同的自由主义或政治哲学观念。古典的自然正当观念是指"依据自然,什么是正确的或正义的"②。这里的自然不依赖于人的存在,且超越于各种习俗,因此,古典的自然是客观的。近代的自然权利观念则是历史主义的结果,与个人主义的兴起有关,"自然为人立法"的观念转变为"人的各种权利"(the rights of man),即"强调重点从人的责任转化为人的权利"③。正是后一种观念,使现代自由主义处于危机之中。这一危机在伯林那里得到了最终的表达:既要坚持自由主义的"消极自由"的绝对权威,又否认自由主义依靠任何绝对前提。这样,自由主义的基本信念便无法得到任何有力的辩护,从而走向相对主义了。因此,在施特劳斯看来,自由主义的危机不是政治危机,而是理论危机。"促使施特劳斯回归经典的,并不是自由民主制的来临,而是现代人对捍卫自由民主制的无能为力。"④历史主义的危机同时也是政治哲学的危机。它把一切都看作是历史性的存在,

① [加拿大]查尔斯·泰勒:《自我的根源:现代认同的形成》,韩震等译,南京:译林出版社,2001年,第123页。

② [美]列奥·斯特劳斯:《什么是政治哲学》,张缨等译,北京:华夏出版社,2011年,第183页。

③ [美]列奥·斯特劳斯:《什么是政治哲学》,张缨等译,北京:华夏出版社,2011年,第191页。

④ [美]斯密什:《阅读施特劳斯:政治学、哲学、犹太教》,高艳芳译,北京:华夏出版社,2012年,第171页。

从而使人们失去了判断何谓良善政治的基础。

施特劳斯认为古典哲人在对政治的看法上始终能够保持清醒的意识。古典自然正当论在自然观上坚持自然优先论,即自然确定人类在宇宙整全中的地位,并为人类的政治与道德行为提供客观规范。人类理性不足以完全认识自然,更不用说改造自然。这种自然观一方面坚持整全的不可知性,为人类的自由探索提供了一定的空间;另一方面,自然的优先性又为人类的价值判断提供了牢固的根基。因此,古典的政治哲学既不是绝对主义的,也非相对主义的,而是一种"古典自由主义"。更为重要的是,古典政治哲学始于对何谓好的或正当的政治秩序的追问,并以实现人的完善为道德目标,这与现代的中立性政治存在根本的差异。施特劳斯从古典自然正当论出发,批判现代自然权利学说把国家视为实现个人权利的工具,从而推卸了国家的道德责任。现代自然权利论者则指责以实现某种虚幻的道德为目标,忽略了"应然"与"实然"之间的差别。从价值哲学的角度看,古今政治哲学之争的核心依然是人类道德或政治判断的根基问题,即是否存在一个永恒不变的判断标准?如果存在,这一标准应该是什么?

(一)自然正当:政治理想主义的覆灭

如前所述,古典哲学把宇宙看作是一个生命的有机体。其中的万物都是有生命的和运动着的,并且这些运动是有目的的或受着理智的规约与引导。"所有事物都以善为目的。"①善不仅是宇宙万物运行的根源,更是其终极目标。所谓的善就是合乎自然的秩序,或与事物的本质相一致。作为宇宙之中的人也是一样,他也追求自己的目的和善好。在柏拉图看来,人类之首善就是灵魂之善,而不是身体之善或外在之善。"财富是为身体服务的,就好像身体本身就为灵魂服务一样。……因此它必定在身体之善与灵魂之善的后面占据第三的位置。"②要实现人类之善,就必须使人类灵魂结构与自然结构相一致,使灵魂成为一个和谐的整体,即让理智统帅激情和欲望。因此,实现这种至善的前提是必须掌握有关自然的知识。麦金太尔把这种古典的道德体系看作是由三个部分组成的,即"未受教化的人性概念、理性伦理学的训诫,以及实现其目的而可能所是的人性概念"。在这一结构中,"偶然所是的人与实现其本质而可能所是的人之间有一种根本

① [古希腊]亚里士多德:《尼各马可伦理学》,廖申白译注,北京:商务印书馆,2003年,第1—2页。

② [古希腊]柏拉图:《柏拉图全集》第3卷,北京:人民出版社,2003年,第246—247页。

的对比”①。伦理训诫就是使人从前一种状态完成向后一种状态的转变，从而实现人的本质。由于只有哲人才能具备认识自然的理性能力，至善之人只能是一些哲学家或聪明睿智之人。他们是伦理训诫的主体，承担着引导或教化众人追求至善的责任。总之，古典伦理学以宇宙或人的目的论为基础，把人类灵魂的完善与德性的完美视为最高的善。

古典的自然正当不仅确定了人类的至善，还要求政治生活服务于人的道德生活。古典哲人所理解的政治是对人的自然性的完善。在亚里士多德看来，城邦是人类经家庭、村落等阶段自然发展的结果，并且人类从其本性上讲就是政治动物。事实上，亚里士多德所理解的人的政治性，是与人的自然性联系在一起的。在城邦中，“人的政治生活并没有构成人的自然成全过程的一次‘断裂’，而是人作为生物活着的一种完备自足的方式”。② 这种基于人类自然性的城邦虽然经历自然成长的过程，但远远不是历史性的，因为这种政治安排是合乎自然的。同时，古典哲人也意识到：作为人类至善的标准当然是永恒或统一的，但人类的政治生活却千差万别。因此，“好公民不必统归于一种至善的品德，但善人却是统归于一种至善的品德的”。③ 在个人之善与社会之善之间，前者无疑具有优先性。但是，“好人只有在一种情况下等同于好公民——在最佳政制中。因为只有在最佳政制中，政制的好等同于好人的好，那个目标就是德性”④。因此，理想的政制就是以实现人的至善为道德目标，依据自然建立起来的城邦。在施特劳斯看来，古典哲人把政制不仅理解成一种政治制度，更是把它看成一种生活方式。一个社会中领导者的个人品德决定了这个社会的生活风格和道德品位。所以，这个社会应该由品德高尚的人居于主导地位。由于只有哲人具有理解自然的理性，理想的政体就是智慧与权力相结合的王制。柏拉图已经意识到最佳政制的实现依赖于某种机遇或巧合，退而求其次，现实的政体只能是尽可能地接近或模仿自然的贵族制。总体而言，古典哲人对于最佳政制的考量是以人性的完善为目的，个人之善优于社会之善，最佳政制高于祖国。在坦嫩鲍姆看来，古典哲人所追求的这种政治无疑具有理想主义的特征：

---

① ［美］麦金太尔：《追寻美德：伦理理论研究》，宋继杰译，南京：译林出版社，2003 年，第 67 页。

② 李猛：《在自然与历史之间：“自然状态”与现代政治理解的历史化》，《学术月刊》，2013 年第 1 期。

③ ［古希腊］亚里士多德：《政治学》，吴寿彭译，北京：商务印书馆，1965 年，第 124 页。

④ ［美］施特劳斯：《什么是政治哲学》，李世祥等译，北京：华夏出版社，2011 年，第 24 页。

> 从柏拉图到西塞罗的诸多古代政治哲学家所运用的方法可以描述为理想主义(idealism)。理想主义意味着崇高的理想或者我们称之为抽象原则的东西,例如真理、正义、美德和理性,被视为真实的实体(entities)。说这些东西是真实的,意思是它们比被认为具有较少价值的东西,例如财富、权力或者获得民众的支持更加重要,具有更大的优先性。对柏拉图和其他古代或古典作者来说,理性可以被用来发现某些真实的真理或观念,以此作为政治知识的基础。①

无论施特劳斯如何以怀疑主义的精神解读古典的自然正当,并试图摆脱古典目的论的影响,他的自然正当观念都是以人的目的论为基础的。这种目的论认为,人的灵魂的等级结构对应于自然的等级结构。按照此种结构生活的人就能实现自己的本质和价值,达到人类的至善。人类对此结构的知识就为价值判断提供了一个永恒的基础。因此,苏格拉底把知识等于美德。麦金太尔注意到了古典自然正当论所依赖的这一传统的历史性。他指出,“在这一传统之内,道德的或评价的陈述之能够被称为真的或假的,与任何其他事实性陈述之能够被称为真的或假的,别无二致。然而,一旦本质性的人的目的或功能的概念从道德中消失,把道德判断视为事实陈述的也便开始显得难以置信了”②。当近代哲学家发现可以用物理学和数学对宇宙进行合理的解释时,自然与道德也就失去了关联。正如坦嫩鲍姆所言,当牛顿将宇宙定义为某种机械物时,“这也意味着将关于世界的事实性描述和理解同道德主张分开”③。也就是说,当宇宙的或人的目的论破灭之时,自然的正当性就难以维系了。

凯尔森则从认识论的角度解释这一现象。他认为人天生具有一种不满足于自己所经验事物的冲动,即“深入到事物本质中的希望,推动他追问事物‘背后’是什么”④。所以,人类就大胆地假设存在一个事物的本源、不依人类感官而存在一个“自在之物”。即使后来的反映论也预设了经验世

① [美]唐纳德·坦嫩鲍姆,戴维·舒尔茨:《观念的发明者:西方政治哲学导论》,叶颖译,北京:北京大学出版社,2008年,第203页。

② [美]麦金太尔:《追寻美德:伦理理论研究》,宋继杰译,南京:译林出版社,2003年,第76页。

③ [美]唐纳德·坦嫩鲍姆,戴维·舒尔茨:《观念的发明者:西方政治哲学导论》,叶颖译,北京:北京大学出版社,2008年,第203页。

④ [美]凯尔森:《法与国家的一般理论》,沈宗灵译,北京:中国大百科全书出版社,1995年,第457页。

界与先验世界(真实世界)的二分。这种形而上学的二元论也反映在价值观上:

> 直接可以为人知道的经验价值,为了有价值起见,必须被表达为那个先验世界的产物。这里又有了一种明显的倾向:这对价值判断的直接对象加上一个在这个对象之后或之上的第二个对象的办法,来评价一个对象、论证其某种内容。①

凯尔森认为出现这种现象的原因在于人类固有的猜疑,即对自己理性和感觉缺乏信任。以致于人们不满足于自己所认识的世界,而去用主观构造一个先验的世界。这种形而上学思维方式的困境在于,自然有时表现为被给予的事物,有时表现为需要为之辩护的事物。"在每一种情况下,都不仅有着持续不断的威胁,即在一个总已接受的理想和一个并不符合该理想的现实之间的难以解决的矛盾,而且还有通过符合认识统一性的假设而克服这种二元论的内在倾向。"②

不可否认,古典政治哲学关注人的完善、把追求人类的道德视为政治的至上目标,具有一定的优越性和合理性。在他们看来,自然是人类的一种理想或完美状态。"善的生活就是与人的存在的自然秩序相一致的生活,是由秩序良好的灵魂所流溢出来的生活。……善的生活就是人性的完美化。"③这种完美人性的观念源于柏拉图的理念论。在柏拉图看来,处于不同历史"洞穴"之中的人都体现了作为类的人的某一方面,人们由此得出的关于人的观念都属于"意见"的范畴。因此,关于人的知识即人性只能通过一种非历史的途径沉思获取。但是,关于完美人性的知识并非等于人的本性。康德批判了这种把关于人的知识等同于人的本性的做法。在他看来,人不同于神或野兽。对于兽类而言,它们只能感受到眼前的世界,或者顶多对外界的物理刺激有所反应,但它们不能形成任何可能事物的观念。对于神而言,它们也根本不需要现实的与可能的观念,因为对于它们而言,一切事物都是现实的。唯有人类能够在理想与现实之间做出区分,

---

① [美]凯尔森:《法与国家的一般理论》,沈宗灵译,北京:中国大百科全书出版社,1995年,第459页。

② [美]凯尔森:《法与国家的一般理论》,沈宗灵译,北京:中国大百科全书出版社,1995年,第460页。

③ [美]列奥·施特劳斯:《自然权利与历史》,彭刚译,北京:生活·读书·新知三联书店,2016年,第128页。

也唯有人类利用自己的思维抽象出一个理想的状态来,为自己的努力指明方向。“只有在人那里,在人派生的理智那里”,可能性的问题才会发生。因此,“现实性与可能性的区别不是形而上学的区别而是认识论的区别。它不表示物自体的任何特性,而仅仅适用于我们关于事物的知识”①。卡西尔则进一步强调人类知识的本性就是符号化的知识。正是这种特性使人类意识到了自己理性的界限和可能,“在现实与可能、实际事物与理想事物之间做出鲜明的区别”②。而符号又是一定历史和文化的产物,因此,唯有立足于历史的或现实的基础之上才能理解人类的理想。马克思主义在批判费尔巴哈的机械唯物主义时也曾经指出,“感性世界绝不是某种开天辟地以来就直接存在的、始终如一的东西,……是历史的产物”③。因此,所有假定存在不变人性或道德理想的观点都是非历史的,也是与现实相脱节的。人类为了完善自身固然需要理想的照耀和引导,这也正是自古以来理想主义存在的合理性。但是,如果把人类的理想建立在抽象的、不变的基础之上,否认了理想的历史性,这种理想不但无法指导人类的活动,反而会阻碍人类的实践能力。

为了防止理想与现实之间的脱节,施特劳斯又试图调和自然与社会性之间的关系。一方面,他反对从享乐主义和功利主义的角度来理解人的自然性,主张应该从人的社会性来加以理解。在他看来,“人天生就是社会动物”,“人性本身就是社会性”,对于人而言,“爱、亲密、友谊,与对自己利益的关切、对何物有利于自己利益的盘算,都同样自然。正是人自然的社会性构成为自然正当——在狭义的或严格意义上的权利的基础”④。另一方面,施特劳斯又坚持人性之所以是自然的,是因为它与人的自然喜好相一致,与人的灵魂的自然秩序或等级结构相一致。问题是,人的灵魂的等级结构与人的社会性或人的优异性是如何连接起来的呢？它们之间为什么是对应的呢？不同的社会对于人类的优异性能够达成一致吗？施特劳斯对此并没有任何解释。

总之,尽管施特劳斯承认自然是一个探求的过程,但他把自然看作是人类灵魂固定秩序的表达和反映,还是赋予人类的本性以绝对性。这种假设明显是与人类价值的多元化事实相冲突的。历史已经证明:不同的社会或个人对于自然或人类德性并没有一个统一的看法。事实上,究竟什么是

---

① [德]恩斯特·卡西尔:《人论》,甘阳译,上海:译文出版社,1998年,第71页。

② [德]恩斯特·卡西尔:《人论》,甘阳译,上海:译文出版社,1998年,第72页。

③ 《马克思恩格斯选集》第1卷,北京:人民出版社,1995年,第76页。

④ Leo Strauss:*Natural right and History*, The University of Chicago Press,1953, P110—111.

秩序井然的灵魂,施特劳斯对此也含糊其辞。斯密什如此讽刺施特劳斯的回答:

> 施特劳斯对此问题的答案似乎是“我们看到了就知道了”。他说道,当我们面临人类的高贵迹象时,会产生“直接快乐”。后来,他提到“自我崇拜”或“自我满足”并非来源于外在的承认,而是来自于“良知”。那么,对哲学的捍卫建立在享乐的形式之上,当然它是一种唯独哲人可以领略其乐趣的更高层次的享乐。科耶夫…想知道托尔克马克和捷尔任斯基是否因“良心败坏”而难过。我们肯定想知道自我崇拜的吸引力最终是否能增强科耶夫对哲人自恋和“自主确定性”的保留意见。①

在实践上,施特劳斯所主张的知识与权力的结合则极有可能导致极权主义的后果。根据古典自然正当理论,只有哲人才能理解或部分理解整全,才能洞察人类灵魂的等级结构。要实现人类的完善或优异性,必须依靠哲人的指导,因此,致力于人性完善的城邦必然是哲人或智慧统治的城邦。在德鲁里看来,施特劳斯的这一理论主张的就是僭政。因为智慧不仅优越于无知,而且还优越于法律,通过法律或无知之人的同意来限制明智者的统治将是违背自然的。于是,“唯一的自然正当就是明智者的统治或无法而治的正当。……古典自然正当因此就等于明智者的僭政”。② 当代英国思想家齐格蒙特·鲍曼也曾对这一设想提出质疑:“在柏拉图时代只能是知识和权力幻想的联姻,已经转变成日常的并且实质上成了公理性的哲学假设,而且成了一个一般性的、每天运用到的政治学主张。如果说存在某人可能因它而被杀害的东西,那么真理就成了杀害他的最佳理由。”③

古典哲人致力于以政治的手段实现人类道德的完善既是不现实的,也是不可行的。在伯林看来,这种假定存在一个终极价值体系的一元论传统是与人类社会的历史性和多样性相矛盾的。人类社会是由拥有不同价值体系的人所组成,各种价值体系之间存在不可调和的冲突。即使在一个人身上,各种价值之间也存在着冲突。在现实生活中,人们往往需要根据一

---

① [美]斯密什:《阅读施特劳斯:政治学、哲学、犹太教》,高艳芳译,北京:华夏出版社,2012年,第231页。

② Shadia B. Drury:*The Politics of Leo Strauss*, St. Martin's Press,2005. P95.

③ [英]齐格蒙特·鲍曼:《流动的现代性》,欧阳景根译,北京:中国人民大学出版社,2018年,第89页。

定的历史情境判断哪种价值具有优先性。价值一元论的危害在于抹杀了人类的自由选择的意义和道德责任。哈耶克批判这种抹杀人类思想多样性的做法,会导致一种思想上的极权主义。波普也认为古典政治哲学是一种乌托邦主义、唯美主义和完善主义的表现形式,它为了实现某种道德理想,设计出脱离实际和历史的完美的普遍的政治模式。“乌托邦主义者试图实现一种理想国家,他使用作为一个整体的社会蓝图,这就要求一种少数人的强有力的集权统治,因而可能导致独裁。”①

(二)自然权利:政治现实主义的道德困境

近代机械论宇宙观的产生一方面摧毁了古典的目的论传统,另一方面也使人们把事实与道德区分开来。在现代哲学家看来,古典意义上的自然是个无法证明的先验的观念,也是一个充满道德迷信的形而上学的怪物。以此为基础的古典政治哲学致力于探讨人的某种虚幻的“应然”状态,而忽视了人类政治的“实然”状态。对他们而言,物质性的价值优于任何理想或救赎。“此岸世界”的目标优于“彼岸世界”的目标。在施特劳斯看来,正是霍布斯明确提出了现代的自然权利观念,实现了从古典政治哲学到现代政治哲学的转变。这一转变的标志就是“right”的古典“正当”观念变成了现代的“权利”观念。施特劳斯曾如此概括这一学说:

> 现代自然权利(modern natural right)学说是怎样的呢?它的出发点不再是人的目的,相反变成了人的起源,即人最基础和最为必须的要素:自我保存。当然,古典思想知道自我保持的必要性,但古典哲人们将其看作一个极为低下的需求。现代观点则将自我保持变成人的唯一目的。但自我保持有不同的层次。……在现代思想中,一端是单纯的自我保存,另一端是舒适的自我保存。这二者是现代思想确立人之权利(right)的含义的出发点。②

根据施特劳斯的见解,现代政治哲学的起源应该从马基雅维利开始,而不是霍布斯。马基雅维利反对古典的政治哲学传统,要把政治建立在人的理性基础之上,并且人类有能力控制和改造自然。霍布斯延续了马基雅

---

① [英]卡尔·波普:《开放社会及其敌人》,陆衡等译,北京:中国社会科学出版社,1999 年,第 295 页。

② [美]施特劳斯:《尼采如何克服历史主义》,维克利整理,马勇译,上海:华东师范大学出版社,2019 年,第 18 页。

维利这一构想,创立了现代的自然权利论。在霍布斯生活的年代里,最大的政治问题是国家的统一问题。威胁国家统一的主要因素一方面是关于宗教之间的争议,另一方面是王权与议会之间的斗争。在霍布斯看来,“这种政治失序的原因在于人们正义与非正义问题上没有达成一致”①。因此,现代政治哲学必须从现实中为人类的政治生活找到一种稳固的、低阶的道德基础。霍布斯反对亚里士多德“人是城邦动物”的观点,也不相信古典哲人的自然目的论。他说“我们天性上不是寻求朋友,而是在从中寻求荣誉或益处(commodum)”。② 对荣誉、利益、自我保持的自然需求是理解人的出发点,而不是德性。人是自然平等的,这种平等部分导致他们想彼此伤害、相互恐惧。自然的至恶就是死亡,一切政治的考量都始于这一点。“‘权利’这个词确切的含义是每个人都有按照正确的理性去运用他的自然能力的自由。因此,自然权利的基础就是:每个人都尽其可能地保护他的生命”。③ 这种对自然的看法颠覆了传统的理解,使政治建构的根基更加现实、牢固。正如施特劳斯所言:

> 由霍布斯创始的现代自然法并没有如传统的自然法那样始于人的自然目的的等级秩序,而是始于那些目的的最低处(自我保存),这可能被认为要比始于较高的目的更有成效:最终只不过是立足于自我保存权利(the right of self-preservation)的公民社会不会是个乌托邦。④

霍布斯认为人类自我保存的欲望和激情是自然的,但是,由于人类本身在身心方面是大体平等的,而生活资源又是有限的,为了能生存下去,人类之间必然互相摧毁或征服对方。因此,自然状态是一种人与人之间的战争状态,是一种前社会状态。在霍布斯这里,为了保全自身,自然法赋予人们某些不可剥夺的权利,即“禁止人们去做损毁自己生命或剥夺保全自己的手段的事情,并禁止人们不去做自己认为最有利于生命保全的事情”⑤。为了实现人的自我保存,人类必须摆脱野蛮的自然状态,进入和平的文明社会。国家依人类相互认可的契约而成立,判断国家是否正义的标准就是

---

① Norberto Bobbio:*Thomas Hobbes and The Natural Law Tradition*, The University of Chicago Press,1993, P29.

② [英]霍布斯:《论公民》,应星等译,贵阳:贵州人民出版社,2003 年,第 004 页。

③ [英]霍布斯:《论公民》,应星等译,贵阳:贵州人民出版社,2003 年,第 007 页。

④ [美]施特劳斯:《柏拉图式政治哲学研究》,张缨等译,北京:华夏出版社,2012 年,第 192 页

⑤ [英]霍布斯:《利维坦》,黎思复等译,北京:商务印书馆,1985 年,第 97 页。

能否保护人的自然权利。霍布斯是现代自然权利论的始作俑者，后经洛克、康德等思想家的进一步修正和阐发，自然权利成为现代自由主义的道德基础。具体说来，自然权利论具有以下特征：第一，自然权利具有绝对性。这种权利是天赋的、与生俱来的、不可剥夺的，国家不能基于任何原因而侵犯个人的这些权利。同时，自然权利也优于人类的其他权利。第二，自然权利是平等的或普遍的。它是“人之为人”的权利，对人类自然权利的保护就等同于对人类尊严的保护。每个人都平等地享有它，都受到国家的平等对待。近代思想家一般把自然权利抽象为生命权、自由权、财产权等。第三，自然权利又是社会存在的道德基础。自然权利论者意识到人类单靠自身无法生存下去，必须依照理性组成社会。社会存在的正当性基础就在于保护人的自然权利、尊重人的自由选择。

根据人类契约所建立的自由主义国家根本不同于古典哲人所理解的国家。古典国家是对人的自然性的完善，是自然的产物。在现代哲学家看来，人们对于道德的良善并不存在一致的观念，而最低限度的自我保存则是人人所认可的。但在自然状态中人类却无法达到这一目的。因为自然状态是个自相矛盾的状态，一方面人的本性是自我保全，即人人都是贪婪的，而资源又是有限的；另一方面，自然状态又是一种战争，这与人的自然本性是对立的。为了实现人的自然本性，人类通过契约建立国家。“这个国家不再是自然的产物，而是人类意志的产物；国家是个人造物。”①国家的目的是维护和平，而不是道德的完善。事实上，自由主义国家就变成了一个所谓的中立性的政治框架。正如凯克斯所言：

> 关于存在着为按照任何良善生活的观念生活所要求的某些基本的、政治上可以实现的最低限度的条件，而自由主义国家的责任就是不管这种最低限度的条件是什么都要去保证实现它们。②

这样，国家就只能建立在人的权利基础之上。权利与义务不同，就在于“权利就是自由，也就是民约法留给我们的自由。民约法则是一种义务，它取消了自然法赋予我们的自由。……权利与法律的不同正和义务与自由的区别一样”。③ 这样，自然权利就打开了人类欲望的大门，德性不再成

---

① Norberto Bobbio：*Thomas Hobbes and The Natural Law Tradition*, The University of Chicago Press，1993，P47.

② ［美］凯克斯：《反对自由主义》，应奇译，南京：江苏人民出版社，2002年，第14—15页。

③ ［英］霍布斯：《利维坦》，黎思复等译，北京：商务印书馆，1985年，第225页。

为人类关注的目标。从此，自由主义国家把辨别何谓良善生活的问题交给了个人，把保护个人的自由选择视为自己的根本目标。道德问题也就成了个人主观选择的问题。

从古典美德政治观到现代中立政治观的转变，源于古今知识观念的差异。在古典哲人看来，知识与善的问题是连接在一起的。考察政治的起点和终点都是何谓良善的政体的问题，政治学就是政治哲学。而现代科学主义的兴起却摧毁了这一传统观念。科学主义的知识论把价值问题排除在外，使政治哲学的合法性陷入了危机。科学主义要求从经验事实出发探求真理，这一过程不能诉诸任何价值判断，更不用说某种先验的观念。也正是科学主义祛除了传统国家的道德责任，把国家看作一个事实问题。政治系统论、行为主义就是这一运动的产物。施密特在评价霍布斯的国家学说时点破了这一玄机。“在科技进步的推动下，这一进程带来了普遍的中立化，尤其是把国家转变成一种技术性、中立化的工具。”①施特劳斯也认为紧随科学主义而来的政治科学与政治哲学是“水火不容”的。但是，科学主义对于社会科学或人文科学的研究存在致命的缺陷。正如施特劳斯所言：“科学的方法倾向于使人们忽略首要的或根本的问题，继而不假思索地接受各种公认的意见。”②也正是这一问题，使自由主义内部充满了无休止的道德冲突。

事实上，霍布斯及其后继者并没有否认自然法的存在，只不过，现代自然法已经不同于古典的自然法。古典自然法是一项目的论原则，现代自然法是机械论的；古典自然法致力于人的完善，现代自然法为人类提供正当的规则。在霍布斯那里，自然法是以人的自然权利为基础，并与之相一致的。但是，霍布斯的自然法仍然是形而上学思维方式的结果，具有普遍主义的特征。首先，他所说的人性并非是“经验”上的，而是抽象的人。虽然“他常常引用事实来例证它们，但是这种引用只是一种例证，而不是归纳”。在这种主体中发现的普遍法则，加强了人们对传统自然法思维的确信。其次，霍布斯的国家是理性的产物，而不是历史的。“霍布斯的推理不是指人类能获得事物的本质的能力。理性是一种计算的能力，也就是说，

① Carl. Schmitt: *The Leviathan in The State Theory of Thomas Hobbes: meaning and failure of a political symbol*, translated by George Schwab and Erna Hilfstein, Westport, Connecticut, London: Greenwood Press, 1996, P45.

② [美]施特劳斯：《什么是政治哲学》，李世祥等译，北京：华夏出版社，2011年，第16页。

在给定的前提下,人类能得出确定的结论。"①人类能依靠推理分辨出达到理想目的的最好手段。在洛克看来,霍布斯以自我保存为基础的自然权利论会带来一些危险的后果,必须对自然法与自然权利进行区分。"如果自我利益是自然法的基础,那么全部正义(因为没有每个人的无可争议的所有权就没有正义)、友谊、慷慨将被废除。"②但是,当洛克把自然权利抽象为自由、生命和财产权,并由此推导出理想的自由民主政体时,自由主义的这种普遍主义本质更加保留无疑。正如施特劳斯所言,洛克对自然法的论证即便不是"令人费解"的,也是"杂乱无章"的。这种自然法只是反映了近代商品经济的要求、"是资本主义理论的原初形式"③。总之,现代自然权利论者仍然把自然法看作是一切政治制度的道德性基础,但这种自然法远非价值中立的,而是赋予自由、平等以绝对性。因此,这种以自然权利为基础的自然法远非价值中立的。

自由主义从产生之初就隐含着某种对立:一方面它要破除传统政治哲学中的超验的"自然"或"上帝"的绝对权威,赋予人类以自由选择的权利;另一方面,它又相信人类根据自己的理性能够发现理想的政治制度,即赋予人类理性以至上的权威。这既是自由主义的悖论,也是现代理性主义的悖论。由于早期自由主义者大都深受笛卡尔理性主义的影响,17、18世纪的自由主义强化而不是弱化了自然法传统。霍布斯、洛克等都是现代自然法的系统阐发者。18世纪末期以后,由于历史主义的兴起,自由主义内部至善论与中立论之间的矛盾开始显现出来。前者以拉兹、马赛多和盖尔斯顿为代表,后者以罗尔斯、内格尔和拉莫尔等人为代表。当然,这种冲突在自由主义范围之内是无法得到根本消解的,除非自由主义者能够摆脱传统一元论的思维方式。伯林的多元论自由主义就证明了这一点。

霍布斯及其后继者的现代政治哲学摒弃了古典政治哲学对人性完善的理想主义追求,使政治哲学不再定位于人的德性或一个社会可能选择的最高目标,而是定位于一个社会的实际追求的目标,从而否定政治理想的可能性,或者抹杀了理想与现实之间的距离。正如卡西尔所言:"如果没有理想,如果不扩大甚至超越现实世界的界限,他们的思想就不能前进哪怕一步。"④同样如果没有了理想,人类就无法质疑自己的社会,而只能把它

① Norberto Bobbio: *Thomas Hobbes and The Natural Law Tradition*, The University of Chicago Press, 1993, P44.

② [英]洛克:《自然法论文集》,刘时工译,北京:上海:上海三联书店,2012年,第113页。

③ [美]施特劳斯:《什么是政治哲学》,李世祥等译,北京:华夏出版社,2011年,第193页。

④ [德]恩斯特·卡西尔:《人论》,甘阳译,上海:上海译文出版社,1998年,第76页。

看成是唯一可以接受的社会。未经反思的政治不是人类应有的政治,未经省察的国家也不是人类向往的国家。

(三)自然法传统的衰落

施特劳斯对自然正当与自然法进行了区分,并把二者视为对立的政治哲学。对于大多数学者而言,古典自然正当与现代自然权利同属自然法的传统,这一传统贯穿于西方政治法律文化发展的始终,并构成了人为法之外的一种永恒的、普遍的法。历史主义的出现正是源于对僵硬的自然法传统的批判,并在一定程度上对自然法造成了强烈的冲击。从此以后,任何对自然法的辩护都必须对历史主义作出回应。

现代自然权利学说摧毁了古典的自然正当论,并使之成为现代国家的合法性基础。然而,自然权利论的这一现代根基并不牢固,随时都有坍塌的可能。自然权利论相信"自然是坏的,理性不可能是坏的"。自然提供给我们的标准是一种消极的标准,即什么应该被克服。霍布斯的后继者卢梭在极端化这一学说的同时,否定了自然与理性的关联。"如果自然人是前社会的,那么自然人也是前理性的。"因为处于前社会状态的人既无作恶之心,亦无为善之德。卢梭已经暗含这样一种观点:"自然根本不可能为我们提供任何标准"①。康德在论述自然法时,已经把自然法与自由律法对立起来,这时的自然已经被理性所代替了。卢梭对人类社会起源的追溯,事实上已经开始用历史的观念取代自然了。

历史主义在法学上主要体现在历史法学派和实证法学派,它们都反对抽象的理性,主张从人类经验出发理解法律。学界一般把维科或雨果视为历史法学派的创立者。事实上,西方近代对自然法传统的批判我们可以追溯到功利主义者边沁。边沁认为,人类历史上根本不存在自然法,"趋乐避苦"的功利原则是支配人类活动的唯一动力,所谓"'自然权利'纯属一派胡言;'天赋而不可剥夺的权利'是修辞上的扯淡—高跷上的胡言乱语"。根据边沁的功利原则,政府应该追求的是"最大多数人的最大福利",因此,法律只不过是建立在主权者判断之上的意志的表达。边沁之所以反对抽象的自然法或自然权利,也正在于他不仅看到人们就何谓自然权利无法达成一致意见,同时也看到了自然法对现存秩序的威胁。

历史哲学之父维科深受历史学家塔西陀和经验主义者培根的影响,从

---

① [美]施特劳斯:《尼采如何克服历史主义》,维克利整理,马勇译,上海:华东师范大学出版社,2019年,第23页。

各个民族的起源考察了部落自然法的形成过程。维科认为，古典自然法学家的错误在于“不能把各民族的自然法（这就是各民族的习惯）和哲学家们的自然法（这是哲学家凭推理得出的）分辨清楚”①。真正的自然法只能从各个民族的历史传统中推导出来，根本不存在统一的、永恒不变的自然法。维科的方法既是历史主义的，同时也是实证主义的。这种方法虽然有些武断，但在原则层面确实是伟大的，对传统形而上学的思维方式造成了极大的冲击，因此，马克思称赞维科是“最具历史感”的作家。由于时代的局限，维科的历史主义具有某些循环论的特征，在一定程度上他也承认了“天意”的存在。但不论怎样，维科的工作是开创性的，他首次在真正意义上用历史主义的方法对自然法的形成进行了细致的考察，并为以后历史法学派和实证法学派的建立奠定了基础。

边沁和维科都是西方近代的政治思想家或哲学家，并不是严格意义上的法学家，因此，他们虽然对普遍性的自然法传统进行了深刻的批判，但没有对法律的性质作出细致的研究。近代历史法学派的代表人物是雨果和萨维尼，他们认为人类理性并不鼓舞各种实证的制度，法的来源只能是人类的习惯。习惯和习惯法根本上体现着民族精神，所以它具有完全的生命力，也最能达到法的明确性和固定性，最终使其获得了超越于立法的地位。② 虽然历史法学派从各个民族的习惯中找寻法的源泉，已经彻底抛弃了普遍的自然法思想，但总体来讲，他们还没有把法律与道德剥离开来，而彻底完成这一工作的是实证主义法学家凯尔森。

20 世纪美籍奥地利法学家凯尔森在法学领域把历史主义发展到极致，创立了规范法学派，即实证主义法学派。凯尔森认为传统自然法理论的“正义优先于法”的观点是错误的，因为正义是“根本不可能科学地加以回答的”③。在他看来，自然法理论隐含着实在法与自然法之间的二元论，即“在人所创造的不完美的实在法之上，存在着神圣权威确立的完善和体现绝对正义的自然法”④。实在法是以自然法为模本或评价标准的，而自然法又与人的理性相一致。这种二元论假定存在一个经验的现实世界和一个先验的理念世界，经验世界是理念世界的不完美的摹本。理念世界对

① 维科：《新科学》，朱光潜译，北京：商务印书馆，1989 年，第 695 页。

② 何勤华：《西方法学史》，北京：中国政法大学出版社，1996 年，第 205 页。

③ 凯尔森：《法与国家的一般理论》，沈宗灵译，北京：中国大百科全书出版社，1996 年，第 6 页。

④ Hans Keslen:"The Natural - Law Doctrine Before the Tribunal of Science", *The Western Political Quarterly*, Vol. 2, no. 4, December 1949, p485.

于人类而言总是一个无法经验的、神秘的国度，人类始终无法消解经验世界与理念世界之间的矛盾和冲突。为了克服这一困境，人类必须跳出这种二元论的思维方式，把法学研究限定在实在法的范围之内，只有这样才能使法律成为一门科学。凯尔森又进一步指出，“法律的道德批判或辩护是一种个人评判和政治评判的事。它不是客观科学的事，与法律科学无关”①，正义与否的道德评价在法律科学的范围之外。这样，凯尔森最终彻底抛弃了自然法走向了实证主义。

在施特劳斯看来，历史主义和实证主义是“拒绝自然法的两种不同理由”，并且这两大思想流派在西方占据了“支配地位”。② 实证主义认为只有科学才是真正的知识，而道德问题是无法用科学加以研究的；任何对自然法进行辩护的学说都是价值判断。历史主义则认为科学只不过是人类理解世界的一种偶然的、历史的方式，所有这些形式都要根据一定的价值观念。③ 因此，历史主义把一切自然法都看成是历史的，而实证主义则把法律与道德割裂开来。自历史主义兴起以后，任何试图从普遍主义的思维方式为自然法进行辩护都已不再可能。

自然法理论为西方社会的政治和法律提供了一种终极性的规范，是人们评价政治和法律正当性的道德基础。它的存在不仅在一定程度上有利于保护公民的各种正当权利，也对统治者形成了一种道德约束。自然法的衰落，使一个社会的政治制度和实在法失去了上述的道德基础，导致了历史主义的危机。二战以后，饱受战争之苦的人们再次开始了对人类规范价值的反思。在审判战争罪犯时，人们又再次拿起自然法为武器对他们进行审判。自然法又迎来了一次新的复兴。新自然法的代表人物为美国的富勒、英国的约翰·菲尼斯，以及法国的雅克·马里旦等，但他们已经不同于传统的自然法论者。经过历史主义冲击的自然法与传统相比，已经少了更多的僵硬性。他们强调了自然法在实践中的灵活性和道德基础作用，甚至提出了“可变的自然法”。自然法的复兴表明，在人类政治生活中，始终保持理想与现实之间的张力不仅是必要的，也是可行的。但是，理想只能是建立在现实性和历史性基础之上的理想，也只有这样的理想才能照耀人类文明的前行道路，否则的话，就只能是一座海市蜃楼或虚幻的乌托邦。

---

① Joseph Raz: *The Authority of Law*, Oxford: Clarendon Press, 1979, p131.

② ［美］列奥·施特劳斯：《论自然法》，见《柏拉图式政治哲学研究》，张缨译，北京：华夏出版社，2011 年，第 182 页。

③ ［美］列奥·施特劳斯：《论自然法》，见《柏拉图式政治哲学研究》，张缨译，北京：华夏出版社，2011 年，第 182 页。

三、施特劳斯自然正当论的困境

面对历史主义和后现代哲学的冲击,施特劳斯一方面意识到西方传统的体系哲学或普遍主义哲学已经无法维持自身的正当性,也无力回应这些挑战;另一方面,他也为历史主义所引发的相对主义和虚无主义危机而深深忧虑。如何在绝对主义与相对主义之间找出一条中间道路,为人类的政治和道德的价值判断找到一个稳固的基点,这正是施特劳斯的目的所在。通过对古典政治哲学的重新解读与阐释,施特劳斯挖掘出了古代哲学的开放性和怀疑论的一面,也从中发现了古典哲人处理政治问题的高超智慧,这就是基于苏格拉底—柏拉图传统的自然正当论。

首先,施特劳斯的自然正当论依然没有摆脱传统形而上学思维方式的影响。施特劳斯一再强调,“自然正确(natural right)是一个开放的问题”①,哲学也并不拥有真理,而是探索真理。他也试图通过对苏格拉底—柏拉图传统的重新解读来避免普遍主义或绝对主义的后果,但这种努力显然是失败的。不管是苏格拉底还是柏拉图,后人对他们的理解从未达成一致。理论家们也往往从自己的立场出发,采取实用主义的态度,各取所需。就苏格拉底而言,因其“无知之知”之说和对辩证法的强调,一部分作家称其哲学为“否定”式哲学或怀疑论者;也有学者因其对其理性主义重视,称之为绝对主义者,如尼采就认为苏格拉底幻想“使理性成为暴君”,“并制造一个永久的白昼——理性的白昼——用以对抗黑暗的欲望”。②至于柏拉图的学说则更加复杂,因此,到底是否存在苏格拉底——柏拉图这个古典政治哲学传统是大有疑问的。同样,施特劳斯对古典哲学的理解和再评价与海德格尔也大相径庭。施特劳斯把苏格拉底、柏拉图和亚里士多德整合进一个古典政治哲学的连续体内,阐发了一种基于自然正当的古典政治哲学传统。海德格尔推崇的却是前苏格拉底的对存在的悲剧性理解。他认为,苏格拉底“遵循的是一条对存在问题本身的答案向回追溯的辩证法道路,试图回溯到神秘且常常相矛盾的思想的开端。相反,柏拉图放弃了存在问题,或确切地说,通过给予一个决定性的答案而封闭了这个问

---

①　[美]列奥·施特劳斯:《尼采如何克服历史主义》,维克利整理,马勇译,上海:华东师范大学出版社,2019年,第17页。

②　[德]尼采:《偶像的黄昏》,李超杰译,北京:商务印书馆,2018年,第17页。

题”①。可见,虽然施特劳斯拒绝了海德格尔的解释,却没有提出充分的理由。

我们注意到,在施特劳斯生活于其中的那个时代,西方政治哲学正经由肯定性的普遍主义向否定性的“后现代主义”的转变,也正是历史主义的鼎盛时期。在这一背景下,施特劳斯试图把苏格拉底与柏拉图整合成一种介于绝对与相对之间的开放式的政治哲学。在论证这一古典政治哲学传统时,施特劳斯明显接受的是一个开放式的苏格拉底,并对绝对论的柏拉图进行了苏格拉底式的改造。然而这一改造并非易事,波普尔在谈到苏格拉底与柏拉图之间关系时已经指出:“难有比苏格拉底和柏拉图关于哲学的理念更大的差异。这是两个世界的差异:一个是谦逊理性的人的世界;另一个是极权主义的半神半人的世界。”②虽然施特劳斯力图把“自然”或哲学看作是一个开放的、探寻的过程,而非传统上所理解的封闭的、绝对的系统,但对这一问题的追寻必须依据人的不变的灵魂需求结构。人的灵魂结构“有一种自然等级,它将其基本取向赋予政治生活及后来的政治哲学”③。这种自然的结构或等级究竟是什么,施特劳斯虽然从来没有说出,也不可能说出来,因为人类对此从来没有达成一致,但这种绝对存在似乎是毫无疑问的。在批判历史主义时,他也明确指出,“只有依据某一普遍的原则,……特殊的或历史的标准才有权威性”④。因此,施特劳斯的政治哲学依然没有摆脱普遍主义思维方式的影响,依然形而上学地预设了一个不变的自然。正如我国学者吴冠军所言:施特劳斯的“‘根据自然’这一表述的实质内涵,便是把某一种自我标志为‘自然’的意识形态,上升为永恒而普遍的‘根据’(标准)”。其怀疑论哲学也隐藏着某种肯定性的意图,也就是说,“在最根本的理论基点上,施特劳斯确实抱有柏拉图式的形而上学的雄心:那个根据自然的最好秩序,在现实世界是有可能抵达的”⑤。在强调“自然”的灵活性与开放性时,施特劳斯的论证方法是苏格拉底的辩证法,

① [美]列奥·施特劳斯,约瑟夫·克罗波西:《政治哲学史》,李天然译,石家庄:河北人民出版社,1993年,第1034—1035页。

② [英]卡尔·波普尔:《开放社会及其敌人》第一卷,陆衡等译,北京:中国社会科学出版社,1999年,第254页。

③ [美]列奥·斯特劳斯:《什么是政治哲学》,李世祥等译,北京:华夏出版社,2011年,第67页。

④ [美]列奥·施特劳斯:《自然权利与历史》,彭刚译,北京:生活·读书·新知三联书店,2016年,第18—19页。

⑤ 吴冠军:《施特劳斯与政治哲学的两个路向》,《华东师范大学学报》(哲学社会科学版),2014年第5期。

当代学者坦嫩鲍姆对苏格拉底辩证法的批判也同样可以适用于施特劳斯的自然观念：

> 精明的苏格拉底把观点叙述作为一种陷阱，以便反复证明智者主张中的虚假逻辑。苏格拉底对手的观点没有得到充分考虑，而且，随着对话的深入，对手的观点越来越被忽视，最后留给我们的只是争论中的一方。这篇对话表面上具有开放性，把苏格拉底描绘成一个提问者和真理探求者，声称没有人（包括苏格拉底自己）真正知道真理是什么；在这种表面上的开放背后，则是一项关于宇宙本性的假定，这一假定直接指向各种绝对主义结论。①

施特劳斯曾经批判伯林的“消极自由”导致了相对主义，伯林对此并没有做出直接的回应。施特劳斯去世之后，伯林在接受贾汉贝格鲁的一次访谈中，简单谈了自己对施特劳斯政治哲学的看法。他自称很“尊重”施特劳斯，也称赞“列奥·施特劳斯是一个细心、真诚、深心眷注的思想家”，但也直言不讳地指出了其思想中存在的问题：

> 我觉得他和他的门生都相信，善与恶、对与错都直接得自某种先天的启示，某种“形而上学之言”，也就是靠使用柏拉图的那种我无法分享的理性官能。柏拉图、亚里士多德、《圣经》、犹太教法典、迈蒙尼德，也许还要阿奎那和中世纪的其他经验哲学家，都通晓什么样的人生才是最美好的，他们的门生现在也执着于此，而我却没有这种幸运。……也许有一个永恒真理和永恒价值的世界，有一种只有真正的思想家才能具有的魔眼，而这只属于恐怕我永远无法进入的极少数精英的领地。②

在这里，伯林已经明确指出了施特劳斯政治哲学的一元论实质，并表明了自己与施特劳斯在根本原则上的不同。

其次，施特劳斯对现代科学的批判，在某种程度上也不利于对自然正当的辩护。施特劳斯认为，以现代科学为基础的启蒙哲学依然追求一种完

---

① ［美］唐纳德·坦嫩鲍姆，戴维·舒尔茨：《观念的发明者：西方政治哲学导论》，叶颖译，北京：北京大学出版社，2008年，第47页。

② ［伊朗］拉明·贾汉贝格鲁：《伯林谈话录》，杨祯钦译，南京：译林出版社，2002年，第29—30页。

整的体系,并试图取代传统的宗教启示。由于现代科学并不能提供对于整全的说明,也不能证明自身前提的合法性,现代哲学并不能驳倒启示。后来,韦伯认识到了现代科学的局限性,把事实与价值问题置于两个不同的领域,承认人类理性无力解决价值问题,进而导致了历史主义的产生。肯宁顿认为,施特劳斯对现代科学的批判并不利于其主张的古典哲学,因为这意味着"选择哲学,这并不能满足哲学本身的要求,即要求选择是理性的选择"。"对于施特劳斯而言,对韦伯式科学的合理性的最后一击,似乎是个得不偿失的胜利。如果说,作为一个理性的选择,哲学是不可能的,那么,自然正当也就前景暗淡。"①也就是说,倘若哲学与启示一样依赖于某种不证自明的假设,它与启示又有何区别呢?所以,"当哲人面对有人宣讲上帝无法探究时,自己显然不能以为可以依靠自己拥有的知识、洞识或胸怀来类推这种与自然神学中的神不同的上帝,或将这种上帝想象为人自己(形象)的完美化"②。

再次,历史主义与古典政治哲学之争也是真理与方法之争。在当代,伽达默尔的阐释学也是一种历史主义的解释。在施特劳斯与伽达默尔之间也存在"前历史主义"和"后历史主义"之争。施特劳斯指责伽达默尔阐释学代表作《真理与方法》是"海德格尔分子写出的最重要著作"③。施特劳斯认为对于他提出的"视域融合"并不适用于古典哲人,只能导致一种相对主义的结论。伽达默尔却反对任何一种标榜"真理性"的霸权主义话语,主张解释是开放的和历史的。我国青年学者吴冠军指出,施特劳斯对自己解释的真理性强调是危险的。比如施氏所强调的"隐微写作"就面临这一困境,即"他自己的《迫害与写作艺术》本身是否是'隐微写作'?"④如果属于这种写作方式,那么它传达的真实意图又是什么,这种真实意图又隐藏在哪里?如果不是的话,它恰恰又证明了显白的方式更适宜传达真理。无论怎样,施特劳斯的解释都面临着这种写作方式的挑战。但是,他总是赋予自己的解释"真理化",解释的权威总在他自己那里。

最后,自然正当也无力回应历史主义的挑战。在历史主义者和社群主义者看来,用某种抽象的人性、道德或理性指导人类的政治生活没有任何

---

① Richard Kennington:"Strauss's Natural Right and History", *The Review of Metaphysics*, Vol. 35, No. 1 (Sep., 1981), p69.

② [德]迈尔:《古今之争中的核心问题:施密特的学说与施特劳斯的论题》,林国基等译,北京:华夏出版社,2011年,第216页。

③ [美]施特劳斯等:《回归古典政治哲学——施特劳斯通信集》,朱雁冰、何鸿藻译,北京:华夏出版社,2006年,第419页。

④ 吴冠军:《日常生活的变态核心》,北京:新星出版社,2006年,第169页。

意义,因为“根本就不存在外在于共同体的视野,根本没有办法跳出我们的历史与文化”①。施特劳斯担忧的是,这种历史和文化的视角使我们无从判断政治和道德生活的良善。为此,施特劳斯试图在历史的基础上为一种普遍的自然观念提供论证。这种论证与古典的自由主义一样,都试图对人类需求和人类理性做出一种普遍主义的理解,然后再用这种非历史性的理解去评价各个现存的社会和政治结构。施特劳斯认为自然的发现源于习俗或启示的多样性。这些不同习俗或启示都自称为人类的良善生活提供了指南,相互之间充满矛盾与冲突,正是这些矛盾或冲突为自然的出现提供了契机与缘由。根据施特劳斯的理解,哲学并不拥有真理,而是对真理的探求。正如迈尔所言,“施特劳斯对哲学一致性的要求,并非源于生活得有一致性这样的一般理念,无论这样的生活可能会包含怎样的坚毅、完整和幸福。哲学生活的一致性指向的是理性地建立哲学,用施特劳斯的话说,指向将哲学作为一种理性的必要性来建立”。问题是,“倘若哲学依赖于某种不自明的假设、某种不自明的决断或某种意志行动的话,哲学会有什么结果呢?”②在这种意义上的自然,又怎能避免历史主义式的纷争呢?如果存在一种普遍的永恒的自然,它又是建立在什么基础之上?人的自然性还是社会性?不同的社会或时代能对人的完善达成一致吗?罗蒂曾如此评价这种观点:

> 更笼统地说,只有在一个人能够确认一个自然的跨文化的相互关系,那个关系使各个命题相互联系以便形成像笛卡尔的“自然的理性秩序”的情况下,“更好的论证”理念才是有意义的。若是没有一个这样的自然秩序,他便只能根据它们在特殊的个人或团体中间产生同意过程中所发挥的效率来评价这些论证。但是,关于“自然而内在的相关性”的必要概念——不是取决于某个特定的共同体而是取决于人类理性本身的“相关性”概念——似乎并不比为了解决共同体之间的冲突,人们可以诉诸其意志的“上帝”概念更加可取或更加有用。我认为,它仅仅是那个较早概念的世俗化翻版。③

在自然与历史的关系上,施特劳斯始终坚信一种脱离历史的自然是可

---

① [加]威尔·金里卡:《当代政治哲学》,刘梓译,上海:上海三联书店,2011年,第383页。

② [德]迈尔:《古今之争中的核心问题:施密特的学说与施特劳斯的论题》,林国基等译,北京:华夏出版社,2011年,第215页。

③ [美]理查德·罗蒂:《文化政治哲学》,张国清译,北京:北京大学出版社,2011年,第62页。

能的，只要我们返回作为现象的自然，并借助于古典修辞学作为哲学与政治的中介，来消解二者之间的矛盾。鲍曼不无讽刺地指出了施特劳斯的秘密意图：试图通过“重新改造这个由哲学家来充当卫士的、以真理来伪装自己的世界”，然而，“‘不与政治来往’并不是一个解决办法：它多少有点这个味道，即它不仅仅出卖哲学之外的世界，而且出卖了哲学本身”。哲学也不可能绕开历史，毕竟，“历史是哲学的实现，哲学思想在历史的接受和认可中最终得到检验与证明”。①

施特劳斯一方面拒绝历史，另一方面他又采用了历史的方法。在《政治哲学与历史》的文章中，施特劳斯指出古今政治学对于历史理解的不同：“我们（现代）的政治观念的特性是：除非借助于历史研究，否则完全澄清这些观念，而以往的政治观念必须求助于它们的历史就可获得彻底的澄清”②。这句话表面，现代人所依据的历史研究是对以往不同时期的研究，包括古代人的历史；而古代人对政治的理解只是依据那个时代，可以说是封闭的、非连贯的历史，施特劳斯已经预设了古代人已经掌握了政治的真理。从方法论上看，他的历史方法恰恰是反历史的，因为他把历史的顶点放在古代，与其他历史哲学一样。因为历史主义反对历史存在着“绝对时刻”，不管把这一时刻放在过去、现代或未来的某个时刻。正如我国学者冯克利先生所言，施特劳斯及其弟子们主张返回古典，实际上是截取一定时期的历史文本为自己的观点辩护，与他主张的古代政治哲学一致，其政治思维还是定位在对永恒问题的追问和肯定上。“他们多采用以古观今的眼光，用以对抗历史主义及其导致的相对主义和虚无主义。”③

总而言之，施特劳斯的自然正当论依据的还是传统形而上学的普遍理性，这种理性幻想从不同的历史处境中抽象出某种统一的、共同的批判政治价值的标准。虽然施特劳斯一再强调这种古典政治哲学的审慎与克制、自然正当的淡化等，但古典哲学的普遍性与政治的历史性之间的矛盾与冲突至多可以缓解，并不能从根本上解决，甚至在一定程度上还有激化的可能。

---

① ［英］齐格蒙特·鲍曼：《流动的现代性》，欧阳景根译，北京：中国人民大学出版社，2018年，第91页。

② ［美］列奥·斯特劳斯：《什么是政治哲学》，李世祥等译，北京：华夏出版社，2011年，第62页。

③ 冯克利：《作为历史事件的观念——以〈美德、商业和历史〉为例谈波考克的思想史研究》，见丛日云、庞金友主编《西方政治思想史方法论研究》，北京：社会科学文献出版社，2011年，第140页。

第五章　历史主义之踵:相对主义问题

在当代哲学中,“相对主义”几乎成了“历史主义”的代名词,人们对历史主义的批判也大都是在相对主义的意义上展开的,其中以施特劳斯对历史主义的批判最为激烈,也最具有深度和广度。作为一种理解人类社会现象尤其是政治现象的“新科学”,历史主义把批判的矛头对准了启蒙哲学的理性主义和普遍主义的政治思维范式,甚至挑战了整个西方的形而上学传统,但其对历史性、特殊性和当下的偏爱也暴露了潜在于自身的弱点:如何避免相对主义的指责和对现实政治批判的可能性问题。

一、历史主义的复杂性

波兰哲学家亚当·沙夫在一本关于历史主义的著作中曾严肃地警告我们:当准备对历史主义展开研究时,一定“当心这个用语的含糊性”①。这个忠实的告诫并没有丝毫夸大问题严重性的意思。一旦涉入这个领域,我们便会发现学者们对“历史主义(historicism)”解释的差异有的是细微的或局部的,而另外的解释则是互相抵牾、矛盾重重的。有人认为它是一种积极的思想成就,有人批判它是错误的认识。② 因此,谨慎地对待概念的这种含糊性,小心翼翼地从中抽象出一种合理的理解是前提性和基础性的工作。

美国当代历史学家克瑞格(Keonard Krieger)曾把历史主义等同于近代早期的“史学革命”。这场运动主要是“运用考据的规范标准来处理那些新近的被称为‘历史性的’过去——这过去在古典的意义上最好看作‘哲学性的’”③。与古代和中世纪不同的是,历史主义不仅对原始材料持一种真正的考据态度,并且拓展了考据资料,制定了详细的考据标准和规范。它关注于考据是如何产生的。这种做法在15、16世纪受到学者的欢

---

① [波兰]亚当·沙夫:《历史与真理》,张笑夷译,哈尔滨:黑龙江人民出版社,2014年,第162页。

② [意]卡洛·安东尼:《历史主义》,黄艳红译,上海人民出版社,2010年,第1页。

③ [美]克瑞格:《历史主义:通史的早期史》,蒋开君译,见刘小枫主编《从普遍历史到历史主义》,北京:华夏出版社,2017年,第198—199页。

迎，如瓦拉、布德等。后来的博丹、格劳秀斯、普芬多夫把这种方法引进了研究政治的领域。在宗教改革中，改革派或出于自己的利益，也采用了这种方法。考据方法在史学领域的应用，不但促进研究视角的转换，也将“神史”或“圣史”与“人的历史”区分开来。① 这一时期的史学家认为历史是融通的，并希望能在上帝之下和历史之上发现历史的模式。从16世纪开始，属人历史的贯通也被世俗化了，历史主义者们试图在历史之内或外部寻求历史的模式。这时，他们并没有祛除自然，而是主张在自然、社会和人类的连贯机体中存在一种世俗的理性结构，但对于连贯性的执着也使历史主义具有“反历史”的倾向。

17世纪，欧洲历史主义形成了两个分支：一支认为“历史的可理解过程与一般的实在的过程同源（homologous），同时前者为后者提供基础”②。培根就是典型的代表，他把人的历史与自然的历史联系起来。另一支以霍布斯和普芬多夫为代表，他们都主张人的历史与实在无关，“历史所显明的或可能得以显明的模式是历史本身所特有的”③。这两个分支都由于肯定历史关联性而寻找某种超历史的基础，与后来的“历史相对论”（historicism）和“史实论”（historicity）不同。18世纪，维科和赫尔德继承了第一种历史主义传统，用历史的规范来表达实在。休谟则发展了理性化的史学。不管哪一种传统，都没有完全摆脱对超历史因素的探求，因为对历史的评价，需要一种超越历史性的东西。由于休谟继承的传统不断地被理性主义所吸纳，维科和赫尔德继承的传统则进一步发扬光大。“维科和赫尔德都是通过假设民族个性的终极性及其在时间中诸发展阶段的自主性，而开创了近代历史主义。”④

克瑞格对于历史主义早期史的考察提醒我们，不要忽略维科之前的历史主义发展，因为自16世纪开始，存在一个由哲学转向历史的运动。施特劳斯也承认自马基雅维利开始的这种思维方式的转向，以及这种转向的原因在于对传统哲学的不满。剑桥学派的波考克更是树立起一个“马基雅维利时刻”，对这一时期的史学运动进行了细致的考察。我们从马基雅维利

---

① ［美］克瑞格：《历史主义：通史的早期史》，蒋开君译，见刘小枫主编《从普遍历史到历史主义》，北京：华夏出版社，2017年，第203页。

② ［美］克瑞格：《历史主义：通史的早期史》，蒋开君译，见刘小枫主编《从普遍历史到历史主义》，北京：华夏出版社，2017年，第207页。

③ ［美］克瑞格：《历史主义：通史的早期史》，蒋开君译，见刘小枫主编《从普遍历史到历史主义》，北京：华夏出版社，2017年，第208页。

④ ［美］克瑞格：《历史主义：通史的早期史》，蒋开君译，见刘小枫主编《从普遍历史到历史主义》，北京：华夏出版社，2017年，第226页。

和霍布斯的著作中更是发现了对古代史学的浓厚兴趣。早期的历史主义运动在人文主义思潮的影响下，反对神学，赋予人的历史以至高无上的地位。在他们看来，神的足迹可能存在于历史中，但是作为一个整体的历史并不是由这些足迹构成。历史主义的主要任务就是对基督教所制定的神学宇宙论的批判，并以历史的和世俗的宇宙观代替它。总之，如果遗忘了这一阶段的历史主义，对历史主义的解释就不是完整的。

对于历史主义这一近代的思想运动，我们可以大致给予时间上的划分：它肇始于18世纪，繁荣于19世纪，20世纪则是对其批判与反思的世纪。首先，18世纪末期意大利历史学家维科的《新科学》基于对启蒙理性主义的反思，提出了自然与历史的划分，并把历史学视为研究民事社会的"新科学"。维科也被后世作家看作"历史主义之父"。在维科看来，历史与近代理解的科学不同，历史是人类自己的创造物，人们可以理解它；自然不是人的创造，人类理性不可能最终认识它。历史是人们认识人类事物的唯一方法，是一种"新科学"。因此，维科明确把历史主义作为一种方法论，并把这一方法拓展到人文学科的其他领域。其次，19世纪历史主义作为一场广泛的思想革命繁荣于意大利、德国等启蒙运动的边缘地区，构成了对自然法传统的挑战。这一时期，英国保守主义、德国浪漫主义、民族主义、非理性主义以及马克思主义的历史唯物主义构成了历史主义的各个形态。历史的解释成为支配性的道德与政治哲学研究方法。最后，20世纪，历史主义进入了批判与反思的阶段。波普尔、施特劳斯、曼海姆、伊格尔斯等哲学家或思想家都从不同的角度对历史主义进行批判或辩护。相对于历史主义的产生，"历史主义"这一概念的出现则更晚一些。据德国历史学家梅尼克（Friedrich Meinecke）和意大利学者卡洛·安东尼（C·Antoni）的考查，最早于1879年出现了"历史主义"这一概念，当时的哲学史家卡尔·维尔纳（karl Werner）在研究维科的思想时首先使用了这一术语。之后的1884年，门格尔在批判施莫富勒经济学的历史观念时也使用了"历史主义"这一概念。① 他们在使用这一术语时的态度也是暧昧的，有时是批判的语调，有时又夹杂着赞扬的味道。其中的原因可能是，他们一方面隐隐约约地感受到了一种不同于启蒙哲学的、革命性观念的兴起，这种新观念可能会改变人们对世界的传统理解；另一方面，也有对历史主义的怀疑成分。例如门格尔就反对历史方法在经济学中的应用。在英语世界，原先

① 详见黄艳红译，卡洛·安东尼的《历史主义》第3页，上海：上海人民出版社，2020年版；陆月宏译，弗里德里希·梅尼克的《历史主义的兴起》第001页，南京：译林出版社，2010年版。

一般用“historism”指代“历史主义”，该词是德文“historismus”在英语中的正式翻译。后来，由于历史主义在意大利和德国的发展，以及克罗齐的使用，“historicism”才代替原来的“historism”并被推广开来，另外“historicism”在德语中的出现也早于“historism”。

在当代，历史主义之所以逐渐被欧洲神学和政治哲学列为主要批判与反思对象，主要原因在于：一是历史主义首先冲击、批判的是基督教神学，造成了欧洲人对上帝的信仰危机。同时，历史主义的兴起也是人类主体性的觉醒，当斯宾诺莎把历史的方法引入到对宗教的批判，就已经引起了神学家们的强烈反对。德国神学家利齐尔指责把历史的方法应用于基督教的起源与教义的研究，造成了“把基督教及其教义降格为某种人类历史事实”，从而动摇神学的根基。二是现代性的批判。一些现代或后现代的思想家把历史主义看作是启蒙运动的直接后果或者对它的反对，对它的决定论和相对主义的倾向进行批判，如前面所列举的施特劳斯等。三是从实践上看，人类经历了两次世界大战的爆发。不管把历史主义理解成“历史决定论”还是“虚无主义的根源”，这些思想家们都共同把历史主义视为批判的对象。因此，历史主义的双重后果是“不仅从根本上伤害了基督教教义，也伤害了我们文明的原则和价值观”①。

值得注意的是，施特劳斯所指的“历史主义”是黑格尔之后的、尼采所抨击的那种德国传统的相对主义。这样，关于历史主义的起源就存在着三种说法：一是“史学革命”意义上的历史主义，也称早期的历史主义。早期的历史主义侧重于对史据的考察，对历史学产生了重要的影响，但主要局限于史学领域，虽然也扩展到历史学之外，但远不如维科之后的影响，且还没有独立于自然科学的方法。二是源于维科，形成于对启蒙哲学的批判。这是学界普遍接受的观点。克罗齐在对启蒙哲学批判的意义上强调了维科的首创地位。他指出：“批判启蒙运动理性主义抽象性，并在历史进程的理性主义中消解抽象理性主义的人才是先驱，在这种严格、批判的意义上，历史主义尚未在18世纪出现，只有一位真正的先驱维科。”②三是施特劳斯批判的相对主义，源于尼采对黑格尔历史哲学的批判。在这三种意义上，克瑞格虽然强调了16世纪以来历史观念的兴起，但对于“历史主义”作为一场特定运动而言，学者们大都是不认同的。学界普遍接受的是第二

---

① ［意］卡洛·安东尼：《历史主义》，黄艳红译，上海：上海人民出版社，2010年，第3页。

② ［意］贝内德托·克罗齐：《作为思想和行动的历史》，田时纲译，北京：商务印书馆，2016年，第51页。

种意义，施特劳斯对批判的“历史主义”是德国传统的历史主义的相对主义，可以视为历史主义的一个特殊分支。我们的考察就始于这一普遍的定义。

（一）历史主义的根源

今天所批判的历史主义，大都是19世纪所盛行的历史相对主义。18世纪后期至19世纪，正当启蒙哲学在欧洲如日中天之时，它的对手历史主义也在它的侧翼逐渐成长起来。历史主义在欧洲的出现无疑有其特定根源：理论的、实践的和社会的原因。在理论上，历史主义是对那一直支配着启蒙哲学的唯理主义的批判。唯理主义的观念源于笛卡尔确立的现代哲学传统。虽然它怀疑一切，把理性归之于人类自身，但最终还是求助于某种抽象普遍的公理或前提，通过严密和系统的演绎得出关于世界万物的确定性命题和真实的知识。18世纪的启蒙哲学继承了笛卡尔的理性主义，抛弃了其怀疑论的特性，通过对纷繁的人类经验和现象的归纳与综合，试图抽象出普遍性的结论。但是，无论根据抽象的前提还是个人的经验，两者同样都依赖严密的逻辑推理公式、对丰富的自然或社会现象进行抽象化或机械化的裁剪处理，因此，18世纪的启蒙哲学并没有摆脱笛卡尔主义体系化的弊端。

启蒙哲学的基本理念是对人类自身理性的信仰，同时也先天携带着对迷信、宗教和历史的敌视。所有这一切当然是伽利略、牛顿等自然科学家事业上的成功所导致的又一后果，人取代了上帝成为万物之尺度，人人均有获得理性的潜质，通过自己的后天努力都能获得或接近关于事物的真正知识。正如马克思所描述的那样，所有的传统权威都必须接受理性法庭的审判，在理性面前为自己的存在作辩护，要么放弃存在的权利，“思维着的知性成了衡量一切唯一的尺度”①。这种现代的理性主义丢掉了古典时期人对自身的克制态度，直接导致了人的价值观念的深刻变化。整个18世纪的欧洲都被理性的统一性和不变性的信仰所浸染：

> 理性在一切思维主体、一切民族、一切时代和一切文化中都是同样的。宗教信条、道德格言和道德信念，理论见解和判断，是可变的，但从这种可变性中却能够抽取出一种坚实的、持久的因素，这种因素

① 《马克思恩格斯选集》第3卷，北京：人民出版社，1995年，第355页。

本身是永恒的，它的这种同一性和永恒性表现出理性的本质。①

如前所述，在16世纪以来的历史观念中本来就存在着历史与理性的冲突，启蒙理性主义的兴起压抑了历史研究中对特殊性的关注，也使得启蒙时期的史学成为历史哲学。这种历史哲学一方面基于对人类理性的信仰，启蒙史学家们把人类的历史视为一部从迷信走向科学、从愚昧走向理性的进步史。他们以“非历史”的态度对待研究过去，视过去的历史充满着野蛮和迷信，也即非理性的；把自己所处的时代看作脱离蒙昧的“启蒙时期”或“理性时代”，是与古代和中世纪的迷信时代相对立的时代。“现在是幸福的，甚至在革命的屠杀中也是幸福的，未来是光明的，而对产生现在的过去则充满了蔑视和嘲弄。”②在启蒙思想家写就的历史中，过去和未来呈现出二元论的对立，历史失去了其固有的连续性，中间不存在任何形式的过渡或发展。他们与其对手基督教一样，把未来的人类历史等同于基督教的“千年至福”。正如历史学家克罗齐所言，启蒙运动中的过去与现在“相互非难的可能性证实了二元论在新概念中像在旧概念中一样活跃，并使新概念不适于理解发展和理解历史”③。柯林伍德也批判启蒙运动的历史观绝不是正确的历史，因为“在它的主要动机上，它是论战性的和反历史性的”④。另外，启蒙史学家不但认为历史存在着外在的目的，还用实用主义的眼光对待人类历史，这也在一定程度上阻断了历史感。在他们看来，人类终将要走向一个光明的未来，这一理想世界可以通过人类理性排除各种干扰得以实现。当人们希望从历史经验中获取某些教益时，历史便不自觉地具有教育的功能和意义。这时的历史也就成为达到特定目的的材料和手段，它的真实性也就大大降低了。最终，启蒙史学家甚至得出这样的结论：“历史是一种次要的东西，配不上哲学家，哲学家追求的是法则，是经常的东西，是一般，……用不着对历史所叙述的事实去作漫长的、无益的、危险的巡视。”⑤因此，启蒙时期对历史的理性主义和实用主义态度推动着人们去努力揭示历史的法则，忽视了历史本身的特殊性和真实性，并抑制

① ［德］E·卡西尔：《启蒙哲学》，顾伟铭译，济南：山东人民出版社，2010年，第4页。

② ［意］贝奈戴托·克罗齐：《历史学的理论和实际》，傅任敢译，北京：商务印书馆，1986年，第194页。

③ ［意］贝奈戴托·克罗齐：《历史学的理论和实际》，傅任敢译，北京：商务印书馆，1986年，第197页。

④ ［英］柯林伍德：《历史的观念》，何兆武等译，北京：北京大学出版社，2010年，第74页。

⑤ ［意］贝奈戴托·克罗齐：《历史学的理论和实际》，傅任敢译，北京：商务印书馆，1986年，第199页。

了对历史本身的研究。

启蒙哲学的理性主义具有普遍性，这样的思维方式同样影响着西方近代的自然法学说。西方政治思想传统中的自然法可追溯至希腊化时期的斯多葛观点。特殊的城邦解体之后，一种普遍性的思维流行开来，受这种思维方式的影响，斯多葛派主张人类具有统一的理性，这种理性来自于神的赐予，也是宇宙理性（逻各斯）的一部分。他们把神看作自然的守护者与创造者，不管是哪一种，神都告谕我们存在着普遍性的自然，“自然的法则一定是处处皆同的，对一切人同等适用”①。因为人类共同分享了自然的理性，每个人也都应该把自然法看作共同的道德与政治规范。建立在共同人性基础上的自然法，构成了不同实定法的基础。自然法的根本意义也在于，为不同的社会提供了进行道德批判和反思的根基，但它所带来的对普遍性的关注却遗忘了自身的特殊性，即特定时代与环境的产物。后来，罗马人把继承来的自然法视为普世的，并成为帝国扩张的理论依据。近代自然法复兴的基础和理论来源不同于古代：15 世纪前后人文主义的再度兴起，逐渐使人的尊严代替了中世纪的上帝；近代自然科学与启蒙理性主义的发展，为近代自然法提供新的材料和方法。人文主义思想家从自主、理性的人出发，思考世俗政治的可能性和道德性问题，采用人权与个人价值等近代兴起的新的政治观念构建人类政治。当然，启蒙思想家大多是以自然主义的范式思考这些问题的，他们普遍认为，在“精确描述人性之后，直接加以简单的演绎，就能建构政治体制”。② 与古代自然法不同的是，近代的马基雅维利、霍布斯等认为人的自然本性不是不可捉摸的善，恰恰是古人所不齿的基本欲望、激情等人所共需的东西。他们从这种人人固有的自然本性出发虚构出一个前社会的“自然状态”。在自然状态之中，平等的人们享有自我保存的自然性的权利。由于相互冲突的激情、资源的匮乏与自然状态自身的局限性等诸多不利条件，为了自保，人们被迫走出互相争斗的丛林状态，让渡出部分的自然权利并组成社会。为了保护生命、自由和财产等自然权利，近代思想家根据自己理解的人之自然本性，并凭借人的理性建造出一个合理的近代政治制度：保护人权原则、权力的分立与制衡、法治和政教分离是其主要特征。此种制度设计不仅蕴含着近代以来的个人主义和世俗主义思想主张，在方法论上也具有现代理性主义的抽象

① ［美］约翰·麦克里兰：《西方政治思想史》，彭淮栋译，海口：海南出版社，2003 年，第 106 页。

② ［美］约翰·麦克里兰：《西方政治思想史》，彭淮栋译，海口：海南出版社，2003 年，第 344 页。

性与机械性特征。近代自然法中的人性、自然权利和自然状态等概念都产生于对具体事实的数学抽象。在当时的思想家看来，“法律和数学是理智自律和自主性的最好证明”，自然法“一如数学的公理，乃是可以证实的”。① 当近代自然权利者再度运用自然法的视域审视人类历史，历史当然也就是一部自然的普遍史，因此，自然法总体上还是普遍性和非历史的。维科就是以历史来对抗自然的先行者，18 世纪后期的历史主义就是首先作为自然法的对立物登上人类思想舞台的。随后兴起的历史主义不断丰满自己的羽翼，质疑并有力地挑战着传统的政治思维范式。对于历史主义兴起的意义，我国政治学学者马德普先生曾如此评价：“自然法学说从事实的角度无法解释丰富而变动不居的历史，从规范的角度也不能为各国的政治实践提供有效的指导。于是，历史主义就出来试图承担起这个历史使命。这也就决定了，历史主义一出场，就是一种挑战自然法学派和启蒙运动普遍主义因而也是挑战自由主义的一种思想运动。”②

历史主义同样也反对启蒙哲学中抽象的个人主义。一些历史主义者已经意识到，个体虽然是认识的主体之一，但其认识方式却是来源于其“生于斯长于斯”的群体和环境，因此，仅仅把个人理解为一般的或抽象的人在认识论上是错误的。当我们试图从个体中抽象出某些共性的时候，个体也就脱离了他生长的群体和环境，思想也就脱离了行动，因此，“抽象的个体只是在非常有限的意义上从他自身产生归因于他的说话方式和思维方式。而他说的是他的群体的语言，他以他的群体的思维方式进行思维”③。虽然历史环境对人的思维方式和认知方式的影响是隐性的或神秘的，是过去称为“习俗”的或传统的东西，但这些也是可以理解的，是一种不同于自然科学的客观性的实践性知识。

总之，启蒙哲学家们希望通过把自然科学的研究方法与思维范式运用在历史和政治领域，推演出历史、政治等人文科学领域的普遍性规范。他们乐观地认为，过去的人类历史不仅是迷信的和非理性的，同时也是无意义的。剥去被层层神秘的迷雾所笼罩的历史，可以发现那支配着人类历史的“绝对精神”和基本原则。即使是具有历史主义精神的黑格尔也是这样做的。当康德赋予人类以先天的“自由”观念时，他同样没有摆脱普遍主

① ［德］E·卡西尔：《启蒙哲学》，顾伟铭译，济南：山东人民出版社，2010 年，第 220 页。

② 马德普：《历史主义的兴起及其对自由主义普遍主义的冲击》，《政治学研究》，2003 年第 4 期，第 67 页。

③ ［德］卡尔·曼海姆：《意识形态与乌托邦》，李步楼等译，北京：商务印书馆，2017 年，第 98 页。

义的陷阱。正是基于对启蒙哲学所包涵的普遍性主张的不满,历史主义者转向了历史的理解,力推在人文科学领域用历史的方法取代自然算计,以历史主义的理解代替普遍的逻辑推理和自然的抽象。

在国际关系的实践上,历史主义不满于法国革命表现出的普遍理性,反对拿破仑对德国反动的侵略战争。意大利历史学家卡洛·安东尼曾经指出:历史主义"首先是对18世纪风光无限的法国文明的反叛"①。从理论根源上看,英国与法国的哲学具有不同的认识论渊源,英国具有自由和经验主义的哲学传统,其中包含着一定的历史意识。比如13世纪的大宪章运动,既表明英国人反对专制和追求自由的传统,也体现了历史合法性和对经验的重视在英国传统中的重要地位。法国则从17世纪开始,深受笛卡尔理性主义的影响,18世纪的法国又是启蒙运动的发祥地。法国大革命在理论上就是近代理性主义和自然法相结合的产物,卢梭的哲学体现的就是典型的建构理性,法国革命的《人权宣言》也是近代自然法理论的具体化。恰如当代政治思想史家麦克里兰所指出的那样:"普遍的人性,透过法国大革命传播一个普世信息。一切人类不分何处,都有权利生活于由理性构思的制度之下。"②当法国哲学及其大革命割裂开历史、把抽象的人权普遍化时,英国思想家柏克首先诉诸历史的观念加以反对。从保守主义的立场出发,柏克首次对自然法的抽象自然权利概念进行批判。他认为"自由和限制是随着时间和情况而变化的,容许有无限之多的变易,所以它们就不可能被固定在抽象的规则上;没有什么东西是如此之愚蠢,乃至于要根据那项原则来加以探讨"③。政治生活的原则只能从历史中发现,而不是从抽象的哲学中得出。法国大革命之后,拿破仑发动了对意大利和德国的战争,这也是法国把其革命理念和政治模式向国外输出的一次重要行动,这场战争引发了德国历史主义和民族主义浪潮。梅尼克在《历史主义的兴起》一书中曾指出两者之间的关联性:其一,历史主义在意大利和德国的兴起,与思想家们在面临法国卢梭哲学中国家理念的影响时,竭力维护地方单元的权利和特权有着密切的关系;其二,也与法国对德国、意大利等国家的军事侵略相关。他认为"德国政治民族主义是在法国革命和拿破仑胜利之后反对法国统治德国的斗争中兴起的,这一斗争增强了德国政治思

① [意]卡洛·安东尼:《历史主义》,黄艳红译,上海:上海人民出版社,2010年,第25页。

② [美]约翰·麦克里兰:《西方政治思想史》,彭淮栋译,海口:海南出版社,2003年,第353页。

③ [英]柏克:《法国革命论》,何兆武等译,北京:商务印书馆1998年,第79页。

想中的反启蒙运动倾向"①。简言之,从当时的国际关系来看,历史主义就是德国维护其民族文化传统和国家独立时特定的一种意识形态。

最后,历史主义兴起的原因也包含着错综复杂的社会因素。文艺复兴以及后来的人文主义运动是人类思想观念世俗化的思想先导,后来的启蒙运动又把人的地位和理性推崇到了极致。这几个世纪的努力使人的思想基本摆脱了中世纪神学思想的桎梏,把人的关注点从上帝转移到自身,从幻想的天国回归到现实的此岸,历史主义的兴起是几代历史学家或思想家积累的结果。正如克瑞格考察的一样,我们决不能忽视历史主义的早期史,不能忘记16、17世纪思想家对历史的努力探索。另外,近代自然科学发展的结果也不仅仅是人类生产力水平的提升,同时也推动了近代社会结构的历史变迁。这使得以后的哲学家们不能再用不变的思维方式理解人类和社会。自然科学的进步扩展了人类的视野,"人们对世界的真实体系认识得更清楚了,表述得更完美了"②。尤其是近代航海和通讯技术的突破,使人们更加意识到无法用机械与僵硬的统一原则来表达人类社会生活的多样性。一些历史学家和思想家们也意识到必须用一门不同于自然科学的新科学——历史科学来认识人类社会,维科就是这一学科的奠基人。维科之后,历史主义逐渐跳出学科的狭隘藩篱,迅速发展为一次遍及所有人文科学领域的研究范式的革命。

(二)历史主义的哲学基础

启蒙运动后期兴起的历史主义,早已摆脱了16、17世纪历史学家对考据的关注,迅速发展为一场革命性的思想运动,有力推动了启蒙以来近代世界观和方法论的深刻变革。在哲学上它抨击17世纪以来近代自然法所体现出的西方普遍主义传统,并明确提出了一种思考人类道德与政治现象的历史主义范式。客观地讲,历史主义者和现在的学者们往往有意夸大了历史主义与启蒙哲学的对立,事实上,说历史主义是对启蒙哲学的批判与超越更为恰当。16世纪以来的历史观念从未熄灭过,即便在启蒙运动时期,它同样得到了发展,只不过启蒙哲学的理性主义战胜了历史的观念。梅尼克也认为,18世纪欧洲的启蒙运动不但产生了理性主义的启蒙哲学,同样也滋养了后来的历史主义。卡西尔也承认启蒙哲学不自觉为后来的

① [德]弗里德里希·梅尼克:《历史主义的兴起》,陆月宏译,南京:译林出版社,2010年,第5页。

② [德]E·卡西尔:《启蒙哲学》,顾伟铭译,山东人民出版社,济南:2010年,第2页。

浪漫主义锻造了反对自身的武器。浪漫主义在认识方法上依赖于启蒙运动的准备工作,受启蒙运动的影响,“因为正是18世纪提出了历史领域中关键性的哲学问题。它探讨了历史的‘可能性的条件’,正像它探究了自然科学的可能性的条件一样”①。

历史主义虽然是以反哲学著称,但这并不能否定它的哲学特性,因为历史主义反对的只是普遍性的传统哲学,它并没有否定善、好的可能性,只不过是其潜在的相对性特征容易否定哲思的可能性。黑格尔的历史哲学就是对历史与哲学之融合的伟大尝试。此外,历史主义也是一种哲学观念和方法论,需要一定的哲学观点为自身立论,“思考历史本身就是哲学思维”②。在与启蒙哲学的普遍性和抽象性的争论中,历史主义自身并没有形成一个统一、公认的理论体系,其哲学基础也是庞杂的,既有个体论、经验论,也包含着有机主义、保守主义的成分。

首先,历史主义首先体现着对个体性的关注。历史主义的哲学反对传统哲学的整体论和普遍性特征,主张每一事物首先都是作为具有独立个性的个体而存在着,不论这个主体指的是个人、民族、国家或社会。梅尼克认为,在沙夫茨伯里的思想中已经存在着对个体主义的重视:“所有特殊的形式,虽说它们最终为一个普遍的单一的原则统一起来,但仍然拥有自身的独特性和内在的天赋。”③在单个个体的核心之处,都是自由与必然性的深度融合,正是这种结合使事物保持着自身独特的形式。之后的莱布尼茨受惠于沙夫茨伯里的影响,进一步把前辈的个体的观念发展为单子论。莱布尼茨认为:“在物体的背后,在与它们密不可分的地方,存在着简单的个体物质。它们没有空间的广延,像生命能量那样运行并组成了物质的形式,这样的个体他称为单子。”④单子就是现实世界的一面镜子,反映着现实世界。单子也具有自足性,它不但代表了一个与众不同的世界,而且具有支配自己的独特法则与意义。在他看来,多样性的单子并不完全消极地服从统一性,两者是相伴和互为解释的。经沙夫茨伯里和莱布尼茨阐释的个体论哲学为之后历史主义的兴起奠定了认识论的基础。后来的维科、赫尔德等开始将这种观念运用于历史研究,把民族、国家和文化均视为具有自身

① [德]E·卡西尔:《启蒙哲学》,顾伟铭译,济南:山东人民出版社,2010年,第183页。

② [意]贝内德托·克罗齐:《作为思想和行动的历史》,田时纲译,北京:商务印书馆,2016年,第116页。

③ [德]弗里德里希·梅尼克:《历史主义的兴起》,陆月宏译,南京:译林出版社,2010年,第10页。

④ [德]弗里德里希·梅尼克:《历史主义的兴起》,陆月宏译,南京:译林出版社,2010年,第20页。

特性的个体，并且开始从特殊性而不是普遍性着手研究历史和政治问题。

把每个事物视为一个独特的个体，这就意味着该事物具有自己的生命，生命赋予它活力。沙夫茨伯里对个体性的重视明显来源于新柏拉图主义的泛神论和神秘主义传统。他认为每个事物的内部都有着人类理性无法理解的灵魂存在，它赋予个体以生命力和创造性。由于事物内部的灵魂是人类理性所不及的，唯有神秘的、审美的或直觉的非理性才能理解它。尽管沙夫茨伯里把人的灵魂与神性联系起来，但他认为这种诉求并不是神秘主义的，“而是来自于在他周围的所有生命活动中可以观察到的向着宇宙的敞开性与对美的渴望”①。借助于某种审美意识或热情，沙夫茨伯里批判了启蒙哲学中的僵硬的理性主义。莱布尼茨原子论的个体同样是具有灵魂的，灵魂运动的动力源于神或自身。他认为自然的机械运动只能解释外部的或有限的物质世界，并不能产生有生命的人类、动物和植物。在具有生命的事物中始终存在着一种精神的力量，这就是内在的形式。事物的内在形式决定着它的特殊性与本性。总而言之，沙夫茨伯里和莱布尼茨阐释的事物内在本性之不同的观念冲击了传统自然法的统一性基础。正如卡洛·安东尼后来描述的那样，假如说理性主义的道德责任感依赖于普遍性的价值法则和对理性原则的了解，“在沙夫茨伯里那里，道德理想则来源于个人的内心深处，这是一种情感。于是一种新的观念开始影响欧洲文化，这种影响将十分巨大”②。历史主义的先驱们从具有内在特殊性的个体之中，寻找到了抵御普遍主义的灵感，这就是个体中的特殊性。遗憾的是，在属人的事物上，沙夫茨伯里依旧没有彻底摆脱自然法传统的影响。紧接着他又做出了让步，承认古代和近代的文艺复兴为人类提供了永恒与绝对的完美。与旧自然法相比，他虽然赋予了新自然法以更多的情感性和变动，但仍在寻求一种包含普遍性的真理。在莱布尼茨的理论中，其主张的个体性也是不彻底的，不同的事物最终也都依赖于最高和普遍的“第一因”才得以理解。后来，德国浪漫主义运动中的诗歌也是借助于这种独特的灵魂观念并以之为基础，强调人类淳朴和自发的情感因素，并把它应用到对每个民族的理解之中，“民族有自己的灵魂，这灵魂既是自然的，也是独特和个体性的”③。总之，对个体性的强调就是一种对生命和创造性的重视甚至崇拜，在浪漫派那里，“生命在谁那里能自由涌动和展现其创造力

① ［德］弗里德里希·梅尼克：《历史主义的兴起》，陆月宏译，南京：译林出版社，2010 年，第 9 页。

② ［意］卡洛·安东尼：《历史主义》，黄艳红译，上海：上海人民出版社，2010 年，第 64 页。

③ ［意］卡洛·安东尼：《历史主义》，黄艳红译，上海：上海人民出版社，2010 年，第 19 页。

量,谁就被视为天才”①。然而,德国浪漫主义在反抗启蒙抽象理性时,又不自觉地过度张扬了情感、审美等神秘非理性因素的作用,并最终为德国民族主义的兴起做好了铺垫。

其次,历史主义又是一种主体性哲学。人类的认识活动是主体对客体的认识,传统哲学把人置于自然之中,从而消解了人的主体性。也就是说,古典的本体论哲学追问的是事物的本质是什么,这种本质是独立于认识主体的。近代以来,随着人之主体性的彰显,所有一切都改变了。正如曼海姆所言:“认识论是在统一的世界观崩溃以后第一个有意义的哲学产品,随之宣告了现时代的来临。”②认识论主张一切认识活动都是主体与客体两极之间定位的。当认识论偏向于客体,并认为存在着独立于人的客观存在时,往往得出本体主义的普遍主义结论;当认识活动偏向于认识主体,否认存在的客观性时,则极易导向相对主义。启蒙哲学强调了人在认识中的重要地位和人类的理性能力,但其抽象的人性观所规定的认识主体是普遍的和虚幻的,并非真正意义上的认识主体。真实的、经验的认识主体总是历史性的,在他们之中很难找到普遍性的东西,只有在这种历史性的主体中才能为客观存在找到可靠的安置。因此,如果说启蒙哲学的认识论是抽象的、静态的和普遍的,历史主义的认识论则是现实的、动态的和历史的,后者是对前者的批判与超越。

再次,历史主义的核心是发展的观念。沙夫茨伯里在强调单个个体的有机性质时,就强调任何事物都是过程性的,具有发展性。发展的动力既来自其内部构造,也是事物的生命力互相作用的后果,事物通过发展达到圆满的和谐。另外,每个事物内部包含着诸多对立面,这些对立面不是仅仅表现着审美情趣,它们之间相互作用还奠定了事物发展的基础。莱布尼茨的单子也是处于发展变化之中的,单子“在世界进程的时间长河中能够呈现出一系列或低或高的存在形式,同时在一定程度上能够自己向上发展”③。令人遗憾的是,莱布尼茨的单子又意味着不可摧毁和具有永恒性质,最后多样性的单子又统一于神。沙夫茨伯里和莱布尼茨的贡献在于:其强调的发展赋予了单个个体以顽强的生命力,同时也提升和完善了个体

① [德]吕迪格尔·萨弗兰斯基:《荣耀与丑闻:反思德国浪漫主义》,卫茂平译,上海:上海人民出版社,2014年,第25页。

② [德]卡尔·曼海姆:《意识形态与乌托邦》,李步楼等译,北京:商务印书馆,2017年,第37页。

③ [德]弗里德里希·梅尼克:《历史主义的兴起》,陆月宏译,南京:译林出版社,2010年,第24页。

性哲学。受传统观念的影响，发展的哲学最终都受限于发展的完善性。这一传统概念预设了事物存在一个和谐的、完美的状态，这种状态具有至上的、终极性价值，也规定了事物发展的终点。因此，这种发展不是真正的发展，也不是真正的历史观念，历史的发展强调的是事物的任何一个发展阶段都有自己的独特价值，并从根本上拒绝完美性的观念。正如后来梅尼克所言，“莱布尼茨所发现的人类灵魂的发展，从模糊不清和隐隐约约地感觉到理性清晰的统觉，直到永恒真理的标准的规律，更多的是一种完善过程，而非真实的历史演化的过程”。①

单子论的发展论揭示了事物内部的结构、生命或运动为发展提供了动力和源泉。这也说明，普遍的、对外部因素的因果论证并不能合理地揭示事物的发展变化问题。但是对内部因素的过分强调，也带来了严重的政治后果。安东尼指出：在梅尼克颂扬的单子论中，“封闭的单子（monade）不与外界接触而自行发展其内在独特本性”。在德国浪漫主义之后德国的政治实践中，“强权伦理便是从这种民族个体性至高无上的观念中发展而来的”。②

最后，历史主义同样也反对孤立地看待事物，反对把事物割裂开来，主张辩证、联系地看待历史。即便在古希腊希罗多德那里，不管人间的城邦是大是小，他都同样地给予重视，“同样地加以叙述”。③ 因为历史从来不是单个城邦的历史，每个城邦都与其他城邦发生这样或那样的联系。虽然古代人的视域受到特定地域的限制，但历史也是世界性的，存在着普遍的联系。中世纪西方的历史是上帝之下的普世的历史，到了近代，随着航海和交通技术的发展以及商品经济扩展，历史才真正成为世界的历史。尽管德国传统的历史主义强调事物的个体性和发展的内在性，但没有哪个历史学家否认事物之间、事物的内部要素和外部要素之间的普遍联系。历史主义者一般认为，每个事物都不是孤立存在的，而是与其他事物一起构成一个有机的世界，历史之中存在着纵向的和横向的关联性。历史主义相信：影响着事物的内部和外部要素之特性，以及相互之间的普遍关系构成了该事物所处的特殊的历史情境。对于某个特定民族和国家而言，其道德和政治原则受它自身的文化传统、历史以及气候和地理位置等诸多因素的影响或决定。启蒙时期的思想家就尤其强调了风俗、习惯等历史因素对民族精

---

① ［德］弗里德里希·梅尼克：《历史主义的兴起》，陆月宏译，南京：译林出版社，2010 年，第 23 页。

② ［意］卡洛·安东尼：《历史主义》，黄艳红译，上海：上海人民出版社，2010 年，第 005 页。

③ ［古希腊］希罗多德：《历史》（上），王以铸译，北京：商务印书馆，2016 年，第 4 页。

神或法的精神的影响,并不能片面地说它们拒绝或漠视历史。普遍联系的历史也并非一定是"普遍史"或历史决定论,因为真正的历史主义者是反对这一观点的,因为历史之中也存在着偶然性,存在着人类理性所不及的领域,人也在创造着不同的历史。克罗齐曾批判那些试图写出一部"普遍史"的启蒙史学家:"普遍史确实想画出一幅人类所发生过的全部事情的图景,从它在地球上的起源直到此时此刻为止。事实上,它要从事物的起源或创世纪写起,直到世界的末日为止,因为否则就不成其为真正的普遍了。"①因此,我们说历史具有特殊性,每一民族和国家不可能是相同的;历史也是普遍联系的,但"普遍联系"决不等同于"普遍史",如果试图从中发现某种永恒的规律或世界精神,当然也是困难的。普遍联系的观点对于历史的特殊性而言,是一种必要的解毒剂。如果仅仅强调历史的特殊性,历史主义就会失去反思的基础,走向相对主义的历史主义。

(三)历史主义含义的多样性

如今,学者们仍然在不同的意义上谈论着历史主义。我们不能因为德国的相对主义历史主义的出现,就否认了历史主义的可能性。即便把历史主义理解为启蒙哲学的有力对手,也并不只是只有德国历史主义这一种可能性,比如马克思和恩格斯创立的历史唯物主义,就是另一种形式的历史主义。在19、20世纪,人们仍然在不同的意义上探讨历史主义。历史主义似乎成了一个可望不可即的理想,我们需要拨开笼罩在它身上的层层迷雾,抽丝剥茧般地抽出其合理性的因素,才能达致其核心。目前,由于各国文化传统和历史情境的差异,思想家们理解的侧重点与视角又有所不同,最终造成了对"历史主义"这一术语的多种理解。如美国历史学家伊格尔斯所言:

> 有关这一术语的各种定义一般都认为历史主义是一个"一切社会—文化现象都从历史角度加以确定的理论"。但是,除此之外,在该词的含义上则没有多少一致性,如它与知识的客观性、价值的合理性或是历史发展的合法性的关系问题。②

---

① ［意］贝奈戴托·克罗齐:《历史学的理论和实际》,傅任敢译,北京:商务印书馆,1986年,第39页。

② ［美］格奥尔格·G·伊格尔斯:《德国的历史观》,彭刚等译,南京:译林出版社,2006年,第28页。

学者们对历史主义的争论主要围绕这几个问题展开：特殊性与普遍性、历史与理想和历史客观性等问题展开，由于视域和关注点不同，他们对历史主义的定义也根本不同。在此，我们忽略掉其中一些细微的差异，总结起来大致有以下几种。

首先，作为逻辑原则或历史哲学的历史主义。历史主义从本性上是反哲学的，正如它反对启蒙哲学一样。然而，历史主义都没有摆脱走向历史哲学的命运。因为在他们看来，如果没有一个终极的哲学，就无法对历史中的价值进行评判。如果历史没有理性，历史科学又如何存在？其中最为典型的当然是黑格尔的历史主义，是他试图把历史与哲学融合起来，创立了伟大的历史哲学体系。在克罗齐和柯林伍德的历史主义中，历史化的观点应该是比较彻底的，即便这样也没摆脱历史哲学的阴影。如克罗齐曾经提出历史主义就是“断言生活和实在是历史并且仅是历史”的观点。① 虽然他批判了黑格尔的历史哲学，但最终又求助于普遍的逻辑：“历史主义是一个逻辑原则，甚至是逻辑的自身范畴，恰当地理解的逻辑性，即具体的普遍东西的逻辑。”②柯林伍德认为黑格尔把历史判断的权力赋予现在，因为谁也没办法预测未来。他认同这一观点，即人类对历史的认识都是立足于当下，“一切历史都是当代史”③。事实上，不管把历史的绝对时刻定位于开端、现在或者未来，也无论是在历史之中或历史之外寻求超验、绝对真理的做法都是一种历史的哲学，从而窒息了历史感。

其次，作为生活历史化的世界观的历史主义。梅尼克在对德国思想的考察中，曾经描述过历史观念从世界主义到民族国家观念的转移。他反对西方僵硬的自然法思想传统及其主张的“长存不变的至高人类理念和对于所有时代都存在的人性齐一性的信念”，并强调以“生命的流动性注入其间”。历史主义的核心“是用个体化的观察来代替对历史——人类力量的普遍化观察”④。受新柏拉图主义的启发，梅尼克把历史主义归结为个体性和发展的观念。这种历史主义关注的是每个人、具体的民族和国家，它们具有独特灵魂和持续发展的特性。反对传统普遍历史的研究方法，注重历史过程中的自发性、可塑性和不可预测性，用个体化的具体的研究代替

---

① ［意］贝内德托·克罗齐：《作为思想和行动的历史》，田时纲译，北京：商务印书馆，2012年，第45页。

② ［意］贝内德托·克罗齐：《作为思想和行动的历史》，田时纲译，北京：商务印书馆，2012年，第57页。

③ ［英］柯林伍德：《历史的观念》，何兆武等译，北京：商务印书馆，1997年，第286页。

④ ［德］弗里德里希·梅尼克：《历史主义的兴起》，陆月宏译，南京：译林出版社，2010年，第2页。

启蒙史学中存在的抽象化、概念化思维方式。尽管他已经意识到了历史主义潜在的相对主义问题，并且没有放弃对普遍形式或整体意识的探寻，但整体而言，梅尼克阐释的德国历史传统，把主体的生活原则作为理解客体的原则，视生活为历史，赋予生活以鲜活感和历史感。总之，梅尼克描述的历史主义就是“一种审视生活和世界的方式，一种世界观，但不是一种历史哲学”①。

再次，相对主义或相关主义的历史主义。历史学者德怀特·李和罗伯特·贝克在《历史主义的五种含义及其评价》一文中，“那种否认历史中绝对原则有效性的信念，有时可被称为历史相关主义或历史主义”。这种历史主义相信“各种观念与历史环境（包括与其他观念）相关；它主张各种观念只具有‘对产生它们的社会学前提的反映功能’”②。施特劳斯批判的就是黑格尔之后的历史主义。相对主义的历史主义反对黑格尔历史哲学中的绝对主义，主张一切都是历史性的，历史的就是合理的。由于它表明这样一种真理：“思想无论经历了多少变化，还将经历多少变化，它都永远是历史性的”③。如果这是真理的话，历史的研究就失去意义，也毫无理性可言。因为历史的标准“纯属主观性的标准，它们除个人的自由选择之外别无其他依据”④。施特劳斯和尼采批判的历史主义就是相对主义。为了避免相对主义的结论，曼海姆把历史主义解释为关联主义，即一定时代的思想都与社会传统和时代环境有关。这种解释本身并不算新颖，施特劳斯也批判过他的知识社会学，最终也难以逃脱相对主义的指责。

最后，决定论的历史主义。波普对历史主义批判的矛头就指向了这一点。在那部著名的《历史决定论的贫困》一书中，波普把历史主义视为探讨社会科学的一种方法，“它假定历史预测是社会科学的主要目的，并且假定可以通过发现隐藏在历史演变下面的‘节律’或‘模式’，‘规律’或‘倾向’来达到这个目的”⑤。人们希望通过社会学或历史理论预测社会现象，

① ［美］德怀特·李，罗伯特·贝克：《历史主义的五种含义及其评价》，见《当代马克思主义国外评论》，北京：人民出版社，2009年，第313页。

② ［美］德怀特·李，罗伯特·贝克：《历史主义的五种含义及其评价》，见《当代马克思主义国外评论》，北京：人民出版社，2009年，第315页。

③ ［美］列奥·施特劳斯：《自然权利与历史》，彭刚译，北京：生活·读书·新知三联书店，2016年，第26页。

④ ［美］列奥·施特劳斯：《自然权利与历史》，彭刚译，北京：生活·读书·新知三联书店，2016年，第19页。

⑤ ［英］卡尔·波普尔：《历史决定论的贫困》，杜如楫等译，上海：上海人民出版社，2009年，第2页。

以发现历史的规律或趋势。这种历史主义预设了人类理性可以发现历史中的任何因素,且历史是理性的、有规律的。波普把柏拉图视为历史决定论的先驱,马克思和黑格尔是历史决定论的标志性人物。在他看来,由于人类理性的限度、偶然性和人类知识的不断增长等难以确定的因素,试图依靠社会学实现发现历史规律或趋势的做法是错误的,由于"几乎所有的历史主义拥护者都否认在自然科学意义上研究'历史规律'的做法,这就等于否认了历史可为预言提供根据"①。正是因为波普对决定论的批判,使他在一定程度上成为历史主义者。

在以上阐述的四种观点中,第一种和第四种明显是与历史的观点相矛盾的。因为无论把历史主义视为决定论,还是某种逻辑原则,在历史现象的背后都预设了永恒不变的规律或稳固的统一原则,历史决定论的最终结果往往是历史哲学,变成超验论。而这恰恰是历史主义者所反对的。第二种、第三种意义上的历史主义往往又被认为是相对主义或主观主义。从整个 19 及 20 世纪历史主义运动的潮流来看,它总是试图寻求一种"既是客观的、又是历史的"价值标准,小心翼翼地穿行于绝对主义和相对主义之间,不同的历史学家或思想家不是倒向了普遍主义的历史观,就是变成了相对主义者;于是,历史主义似乎成了一种美好的幻想。"既是历史的又是客观的"历史标准何以寻觅?如何把相互缠绕的历史主义区分开来?这构成了历史主义能否为自己成功辩护的关键所在。

(四)历史主义对传统政治哲学的反叛

历史主义是一种适用于认识人类社会现象的方法论和认识论,它不仅适用于史学领域,也同样适用于一切人文科学的领域。对于与自然科学相对立的人文科学领域,历史主义运动就是一次方法论意义上的"启蒙运动"。19 到 20 世纪,历史主义对政治学的研究产生了重大的影响,使政治学研究从"哲学范式"转移到了史学范式。正如后来波普尔所言:"历史主义产生之后,人们研究政治学和哲学的态度发生了根本转变,任何对政治生活的恰当理解"必定建立在对历史的沉思和阐释的基础之上。"②这种历史主义的政治学与古典政治哲学截然不同:古典政治哲学仅仅把历史看作"政治哲学的预备与辅助","唯有历史知识才能防止人们将某个时代和某

---

① [美]德怀特·李,罗伯特·贝克:《历史主义的五种含义及其评价》,见《当代马克思主义国外评论》,北京:人民出版社,2009 年,第 319 页。

② [英]卡尔·波普尔:《开放社会及其敌人》(第 1 卷),陆衡等译,北京:中国社会科学出版社,1999 年,第 25 页。

个国家的具体特征误认为政治事务的本质"；[1]历史主义则把历史作为一种科学的方法和起点，从历史、现实出发研究政治。它更侧重于"现实的政治"是怎么样的，而不是仅仅关注"理想的最佳政制是什么"，或者政治的"本质"是什么的问题。历史主义的政治学不再从人类社会的外部寻求某种超验的或绝对的标准，而是努力从人类历史中发现政治生活的准则。

首先，历史主义把政治学从传统"形而上的"哲学思维方式中解放出来，恢复了政治的本来面目。西方普遍主义的政治思想传统始于柏拉图，"当柏拉图在《国家篇》的洞穴比喻中，将人类事务(human affairs)领域，即所有属于生活在共同世界中之人的事物，描述为黑暗、混乱和欺骗的时候，我们的传统就此发端"[2]，这一传统就是哲学对政治的压制与厌弃。哲学家们幻想用一把"普遍的"尺子来衡量、裁剪那些现实的、丰富的城邦生活，用关于政治的"知识"代替多种多样的"意见"。这种源于古典政治哲学的思维方式是抽象的，其标准是外在于人类社会的，是将研究自然的方法机械地运用于人类事务。历史主义主张用历史的方法研究人类事务，因为"历史探讨的是人类，将人类当作能够思考、感觉、渴求和行动的动物来加以探讨"[3]。

把历史的方法运用于人类政治现象的研究，不仅是对人类主体性的确认，即政治的主体是人、政党或国家，政治总是人类的政治；它还意味着从一个国家的社会结构、历史传统来解读政治的必要性。由于政治源于抱有不同价值观和世界观的人们之间的冲突，而且分裂、冲突与斗争构成了政治的本质，因此，"政治生活首先关心的是人们生来便从属的某个共同体，甚至往往关心个体的处境"[4]。对政治的这种历史理解不但不是祛除价值判断，而且其本身就蕴含着价值判断，即承认人类总是历史性的存在。当现代政治科学奉行价值中立的立场，运用自然科学的方法去研究政治时，它恰恰忽略了对于政治而言最本质的东西。

历史主义反对用哲学或自然的方法研究政治，主张把政治的东西还给政治，恢复政治的本来面目。芬兰学者凯瑞·帕罗内在研究当代剑桥学派

① [英]列奥·施特劳斯:《什么是政治哲学》,李世祥等译,北京:华夏出版社,2011年,第47页。

② [美]汉娜·阿伦特:《过去与未来之间》,王寅丽等译,南京:译林出版社,2011年,第013页。

③ [英]以赛亚·伯林:《浪漫主义时代的政治观念》,王岽兴等译,北京:新星出版社,2011年,第228页。

④ [美]施特劳斯:《什么是政治哲学》,李世祥等译,北京:华夏出版社,2011年,第69页。

之一斯金纳的思想时指出，历史的研究把现实政治生活本身当作起点，从而恢复了政治行为主体的重要地位，从此，政治现实的价值不再被哲学所贬低，或者“只起着某些原则的承担者或代表者的功能”。现在，政治主体的言行被看作是对行动的首要解释，“通过关注政治行为主体不断转换问题，对政治的理论化使得这种行动的特性和意义变得清晰和得到反思”①。

其次，历史主义的政治是行动的政治。亚里士多德把人的生活分为三类：享乐的生活、公民大会的或政治的生活、沉思的生活。② 其中享乐的生活是动物性的生活，属一般人的生活，沉思的生活属于哲学家。政治学研究的是公民的生活，具有科学与技艺的双重性质，属实践科学。因此，亚里士多德认为“政治学的目的不是知识而是行为”。③ 阿伦特认为，“行动”一词最为清楚地彰显了政治生活的特性。“行动，是唯一不需要以物或事为中介的，直接在人们之间进行的活动，相应于复数性（plurality）的人之境况，……人之境况的所有方面都在某种程度上与政治相关，但复数性却是一切政治生活特有的条件——不仅是必要条件（conditio sine qua non），而且是充分条件（conditio per quam）”。④ 这里对“行动”的强调至少具有以下几种含义：首先，行动与人的复数性（历史性）这一特性相适应，对于抽象的、单一的人性而言没有“行动”的必要。其次，行动是实践的政治，与人的行为与言辞相关。再次，行动与人的诞生性境况联系最为紧密，它具有开创新局面的能力。最后，人的行动具有不可测性。政治的情境多数是复杂的，经常需要做出紧急并且合理的判断，因此，政治行动是无法预测的，政治家们需要相当大的独创性，他们自身也常常面临被淘汰出局的危险。这就是阿伦特从前柏拉图的荷马史诗和希罗多德的作品中所领悟到的政治的含义。到了柏拉图时代，哲学家们出于对永恒与沉思的偏爱开创了形而上的理性传统，最终以“沉思的”哲学压制了“行动的”政治。

20世纪思想家克罗齐在其历史主义中致力于恢复“行动”的地位。他认为，“行动不是对确定的美好纲领的翻译或实施，而是一种创造、每次运动都在革新和发展的创造，并且它总是一种危险或冒险、果敢行为”。行动是历史不可或缺的部分，它赋予历史以活力，也是联系理论与实践的纽带。

---

① ［芬兰］凯瑞·帕罗内：《昆廷·斯金纳思想研究：历史·政治·修辞》，李宏图等译，上海：华东师范大学出版社，2005年，第3页。

② ［古希腊］亚里士多德：《亚里士多德》，廖申白译注，北京：商务印书馆，2003年，第9页。

③ ［古希腊］亚里士多德：《亚里士多德》，廖申白译注，北京：商务印书馆，2003年，第7页。

④ ［美］汉娜·阿伦特：《人的境况》，王寅丽译，上海：上海世纪出版集团，2009年，第1—2页。

“历史认识从行动中产生，即从澄清并重新模糊、混乱的行动理想的需要中产生，通过思考发生的事实，使重新确立行动理想成为可能并准备新行动。”①克罗齐的这种对行动的理解与阿伦特的基本一致，即不管对于历史还是政治，行动都是最基本的要素。我们在马基雅维利和霍布斯的政治哲学中，可以看到对古罗马等历史人物“行动”的赞美。他们认为“只有关于以往已经发生的行动的知识，才是关于实施人类行为准则的唯一清晰的知识”②。当历史主义者恢复了行动在政治学中的地位时，也就意味着把政治从传统普遍主义、沉思的哲学式理解中解放了出来，回归到了政治自身。

再次，历史主义对19世纪的民族和国家学说也产生了重要影响。17和18世纪自然法理论始终面临这一困境：抽象的理论无法解释丰富的政治实践，“在实际政治活动极为清醒和经验的观点与奠基于自然法之上普遍的国家理论类似的鸿沟之上，也无法架设桥梁”③。在英国思想家柏克那里，自由主义的抽象国家理论已经遭到了严厉的批判。他用有机论和生成论的历史观点来阐述现实的国家，以历史的权利反对抽象的自然权利。19世纪，历史主义的兴起，使“民族精神”和“国家理由”成为这一时期政治学的关键词，民族与国家被视为特殊的个体。梅尼克称“‘国家理由’是民族行为的基本原理，国家的首要运动法则”，“它们会随国家本身及其环境当中发生的改变而敏锐地变化”。④ 尤其在德国的浪漫主义运动中，对启蒙哲学中普遍主义的批判已经达到极致。赫尔德等思想家对文化多样性和民族特性的强调，与爱国主义、非理性主义糅杂在一起，强烈地冲击了启蒙运动以来的政治理性主义。

历史主义对国家的强调与16世纪的政治学说不同，马基雅维利、霍布斯等思想家是在与宗教相对的人文主义的意义上，主张世俗王权和主权国家在政治中的核心地位。17、18世纪的自由主义通过抽象的自然权利，把国家降格为“工具性”的存在。自由主义者相信：人对自由、民主等权利的需求是根本性的，也是普遍的。历史主义则认为人类是以民族、国家为单元的历史性存在，人类历史的“每一阶段都和任何其他阶段不同，所以都有

---

① [意]贝内德托·克罗齐：《作为思想和行动的历史》，田时纲译，北京：商务印书馆，2016年，第146—147页。

② [美]列奥·施特劳斯著：《霍布斯的政治哲学》，申彤译，南京：译林出版社，2001年，第100—101页。

③ [德]弗里德里希·梅尼克：《历史主义的兴起》，陆月宏译，南京：译林出版社，2010年，第105—106页。

④ [德]弗里德里希·迈尼克：《马基雅维利主义》，时殷弘译，北京：商务印书馆，2017年，第51页。

它的一定的特殊的原则。在历史当中，这种原则便是‘精神’的特性——一种特别的‘民族精神’”①。民族精神是由一个民族的传统、结构等内在性的东西所决定的，它也决定了国家的意志。因此，国家意志绝非单个人意志的总和，而是高于个人的存在，是国家灵魂与存在的根基。这样，历史主义以民族、国家代替了自由主义的抽象个人，把它们视为政治分析的基本要素，从历史、精神（文化）的视角理解政治问题。自由主义者的国家是工具性的，不具有任何道德色彩；历史主义者的国家是生成的，是有机论的，国家具有道德意义。历史主义者看到；自由主义的后果是要么把道德理想设想成来源于抽象的人性，并因此是普遍性的；要么认为人类在这一问题上是自由的，自然权利即主观性的权利。历史主义既反对普遍的政治哲学，又不认为这一问题的答案是无解的。政治是受何谓善好的问题引导的，这一问题应该与每个国家、民族的精神和历史传统相关。

最后，历史主义的兴起使政治研究发生了全新的变化。当代美国著名科技哲学家库恩在探讨范式的转变时曾经指出：从旧范式的危机到新范式的出现，远远不是一个积累的过程，即对旧范式的修修补补或简单的扩展。“它是一个在新的基础上重建该研究领域的过程，这种重建改变了研究领域中某些最基本的理论概括，也改变了该研究领域中许多范式的方法与应用。”②这就意味着：在价值观上，要用一种基于现实的多元主义方案代替传统的一元论政治哲学。多元主义认为：“存在着许多不同的道德传统、良善生活的观念以及更为具体的道德原则、理想、美德、职责和权利”，从良善生活的意义上讲，“价值的多样性就是道德的”。③ 从价值多元论的角度看待政治现象，至少可以看作是对传统政治研究中的真理与谬误、是与非、文明与野蛮的简单二分法的补充与完善。由于每个社会的历史传统与社会情境不同，对善的看法也应该不同，这种比较必然是复杂的、历史性的。因此，多元主义更加符合人类政治的实际状况，也更加具有解释力。在方法论上，历史主义既反对过去形而上学的抽象方法，也反对自然科学的实证主义，政治如同历史一样，需要“理解”“想象力”等历史科学或精神科学所采用的研究方法。正如伯林所言，我们“需要在一定程度上了解人们处于什么样的状态——他们如何感受、他们想要什么、什么观念影响了他们

① ［德］黑格尔：《历史哲学》，王造时译，上海：上海世纪出版集团，2006年，第59页。

② ［美］托马斯·库恩：《科学革命的结构》（第四版），金吾伦等译，北京：北京大学出版社，2012年，第73页。

③ ［美］约翰·凯克斯：《反对自由主义》，应奇译，南京：江苏人民出版社，2005年，第224页。

……这类理解显然与我们理解彼此的方式……同我们通过经验的方法所完成的相似,而十分不同于科学归纳的方法”①。

历史主义反对近代自然法论者简单地把自然科学的方法应用于社会现象的研究,坚持历史科学才是认识人类事务的唯一科学。政治现象是独特的,每一个政治事件的发生都有其特殊的原因与历史情境。如果我们仅仅抽象地把握不同的事件的共性,是没有任何意义的。即使政治科学家们通过这种方法得出了关于政治的理想化的原则和科学,它依然只能是削足适履,对现实的解释能力始终是有限的。历史主义虽然自称可以胜任解释政治现象的任务,满足政治学家们对政治理解的特殊化要求,但其面临的困难依旧是严峻的。正如伯林所言:

> 黑格尔主义者相信这是通过一种理性直觉获得的;马克思主义者、实证主义者和达尔文主义者认为要通过科学研究;谢林及浪漫主义追随者认为是通过赋有灵感的“活力论”和“神话诗学”的悟性,通过艺术天赋的启发;等等。②

因此,就方法论而言,历史主义者们所倚重的方法是杂乱而非精确的,有时也是神秘和非理性的。正如施特劳斯所言,“历史主义本质上不可能符合历史精确性的标准”③。这样,历史主义就成为“一张毫无意义的网”,每个社会的价值观念都符合其历史,而且是合理的,历史主义就走向了相对主义。

二、历史相对主义

如果说历史主义的出现引发一场思想革命的话,它本身蕴含的相对主义却对政治哲学构成了潜在的威胁。当历史主义把启蒙哲学和历史哲学作为自己对手时,历史主义和相对主义就难区分了。在绝对主义者那里,历史主义就等于相对主义了。现在,如何把历史主义从相对主义中拯救出

---

① [英]以赛亚·伯林:《浪漫主义时代的政治观念》,王岽兴译,北京:新星出版社,2011年,第230页。

② [英]以赛亚·伯林:《现实感:观念及其历史研究》,潘荣荣等译,南京:译林出版社,2011年,第10页。

③ [美]列奥·施特劳斯:《什么是政治哲学》,李世祥等译,北京:华夏出版社,2011年,第57页。

来,就成为历史主义的迫切任务。毫无疑问,相对主义和历史主义存在着诸多相同之处:在价值观上都反对绝对主义的普世的、永恒的终极价值论,主张历史性和多样性的价值。在认识论上,它们都强调人类的理性认识不具有绝对性和完美性,并受认识能力和历史条件的制约。于是,绝对论者常把历史主义和相对主义混同起来,对历史主义视为相对论进行批判,指责历史主义的出现使人们失去了判断真与假、善与恶的理性标准,甚至有重新回到“封闭社会”的可能。虽然历史主义与相对主义有相同或相似之处,历史主义也存在滑向相对主义的可能性,但它们有本质的区别。

(一)相对主义:对客观主义的反抗

众所周知,相对主义是与绝对主义相对立的思想观念,也被称为历史相对主义。这种观念宣称:真理、理性、正义等诸如此类的普遍性概念必须根据特定的概念结构、理论框架、生活方式、社会或文化等相关的背景进行理解。① 它拒绝只存在一个普遍性和终极性的人类价值观,主张必须根据人类的历史处境来理解各种价值观念,这样以来,一切价值标准或理性原则都是属于“我们的”或“他们的”,一切思想观念都是历史性的。纵观西方哲学史,相对主义并不是一种现代特有的观念。在古希腊就出现了与绝对主义相抗衡的相对主义哲学,赫拉克利特、克拉底鲁和智者普鲁泰戈拉就是那一时期的典型代表。在近代,率先攻击笛卡尔唯理主义的是具有浓厚怀疑论和相对主义色彩的贝克莱和休谟。在现代,历史主义与德国唯心主义传统的结合促生了当今时代的相对主义。

现代相对主义是批判和否定历史客观性的逻辑产物。历史要成为一门自律性的科学,就必须有客观性为之理论的基础。这里的“客观性”是假设在不同的历史表述之外必有某种独立的客观历史事实,人们最终也能完全真实地认识和把握这一事实。柯林伍德从词源学角度指出,“历史学是一个希腊名词,原意只是调查和探究”②。因此,从其作为一门学科在古希腊出现时,历史学的目标就是追求历史知识的客观性,并以之代替神话对过去所做的不真实的叙述。由于受形而上学思维方式的支配,历史在古希腊时只是一个边缘学科,其学术地位还不如诗歌,更不用说哲学了。在中世纪的神学背景下,历史体现的是上帝目的及其实现过程,历史学展现

① [美]理查德丁·伯恩斯坦:《超越客观主义与相对主义》,郭小平等译,北京:光明日报出版社,1992 年,第 9 页。

② [英]柯林伍德:《历史的观念》,何兆武等译,北京:北京大学出版社,2010 年,第 20 页。

的是上帝的观念。自近代以来,自然科学的研究范式影响着人文科学的发展,近代历史学家如同自然科学家一样,执着于对客观性的追求。他们认为,要想成为自律性和规范性的科学,历史学就必须获得像自然科学一样的确定性的客观知识。17 世纪末期,笛卡尔派的历史编纂学提出了历史客观性的三大原则:一、没有任何权威让我们怀疑,我们所知道的事物是不可能发生的;(2)不同的权威之间必须互相对勘并协调一致;(3)权威著作必须用非文献的证据加以核定。① 到了 19 世纪,新兴的实证主义对证据的精确考查和批判到了前所未有的程度,并致力于发现事实之间存在的因果联系。可以说,实证主义既丰富了历史材料,又推动了历史学的发展。

受启蒙哲学的影响,近代对历史客观性的追求逐渐走向了形而上学的客观主义。这种观点固执地认为,"存在有或者必定有一些永久与历史无关的模式或框架,在确定理性、知识、真理、实在、善行和正义的性质时,我们最终可以诉诸这些模式或框架"②。也就是说,存在着一个独立于人类的客观世界,这个世界具有确定的本质与属性。这种客观主义的哲学基础显然源于康德的先验哲学,也与传统的形而上学有关。另外,这种客观主义也是基础主义的,根据这种理论,我们必须首先确定某一学科的哲学与知识的稳固基础,才能使之成为真正的科学,避免相对主义的结论。在黑格尔式历史哲学中,通过思辨而提出的某种先验原则或精神是独立于人类历史的客观存在,也构成了人类作出价值判断的唯一标准。这些概念或框架既是非历史的,又是唯心论的,既无法在理论上解释历史的变化,也不能在实践上指导人们进行有效的行动。这种思辨的历史哲学构成了历史主义批判的目标。

历史主义的兴起既冲击了历史哲学所描绘的形而上学的世界图景,使思辨的形而上学和历史哲学一道走向瓦解,同时,也带来了历史研究中的悲观主义和非理性主义。在一些历史主义者看来,史学家的研究对史实往往是有选择性的,他们根据自己的固有的观念和兴趣进行选择和研究,主观性无法祛除,客观是不可能的。就像尼采所认为的那样,当历史主义者得出"历史的就是合理的"这一结论时,它就是对理性的让步,也是理性自身的倒退。这种对历史和人类理性的悲观看法在德国思想家中很快弥漫开来。德国的历史理论拒绝了黑格尔的历史是有意义的过程的观点,恰如

---

① [英]柯林伍德:《历史的观念》,何兆武等译,北京:北京大学出版社,2010 年,第 63 页。

② [美]理查德丁·伯恩斯坦:《超越客观主义与相对主义》,郭小平等译,北京:光明日报出版社,1992 年,第 9 页。

伊格尔斯所言："历史学家们无法在历史中追溯出有意义的发展，或者甚至无法从发生学的角度来研究过去。他只能满足于从尽可能多的方向观察和切开历史的剖面。"①在1870年德国爆发政治危机之后，德国思想界中国家主义理论开始兴起，一些德国历史学家的客观性历史概念已经把国家与伦理相分离，视"权力国家"本身为根本目的，形成了失去道德约束的现实主义的"国家理由"或"国家权力"的国家观，这种理论也为后来的法西斯主义铺平了道路。历史主义中的非理性主义表现为对自然科学方法研究历史的排斥。在德国历史主义者看来，人类历史并非基于自然科学的那种理性，历史学必须找到适合处理历史材料的合理方法。因此，之后的批判和分析的历史哲学主要表现为对实证主义史学的批判与历史主义认识论的研究。

19世纪以来，德国的历史主义通过对传统思辨历史哲学的批判得到巨大发展，达到前所未有的水平。但是，由于德国存在唯心主义的悠久传统，其历史主义的相对主义倾向也愈加明显。对于实证主义，后来的历史学家主要批判其对客观事实的过度重视和因果关系论。梅尼克对德国历史编纂学中所表露出的实验室的气息极其反感，他如此评论当时的历史研究："把事实置于理论之上，并认定只有个别地记录在档案之中的事件才是确凿可靠的。这里出现了朝向专业化的转折，学者们对于越来越少的事情知道得越来越多。"②另一方面，历史学家已经注意到了理性方法在历史研究中的缺陷，把批判的矛头对准了实证主义的因果论和历史规律说。在认识论上，德国历史学家更多强调历史地理解。但是，对理解的过分强调也导致削弱甚至否定历史客观性的倾向。比如在19世纪狄尔泰的思想中，就已经出现了相对主义的苗头。一方面，他认为任何历史事物都是相对的。历史只能从内部进行认识，只能依靠直接的体验；历史也是生命的体现，只有用生命、灵感才能理解历史。另一方面，他又矛盾地强调绝对的、客观的事物是体现在一切事物之中的"客观精神"。不同于以往的是，狄尔泰所说的"客观精神"又源于个人直接的主观体验。因此，狄尔泰的历史主义已经走向了相对主义，在他的作品中，"正如黑格尔发现的那样，我

① ［美］格奥尔格·G·伊格尔斯：《德国的历史观》，彭刚等译，南京：译林出版社，2006年，第170页。

② ［美］格奥尔格·G·伊格尔斯：《德国的历史观》，彭刚等译，南京：译林出版社，2006年，第173页。

们发现客观精神的各种形态(例如语言)是不停顿地变动着的"①。在梅尼克看来,歌德代表了德国历史主义的发展顶峰。与狄尔泰一样,歌德从生命的角度理解人类历史,相信生命中最重要的是生命过程本身,而不是它的结果,历史也是如此。因此,歌德已经率先突破了历史目的论对历史过程所加的限制,走向强调个体性和多样性的道路。"历史主义与相对主义当然是相互依赖的。这一点在歌德也表现了出来。"②曼海姆是德国相对主义在20世纪的代表人物,施特劳斯曾对他的知识社会学进行了批判。在曼海姆看来,当我们把一个陈述表现为意识形态,意指的是,只有借助表达这个陈述的那些条件才能理解它。为了避免相对主义的结论,曼海姆把意识形态分为特殊的和总体的含义:特殊的意识形态指"那些观点或陈述看作是对某一状态真实性的有意无意的伪装,而真正认识到其真实性并不符合论敌的利益"③;总体的意识形态是指"某个时代或某个具体的历史——社会集团(例如阶级)的意识形态,前提是我们关心的是这一时代或这一集团的整体思维结果的特征和组成"。他还强调,"无论特殊的或总体的意识形态都是强调思想和历史的关联"④。为了避免滑向相对主义,曼海姆不成功地求助于一种客观的思想风格或视角结构。但是,依靠这种视角依然无法获得客观的历史知识,诚如曼德尔鲍姆所言,"他所说的思想风格或视角结构是个别的认识者的处境和意志活动的产物"⑤。

历史中蕴含的相对性与启蒙史学对历史客观性的追求是矛盾的。尤其是在德国的历史主义者看来,绝对的历史客观性是不可能的。主要原因在于:在客观上,每位历史学家只是从一个侧面或角度观察历史,不可能把握历史事件的全貌。如果他想描述事件的整个过程,唯一的途径就是借助于其他历史学家的文献。同样,其他历史学家又会面临一样的困境:"这就是他与他试图描述对象的接触是有限的,他绝不可能直接地和完整地感知

① ［美］莫里斯·曼德尔鲍姆:《历史知识问题:对相对主义的答复》,涂纪亮译,北京:北京大学出版社,2012年,第48页。

② ［德］弗里德里希·梅尼克:《历史主义的兴起》,陆月宏译,南京:译林出版社,2010年,第550页。

③ ［德］卡尔·曼海姆:《意识形态与乌托邦》,黎鸣等译,北京:商务印书馆,2000年,第56页

④ ［德］卡尔·曼海姆:《意识形态与乌托邦》,黎鸣等译,北京:商务印书馆,2000年,第57页。

⑤ ［美］莫里斯·曼德尔鲍姆:《历史知识问题:对相对主义的答复》,涂纪亮译,北京:北京大学出版社,2012年,第59页。

他的对象。”①因此,任何历史学家都不可能准确、客观地记录历史的真实情况。另一方面,人的理性本身也有限度的。人类理性的有限性特征决定了历史学家也不可能准确认识事物的本质,因为他也会误把事物的表象看作本质。从主观上,历史学家是怀着自己的价值判断去收集和记录历史,因此他的历史知识很难是完全客观的,这也是曼德尔鲍姆讲的“负荷着价值(value-charged)”,也就是说,“每一个历史判断都带有一种肯定或否定的符合,都有一个与其对象相靠近或者相排斥的方面”。② 沃尔什则把导致非客观的因素归纳为四种情况:(1)个人的好恶;(2)集体的偏见;(3)各种有关冲突的有关历史解说的理论;(4)根本的哲学冲突。③ 历史性的价值走向了多元,受特定价值观念影响的历史学家不仅不能实现客观、公正地评价历史事件,即使在历史证据的收集和整理上也不能做到完全客观公正。由此看来,历史的客观性似乎是永远不可能的。否定了历史的客观性之后,历史主义与相对主义就无法清晰地区分了,正是在此意义上,历史主义成了相对主义的代名词。

历史主义本身就具有相对性,这是毋庸置疑的,但其与相对主义还是存在差别的。从认识根源上看,历史主义与相对主义都受现代历史观念的影响,都承认人类的认识受历史环境的制约与影响。但是,稍加用心,我们还是可以从细微处辨别两者的差异:从其目标来看,历史主义反对的是自然法传统中绝对的、永恒性的价值理念,并主张任何价值观念都受特定时间和空间条件的制约。如果说普遍主义要超越任何参照系的话,那么,如果没有参照体系,历史主义者就不拒绝对它们的解释。相对主义的对手则是形而上学的客观主义。这种客观主义把任何知识都看作是独立于认识主体的绝对存在。从结果来看,历史主义并不否认客观知识与真理的存在,但只承认这些真理或知识只是部分的或有限的真理。相对主义则直接否定了知识和真理的可能性。如亚当·沙夫指出的那样:历史主义与相对主义不仅主张认识的非绝对性和历史性,“而且主张判断的真理性也是历史地受条件制约的”。当历史主义承认认识的历史可变性,并进而指出它在发展的每一真实阶段所具有的主要局限性时,“这并不意味着某种同样

① [美]莫里斯·曼德尔鲍姆:《历史知识问题:对相对主义的答复》,涂纪亮译,北京:北京大学出版社,2012年,第17页。

② [美]莫里斯·曼德尔鲍姆:《历史知识问题:对相对主义的答复》,涂纪亮译,北京:北京大学出版社,2012年,第23页。

③ [英]沃尔什:《历史哲学导论》,何兆武等译,桂林:广西师范大学出版社,2001年,第102页。

的言论有时是真理有时是谬误。而意味着它永远是部分真理,绝对真理只是一个无限过程的界标"①。因此,相对主义的错误根本在于,把认识的历史性和条件性与真理的相对性等同起来,从而错失了获得真理的可能性。

同样,当施特劳斯把历史主义等同于相对主义时,在理论上也是犯了同样的错误。他固执地寻求超越历史的绝对标准,指责历史主义者"所提供的所有标准都是含糊不清的,因此都不适合作为标准而存在",最终的结果是"唯一存在的都具有纯粹主观性的特征,支持这种标准的除了个体的自由选择以外别无其他"②。可见,施特劳斯接受了尼采的观点,历史主义不再具有任何客观性,只是一种无法辨别善恶的相对主义了。在当代,施特劳斯之所以犯这样的错误,除了历史主义暗含的相对性这一理论困难外,主要原因还在于其坚守苏格拉底开启的那种古老传统,这就是"特殊的或历史的标准只有以某一普遍原则为依据才能具有权威性,正是这种普遍的原则赋予个人以服从传统或历史标准的义务"③。从这种古典观念出发,施特劳斯几乎是顺理成章地将历史主义与相对主义等同起来。

(二)相对主义的困境

相对主义作为一种理论,不仅会导致人们在认识上的混乱,在实践上也是极其有害的。毋庸置疑,相对主义也具有一定的积极作用。一方面,对于绝对主义而言,相对主义是一副不容忽视的解毒剂。自古以来,绝对主义的哲学体系在西方哲学史中占据了支配地位。它从某种先验的或绝对的前提出发解释世界,并在逻辑上使这一解释体系化和普遍化,但最终却导致了自身的僵硬化和失去了解释力。在历史哲学上,绝对主义的历史观贬低了历史多样性和可变性的意义,探求一种普遍的历史,以静止的历史代替了变化的历史。在价值观上,绝对主义建构一个个普遍主义的信仰,否认了人类价值的多元性和人类选择的自由。对于绝对主义而言,相对主义也是对它的一种批判或解构。和历史主义一样,相对主义在某种程度上也承认了历史的多样性和价值之多元性,当然也具有一定的宽容性和批判性。它极力反对绝对主义的一元性、独断性和封闭性,以一种批判、怀

① [波]沙夫(Adam Schaff):《历史主义和相对主义》,徐汝庄译,《国外社会科学文摘》,1987年01期。

② Leo Strauss:*An Introduction to Political Philosophy*:*Ten Essays*, edited with an introduction by Hilail Gildin, Wayne State University Press ,1989. P108.

③ Leo Strauss:*An Introduction to Political Philosophy*:*Ten Essays*, edited with an introduction by Hilail Gildin, Wayne State University Press ,1989. P107.

疑的态度看待绝对主义。从其积极的一面看,也可以说是人类思想的解放性力量。

相对主义这种积极作用仍然是有限的,其主张的理论观点也是难以成立的。首先,从认识论上看,相对主义与绝对主义一样,都没有正确思考认识主体与客体的关系,以及知识如何可能这一问题。马克思主义的认识论主张:人类知识的获得是认识主体与客体辩证作用的产物。客观存在构成了认识的来源和基础,这是第一性的,但人类的思维并非是被动而是能动地反映它。如果人为地把主体与客体割裂开来,或者偏向其中的任何一方,就极有可能导致客观主义或相对主义的错误。客观主义强调的是一个与人的主体和历史无关的超验的客观模型或范畴,并以之作为认识的基础。这个永恒的客观存在,就是柏拉图哲学中的永恒的"理式",也是康德主张的独立于我们的"自在之物"。相对主义者并非一定否认客观存在之可能性,但是,它否认人类有能力获得客观之知识。正如历史学家曼德尔鲍姆指出的那样:"没有任何一个相对主义者否认历史'事实'是客观上可以辨认的。不过,相对主义把下述两种事实分开:一种是被给予的事实;另一种是历史学家以它们为依据作出的历史记录。"①普特南也认为,历史主义者之所以容易转向相对论,这与它本身蕴含的内在实在论有关。内在论者主张"构成世界的对象是什么这个问题,只有在某个理论或某种描述之内提出才有意义"②。根据历史主义或内在论的理解,真理根本不是主体对客体的真实反映,仅仅是客体被某一主体所接受的过程。这样,相对论者就赋予认识主体以重要地位,从而弱化了主体之外的客观实在。由于认识主体的历史性和多元性,普遍的真知也就不再可能了,历史主义就走向了相对主义。

其次,相对主义理论自身也存在着悖论。柏拉图是最早对古希腊的相对主义提出批判的思想家。在批判普罗泰戈拉的相对主义时,就已经指出其理论面临的困难:"当我说 X 时,我其实应该说我认为 X,即 X 对于我而言是真的"。这意味着同一事物对于不同的人具有不同的意义。这句话又可以转述为"我认为我认为 X",但是,"添加'我认为'的过程是可以永远

---

① [美]莫里斯·曼德尔鲍姆:《历史知识问题:对相对主义的答复》,涂纪亮译,北京:北京大学出版社,2012 年,第 15 页。

② [美]希拉里·普特南:《理性、真理与历史》,童世骏等译,北京:上海译文出版社出版,1997 年,第 55 页。

重复的!”[①]也就是说可以转化为无穷尽的“我认为我认为……X”。柏拉图称之为“归谬论证”。后现代思想家福柯从现代结构主义出发,也批判了相对主义的这一理论困境,“如果形式为‘X相对于某人P是真的或证明为正当的’这样的陈述本身是绝对地真或假的,那么,毕竟存在着一个绝对的真理(或证明为正当的)概念,而不仅仅是为我之真,为诺齐克之真,为你之真等等。但一个彻底的相对主义者会不得不说,X相对于P是否真这本身也是相对的”[②]。甚至施特劳斯在批判历史主义时也谈到这一问题:当相对主义者自称他的观点为真的时候,他同时又坚持真理是相对的。结果只能是,相对主义本身既是真实的又是虚假的,因此,一个持这种立场的人不可能一贯地坚持相对主义而又不违背它。

最后,最为关键的是,相对主义导致了人们认识和道德观念的混乱,直至拒绝价值判断。一方面,相对主义承认立基于一个人之历史处境的观念对于这个人而言是真的,另一方面,它又声称一切真理都是相对的。这本身就是一个理论悖论。如果相对主义是真实的,或者客观的知识无从获得,那么我们如何取得思维和行动的正当性呢?人们跨越历史、文化谈论正义、道德和善又有什么意义?可以预见,“相对主义倘若得到奉行,将导致十足的混乱”[③]。到那时,人们不仅无法区分道德与非道德、正义与非正义,也将把文明社会与野蛮社会一视同仁。因为在历史主义或相对主义看来,一切观念都是由其历史情境决定的,文明社会与野蛮社会都能从其历史中汲取合法性。正如迈尼克在评价历史主义的“国家理由”学说及其后果时指出的那样,“他已经在削弱什么是最佳国家形态这一问题对所有关于国家的理论构建施加的强有力的影响。由国家理由促进的一切思想将不可避免地导致背离之,而且倘若得到首尾一致的贯彻,就将最终导致一个认识:没有什么最佳国家形态,只有各自不同的国家,其中每个都必须根据它自己的特殊条件而非普遍规范生活”[④]。因此,如果把历史主义贯彻到底,历史就是一张充满了偶然性的、毫无意义的网,在其中既无法找到历史的主线,也寻不到区分善恶的绝对标准。正因为如此,施特劳斯认为历

① [美]希拉里·普特南:《理性、真理与历史》,童世骏等译,北京:上海译文出版社出版,1997年,第130页。

② [美]希拉里·普特南:《理性、真理与历史》,童世骏等译,北京:上海译文出版社出版,1997年,第131页。

③ [美]列奥·施特劳斯:《古典理性主义的重生》,郭振华等译,北京:华夏出版社,2011年,第53页。

④ [德]弗里德里希·迈尼克:《马基雅维利主义》,时殷弘译,北京:商务印书馆,2008年,第125页。

史主义带来了我们时代的危机、政治哲学的危机。

(三)历史主义的客观性辩护

当代学界在批判历史主义时,大部分也都是在指责其相对主义的后果。如前所述,二者在反对永恒、普遍的理性原则或真理标准上达成了一致。二者的主要区别似乎聚焦于历史客观性问题上:相对主义拒绝绝对的、永恒价值标准,还反对历史主义的客观性。相对主义主张,一切真理都是"我们的"或"他们的",任何"认为存在着可以称作'理性标准'的东西,真正普遍的并且随着历史或时间改变的标准,都是一种错觉"①。到了最后,人们在历史知识问题上达成一致或者得到客观性的历史只是一种幻觉,这也是施特劳斯得出的结论。在施特劳斯看来,历史主义"在其所有形式中都或明或暗地否认了那不可否认的历史客观性的可能性"②。那么,历史性就等于主观性吗?从历史主义的形成和发展来看,它一直在为历史的客观性进行辩护,只是由于其立场与方法论的局限,这一努力并不那么成功。

历史主义主张一切标准都是历史性的、可变化的,且这种历史也是客观性的,有关历史的知识是可能的。它强调了人的历史知识源于客观的历史情境,但这一客观并不等于不会发生变化,反而以变化的情境为前提。曼海姆在为历史的客观性做辩护时,谈到了历史知识与实际生活经验的关联:

> 产生于我们在实际生活环境中的经验的知识,虽然不是绝对的,但却仍然是知识。产生于这种实际生活中的准则并不存在于社会真空中,而是像对行为的认可一样有效。(历史主义的)关系论只表明在一个特定的环境中的含义的所有成分相互关联,并在特定类型的思维框架中从这种关系中取得其意义。这样的一种含义系统只是在特定类型的历史存在中才是可能的或有效的。它一度为这一类型的历史存在提供了恰当的表现形式③。

---

① [美]理查德丁·伯恩斯坦:《超越客观主义与相对主义》,郭小平等译,北京:光明日报出版社,1992 年,第 9 页。

② [美]施特劳斯:《自然权利与历史》,彭刚译,北京:生活·读书·新知三联书店,2016 年,第 34 页。

③ [德]卡尔·曼海姆:《意识形态与乌托邦》,黎鸣等译,北京:商务印书馆,2000 年,第 97 页。

虽然这种关联并不能摆脱后人对其相对主义的指责，但却为我们理解历史的客观性提供了有力的证据。同样，历史学家诺维克认为，历史事实是历史客观性得以存在的前提和基础，历史事实“是先于并独立于解释，一种解释的价值就在于它在多大程度上解释了事实而加以判断的，……真理只有一个，而非依视角而异”①。因此，我们可以看出，历史主义认为人类获取客观的历史知识是必须且可能的。总之，在涉及历史知识问题上，相对主义的态度是怀疑主义，而历史主义却明显反对这种看法。

历史主义者已经清醒地认识到，属人科学的客观性（包括历史学）不同于自然科学知识的客观性。在自然科学中，科学研究的对象是不变的自然或自然中的不变的规律，而历史的研究对象为有生命之人的历史。比较而言，历史知识更多地与人的主观性存在更多的关联。恰如比尔德所言：“无论历史学家采取何种行动来纯化自己，……无论多大程度上让他们抑制自己，都不可能让怀特变成特纳，或者将他们中的一位变成一面中立的镜子。”因此，完全客观的历史是不存在的，所有的历史知识是主观性与客观性的辩证统一。不难看出，历史主义反对的只是传统的客观主义的绝对知识观，进而主张一种“理解性知识”的可能性。伯林指出，这两种知识观之间的差异标志着自然科学与人文学科的分离。客观主义的或自然科学的知识观与西方传统的认识论相一致。它建立在三个并不充分的假设之上：一、凡是真正的问题，都只有一个唯一的正确答案：其他所有的答案都是错误的。二、为一切真正的问题提供正确答案的方法，从性质上讲是理性主义的，其他都是非理性的。三、这个解答，不管是否已经被发现，它必然有着普遍、永恒和一成不变的正确性。② 这种观点如此悠久，它认为世界是一个能够用理性主义进行认识的、而且受某种规律支配的单一体系。人类所经验的世界之所以是多样化、无规则的，其根源在于我们的理性一直受到各种假象的蒙蔽。近代自然科学和笛卡尔的唯理主义又强化了这一传统观念。启蒙时期的人们错误地认为，无论自然科学还是历史科学，都可以用同样的方法获得关于自然和历史的真知。近代历史学家维科首先质疑了这一传统。他认为数学只是人类自己创造的、解释世界的模式与学说。根据它只能得出逻辑上的必然性，但不能获得自然界的真知；因为自然不是人类的作品，人类只能具有自己创造东西的知识，即关于历史的

① Peter Novick: *That Noble Dream, The "Objectivity Question" and The Amercian Historical Profession*, Cambridge University Press, P1.

② ［英］伯林：《反潮流：观念史论文集》，冯克利译，南京：译林出版社，2002 年，第 99 页。

知识。维科把通过数学推理获取的知识称为“verum”。它是只适用于求知者本人所创造的事物的“先验真理”,以区别于关于自然的知识(certum)。在他看来,历史是人之理性可以理解或把握的,“在显而易见出自人为的建构——艺术作品、政治结构或法律制度,总之,一切受规则支配的学科中,存在着一个人能够从内部加以认识的知识领域,即人类的历史,因为它是人创造的”①。历史知识的获得不能用自然科学的方法,而是依靠“理解”去获得历史知识。伯林认为理解历史就是:

> 理解人为自己创造的那个世界是什么样子,他们对它有什么要求,他们感受着什么需要、目的和理想;他想找出他们对这个世界的看法;他追问什么需求、什么问题、什么报复决定着一个社会对现实的看法;他认为自己创立了一种新方法,它会向他揭示出人们据以思想和行动、改造他们自身或世界的范畴。②

维科等历史主义者认为可以通过直觉、想象力和移情等方法,复活或再现古人的生活情境,进入古人的视角来研究历史,以此获取历史的知识。伯林高度称赞维科的历史主义意识到了自然科学和人文科学的差异,“已经打开了一扇通向一个新思想领域的窗户”③。但是,通过理解历史获得客观的历史知识的可能性却遭到部分学者的质疑。

首先,通过历史主义的理解方法能否获得客观的历史知识,是大有疑问的。历史主义者坚持自然世界与人的世界区分,反对运用自然科学的方法研究人类历史,因为人类历史是一个具有生命和精神的发展过程,通过“内部”的眼光观察历史,我们就能理解古人的意图。伯林虽然同意历史主义的理解知识观,并称其“打开了理解人类历史的又一扇窗户”,但对其方法的可行性提出了质疑。维科相信通过对古人语言、礼仪和神话的历史研究,我们可以领会古人的写作目的,理解每一个历史阶段的文化与价值。伯林反问道:

> 从什么意义上说,是人“创造”了自己的历史?自觉的努力,各种可以的尝试:为了自己解释世界,从中发现自我,从中获得所需,把手

① [英]伯林:《反潮流:观念史论文集》,冯克利译,南京:译林出版社,2002年,第115页。
② [英]伯林:《反潮流:观念史论文集》,冯克利译,南京:译林出版社,2002年,第126页。
③ [英]伯林:《反潮流:观念史论文集》,冯克利译,南京:译林出版社,2002年,第143页。

> 段用于目的……理解、交流和创造,所有这一切都可以说成工作或创造的类型。但是这省略的太多:甚至最先进最精巧的心理学方法也无法保证能够予以揭示的无意识和非理性的"冲动";偶然性的作用;我们的生活和工作与之发生相互作用的整个自然界,它仍然难以看透,因为根据假定,它并不是我们双手或头脑的产物。既然我们没有"制造"它,它所包含的东西怎么作为 verum 来把握呢?怎么又可能存在这种综合的 scienza(科学)呢?①

伯林认为,建立在记忆和想象上的历史知识是不可证明或分析的,除非以它本身为依据。因此,在他看来,尽管历史主义者提出了一种认识历史的新方法或新模式,但这种模式毕竟还不健全,只是一些初步的、不成形的猜想和轮廓。

其次,彻底摆脱研究者本人的价值观念,完全实现历史主义主张的同情式理解也是不可能的。施特劳斯认为,历史地或同情式理解就意味着研究者进入古代人生活的社会场景,或接受这个社会的价值观念,并遗忘自身。通过内在地同情式理解,研究者就有可能进入古人的世界、获得关于历史的真知。但是,即便有人经常进入这种状态、进行这种理解,他也会感到无所适从,因为所有这些价值都是从内部为真,从外部看则有可能为假。为了避免这种结果,我们还得求助于我们自身的价值信念。由于同情式理解又以我们超越自己的历史处境,或者在某种程度上保留对其他社会的献身为前提,于是,在献身于自己的价值与诚实地理解其他社会价值之间就会出现激烈的冲突。也就是说,一方面,对其他文化的理解程度依赖于研究者对研究对象的献身程度,另一方面,"只有我自己的献身、我自己的'深度'才可能向我揭示其他人的献身与程度,我的感知必定受限于我的献身"。② 因此,在施特劳斯看来,"普遍的同情理解并不可能。毫不掩饰地讲,无法两全其美;一个人不可能同时享有普遍理解的优势与存在主义的优势"③。德国思想界卡西尔也对历史主义的"同情式理解"进行了批判。他认为:

---

① [英]伯林:《反潮流:观念史论文集》,冯克利译,南京:译林出版社,2002年,第138页。

② [美]列奥·施特劳斯:《古典政治理性主义的重生》,郭振华等译,北京:华夏出版社,第52页。

③ [美]列奥·施特劳斯:《古典政治理性主义的重生》,郭振华等译,北京:华夏出版社,第52页。

> 如果历史学家成功地忘却了他的个人生活，那他就会由此而达不到更高的客观性。相反，他就会使自己无权作为一切历史思想的工具。如果我熄灭了我自己的个人经验之光，就不可能判断其他人的经验。①

由此可见，不仅历史主义主张的完全同情式理解在研究中是很难做到，而且一旦坚持下去，还有可能摧毁历史知识的基础。

为了避免陷入相对主义，历史主义者又通过诉诸某些客观范畴或认识形式，为历史知识的客观性辩护。西美尔主张，历史知识依赖于一切被写出来的历史，这种历史又与那些普遍的和必然的范畴相联系。这些客观范畴是先验地存在于事物的整体之中，是使事物的各个组成部分结合在一起的东西。它们并不依赖于人们对它们的领悟而存在，但人们可以通过跨主体的直接感受，从而领悟到它们的存在。对于历史材料的获取，齐美尔诉诸主体间的经验或类比判断。他认为，“历史材料不外是从心理经验的具体性和个别性方面的对心理经验的理解……，这种心理经验或者可能是一个人的经验或者是别人的经验”②。这些被认识的经验之中包含着客观性的范畴。通过跨越主体间的感受，我们就把我们自己所体验到的自我的结构，与这种客观的统一整体区别开来。这些范畴的作用在于保证依据这些范畴得到的历史知识不受时代偏见的制约。然后，我们再用这些范畴去检验那些构成整体的要素，并对之进行综合。无疑，齐美尔的方法是繁琐的，也是经不起理论推敲的，正如后来曼德尔鲍姆所评价的那样：“如果我们的类比判断的普遍性值得怀疑，那么历史理解似乎就与艺术融合起来了，因为那些范畴本身并不能保证它们被应用其上的材料要素具有完全相同的性质。因此，这些范畴没有为客观性提供证据，至多只提供了对历史学家的心灵如何从类比判断提供给他的材料中构造出历史这一点所做的说明”③。也就是说，根据先验范畴，从材料中得出的那种理解上的综合并没有任何客观性的保证。因此，试图通过某种客观范畴或认识形式以获取历史知识的观点，并没有摆脱相对主义的嫌疑。

如果应用韦伯的价值与事实的二分法，也无法摆脱历史性与客观性之

---

① ［德］恩斯特·卡西尔：《人论》，甘阳译，上海：上海译文出版社 1985 年，第 237 页。

② ［美］莫里斯·曼德尔鲍姆：《历史知识问题：对相对主义的答复》，涂纪亮译，北京：北京大学出版社 2012 年，第 81 页。

③ ［美］莫里斯·曼德尔鲍姆：《历史知识问题：对相对主义的答复》，涂纪亮译，北京：北京大学出版社 2012 年，第 83 页。

间的困境。韦伯把世界分解成价值世界和认知世界，对于价值世界，人类理性是不足以解决问题的，不同价值观之间的冲突是一个既定的事实，既无法调和，也不能成为经验研究的对象。对于认知世界，韦伯则相信合理与客观的认识是可能获得的，只要我们在研究社会现象时恪守价值的中立。价值之不同源于文化的多样性和个体的差异；而科学具有普遍性。人类的理性不受文化或心理因素所制约，处处具有统一性。与其他历史主义者相同，韦伯也承认自然科学与人文科学的划分，也基本认同文化科学研究中的社会现象与价值观念之间的关联，必须借助于移情式的理解，但这并不能排除量化规律和因果解释的作用。把自然科学的方法应用于人类行为研究是可能的，也是可行的。韦伯也承认社会研究者并不试图得出普遍的人类价值或共同的人性，而是致力于人性在具体处境中的具体价值和形式。如伊格尔斯认为的那样，韦伯的目的在于"通过引入分类和类型学，给巨大的多样性赋予秩序"①。由于文化现象的纷繁复杂，研究者选择的对象并不必然在其他方面有着逻辑的或有机的关联，因此，韦伯试图通过分类选择，既保证了研究结果的客观性又照顾到了研究对象的差异。最终，韦伯自己的研究也没能坚持这一划分。比如在政治问题上，他依然相信政治家是永远离不开信仰的。把事实和价值领域分开，韦伯客观知识的获取是以牺牲历史为代价的。在他的思想中，"历史不再是一个有意义的过程，并且成了无法解决的价值冲突的领地"。②

总之，历史主义者对客观性的辩护，不是依赖于一些所谓"客观的"观念，就是把自然与历史、主观与客观分离开来。就前者而论，这些历史主义者大都带有唯心论的特征，从抽象的观念出发研究历史。对他们而言，客观性就是"所有认真调查它们的人都能接受"③。这种意义上的客观性实际已经脱离了历史的实在，其本质就是一种唯心主义的先验论。就后者而论，某些历史主义者虽然承认了历史事实的存在，但把事实与价值相分离，就等于割裂了认识主体与客体的关联。因此，历史主义就滑向了一步之遥的相对主义。作为一种方法论的历史主义，要求我们把主体与客体联系在一起，历史地或辩证地看待社会价值或文化中的客观性。这种客观性当然

---

① ［美］格奥尔格·G·伊格尔斯：《德国的历史观》，彭刚等译，南京：译林出版社，2006 年，第 214 页。

② ［美］格奥尔格·G·伊格尔斯：《德国的历史观》，彭刚等译，南京：译林出版社，2006 年，第 223 页。

③ ［英］沃尔什：《历史哲学导论》，何兆武等译，桂林：广西师范大学出版社，2001 年，第 97 页。

不是那种自然科学中绝对的、静止的客观性，而是历史性的、非绝对意义上的、动态的客观性。历史主义只是提醒我们任何价值观念都有产出它的历史环境，拥有不同价值观的人观察理解事物带有不同的视角，并没有否定客观存在的历史性事实。

三、历史主义：进步还是回归

施特劳斯所批判的历史主义就是作为一种德国思想传统的历史主义，即相对主义。如今，这种源于德国的思想传统已经波及到以美国为代表的整个西方世界，甚至成为时代思想的主流。布鲁姆如此描绘美国社会思想的状况：

> 把它们统一在一起的只有相对主义和他们对平等的忠诚。这两者在一种道德意图中相互关联。真理的相对性不是一种理论观点，而是一种道德要求，是自由社会的存在条件，至少他们是这样认为的。他们早就形成了这种思维模式，它已经成为美国自由社会的传统基石——不可让渡的自然权利——的现代替代品。①

美国人相信平等的相对主义是自由社会的基石，是反对绝对主义的思想武器。表面上看这样的社会应该是一个开放的社会：不同思想观念的人们可以和平共处。实则不然，“开放导致了美国的固步自封……大肆张扬的大开放其实是大封闭”②，自满的美国人似乎再也找不到可以学习的文明或文化，以至于整个美国社会充满了“封闭的精神”。施特劳斯把这种现象称之为自由民主向放纵主义的退化，自由民主的原本核心是尽职尽责的个体，现在蜕化为放纵的平等主义。根据历史主义的理解，单一的文明被复数的文明（或文化）所取代，这些共存的文明都自称是合理且平等的，彼此之间没有高低优劣之分。在非西方国家，历史主义也导致了民族中心论和封闭的文化，他们把一己之善与至善等同起来，混淆了认知之善与文化之善，最终，各种意识形态的理论占据了过去政治哲学所占据的位置，人类社会失去了任何改善的可能性。在施特劳斯看来，正是历史主义使人类

---

① ［美］艾伦·布鲁姆：《美国精神的封闭》，战旭英译，南京：译林出版社，2006 年，第 001 页。

② ［美］艾伦·布鲁姆：《美国精神的封闭》，战旭英译，南京：译林出版社，2006 年，第 010 页。

退回到“洞穴”之中,把人类社会变成了“封闭社会”。

柏拉图的“洞穴论”已经蕴含了关于“封闭社会”的理论,现代法国哲学家柏格森(Henri Hergson)对这一学说进行了阐发。柏氏认为,人的道德源于两个方面:一是共同体所赋予的、迫于社会压力的“义务”道德,一是作为个体“抱负”的、爱的引力的道德。当一个社会仅仅关注于前一种道德义务时,便形成了“封闭社会”,即“成员凝聚在一起,对其余的人类社会毫不关心,总是警惕着忙于自卫,随时准备进行战斗”①。一般而言,封闭社会出现于人类社会的开端,处于社会中的人们服从的是“本能”。波普尔曾把封闭社会看作是“神秘的或部落的或集体主义的社会”②。人类社会的另一端则是“开放社会”,这种社会“向所有人开放”,“它是那些杰出的精英们不时表达过的梦想,总是在各种创造中体现出自身;每次创造活动都多少对人类发生着深远的影响和改变”。③ 在开放社会中,人们服从的则是“智慧”。施特劳斯基于历史的不可知论,把理由与成见看作一回事,无法对之进行分辨;把历史主义的社会等同于前科学社会的“洞穴”,两者共同具有封闭性和非理性的特征。在施特劳斯看来,从前哲学的“意见和习俗”自然洞穴到现代历史主义所导致的特殊主义社会是一种“回归”。正如甘阳所言:“施特劳斯的‘政治哲学’的第一步恰恰是要重新把人首先从这所谓的‘真理和光明世界’引回到‘意见和偏见’的世界,即引回到原初性的现实的政治世界。”④正是历史主义的失败,迫使施特劳斯重返古典的自然正当。

施特劳斯认为,“现代方案的失败在科学,在认为科学能够从原则上解决所有谜团和释放所有禁锢的信念”⑤。消除了迷信与偏见,人类也就能跳出前哲学的自然洞穴,迎来一个没有纷争的普世社会,政治社会也将终结于这一伟大时刻。启蒙哲学家们忽略了古典哲学家的那一洞见,即“政治生活的实质由政治知识与政治意见的混合所引导”。⑥ 他们乐观地认为

---

① [法]亨利·伯格森:《道德与宗教的来源》,王作虹等译,贵阳:贵州人民出版社,2000年,第163页。

② [英]卡尔·波普尔:《开放社会及其敌人》第一卷,陆衡等译,北京:中国社会科学出版社,1999年,第335页。

③ [法]亨利·伯格森:《道德与宗教的来源》,王作虹等译,贵阳:贵州人民出版社,2000年,第164页。

④ 甘阳:《政治哲人施特劳斯:古典保守主义政治哲学的复兴》,见施特劳斯著,彭刚译《自然权利与历史》(导言),北京:生活·读书·新知三联书店,2016年,第66页。

⑤ [美]施特劳斯:《苏格拉底与政治问题的起源》,肖涧译,见刘小枫选编《西方民主与文明危机》,北京:华夏出版社,2018年,第186页。

⑥ [美]施特劳斯:《什么是政治哲学》,李世祥等译,北京:华夏出版社,2011年,第6页。

人类理性可以克服自然给予我们的限制,人类社会也可以超越“诸神之争”的混沌状态,实现至善至福的政治理想。事实证明,现代科学的发展不但不能消除不同社会之间的意识形态争论,同样也不能带来人类幸福和德性的提升,作为历史主义的现代哲学又把人类推回到了前哲学时期的“洞穴”状态。

然而,如果我们一旦区分开了历史主义与相对主义,前哲学的“习俗主义”的社会与历史主义社会之间的差异还是可以进行辨别的。古人把好的与祖传的等同起来,这意味着,“正确的方式是由神或神子或神的弟子们建立起来的:正确的方式必定是神的法则”①。当不同的习俗与神谕发生冲突时,人们便对自己的社会产生了质疑,导致了对自然的追问与古典哲学的出场。可见,“习俗”既是神圣的,也是神秘的、非理性的,它是古典部落社会或前哲学时期城邦存在的基础。古典哲学的产生,则标准着人类开始追求一种理性的、良善的生活,一种符合“自然”的生活。在古典哲人看来,城邦对于人来说也是自然的,“一个足够大的社会,足以满足所有本质的自然需求,但又足够小,足以限制人的需求和关切的自然力量”②。哲学作为城邦的一部分,是超越城邦(政治)的,但它并不谋求摧毁城邦。古典哲人知道:哲学只是取代意见的尝试,并不能完全消灭意见。

现代理性主义及其自然法传统完全无视人类理性不及的那一领域,无视各个政治社会的历史传统和文化差异,把“洞穴的假象”认为是人类走向真知道路上的障碍,乐观地认为科学可以消除各种迷信与成见,普遍的自然法能够指导人类走进“自由的王国”,其后果只能是导致战争与暴政。而历史主义的出现却是对启蒙哲学的普遍主义和抽象个人主义的一种反对,是人类认识政治社会的一次方法论意义上的革命。正是历史主义使人们把思想形式与一定社会的历史传统、社会结构联系起来,把过去视为“习俗”的、洞穴的观念理解建立在科学的基础之上。正如曼海姆所言,“正是迄今一直被隐蔽者的思想对群体存在的依赖以及思想根植于行动的情况变得清晰可见的时候,人们才第一次有可能通过明了这些情况而对先前在思想中无法控制的因素获得了一种新的控制方式”③。现代的“历史”与古

① [美]列奥·施特劳斯:《自然权利与历史》,彭刚译,北京:生活·读书·新知三联书店,2016年,第81页。

② [美]列奥·施特劳斯:《古典政治哲学引论》,扎科特整理,娄林译,上海:华东师范大学出版社,2018年,第47页。

③ [德]卡尔·曼海姆:《意识形态与乌托邦》,李步楼等译,北京:商务印书馆,2017年,第28页。

代的"习俗"是根本不同的，后者是神秘的、不可理解的，而前者则是对后者的一种科学的解释。这就是为什么维科称历史为不同于自然科学的"新科学"，马克思称之为人类理解自身的"唯一科学"的原因。

历史主义反对启蒙哲学中世界主义的幻想和人的一致性观念。在政治理论上，历史主义强调每个国家、民族具有不同的发展历程、社会结构与文化传统，"每个民族都有其要实现的神圣使命，足以尊重彼此的特殊价值和生活方式，即便各民族不能共享它们"①。于是，历史主义再次得出了人类社会总是以多样性的政治社会的形式存在的结论。与启蒙史观不同，当历史主义片面强调特殊性与历史性，甚至抛弃历史理性时，便走向了相对主义的迷途：

> 相对主义带着义愤或轻蔑反对我们伟大西方传统所固有的绝对主义——这种绝对主义的本质前提是，这个传统相信一种理性而普遍的伦理有其可能，或自然正当有其可能；相对主义还以褊狭为罪名来指控这个传统。相对主义者同情(His heart goes out to)简朴的尚无语文的族群，这些人珍视他们的价值，没有在自身的基础上提出过分的主张。但这些简朴的人并不践行做戏般的或同情的理解。由于缺乏这种理解，他们并不以这种唯一合理的方式接纳他们的价值，也就是说这些价值除了得到他们的献身以外没有任何支持。②

当历史主义走向相对主义时，它便失去反思与批判的意识，使人们重新回到神秘的洞穴之中。这时，历史主义便同习俗主义一样，把自己降格为一种前科学的理解，使人们对特殊社会的理解如同部落社会一样，丧失了理性的基础。如果我们返回到古典，回顾历史观念的发展，施特劳斯的这种逻辑推理或者说当代历史主义的这种后果，恰恰违反了历史的初衷。古希腊的历史学家在论述人类历史时，从未仅限于某个城邦的历史，从未丧失比较的视野。正如布鲁姆所言："根据希腊人的理解，历史学和人类学的作用仅在于探寻过去和其他民族为发现自然本性做出的贡献。历史学家和人类学家要对不同的民族和风俗进行检验并超越它们，就像苏格拉底

---

① ［英］以赛亚·伯林：《浪漫主义时代的政治观念》，王崇兴等译，北京：新星出版社，2011年，第243页。

② ［美］列奥·施特劳斯：《社会科学与人文学问》，曹聪译，见施特劳斯著，潘戈编，郭振华等译的《古典理性主义的重生》，北京：华夏出版社，2011年，第53页。

对待个人一样。”①因此，历史主义的相对主义化仅仅是一种现代理解：当历史主义在反对普遍主义的自然法传统时，对个体性和特殊性的强调使其陷入了相对主义的泥潭。

根据历史主义的理解，人类思想观念的多样性决定了他们不可能就“共同的善”达成一致，这意味着人类社会至少将长期以政治社会的形态存在下去，但这绝不意味着政治社会就是封闭社会，历史主义也不等于相对主义。历史主义者认为，既然人类的善表现在各种彼此竞争的生活方式之中，“价值观念的竞争已然成为我们共同的状态，对我们而言，多元主义是一种历史命运”②。面对相对主义的指责，历史主义者从多元主义的角度为自己进行辩护，这种辩护首先发生在历史学领域，然后扩展到了哲学与道德伦理领域。

当代美国哲学家莫里斯·曼德尔鲍姆把这种历史多元论概括为：

> 历史多元论是这样一种观点，它认为被我们称之为历史过程的那一系列相继发生的事件是由众多数目不定的成分组成，这些成分并没有组成一个完全连接在一起的集合物。按照这个观点，不论我们把历史过程看作一个整体，或者把这个过程中的任何一个组成部分分离出来，我们都会发现这些事件本身的各个组成部分只不过按照时间顺序相互连接在一起。③

这种历史多元论认为，以往的历史学家们往往试图确定每个历史事件的全部原因，即它所依赖的存在条件，从而把单个的历史事件联系起来，或发现其中的历史规律或历史趋势。事实上，这种历史联系是不存在的。

一方面，“任何一个特定事件所依赖的那些亚事件本身也被看作事件，作为那样的事件，它们具有一种无可否认的自主性（autonomy）”④。每个历史事件都由若干亚事件所组成，每个亚事件又存在组成自己的那些亚事件。它们虽然发生在同一时间段内，或具有时间上的持续性，但每个特定

---

① ［美］艾伦·布鲁姆：《美国精神的封闭》，战旭英译，南京：译林出版社，2011年，第013页。

② ［英］约翰·格雷：《自由主义的两张面孔》，顾爱彬等译，南京：江苏人民出版社，2005年，第43页。

③ ［美］莫里斯·曼德尔鲍姆：《历史知识问题：对相对主义的答复》，涂纪亮译，北京：北京大学出版社，2012年，第187—188页。

④ ［美］莫里斯·曼德尔鲍姆：《历史知识问题：对相对主义的答复》，涂纪亮译，北京：北京大学出版社，2012年，第188页。

事件所依赖的各个亚事件之间或许是无任何关联的；两个事件可能与同一事件相关，但它们本身之间却无关联。历史过程中的诸多事件虽然存在某种渗透，它们却没有构成一个相互关联的集合体。因此，我们就无法用历史的一元论对它们进行解释，对历史事件这种理解无可避免地把我们引向了历史的多元论。

另一方面，“我们已经发现这种联系并非在每个场合下都是一种必然的联系”①，这也使我们不得不接受历史多元论的结论。必然联系意味着当事件A与事件B存在这种关系时，B的出现也要求A一定出现。曼德尔鲍姆认为这种在自然科学中发现的科学规律，在历史过程中未必如此。波普尔、伯林等也批评这种研究历史的做法否认了历史的偶然性和人类选择的自由，导致了历史决定论。首先，在历史主义者看来，某一历史事件的起因是多种多样的，人类理性不足以穷尽引起事件发生的所有原因和这些原因相互之间的关系。其次，历史学家研究的视域不同，对引起问题产生的原因的认识也不同，因为历史解释总是与历史判断纠缠在一起②。最后，如果我们要研究一个事物，我们就不得不选择它的某些方面。我们不能观察或描述整个世界或整个自然界。③ 从这些有选择的描述中，我们得出的某些必然联系也是不可靠的。因此：

> 可以说历史学家所关注的不是事件之间的必然联系。然而，这就意味着历史学家放弃了历史一元论，因为对一元论而言重要的是追溯必然联系，人们就不能认为这些事件构成一个一一相互关联的集合物。因此，我们看出历史学家所采用的那种存在性依赖关系促成了被我们称之为历史多元论的那种观点。④

历史多元论否认了通过对历史事实的研究发现某种历史规律或历史目的的可能性，也颠覆了以往的历史有机体论。历史主义所揭示的历史过程也并非是按照某种历史逻辑发展的过程，依据历史主义者对历史事件和过程的理解，只能得出一种关于历史多元论的观点。这种理解历史过程的

---

① [美]莫里斯·曼德尔鲍姆：《历史知识问题：对相对主义的答复》，涂纪亮译，北京：北京大学出版社，2012年，第189页。

② [英]E. H. 卡尔：《历史是什么》，陈恒译，北京：商务印书馆，2008年，第207页。

③ [英]卡尔·波普尔：《历史决定论的贫困》，杜如楫等译，上海：上海人民出版社，2009年，第61—62页。

④ [美]莫里斯·曼德尔鲍姆：《历史知识问题：对相对主义的答复》，涂纪亮译，北京：北京大学出版社，2012年，第189页。

观点必然引起人们对于道德看法的转变，因为我们的道德判断是一种在概念框架内的判断，而这一概念框架本身也正是历史的产物。① 于是，历史主义不仅证成了历史多元论，在政治思想上也引发了一种关于多元善的观念。正如伯林所言：“这种历史主义显然与另一种观点无法调和，那种观念认为真、善、美只有一个标准，有些文化或个人更接近于这标准，这个标准由思想家加以确定并由社会活动家加以实现。”②与善的一元论不同，善的多元论者认为历史的冲突正是源于不同的人们拥有不同的道德、理想和幸福的标准，即不同的善观念。这些不同善的观念之间并不存在统一的、加以比较的标准，也正是这些不同的善构成了丰富多彩的人类社会。

价值多元的存在并非是现代社会独有的现象。自由主义者格雷认为“希腊的多神论表达了价值来源无法还原的是多元的这样一种信念”。③在中世纪，基督教价值系统与异教价值系统之间同样存在着难以调和的冲突。但不可否认的是，西方传统的价值一元论一直占据着主导地位，多元主义在西方政治哲学传统中听不到任何“回声”。16 世纪的宗教战争和人文主义运动不仅打破了基督教关于在尘世建立美好国家的神话，也使人类开始正视多元化的社会现实。

早期的自由主义思想家们对于长达一个世纪的血腥的宗教战争记忆犹新，他们逐渐意识到：在良善生活的问题上人们无法达成一致。如何在善的多元化这一前提下组织人类的政治生活，是这些思想家思考的中心问题。自由主义就是他们为之设计出的一种政治解决方案，即在最大可能保障人类自由的前提下，建立一个最小的、管得最少的政府。格雷把自由主义的方案称之为“权益之计”。他认为，“自由主义源于对‘权宜之计’(modus vivendi)的追求”，“‘权宜之计’表达了这样一种信念，即人类可以以多种形式茁壮成长。在这些生活形式中，有一些价值是无法比较的。当这样的生活方式相互对立时，它们之间没有一个是最好的。属于不同生活方式的人们不一定就存在分歧，它们只是不相同罢了”。④ 罗尔斯也承认人类道德的多元化是一个不可否认的事实，自由主义只是为拥有不同善观念的人们提供了达成政治共识的平台或框架。因此，在某种程度上说，多

① ［英］E. H. 卡尔：《历史是什么》，陈恒译，北京：商务印书馆，2008 年，第 179 页。

② ［英］以赛亚·伯林：《反潮流：观念史论文集》，冯克利译，南京：译林出版社，2002 年，第 6 页。

③ ［英］约翰·格雷：《自由主义的两张面孔》，顾爱斌等译，南京：江苏人民出版社，2002 年，第 4 页。

④ ［英］约翰·格雷：《自由主义的两张面孔》，顾爱斌等译，南京：江苏人民出版社，2002 年，第 1—5 页。

元主义也是自由主义的一个基本价值,或者说自由主义已经暗含了多元主义。自由主义所主张的自由、宽容就体现了多元主义的价值诉求。

从以上论述可以看出,自由主义本身是反对任何意识形态的,因为它反对把任何一种价值观诉诸任何其他价值观之上。然而,自由主义的实践远非如此。自由主义本身并非仅仅是一组价值,它更是一种连贯的、包罗万象的价值观。它虽然没有将自身立基于传统的形而上学之上,但也是源于某种永恒不变的人性假设。自由主义把人性统一于自我保存,将生命、自由和财产等视为天赋的不可剥夺的自然权利。在价值观上它已经否认了自身:

> 他们相信自主和自由主义的基本价值的要求优先于与之相冲突的其他价值的要求,正是这种信念使他们成为自由主义者。如果他们认为自主的生活只是良善生活会采取的许多可能的生活方式的一种,或者如果他们认为即使自由、平等、权利和分配正义的要求被其他价值所压倒,一个社会仍然可以是美好的,那么他们将会失去自由主义的任何资格。当然,自由主义者明白这一点,而且他们认为自由主义的价值应当压倒非自由主义的价值。①

这样,自由主义处于一种无法摆脱的两难境地,如果它要坚持多元主义的初衷,自由主义就必然抛弃它所主张的基本价值的优先性,如果这样,自由主义也就不是自由主义了。如果它要坚持自身原则的优先性,自由主义也就不再是多元论的了。

四、一元论与多元论:施特劳斯与伯林之争

在即将告别20世纪之际,刘小枫先生曾应邀写一篇告别1999年的随笔。思虑好久,刘先生写下了《刺猬的温顺》一文。该文瞄定了20世纪施特劳斯与伯林之间暗含的关于价值一元论和多元论的哲学论争,之所以说是"暗含的",其原因在于伯林对于其消极自由的批判并没有正面回应。伯林认为施特劳斯是个顽固的一元论者,朽木不可雕,不值得回应。刘小枫先生之所以以"刺猬的温顺"为题,也在于伯林当年写了《刺猬与狐狸》一文,刺猬指坚定的一元论者,狐狸则代表价值观上的多元论者。这种称谓可

---

① [美]凯克斯:《反对自由主义》,应奇译,南京:江苏人民出版社,2002年,第223页。

追溯至古希腊诗人阿吉洛克斯那句名言“狐狸多知，而刺猬有一大知”。巧合的是，早在1964年，美国的詹姆斯·A·古尔德和文森特·V·瑟斯比两位教授合编了《现代政治思想》一书，同时收编了施特劳斯的《什么是政治哲学？》和《政治理论还存在吗？》两篇文章。可以说，施特劳斯和伯林确实代表了20世纪西方政治哲学两大对立的传统，每个人的观点又极其错综复杂，既有自己的真知灼见，也包含着难以消解的理论困境，其中孰优孰劣、孰高孰低当然并非那么显而易见、一目了然。

在历史观上，两人的对立态度是非常明显的。对于施特劳斯而言，历史主义“历史条件具有无形之墙的特性，是任何解答都不能成为普遍有效”①。为了维护人类对善之生活追求的正当性，施特劳斯是坚决反对历史主义的。伯林却是当代最具历史感的自由主义者，他反对的是“存在着客观、永恒且普遍的道德与社会价值”的传统观念，这种观念拒绝“任何历史变迁的影响”，且有理性之人必定能选择或接近它。② 伯林特别倚重历史的观念，但其历史的解释却是特别复杂的。首先，他反对历史的决定论。与施特劳斯的观点不同，伯林认为现代自然科学在社会科学领域的应用，导致的不是相对主义或历史主义，而是历史的决定论。如果一切都是历史所决定的，人类的道德选择将不再可能，自由也就失去了意义。其次，伯林同样反对历史相对主义。在《论历史的不可避免性》一文中，伯林已经指出了这种理论困境：如果“我们的状况是我们参考的唯一框架，如果他们知道我们的话，他们也会粗暴地谴责我们，因为他们的环境与价值也是必然的，具有同样的有效性”③。历史的观念要摆脱主观主义或相对主义的困境，必须依赖于“人类不同部分之间交流的可能性，依赖于某些共享价值的存在”④。在伯林那里，历史的状况是极其复杂的，既有客观的、理性的因素，也有浪漫主义所推崇的非理性的、精神与文化的因素。正是这些交杂在一起的综合境遇，决定了人类目的不可能是一致的，人类的诸多价值之间是冲突或不可公度的。

在价值论上，施特劳斯与伯林的观点也是难以调和的。在《刺猬的温顺》中，刘小枫曾经指出：“伯林与施特劳斯在根本问题上相当一致（比如人类的价值冲突不可解决），在诸多具体问题上又尖锐对立。”⑤这句话当

---

① ［美］施特劳斯：《什么是政治哲学》，李世祥等译，北京：华夏出版社，2011年，第59页。

② ［英］以赛亚·伯林：《自由论》，胡传胜译，南京：译林出版社，2003年，第27页。

③ ［英］以赛亚·伯林：《自由论》，胡传胜译，南京：译林出版社，2003年，第113—114页。

④ ［英］以赛亚·伯林：《自由论》，胡传胜译，南京：译林出版社，2003年，第27—28页。

⑤ 刘小枫：《刺猬的温顺》，《书屋》，2001年02期。

然是含糊不清的,我们应该如何理解呢?施特劳斯和伯林都在现实性上承认人类价值的冲突性不可解决。其实,施特劳斯认为的只是价值冲突不可能彻底解决,因此,政治社会必定是人类社会的常态。但是,他明显没有止步于此,也不是悲观地承认人类理性对于现状无能为力,而是指向了一种道德和政治上可能性:存在着一种绝对的“自然正当”,它既是人类的道德价值的目标,也为我们提供反思的基础。伯林则认为,价值多元性是一种悲剧性的现实,任何寻求共同基础的努力必然失败。简而言之,伯林对于人的自由持消极态度,是现实主义的,缺乏一种理想主义的道德关怀。他对历史的观察同样是偏向于无目的性和偶然性,对于历史中的理性过于悲观。正如我国台湾学者钱永祥先生所言:“历史乃是一个具有道德色彩的世界。这个世界由个人所创造,也是个人施展自由与有效介入的世界。在这一点上,伯林的思路是失之于消极了。”①

刘小枫进一步沿着施特劳斯的批判路径,指出伯林“用来支撑消极自由概念的相对主义价值观,恰恰是一种绝对主义”②。这种批判明显是对伯林的一种误解。虽然在摆脱相对主义的指责时,伯林提出了“共享价值”的概念,但这绝不是一种普遍主义的价值观。伯林强调,“这不是绝对的和严格的标准;存在着变数,因此存在着不能忽视的(和明显的)民族的、地方的、历史的特殊性,存在着偏见、迷信、文饰以及它们非理性的影响”③。也就说,这种标准并非来自传统的、先验的或普遍的理性标准,而是夹杂着历史中的理性与非理性、既客观又主观的因素。这种选择并非是依赖于先天的抽象的自由意志,而是存在着有凭有据、客观有效的标准。对于互相冲突的价值观,人们的理性也并非对之听之任之、束手无策,其中还是有着整合的可能性。如曼海姆指出的那样:“由于所有这些观点都产生在同一社会和历史的趋势之中,由于它们的片面性都存在于一个正在出现的整体基质,人们就有可能将它们相提并论,而它们的整合也就变成了一个必须不断地加以重述和解决的问题。”④也就是说,即便他说的“共享价值”也是历史性的,是临时性的解决标准与方案。它是社会交流的一个结果,既要跳出每个社会寻求当时共享的价值,也要照顾到每个社会的具体情况。

---

① 钱永祥:《动情的理性:政治哲学作为道德实践》,南京:南京大学出版社,2020 年,311 页。

② 刘小枫:《刺猬的温顺》,《书屋》,2001 年 02 期。

③ [英]以赛亚·伯林:《自由论》,胡传胜译,南京:译林出版社,2003 年,第 29 页。

④ [德]卡尔·曼海姆:《意识形态与乌托邦》,李步楼等译,北京:商务印书馆,2014 年,第 189 页。

对于价值多元的事实，施特劳斯的解释是政治性的，即通过哲学的政治化解决理论与现实之间的冲突，故此，刘小枫称之为“温顺的刺猬”。表面上看施特劳斯的政治哲学是开放性，其中却预设一元论的理论前提：没有一个绝对的标准，就无法对历史性的价值进行评判。钱永祥先生沿着伯林的超越性思路，却忽略了伯林对“共享价值”的解释，提出了价值多元论和普遍主义结合的可能性。他认为：“要让这样的价值选择及其理由有可能，便需要假定超乎一阶价值本身的理由是可能的。而这种能够针对不同的一阶价值展开‘共量’的理由，岂不正指向所谓的‘普遍’吗？”①对这一问题的批判和认识，我们必须跳出自由主义的立场，借鉴社群主义和保守主义的智识资源。借助于这种资源，历史主义者完全可以做出这样的回应和批判：历史主义并不否认在人类历史的某一阶段可以得出超出某一特定社会的价值共识，并以之作为评判各种社会价值合理性的标准。“多元主义也坚持认为有些价值不但在它们被持有的情境之内有其理性和道德的权威，而且在这种情境之外也有权威。”②历史主义坚持真理的有条件性，而不是否认其权威。任何共识都是来自于对某个具体历史社会所贡献的知识，来自于人们的经验。共识的价值之间存在冲突，共识价值与具体价值之间也存在冲突，把共识价值应用于不同的社会时，也要考虑各个社会的具体情况。共识价值只能用于一定历史阶段的价值评判，它不能完全应用于以往，更不能应用于未来，尽管历史具有连续性。当我们谈及这些冲突时，所有这些问题的存在还能证明普遍主义和多元论是相容的吗？共同规范是必须存在的，但它绝不能是普遍主义的而是历史性的，在某一历史阶段它具有相对的稳定性。

人类政治具有国内和国际两个面向，任何政治理论都必须对之做出合理的解释，但并不必然是逻辑上的一致。对于一个政治社会而言，达成某种共识是不难的，因为一个社会必须存在共识，不管它是理性的、历史的还是宗教的，这是某个特定社会存在的基础和前提。当面对国际环境时，情况要复杂得多。国际政治下的国家常常出于国家利益、文化传统等原因，制定自己的国际政策。“没有任何执政官能够给予各国正义的决定，并且以威力来维护这些决定。”③即便存在联合国这样的协调机构，它常常也是

---

① 郭永祥：《动情的理性：政治哲学作为道德实践》，南京：南京大学出版社，2020年，240页。

② ［美］约翰·凯克斯：《反对自由主义》，应齐译，南京：江苏人民出版社，2005年，第228页。

③ ［德］弗里德里希·迈尼克：《马基雅维利主义》，时殷弘译，北京：商务印书馆，2008年，第68页。

无力的。自由主义的对内和对外政策往往不一致,对内它是多元主义的,对外却是普遍主义的。这种做法恰恰是和政治的特性相矛盾的。当然,政治不是在冲突或对立面前无所作为,它的作用正是调和和消弭各种冲突。伯林的学说无疑夸大了不可调和的可能性,具有悲观主义的色彩,但这种对一致性的追求始终是历史性的或世俗主义的。人类有用理性解决冲突和弥合分歧的理想,这一理想照耀着我们前行,但它必须基于一种历史的可能性。

第六章 历史主义的自然正当:对施特劳斯的答复

现代科学不仅使永恒的自然不再可能,甚至使自然与历史一样成为流动性的了。这样,人类的思想似乎陷入了一些后现代思想家所担忧的"流沙"之上,不再存在任何牢固的根基。正如波普尔所言,我们将不得不面对这样一种情境:"无论是自然还是历史都不能告诉我们应该做什么,无论是自然的或是历史的事实都不能为我们做出决定,它们不能决定我们将要选择的各种目的。"①当失去哲学监护的政治学把自由作为政治生活的圭臬时,主观主义与虚无主义便盛行开来,政治也就失去了至善生活方式的意义,蜕变成了单纯的行政管理。泰勒在评价历史主义时曾经指出,历史主义告诉我们:虽然人类拥有更深层的共鸣的人类环境,但拥有与某种时间深度和承诺的隶属关系更加重要。"这些是我们只能靠探讨人类困境,探讨作为道德根源的地点的、我们置身于自然和他人之间的方式才能阐明的问题。"②不管历史与政治的关联多么紧密,也不论我们应该赋予历史多少意义,如果只是简单地摒弃自然,我们对政治的理解就不再是完整的。历史主义如果试图完成自身的辩护,也必须关注自然,走向一种经过扩展的历史主义。

一、重估自然

现代的自我观念和历史主义已经动摇和祛除了传统社会人们进行价值判断所依赖的自然或神的整全性观念,把个人或群体抛入了无根基的、虚无主义的现代性危机之中。在海德格尔看来,当代的哲学家们已充分认识到这一问题的严重性,如今,我们的时代已经"把重新肯定'形而上学'

① [英]卡尔·波普尔:《开放社会及其敌人》第二卷,郑一明等译,北京:中国社会科学出版社,1998年,第425页。

② [加拿大]查尔斯·泰勒:《自我的根源:现代认同的形成》,韩震等译,南京:译林出版社,2001年,第806页。

当作自己的进步”①。重新肯定形而上学就是要继续追问人之存在的意义，当然不是返回古希腊那种最普遍的和空洞的理解，而是从“存在者”和“此在”出发来理解作为现象的存在，并探询存在的历史性结构。海德格尔认为，古典的存在论是以广义的世界和自然作为参照物来理解存在的，但由于其非科学性和空洞性而被现代科学所遗弃。近代自笛卡尔以来，自我观念的兴起和人类中心主义的出现则遮蔽了这一问题。在对现代性的批判上，施特劳斯与海德格尔是一致的，在解决方案上却是南辕北辙。施特劳斯的古典自然正当并没有摆脱古典哲学的窠臼，海德格尔的存在主义解释陷入了虚无主义的现代性陷阱。在现代自然主义看来，我们必须重拾被德国历史主义者抛弃的自然，并避免施特劳斯式的古典理解。

如前所述，现代历史主义的立论基础是历史与自然之间的区分，这一区分源于维科对自然世界和人类社会不同特性的认识。正如施特劳斯所言，“‘历史’起初是指一种特殊类型的知识或探究。历史主义假设，历史知识的对象即所谓的‘历史’，是一个领域，这是它自身的‘世界’，截然不同于当然也关系到另一个‘领域’——‘自然’。这一假设最为明确地区分了历史主义与前历史主义的观点”②。这种区分一方面使人们认识到自然世界与人类社会的差异，并提出了把历史作为理解人类事务的新方法、新科学；另一方面，也开启了自然与人类社会疏离化的进程，降低了自然在人类生活中的地位。文艺复兴和启蒙运动不仅打破了以往传统哲学或宗教对人类思想的禁锢，更为重要的是确立了人类在宇宙中的中心和支配地位，并宣布了人类理性的胜利。这就是施特劳斯所讲的“现代思想之为现代思想，其首要特征可以说是人类中心性”③。一切以人类为中心这一判断，不仅遮蔽了超越于人的自然，还将导致这一重要后果：“一切真理或一切意义、一切秩序、一切美都源自思想者的主体，都源于属人思想，都源于人。”④这样，人类自身完全成为判断真理与谬误、美与丑、善与恶的标准，超越于人类的自然、上帝等失去了任何意义。

在施特劳斯看来，现代人类的“去自然化”还与道德观念的改变相关。

① ［德］海德格尔：《存在与时间》，陈嘉映等译，北京：生活·读书·新知三联书店，1999年，第3页。

② ［美］施特劳斯：《什么是政治哲学》，李世祥等译，北京：华夏出版社，2011年，第50页。

③ ［美］施特劳斯：《古典政治理性主义的重生》，潘戈编，郭振华等译，北京：华夏出版社，2011年，第315页。

④ ［美］施特劳斯：《古典理性主义的重生》，潘戈编，郭振华等译，北京：华夏出版社，2011年，第316页。

古代的政治与道德哲学强调的是人的义务,即便古罗马的思想家提出了权利,那也是奠基在自然义务之上的。人类的美德是对自然的沉思与仿效,正义也是遵循自然所规定的善。现代科学把人的理性彻底解放了出来,人类自身主宰着这个世界。自然不再拥有自身的目的,也不再与善有什么关联。相反,现代观念把人的权利视为一切政治的合法性基础,自然成为恶的起源与规约的对象。人类的美德也与人的激情与行动联系起来,一切都是人类行动的产物。霍布斯已经毫不掩饰地指出,"旧道德哲学家所说的那种极终的目的和最高的善根本不存在""幸福就是欲望从一个目标到另一目标不断地发展"①。当现代科学破除了永恒的自然观念,人类判断与行动就失去了任何先验的、高于人类的标准和根基。于是,人没有什么本质,只能求助于历史。

对于这种现象的出现,现代历史学家们也给出了自己的解释。如当代荷兰思想家弗雷德·斯皮尔从古代和现代人生活方式的不同差异论证了这一点:

> 基督教和伊斯兰教倡导的道德规范不言或很少言及人与自然之间关系的准则。出现这一状况的原因在于世界上最主要的几种宗教都是发端于城市背景,相比更为久远的前国家的宗教传统,发端于城市的现代宗教主要关注人与人之间的关系,……还有一点,那就是在这些发端于宗教的道德规范问世之际,人们还认识不到或很少认识到我们生活于其上的地球资源是有限的,认识不到地球在宇宙中不过是一个悬空的实体,周围是漫无边际的虚空。②

斯皮尔认为,人们常常依据对周围自然环境的依赖程度界定自身的行为规范。如果人类的食物和其他必需的资源只能来自生活区周围的环境,并因此形成人类生活与大自然之间直接而短促的相互依存链(interdependency chains),人类便会相对更为悉心地对待大自然。传统社会中的人们与自然联系紧密,也更加认识到自然的深奥与人类自身的渺小,因此对自然常怀敬畏之心。传统宗教也体现了这一点,它们常把超越人类经验的自然等同于上帝,上帝(自然)高于人类自身。在现代社会中,人的视域扩大到了地球之外的虚空,关注的更多是人与人之间的观念,自然的地位就越发不重

① [英]霍布斯:《利维坦》,黎思复等译,北京:商务印书馆,1985年,第72页。
② [荷]弗雷德·斯皮尔:《大历史中的道德问题初探》,《全球史评论》,2013年第6期。

要了。英国思想家吉登斯则用“脱域”理论解释这一现象。“在前现代社会,空间和地点总是一致的,因为对于大多数人来说,在大多数情况下,社会生活的空间维度都是受‘在场’(presence)的支配,即地域性活动支配的。”①在现代性社会中,技术的发展使各种“缺场”(absence)的因素不断产生出来,并促进了时间与空间、空间与地点的分离。例如航海图与特定海域的分离,列车时刻表对时空秩序的规划。吉登斯把这一现代机制称为“脱域”,即现代组织能把不同地方、时间的因素连接起来。这样,“在现代性条件下,我们面对的危险再也不是主要来源于自然界了”②。

在政治哲学上,这一思想的后果就是政治正当性的丧失。如果人类把自身作为判断理想政治的标准或政治合法化的源泉,自身成为超越一切的权威,那么一切都是历史主义或主观主义的了。历史主义抛弃了自然在政治哲学中的正当性地位,使一切政治问题变成人的权利和自由的实现问题。这种政治已经失去古典理性的根基,成为一种无根基的、破碎化的政治。

要想彻底解决历史主义问题或现代性的危机,我们必须重温“自然”的古典含义。在古典哲学家那里,自然是事物内在的一种本性,是与习俗的或人工的相对立的一种概念。事物的自然规定了事物的发展方向,因此,自然又是一种规范和权威。在古典政治哲学中,自然是一个超越人类经验和历史的客观的存在,即施特劳斯所讲的“隐匿的自然”。由于自然是事物的本性,优于一切人为的东西,它就成了人类的政治生活的最终依据。正因为如此,对柏拉图而言,其政治哲学是“与他的‘科学的’宇宙论是相对应的”③。自然为理解现实政治提供了整全性的视野,一切存在着现实的政治,并不是历史主义所认为的那样是历史的结果,而是先定存在于某种整全性的自然或神学体系之中。人从来不是孤立存在的,更不是宇宙的中心。现代的主体性的自我理解只是现代科学的产物。因此,正如我国当代青年学者周濂所说:“古代政治更倾向于正当性的客观面向,强调一个政治制度是正当的乃是因为它符合某种外在于人的主观态度和政治制度本身的客观规范,而现代政治则更注重正当性的主观面向,也就是强调

① [美]安东尼·吉登斯:《现代性的后果》,田禾译,黄平校,南京:译林出版社,2011年,第16页。

② [美]安东尼·吉登斯:《现代性的后果》,田禾译,黄平校,南京:译林出版社,2011年,第16页。

③ [加拿大]查尔斯·泰勒:《自我的根源:现代认同的形成》,韩震等译,南京:译林出版社,2001年,第10页。

被统治者的意志表达。”①古典的自然正当论是与当时的宇宙目的论联系在一起的。一切的自然存在物都有其目的和命运,其目的指向了自身的完善。人的自然受宇宙目的的制约,并与其相一致。城邦生活以人类自身的完善为目的,它更多地为人类设置了自然的义务而不是权利。

古典意义上的自然观念之价值在于:一、人是自然的一部分,人类的政治生活必须受制于自然。虽然施特劳斯反对从“现象之全体”意义上理解自然,但在古希腊哲学中自然还是具有这种含义的。根据柯林伍德的考察,自然“非常少见地,它也富有第二种含义即作为自然事物的总和或聚集,它开始或多或少与 kosmos——‘宇宙’一词同义”②。古典哲人承认人属于自然(宇宙)或低于自然,关于自然(宇宙)的知识为人类的价值评判提供了最终依据。正如施特劳斯所言:“人屈服于某些高于自身的事物,比如整个乾坤秩序;还确信人不是一切意义的源头。”③二、人类的理性是有限度的,自然不可能被完全认识。施特劳斯对自然的理解是建立在感性世界与超感性世界这一古典式的划分之上的,自然对他而言是一个超感性的世界。在施特劳斯看来,“彻底的完满——亦即完全的智慧——根本不可能,可能的只是追求智慧”④,因此,对于人类而言自然是隐匿的。人类理性只能接近或认识部分自然,绝不可以完全拥有关于自然的知识。正因为如此,我们才必须敬畏自然。三、自然是一种超越历史的客观存在,是政治反思的结果,是一种政治规范。在古典哲人看来,政治制度是自然生成的,而非人为设计的结果。正如施特劳斯所说,它不需要人性的任何变化,是与人性相一致的。如果政治制度符合自然,那么其中的任何制度安排都是自然正当(natural right)的。

从西方 2500 多年的政治哲学史来看,“自然”一词始终与人类对自身政治处境的理解紧紧地联系在一起。海德格尔曾经如此谈论“自然”对于西方人不言而喻的重要性:“它指称着历史性的西方人与存在者的本质性关联,即西方人与他所不是的和他本身所是的那个存在者的本质性关联。”⑤现代历史主义者认为政治与自然属于不同的领域,应该采取不同的

① 周濂:《现代政治的正当性基础》,北京:生活·读书·新知三联书店,2008 年,第 12 页。

② [英]柯林伍德:《自然的观念》,吴国胜译,北京:华夏出版社,1999 年,第 48 页.

③ [美]施特劳斯:《古典理性主义的重生》,潘戈编,郭振华等译,北京:华夏出版社,2011 年,第 316 页。

④ [美]施特劳斯:《古典理性主义的重生》,潘戈编,郭振华等译,北京:华夏出版社,2011 年,第 307 页。

⑤ [德]海德格尔:《路标》,孙周兴译,北京:商务印书馆,2007 年,第 275 页。

研究方法,甚至把二者对立起来。这种去自然化的进程与人对自身理性信念的增长是相伴随的,当人类以自身为中心、人为自然立法时,理性也就失去了任何牢固的根基。为自然虽无其自身的目的,但有其自身的规律或其必然性,人类的任何活动必然受着自然的约束。政治是人类的政治,这并不意味着政治与自然无涉。虽然海德格尔和施特劳斯都主张返回古典,返回古典对自然的理解,但二人对古典哲学的理解却存在着明显的冲突。施特劳斯认为,柏拉图和亚里士多德理解的"存在"意味着"永远在",但对海德格尔而言,""存在即意味着"去生存",按照人所是的方式去存在。这种理解明显是历史主义的,即"人作为有死者在时间中生存,且本质上通过其历史造就自身,或成为历史"①。

正如马克思在批判黑格尔的历史哲学时所言:"只要它从历史运动中排除掉人对自然界的理论与实践的关系,排除掉自然科学与工业,它就能达到即使是才开始的对历史的认识吗?"②虽然自然本身是一个历史的概念,但无论它如何变化,总是包含超越和产生人类的存在,是人类存在的条件。"对于人类本身而言,它的存在的这个条件又是它存在的根本规定。"③因此,即便是人类的历史,也绝不是人类随心所欲创造的,它必然受到自然的制约。历史主义之所以滑向主观主义与相对主义,也与"历史主义之父"维科对自然与历史的区分有关。当历史主义把这种区分推向极致时,便陷入了理论上的困境。当历史主义陷入虚无主义的困境时,马克思的历史唯物主义"颠倒"了黑格尔的唯心论历史哲学,改变了历史主义的命运。

二、马克思的历史唯物主义

历史主义的发展,大致可以分为两个方向:一是没有摆脱启蒙哲学影响的历史主义走向了抽象的理性主义方向,另一个是彻底历史化的方向,这种影响最初在德国出现,后来蔓延到美国。前者的代表就是黑格尔的思辨的历史哲学,最后背叛了历史主义的初衷;德国的历史主义虽然没有走向历史哲学,却陷入了相对主义的困境之中。在道德标准上,黑格尔主义的历史哲学最终依赖于既非历史的又非客观的普遍性的世界精神;相对主

---

① [美]梅耶斯:《施特劳斯与海德格尔——古希腊与现代性的意义》,徐英谨译,见刘小枫选编《施特劳斯与现代性危机》,上海:华东师范大学出版社,2010年,第209页。

② 《马克思恩格斯全集》第2卷,北京:人民出版社,2006年,第191页。

③ 张汝伦:《什么是"自然"》,《哲学研究》,2011年第4期。

义虽然在一定程度坚持了历史性，却使历史丧失了理性的支撑和道德的卫护。历史主义犹如游离于绝对论和相对论之间的一丝细线，随时都有偏向任何一方的可能。那么，历史主义所努力追求的历史性客观标准是否还有可能？它又在何种程度上具有客观性和理性呢？历史主义如何避免陷入相对主义危机呢？英国历史学家巴勒克拉夫在谈到历史主义的困境时曾经指出，"当历史主义（就其唯心主义和相对主义的词义上说）困于本身的内部问题而丧失早期的生命力时，马克思主义为取代历史主义而提供了有说服力的体系"①。

一些马克思主义者急于使马克思主义与德国的历史主义脱离关系，从而拒绝把它列入历史主义的传统，这当然是无视马克思主义形成的思想背景。意大利历史学家安东尼在《历史主义》一书中把历史主义称为"历史唯物主义"，他认为"马克思真正伟大的创新是他的具体历史感，他以这种历史感热切地关注着所处时代的社会经济变革，以及这种变革引起的危机"②。马克思和恩格斯很少使用"历史主义"的概念，但常用"历史的""历史感"和"辩证法"等术语表达自己的历史主义思想。这有可能源于他们想将自己的思想与旧的历史主义划清界限，从而拒绝这一概念。但是，从宽泛的意义上看，马克思主义属于历史主义的范畴，但与旧历史主义又存在根本区别。在他们那里，历史主义就是一种与旧的形而上学论相对立的方法论，其实质就是历史的、唯物的辩证法。在马克思主义那里，它面临的西方哲学传统是形而上学与辩证法、唯物主义与唯心主义的二元对立，这也是普遍主义与历史主义的对立。对于马克思主义的政治哲学，我国学者马德普也曾撰文给出这样的总结："马克思主义用历史主义的解剖刀，解构了所有这些普遍主义的理论体系，打碎了所有试图炮制万应灵药的梦想，在政治应然问题的研究中，确立了一种辩证唯物主义的历史主义方法。"③

（一）历史唯物主义的政治哲学

施特劳斯把马克思和恩格斯的历史唯物主义纳入现代性的传统之中，认为它同样也消解了正义问题。这种对历史唯物主义的批判并非没有同

① ［英］杰弗里·巴勒克拉夫：《当代史学主要趋势》，杨豫译，上海：上海译文出版社，1987年，第26页。

② ［英］卡洛·安东尼：《历史主义》，黄艳红译，上海：上海人民出版社，2010年，第122页。

③ 马德普：《普遍主义还是历史主义？——马克思主义与西方传统政治哲学在方法论上的区别》，《政治学研究》，2005年第1期。

路者。20世纪70年代,西方分析的马克思主义者围绕着“马克思主义有没有正义理论”而展开争论,即著名的“塔克—伍德命题”。它提出了作为规范性理论的马克思政治哲学如何可能及其是什么的问题。对此,我们既需要坚持历史唯物主义的基本立场、观点和方法,回应“塔克—伍德命题”及其提出的问题,也需要深化对马克思理论政治哲学的研究。众所周知,规范性的政治哲学在逻辑上总是从某种人类自我意识开始,提出某种自然状态,在这种自然状态中人们为了克服生活的不方便或不足,相互之间达成政治生活和社会生活的价值原则、价值规范,并按照它们组织政府,建构起超越自然状态的社会生活。坚持历史唯物主义的基本立场、观点和方法,并作为历史唯物主义的理论组成部分,马克思的政治哲学无论在批判性和建构性方面都实现了根本性的变革。

在对人的认识上,马克思和恩格斯批判和拒斥传统理性人的设定,拒绝关于人的形而上学式本质性规定,把现实的个人作为他的理论前提。但是,马克思主义并不排斥对人之意识的探索,他们理解的人类自我意识显然不是、也不应该是近代以来的经验层次的概念。纵观马克思与恩格斯对这一问题的探究过程,他们显然是从人的历史发展程度和丰富程度审视人的,包括人的能力、需要和思想价值观念。马克思首先揭示了“物的依赖性为基础的人的独立性”是人的现代发展程度和人的现代形态,人的能力以实现的资本增值为尺度,人的需要以所掌握的货币为前提和纽带,人的思想价值观念也普遍是以法权观念为核心并表现为“商品拜物教”的现代性观念。① 因此,人的现代形态从实质上看是物化了的人,或者说人的物化形态。由于引入了人的发展程度和丰富程度,“人类本性”也不再是非历史地超越动物性、追求由人的本质规定的神性,而是超越其实际生活状况、追求更美好生活并不断更新生活的价值理念,更确切地说是超越“物的依赖性”、追求“自由个性”,追求表现为“个人自己提出”“目的”的“实在的自由”和“自我实现”的人。② 也就是说,马克思主义对人的认识绝没有停留在现实的维度,更多地指向了超越性的理想。

对市民社会的剖析是马克思的政治哲学的重要环节,它是马克思对人的现代生活境遇的审视,是马克思政治哲学的社会批判领地,是他提出制度设计及其价值原则和价值规范的逻辑环节,并揭示了实现制度变迁和社会进步、实现他所提出和阐述的政治价值的物质条件、社会力量和文化观

① 《马克思恩格斯全集》第30卷,北京:人民出版社,1995年,第107页。
② 《马克思恩格斯全集》第30卷,北京:人民出版社,1995年,第615页。

念支撑,奠定了他政治哲学的历史主义的价值建构主义特质。人基于其历史发展程度和丰富程度以及作为其空间表现的社会化程度展开其现实的物质生活、精神生活和全部的社会生活,即市民社会。马克思对市民社会的剖析抓住了资本这种现代社会的主导性资源,揭示了资本增殖的逻辑和运行原则,分析其确立的现代社会的物质生产方式,由此产生的社会分化和社会分层结构,以及与两者相联系的意识形态,揭示了制度设计的物质基础、社会基础和思想观念支撑,也揭示了现代资本主义社会的内在矛盾,并揭示人在自我超越的外在性障碍的基础上提出了超越法权观念的新的价值理念。①

在现代生活中人们由于资本的占有地位不同以及由此规定的发展程度的差异而分化为不同的阶级阶层,特别是自由资本主义阶段阶级分化剧烈,资本的逻辑和运行规律造成整个社会生活的盲目、自发、无序和异己状态,具有资产阶级性质的、以法权观念为基础的现代社会理念,例如自由、平等、正义强化了这种社会生活状态却对此无意识。因此,马克思揭露和批判资产阶级对政府的控制,提出了以"社会化的个人,联合起来的生产者"为主体的无产阶级专政的制度设计,其主旨是扩大政治权力的社会基础,强化政府对经济生活和社会生活的管理,以"最无愧于和最适合于""人类本性"的原则组织社会的物质生产,建构自觉、有序和可持续的社会生活。② 因此,可以说,马克思政治哲学以真理("社会化"的内在含义)为前提,提出了以"自我实现"为核心理念的自由(R. G. 佩弗所说的为自我实现在马克思这里是内在于自由的)、善(正义内在于善,R. G. 佩弗所说的共同体价值在马克思这里内在于善)和可持续进步,倡导时代的自觉、历史的自觉和文明的自觉。

(二)历史唯物主义对自然正当的理解

众所周知,历史唯物主义实现从自然正当到人的物质生活需要和社会的物质生产的正当性的变革。在人类文明早期阶段,自然在人的直观意识中呈现为无限的,而人和人的社会生活只是自然界的一部分,古典哲人就是从这种意识出发理解人和政治的,自然规定了人的本性和最佳政制。马克思拒绝脱离与人的对象性关系探讨自然,因此拒绝承认自在自然,转而

① 张子礼,邓晓臻:《从权利到价值:马克思对现代社会理念的批判与重建》,《东岳论丛》,2010年第6期。

② 《马克思恩格斯全集》第46卷,北京:人民出版社,2003年,第928页。

把自然看作自然科学和艺术的对象,即人的意识的组成部分,看作人的无机的身体,即人的直接的生活资料和人的生命活动的对象和工具,进而看作人类物质生产的产物和社会生活的组成部分。由此可见,在历史唯物主义的视野中那种具有至上性和神圣性的自然观念只是人类在其尚未得到发展的早期阶段面对自然“作为一种完全异己的、有无限威力的和不可制服的力量”产生的,“是对自然界的一种纯粹动物式的意识(自然宗教)”。① 但是,马克思非常重视人的自然需要,它的满足不仅是维持人的生理健康的需要,更是人的社会人格和尊严的需要。社会的物质生产不能突破人的生理健康的底线,马克思强烈谴责资本主义生产“不仅突破了工作日的道德极限,而且突破了工作日的纯粹身体的极限”,导致人们“体力的衰退、夭折、过度劳动的折磨”②,也强烈谴责资本主义的生产方式和相应的分配方式把广大雇佣工人降低为资本增殖的手段,并使他们处于基本生活得不到满足的野蛮境地。因此,在马克思和历史唯物主义理论中,满足人的基本物质生活需要的物质生产是社会存在的基础。他们强调要理解人及其生活,首先要关注他的吃、穿、住、行和其他自然需求,人类的第一个历史活动就是满足人的自然需求的活动,即“生产物质生活本身”。正是“物质生活的生产方式制约着整个社会生活、政治生活和精神生活的过程”③,从社会的物质生产和物质生活出发解释社会的政治生活和精神生活,成为历史唯物主义的基本立场和方法。就自由而言,这种物质生产和物质生活是人类要生存就不得不从事的,是社会存在和社会生活的必然性领域,即“必要性和外在目的规定要做的劳动”④。克服和超越这种必然性领域才是人类的价值追求和价值理想能够得到合理的解释和找到实现的路径,才是自由的实现。在西方思想史上的那些思想家看来属于恶而予以摒弃的内容,成为马克思理论探索的主要领域,由此奠定了马克思和历史唯物主义的理论变革。

历史唯物主义实现从自然法到人类社会的规律(和历史辩证法)的变革。在人类社会早期阶段,把自然看作创造的,把自然现象看作神的意志的表现,作为神的意志的规律支配着包括人类社会在内的整个世界,它具有至上性和不可挑战的权威性,是普遍的人文现象。客观上说,这是人类早期尚未把科学与人文区别开来的思想产物。霍布斯把自然法与人的欲

① 《马克思恩格斯文集》第1卷,北京:人民出版社,2009年,第534页。
② 《马克思恩格斯全集》第44卷,北京:人民出版社,2001年,第311页。
③ 《马克思恩格斯全集》第31卷,北京:人民出版社,1998年,第412页。
④ 《马克思恩格斯全集》第46卷,北京:人民出版社,2003年,第928页。

望联系起来，休谟进而与人的情感等非理性因素联系起来，康德为了阐明人的尊严、独立和自由也排斥和批判自然法，转而强调人基于义务而确立的内在法则。历史唯物主义认为，人类的社会生活有其自身的规律，社会结构的不同领域之间以及社会生活不同要素之间相互联系、相互作用、相互影响、相互制约，使社会生活成为一个有机体，显示出不以人的意志为转移的既定性质。历史的传承使社会生活具有一定的、特殊的条件和境遇，而社会生活的发展也需要具备综合要素，在没有建立新社会所需要的综合条件的情况下，任何变革现实的尝试都是唐吉诃德的荒唐行为，并且过去陈腐的东西仍然会死灰复燃，在出现了新社会的诸多要素的情况下任何阻碍社会法治和历史进步的尝试也都是螳臂当车。马克思在创立历史唯物主义之初就阐明"从直接生活的物质生产出发"的基本立场和方法，经过长期的政治经济学研究更明确指出："人们在自己生活的社会生产中发生一定的、必然的、不以他们的意志为转移的关系，即同他们的物质生产力的一定发展阶段相适合的生产关系。这些生产关系的总和构成社会的经济结构，即有法律的和政治的上层建筑竖立其上并有一定的社会意识形式与之相适应的现实基础。"①当然，必须认识到，社会的物质生产是社会存在的基础，但在西方自由资本主义的历史阶段上也是社会生活的主导性领域，资本代替政治权力成为主导性的社会资源，资本组织起来的、以资本增殖为动机的社会生产不仅是社会存在的基础，也是社会生活的主导性领域，资本的运作方式规定了形式上的和程序性的自由、平等原则成为社会生活的主要价值原则，从而也规定了自由资本主义时代的物质生产的内在矛盾和阶级分化的社会矛盾。究竟马克思是从社会存在的基础性领域还是主导性领域分析社会生活和时代的呢？须知，社会生活主导性领域内的矛盾构成社会生活的主要矛盾，其中的社会问题构成社会生活的主要问题，这些矛盾和问题的解决方式和解决程度规定了时代进步的程度。② 众所周知，柏格森、卡尔·波普尔等人提出了历史无规律的现代进化论观点。但是，只看到个体选择的偶然性和不确定性（例如亨利·柏格森），却看不到它们之间的相互联系和相互作用及其造成的结果，即"作为整体的、不自觉地和不自主地起着作用的力量的产物"③，更看不到主导性社会资源及其运作所造成的甚至贯穿历史发展特定阶段的普遍性障碍，这是唯意志论

① 《马克思恩格斯全集》第31卷，北京：人民出版社，1998年，第412页。
② 张子礼，邓晓臻：《马克思的社会结构思想及其当代价值》，齐鲁学刊，2012年第3期。
③ 《马克思恩格斯文集》第10卷，北京：人民出版社2009年，第592页。

的主观唯心主义。为了坚持彻底的自由理念而拒不承认社会生活的规律，是没有时代视野和历史视野的：需要看到，由于揭示了社会生活的规律，在马克思这里社会生活是“能够变化并且经常处于变化过程中的有机体”①，社会生活和社会发展具有其不以人的意志为转移的既定性质。更何况，揭示社会生活中的普遍性障碍，预设克服这种障碍的理想人格和理想生活图景是新的价值理念和价值原则的提出方式，提出规律是新的价值理念和价值原则的论证和阐释方式。当然，对于规律，是否还应该把它与特定文明的特质和运行方式及其塑造的普遍社会心理联系起来，从而把对社会生活和历史的审视与文明弊病的诊断联系起来，马克思晚年转向历史学和人类学的研究已经给予了肯定的回答。

历史唯物主义坚持历史解释原则，坚持历史客观性的立场。历史客观性在形而上学领域属于时间范畴中的子问题。柏格森从意识和内心体验的连续性和整体性出发批判线性的时间观，认为这种时间观把时间转换为并列起来的空间。海德格尔对此在和时间的界定，提出了此在的时间性，历史已经成为历史，它不是“此在”，它不在场，这样就抽去了过去和未来。从马克思的文本可以看到，他有线性时间观的表述，但这些表述背后又有非线性时间观的思想，尤其在他的研究步入成熟阶段。在《1844 年经济学哲学手稿》中，马克思拒绝脱离现实过程追问谁生出第一个人和整个自然界的思维方式，认为那“无限的过程本身对理性的思维来说”是不存在的，因而那样的问题是“抽象的产物”。② 很显然，马克思拒绝线性时间观，认为无始无终的时间线条对于理性的思维并不存在。在《资本论》研究过程中，他指出：“时间实际上是人的积极存在，它不仅是人的生命的尺度，而且是人的发展的空间”③，从这里可以看到，时间指称的对象被锁定在人的实际生活过程，其本身则是反思性的概念，即通过对自我和自我的实际生存的反思审视使人达到自我的自觉和生活的自觉。当然，在经验层面，马克思对历史的表述显然与线性时间观相关，例如恩格斯在《神圣家族》中指出历史“不过是追求着自己目的的人的活动而已”④，这是对唯心主义历史观的批判和对历史的唯心主义祛魅；马克思在《资本论》写作过程中将历史发展划分为五阶段、三阶段和两阶段，这是通过划定历史阶段确定时代的历史方位。但是，即使有形而上的非线性时间观，历史唯物主义仍然坚

① 《马克思恩格斯全集》第 44 卷，北京：人民出版社 2001 年，第 13 页。
② 《马克思恩格斯全集》第 3 卷，北京：人民出版社，2002 年，第 310 页。
③ 《马克思恩格斯全集》第 47 卷，北京：人民出版社，1979 年，第 532 页。
④ 《马克思恩格斯文集》第 1 卷，北京：人民出版社，2009 年，第 295 页。

持历史的客观性。在《德意志意识形态》中，马克思指出："历史的每一阶段都遇到一定的物质结果，一定的生产力总和，人对自然以及个人之间历史地形成的关系，都遇到前一代传给后一代的大量生产力、资金和环境……它们也预先规定新的一代本身的生活条件，使它得到一定的发展和具有特殊的性质。"①在《雾月十八日》里他又指出："人们自己创造自己的历史，但是他们并不是随心所欲地创造，而是在直接碰到的、既定的、从过去承继下来的条件下创造。"②历史的客观性表现在：(1)它通过我们的继承构成现实社会生活的前提和基础。前人的生活过程以及成为过去，但他们创造的物质成果却构成我们物质生活的材料、条件和前提；他们的生活方式作为传统，塑造着我们的生活方式；他们在其中展开其实际生活的总体性制度框架作为政治传统，也深刻塑造着今天的制度框架并由此建构着我们的生活境遇；他们的思想价值观念在千年的延续和积淀中塑造着我们的价值追求和价值理想，塑造着我们的精神世界和意义归属。(2)它通过我们的集体记忆建构民族共同体的情感归属、文化认同和民族精神。任何有悠久历史的民族都创造了属于自己的独特的文明，而文明的形而上组成部分是人类自我意识、信仰及其承载的最高价值和人生基本价值规范，而这些思想价值观念不仅直接传承着沿袭着，它们还在历史人物、历史事件和历史成果等方面深刻塑造了历史，而这些又构成民族共同体的集体记忆，并且通过这种集体记忆塑造着不同民族的精神面貌、民族心理、价值理想和民族精神，建构着民族共同体社会成员的集体认同和群体归属，建构着民族共同体社会成员的文化认同和文化纽带，还建构着民族共同体最为深沉的民族自信和文化自信。

历史唯物主义并不预测未来，但高举人类进步的旗帜。对历史唯物主义的质疑是，未来是不确定的、不可预测的，但如果坚持历史的规律性和客观性，就必然认为人类社会的发展是可预测的。一方面，马克思在利率探索初期就表示"不想教条地预期未来"③，恩格斯在晚年也表示马克思主义"没有终极目标"④，但另一方面马克思和恩格斯确实展望了人的自由全面发展和共产主义社会前景。其实，正如马克思所指出的，他们对共产主义的描述是一系列价值原则和价值理想的表达，即"最近将来的必然的形式

① 《马克思恩格斯文集》第1卷，北京：人民出版社，2009年，第544—545页。
② 《马克思恩格斯文集》第2卷，北京：人民出版社，2009年，第470—471页。
③ 《马克思恩格斯全集》第47卷，北京：人民出版社，2004年，第64页。
④ 《马克思恩格斯文集》第4卷，北京：人民出版社，2009年，第561页。

和有效的原则"①。也就是说,它既是马克思提出和阐述新的价值理念的方式,也是借以展开社会批判的价值原则;就前者而言,是马克思和历史唯物主义的价值论建构,就后者而言,是批判和改造社会并塑造新型人格的价值理念和价值规范。停留在文字表面,把马克思主义经典著作中关于未来社会的描述理解成是人类社会的发展必然达到和实现的理想前景,这不完全符合马克思的理论思想,在科学解读的范式中消解了马克思和历史唯物主义的价值论建构。反过来,在马克思主义经典著作中,到处都充盈着改造现实社会、推动历史进步和实现人类解放的革命精神。近代西方处于主导地位的自由主义停留在资产阶级法权观念的认知水平,又无视奠基于这种法权观念的现代社会的弊病或者提不出有效的解决方案,马克思批判资产阶级法权观念的狭隘眼界,提出了超越法权观念的价值理念,为引导人类社会发展和文明进步提供了新的价值理念。近代西方叔本华、克尔凯郭尔和海德格尔等学者虽然深入人的生存体验,却都持悲观主义,而马克思的著作中到处闪烁着革命的乐观主义,不仅提出革命的理论,也揭示了现代社会的内在矛盾和发展趋势,也指明了社会发展的物质条件、社会力量。

在历史唯物主义看来,列奥·施特劳斯非常深刻地洞察到启蒙运动以来现代观念的误区以及这些观念所塑造的现代社会的困境。但是,他没有站到人类文明发展的高度,也拒绝了历史理性的可能性。他所开出的回归自然正当的诊断方案无视历史的进步;留恋人尚未得到发展的历史阶段的那种自然崇拜和对人之本性的理解以确立人内心的敬畏,只能是向隅而泣的可怜回声。

三、历史主义的自然正当

从以上论述可以看出,施特劳斯和马克思主义在对政治哲学的理解上都遵循着自然与历史的二分法,把历史与自然看作是理解政治的双重维度,即主观与客观维度。这种理解方式当然不是施特劳斯和马克思主义的首创,而是他们从方法论的角度对西方政治传统的一个概括和总结。虽然施特劳斯和马克思主义都关注自然与历史,但二者的出发点和侧重点却是根本不同的。

在施特劳斯的政治哲学中,自然虽然是隐匿在意见之中的,但它是不

---

① 《马克思恩格斯全集》第3卷,北京:人民出版社,2002年,第311页。

变和永恒的,是超越历史和时间的。历史的作用也仅在于“防止人们将某个时代和某个国家的政治生活的具体特征误认为政治事务的本质”①。因此,在施特劳斯这里,自然是根本性的、第一位的;历史是辅助性和从属性的。单从这点看,施特劳斯的观点并没有什么新颖之处,因为以往的自然主义者也是这样论证的。这种先验的、统一的自然观念不但与现实没有任何关联,也是无从言说的。正如夸克所言,“在建立具有普遍性的愿望和根植于历史事实之中的研究对象的特殊性之间存在着一条鸿沟”②,而这种鸿沟是传统的自然法论者无法填充的。因此,施特劳斯要想捍卫自己的观点,必须把自然正当予以“历史化”。马克思主义从辩证的、唯物的历史主义立场看待自然与历史、自然与政治的关系,在马克思主义的政治哲学中隐含着一种历史主义的自然正当论。

首先,马克思主义的“自然”观念既非完全“历史化”或“文明化”的,也不是完全超验的,而是二者的辩证统一。根据人的认识能力来考察,我们可以把自然分为经验的与超验的两部分,施特劳斯和马克思主义的自然观念都隐含着这种划分。在施特劳斯看来,如果我们仅把自然看作是经验的,或人类最终可以认识和征服的,这无疑抬高了人类理性的地位,最终导致以人类自身取代自然、主观代替客观,相对主义的后果就难以避免了。因此,人类必然用心维护人类理性所不及的“自然的存在”,正是这一超验的自然成为人类判断对与错、好与坏的根基。与施特劳斯不同,马克思主义从历史唯物主义出发更加强调了经验自然的重要性。在《德意志意识形态》一文中马克思、恩格斯曾明确指出,理解人类的现实前提是一些现实的个人,以及他们已有的和所创造的物质生活条件,“这些前提可以用纯粹经验的方法来确认”③。这些经验的自然是考察人类思想和观念的前提,但仅有这些是远远不够的。他们又进一步指出:“对现实的描述会使哲学失去生存环境,能够取而代之的充其量不过是从对人类历史发展的考察中抽象出来的最一般的结果的概括。”④根据历史主义的观点,任何思想和观念都是一定历史发展的产物并受其制约,“这个过程按其本性来说是不能由于所谓绝对真理的发现而结束的”⑤。因此,马克思主义已经暗含对超验

---

① 列奥·施特劳斯:《什么是政治哲学》,李世祥等译,北京:华夏出版社,2011年,第47页。

② [法]让—马克·夸克:《合法性与政治》,佟心平等译,北京:中央编译出版社,2002年,第159页。

③ 《马克思恩格斯选集》第1卷,北京:人民出版社,1995年,第67页。

④ 《马克思恩格斯选集》第1卷,北京:人民出版社,1995年,第73—74页。

⑤ 《马克思恩格斯选集》第3卷,北京:人民出版社,1995年,第363页。

自然这一领域的承认。

对自然进行经验与超验的划分在政治哲学上具有重要的意义。如果依照启蒙自然主义或经验主义的看法,人类理性可以穷尽自然的规律,将会导致两方面的后果:一是主观主义或相对主义,即把“客观性的种种规定纳入主观之中”。这是施特劳斯的观点。二是导致历史决定论。伯林认为启蒙哲学继承和强化了传统的一元论哲学,这种哲学传统相信人类的理性可以发现自然规律,自然规律或自然也规定了人类的政治或道德生活。人类的历史就像自然界一样,是由一些因果性的事实构成,并且具有自己的目的。在这种历史中,人类本身就像一颗任人安排的棋子,无法决定自己的命运。据此伯林得出历史决定论必将否定人类自由选择的能力。波普尔也是在此意义上批评历史决定论的。如果自然完全是超验的或形而上学的,把自然与人的实践完全割裂开来,这种超验的自然所能提供的又是一种什么样的规范呢?一种超验的自然观念要么导致人们关于何谓自然的无休止的纷争,要么是一种自居权威的自然观念压制其他非权威的概念,施特劳斯的自然观念就犯了这种错误。虽然施特劳斯指出了自然的经验和超验维度,但在他那里二者是不存在什么关联的,即理想与现实是割裂开来的。人们无法从施特劳斯对经验自然的描述中得出超越自然的轮廓。由此可以看出,完全经验的或超越的自然观念都有可能导致主观主义或普遍主义的结论。

近代以来的经验主义和实证主义传统把人与经验同超验的自然隔离开来,导致了历史与自然的对立①。当代美国哲学家杜威曾批判把经验与自然割裂开来的做法,并认为二者是联系在一起的,经验是达至自然的基本途径:

> 自然与经验还在另一种关联中和谐地存在一起,即在这种关联中经验所揭露的自然(在自然科学中利用经验的方法)又得以深化、丰富化,并指导着经验进一步地发展,那么这个变化过程也许会加速起来。②

杜威紧接着又进一步强调了超验的自然的重要性:

---

① 如果按照本文的二分法将自然划分为经验的自然和超验的自然,这里的“经验”一词应该指“经验的自然”。下文杜威使用的“经验”也指经验的自然。

② [美]杜威:《经验与自然》,傅统先译,南京:江苏教育出版社,2005 年,第 1 页。

对于哲学理论而言，觉察到清晰而明白的东西是被珍重的以及它们什么是被珍重的，这是重要的。但是留意到黑暗和模糊不清的东西是繁多的，这也是同样重要的。①

马克思主义的辩证唯物主义不但事实上承认了经验自然与超验自然（经验与自然）的划分，也同样认为二者是联系在一起的。人类的经验可以达至一种历史性的真理或知识，这种知识或真理不但构成了人类自由的前提，也是人们认识超验自然（或自然）的基础。正如恩格斯所言，“自由就在于根据对自然界的必然性的认识来支配我们自己和外部自然界”②。由于马克思主义认识到了人的历史性，即人总是受其历史条件的制约，因此人类不可能达到对绝对真理的认识。这样，马克思和恩格斯对超验自然的承认表明，马克思主义的历史主义就绝不是一种波普尔意义上的历史决定论，而是一种开放的哲学体系。

其次，与古典的自然正当不同，历史主义中自然正当是多元主义的。黑格尔的历史主义坚持道德的历史性，颠覆了传统的普遍主义自然法观念，但他最终以普遍的“精神”代替了自己的“时代精神”观念，窒息了自己的历史主义。马克思接受了黑格尔的辩证法思想，“把它的头倒置过来”。正如科林伍德所言：“黑格尔的辩证法从思想开始，进而至于自然，而他自己的辩证法则从自然开始，进而至于思想。”③也就是说马克思主义的历史主义是从论述自然开始的，把自然与历史进行重新的连接是马克思主义政治哲学的基本特征。意大利哲学家卡洛·安东尼也证实了这种观点。在他看来，马克思“将一种以自然法为基础的‘社会正义’理想引入了一个否认抽象自然法的传统中”，“以带有黑格尔烙印的历史社会主义来对抗以自然法为源泉的理性社会主义”。④

在马克思主义那里，自然虽然是一个历史的概念，但同样也是一种客观存在，并具有一定的独立性。正如某些法兰克福学派的主张，“自然对象的独立性整体不得不保护，尽管这并不忽视它和人类主体的相互作用”⑤。如果忽视了这一问题，把“自然的人化”和“人的自然化”等同起来，就无法

① ［美］杜威：《经验与自然》，傅统先译，南京：江苏教育出版社，2005 年，第 16 页。

② 《马克思恩格斯选集》（第 3 卷），北京：人民出版社，1995 年，第 456 页。

③ ［英］柯林伍德：《历史的观念》（增补版），何兆武等译，北京：北京大学出版社，2010 年，第 128 页。

④ ［意］卡洛·安东尼：《历史主义》，黄艳红译，上海：上海人民出版社，2010 年，第 123—124 页。

⑤ 马丁·杰伊：《法兰克福派学史》，单世联译，广州：广东人民出版社，1996 年，第 305 页。

理解人类存在的基础问题，也会导致对自然的过度历史化理解。在马克思、恩格斯看来，人类的历史和政治生活是受制于自然的。柯林伍德已经明确地指出了这一点，“对于马克思本人来说，自然就不止于是历史环境而已，它是得出历史模式的根源”①。自然的这种独立性表明，自然是一种客观的存在，它制约着人类社会的发展及其形态。另一方面，被经验的自然又被打上人类活动的烙印，即已经被历史化了。人类通过自己的历史活动所经验的自然，是施密特所讲的第二性的东西。② 因此，自然在马克思主义那里是本源性的，它对人类历史构成了某种限制。这种限制既不像自然主义所说的那样绝对客观，又不像历史主义所认为的那样主观，而是客观与主观的辩证统一。

经验的与超验的自然共同组成了整体意义上的自然。这种自然与古典意义上的自然具有根本的不同。古典意义上的自然是完全超验的、统一的和不变的，而这种历史主义视域中的自然从根本上讲则是可变的、历史的，同时又是在一定程度上可认识的。在马克思主义看来，历史主义的方法就是用辩证的、联系的观点看待问题。这种方法与传统的狭隘经验主义和康德的形而上学不同，经验主义只承认人类已经验的事物的重要性，把经验自然与超验自然隔离开来。康德的自然法完全是超验式的，作为规范的自然与经验的自然没有任何关系。③ 历史主义则认为“自然界的一切归根到底是辩证地而不是形而上学地运行的”④。人类可以根据自己的经验、理性推测未知自然的大致轮廓。人类依据自己的实践经验认识的自然，既不像经验主义那样狭隘，也不像古典的抽象意义上的自然那样虚无缥缈。它是以人类经验为基础，又能为人类经验提供某种批评和规范。存在者依据这种自然来理解自身，“存在者整体既没有‘自然主义地’被曲解，没有被集合为富有力量的质料意义上的‘自然’，也没有被‘神秘主义地’被掩盖起来，被张扬为不可确定的东西”⑤。

从人类政治生活发展过程来看，自然与政治的关系经历了三个阶段：

---

① ［英］柯林伍德：《历史的观念》（增补版），何兆武等译，北京：北京大学出版社，2010 年，第 124 页。

② 施密特认为马克思主义所理解的自然是通过人类历史活动所占有的自然，即经验的自然，是“第二性的东西”。笔者赞同柯林伍德的观点，即马克思的自然观念中自然应该包含“自然是历史模式的根源”。

③ ［德］奥特弗利得·赫费：《政治的正义性：法和国家的批判哲学之基础》，庞学铨等译，上海：上海世纪出版社，2005 年，第 72 页。

④ 《马克思恩格斯选集》第 3 卷，北京：人民出版社，1995 年，第 361 页。

⑤ ［德］海德格尔：《路标》，孙周兴译，北京：商务印书馆，2007 年，第 277 页。

第一个阶段是政治受制于自然。在人类社会早期即前现代时期,由于人类对自然的认识能力非常有限,人类的政治生活较多受制于自然条件的限制。第二个阶段是现代性社会。由于科学技术的发展,人类相信自身能够控制或征服自然。这一阶段又可以称作历史主义时期,人们根据历史来理解政治。第三个阶段是后现代时期,人类逐渐认识到历史主义的局限,重新审视人与自然的关系。我们可以把历史主义的自然正当看作是对历史主义的一种修正。这种政治哲学既不是完全把人类消解在自然中,也不是一种人类中心主义,而是把人类与自然视为共生共荣的协作关系。历史主义的自然正当不是罗蒂意义的"文化政治哲学",也不是一种"文化多元主义",它是建立在历史的、自然的综合基础之上的多元主义的整全观,因此,这种自然正当必定既是历史又是客观的。

最后,历史主义的自然正当论又是一种可比较和可批评的多元主义。罗尔斯虽然没有明确否定历史主义的价值论,但他认识到一种共同体式的善的观念很有可能被集权主义或民族主义所操纵。凯克斯也主张一种"赞成这种多元主义的论证必须采取独立于情境的有条件的价值的方式"①,只有这样多元主义才能避免掉入相对主义的陷阱。

对历史主义自然正当的辩护,我们依然可以在历史主义的智识资源中找到。历史主义不仅包含了一种对自然和人类社会的历史观点,它同样内含对世界的看法,即世界历史。一种超越共同体主义的观点论证可以求助于世界历史的观念。随着历史观念的兴起,人们逐渐意识到一个对其他民族的基本理想和文化一无所知的民族将永远无法摆脱灾难。建立一种全球的历史观——即超越民族和地区的界限,理解整个世界的历史观——是当前的主要特征之一。② 在论述历史主义的世界历史思想以前,我们要首先区别"普世史"和"世界史"两个概念。尼采曾经对"普世史"下过一个明确的定义,"人类的普世史(Universal History)与世界史(history of the universe)不是一回事。也就是说,它并不是一部关于我们所知的人类之事的百科全书式目录,而是力图在一般的人类社会的整个发展过程中,找出一个有意义的模式"③。在当代美国政治学家福山看来,基督教、黑格尔、

① [美]约翰·凯克斯:《反对自由主义》,应齐译,南京:江苏人民出版社,2002 年,第 213 页。

② [英]杰弗里·巴勒克拉夫:《当代史学的主要趋势》,杨豫译,上海:上海译文出版社,1987 年,第 242—243 页。

③ Nietzsche:*The Use and Abuse of History* (*Indianapolis*:*Books-Merrill*, 1957),*p*. 55. 转引自弗朗西斯·福山:《历史的终结与最后的人》,陈高华译,桂林:广西师范大学出版社,2014 年,第 55 页。

马克思和科耶夫等都是试图写出一部普世史的作家。历史主义则反对历史有永恒不变的模式，或历史之中隐含某种规律的一元论和决定论，因此，“普世史”和“世界史”是两个完全不同的概念。

事实上，历史主义的视野并不仅仅局限于对一个社会的描述，因为历史主义本身就把世界看作是一个互相联系、互相影响的过程。维科的《新科学》就是建立在对各个民族的分析基础之上的。如果不了解其他民族和社会，我们也就无法理解某个特定的民族。他也曾明确指出，“本科学所描绘的是每个民族在出生、进展、成熟、衰微和灭亡过程的历史”①。正是在对各个部落、民族逐一考察的基础上，维科否认了存在永恒自然法的可能性。狄尔泰也指出，“随着历史的不断发展，人们的眼光也会不断扩展、超出他们自己的国界”。② 马克思和恩格斯也多次强调生产力的发展促进了世界历史的形成。从世界历史的视角看待一个民族的政治价值或道德问题，这就有可能使我们摆脱狭隘的共同体观念，避免相对主义的问题。

从世界历史的角度看，人类历史并非一个杂乱无章的、无意义的世界图景，而是可以用理性加以认识的。历史主义中的历史理性并非黑格尔意义上的“理性统治历史”，即人类可以发现历史的规律或目的，这种历史理性已经遭到了波普尔、哈耶克等人的严厉批判。历史主义中的理性是一种有节制的理性主义，它承认人类经验的有限性。“向历史学提出精确性的要求，就会与精神科学的特殊严格性之观念相抵牾。”③虽然人类理性无法发现历史的铁一般的规律和目的，但可以发现部分历史事实之间存在的某种关联或某种趋势，这种历史知识可以为人类行动提供指导。当代英国历史学家卡尔也曾指出：

> 像科学家的世界一样，历史学家的世界并不是真实世界的摄影记录，而是一个有指导意义的模型，这可以使历史学家或多或少地理解这个世界，把握这个世界。历史学家从过去的经验中，或者从他接触到过去的经验中提炼出认为对理性解释和说明经得起检验的部分，并从这部分中得出结论作为行动的指南。④

---

① ［意］维科：《新科学》，朱光潜译，北京：商务印书馆，1997 年，第 164 页。

② ［德］威廉·狄尔泰：《历史中的意义》，艾彦、逸飞译，北京：中国城市出版社，2002 年，第 103 页。

③ ［德］海德格尔：《路标》，孙周兴译，北京：商务印书馆，2000 年，第 120 页。

④ ［英］E·H·卡尔：《历史是什么》，陈恒译，北京：商务印书馆，2008 年，第 203—204 页。

历史主义中的这种理性不是抽象的、普遍的理性,而是一种实践的、有节制的理性主义。① 这种理性主义不仅看到了不同社会的善观念之间的冲突,也看到了各种不同善之间的调和的可能。

历史主义是在反对普遍主义的一元论传统的过程中发展起来的。在这个过程中,它过分强调了不同善之间的冲突和不可调和性,或多或少地忽视了不同善之间可以调和与相容的可能性。皮特·斯卡博就曾经指出,“不可公度性是对实践理性的一种威胁,如果不可比较意义上的不可公度性得到传播,我们就不能够说什么在道德上是善的,或者当冲突发生时我们在道德上应该做什么”②。凯克斯也认为“理性在不同的情境中会指示不同的解决方式”③。实践理性是在人们价值选择的过程中逐渐形成的一种方法,它要求人们在进行价值选择时要照顾到不同方面的需求,如理性与感性、历史与现实、事实与价值等因素。因此,这种选择必然是多维度的、审慎的和非完美性的,并不根据某一单一价值进行选择。正如我国学者马德普教授所言,“不同价值之间既有相互冲突一面,又有相互兼容的一面,这取决于各个价值的量的关系或者具体的情境”④。人们依据历史情境进行的审慎的选择既是客观的,也是理性的。

不同的社会之间存在的不仅仅是冲突,更多的是合作,要不然人类社会就不可能存在下去,更谈不上繁荣与发展。因此,评判一个社会的善观念,不仅要看它是否合乎这个社会的利益,还要看到其对其他社会和整个人类的影响。历史主义及其多元论承认不同社会的善之间是平等的,文化多元、文明多样是人类社会的基本特征。这种理论蕴含着不同社会都有互相尊重、共同维护人类社会存在与发展的义务,推卸这种责任或不履行国际义务的社会都不是一个有道德的社会。由此可见,历史主义的正当观念并不排斥一个社会对于其他社会应承担的义务,而是注重多元性和整体性、冲突性和协调性的辩证统一。

---

① 在这里我把这种理性称作一种“实践理性”,而非哈贝马斯所讲的“交往理性”。哈贝马斯批判实践理性与社会实践的直接联系过于紧密,忽视了共同体之间互动交往所产生的理性。笔者认为实践理性本身包含了不同社会之间的交往实践,哈贝马斯把交往理性建立在人类语言的交流基础之上,因而过于狭窄。见哈贝马斯:《在事实与规范之间:关于法律和民主法治国的商谈理论》,北京:生活读书新知三联书店,2014年,第4页。

② Peter Schaber: "Value Pluralism: Some Problems", *The Journal of Value Inquiry*, Vol. 33, no. 1, 1999, p. 75.

③ [美]约翰·凯克斯:《反对自由主义》,应齐译,南京:江苏人民出版社,2002年,第278页。

④ 马德普:历史唯物主义对伯林价值多元论的破解》,《中国社会科学》,2013年第11期。

历史主义依据一定的时代和社会背景判断政治价值,确实存在倒向相对主义的可能,即任何时代、社会的价值都是合理的。事实上,历史主义有足够的资源回应这一挑战。历史主义不仅关注当下,或从过去的历史中吸取教训,它也着眼于未来,是宏观视野与微观考察的一种结合。伊格尔斯曾如此为历史主义正名,“微观历史学家们尽管是专注于地区史,却从未丧失过更广阔的历史与政治语境的眼光”①。黄仁宇先生也曾提出“大历史”的观点,即从小事件看大道理,从人类历史的长河中倾听历史的脉动,把历史考察的对象置于一个发展流变的过程中加以考察。在这种考察中,我们还是可以发现评判一个社会优劣、善恶的标准。我国著名历史学者彭刚先生指出:

> 即便不是特定的意识形态或哲学的皈依者,历史学家也无法不具有这样那样的史观或者摆脱自身的史观来从事历史理解。虽然不同的史观置于优先地位的因素也各有不同,而难以达成一致;但其间并非就全然没有高下优劣之分。一方面,它们都不应该违背我们对于世界如何运转的常识经验,另一方面,它们虽然将光亮投射到过去的不同侧面,但其各自解释能力的大小并非就没有分别,而这反过来又是评判它们高下优劣的一个指标。②

只不过这种历史的标准是多元的,而非一元的;是大致合理或历史性的合理,而非完美无缺的或普世的。因此,历史主义绝非施特劳斯所说的“一张无意义的网”。当人们运用自己的理性拨开历史的迷雾,依然可以发现历史的意义与价值。

四、历史主义的哲学与政治

毫无疑问,哲学与政治的关系是政治哲学最基本的主题,也可以说西方政治哲学就是发轫于对这一主题的思考。当代政治哲学家阿伦特曾经指出,正是苏格拉底事件开启了西方政治思想的传统:

---

① 格奥尔格·伊格尔斯:《二十世纪的历史学:从科学的客观性到后现代的挑战》,何兆武译,济南:山东大学出版社,2006年,第114页。

② 彭刚:《历史理性与历史感》,《学术研究》,2012年12期。

> 从历史上看,哲学与政治之间的隔阂是始于对苏格拉底的审判及定罪,这一事件成了政治思想史上的一个转折点,正如同对耶稣的审判及定罪是宗教史上的转折点。苏格拉底之死让柏拉图对城邦生活深感绝望,同时也对苏格拉底的学说提出质疑,我们的政治思想传统就开始了。①

施特劳斯对古典政治哲学的阐发也正始于这一标志性事件。与以往哲学家不同,施特劳斯对这一事件的描述力图使古典政治哲学陷入传统普遍主义的窠臼,同时又不掉进历史主义的陷阱。他的这一意图体现在对古典政治哲学和苏格拉底—柏拉图传统的自然正当论的重新解释之中。施特劳斯认为政治哲学应该包含这样两个维度:一是政治的哲学化,即从关于政治的"意见"上升到政治的"知识"。这也是一种传统的观点,主要体现在苏格拉底的辩证法之中。二是哲学的政治化。施特劳斯所发现的哲人们"字里行间的写作方式"就典型地表明了哲学政治化的必要性。对于二者的关系,施特劳斯这样认为,"'哲学'是处理的方式:这种处理既追根究底,又包罗万象;'政治的'既表述主题又表示功能:政治哲学以一种与政治生活相关的方式处理政治事宜"②。由于历史主义对古典政治哲学的批判矛头常常指向其普遍主义倾向和对政治的抽象化理解,施特劳斯对古典政治哲学的辩护明显偏向于后者。施特劳斯曾经明确指出,"我以为,'政治哲学'的首要涵义不是以哲学的方式来处理政治,而是以政治的或大众的方式来处理哲学"③。以这种方式处理政治问题,意味着古典政治哲学首先是从不同的意见出发,以公民的视角看待政治,这明显不同于现代的科学理解方式。

在施特劳斯看来,古典哲人对政治哲学的全面理解体现在苏格拉底的思想及其开创的自然正当理论之中。对于苏格拉底的描述,在其弟子柏拉图、色诺芬和阿里斯多芬那里具有不同的形象:在阿里斯多芬的笔下,苏格拉底是个远离政治、不食人间烟火的纯粹哲人;柏拉图和色诺芬的苏格拉底基本一致,兼具"哲学性"与"政治性"的特征。施特劳斯尤其重视色诺

---

① 汉娜·阿伦特:《哲学与政治》,载于贺照田主编《西方现代性的曲折与展开》,长春:吉林人民出版社,2002年,第33页。

② [美]列奥·施特劳斯:《什么是政治哲学》,李世祥等译,北京:华夏出版社,2011年,第2页。

③ [美]列奥·施特劳斯:《什么是政治哲学》,李世祥等译,北京:华夏出版社,2011年,第81页。

芬对苏格拉底的看法,他认为其笔下的苏格拉底“没有将智慧与审慎割裂开来”①。苏格拉底之死并不像传统观点所认为的那样,哲学与政治是水火不容、难以调和的。苏格拉底似乎认为,哲学与政治之间虽然存在着永恒的、根本性的冲突,但政治哲学具有调和这种冲突的能力,甚至在某种程度上消解这个冲突。施特劳斯一方面认为,人类都追求一种良善的生活,在此意义上,哲人与公民的目标是一致的,即“哲人与开明的公民和政治人观望同一个方向,只是哲人看的更深”②。另一方面,哲人懂得如何保护哲学与城邦。这一点主要表现在哲人善于采用“双重的”或“隐秘的”写作技艺,知道何时和如何隐瞒自己的真正观点。例如,“苏格拉底敬拜城邦的诸神,尽管他是否相信诸神的存在仍然是个难以确定的问题”③。可见,古典政治哲学不但意识到哲学与城邦相遇的危险性,并开始摆脱哲学的“所有的狂热主义”,从公民的视角看待政治事物。于是,在柏拉图那里,施特劳斯看重的不是具有形而上学色彩的《王制》,而是其“最卓越的政治作品《法义》”。他认为柏拉图继承了苏格拉底的政治哲学传统,坚持了作为政治哲人的“清醒”与“节制”。

根据古典的自然正当论,符合自然的秩序是最佳的政治秩序。这种政制致力于人性的完善,也不需要人性做出根本的改变。同样,古典政治哲学中也预设人的智慧和理性能力存在固定的等级与差别,对于何谓自然和人类灵魂的等级结构毕竟只有哲人才能窥其一斑。由于智力水平的天然差异,哲人未必能够被普遍公民所接受,智慧与同意之间隐含着矛盾。为此,古典哲人不得不承担起双重责任:既要完成自己的使命,又要保护自身与城邦。城邦古典哲人对哲学的“政治化处理”并没有根本消除哲学与政治之间的冲突,它只是哲人为保护自身与城邦所采取的“权宜之计”。施特劳斯最终也承认哲学与城邦之间的冲突是永恒和无法根除的;仅仅依靠政治的“言辞”无法建立一个理想的城邦。哲人要想达到自己的目的,必须使智慧与权力相结合,这只能诉诸偶然与机遇。

施特劳斯所阐发的古典政治哲学只有在其对历史主义批判的语境中才能得到真正的理解。历史主义批判古典哲学是形而上学的、非历史的,

---

① [美]列奥·施特劳斯:《色诺芬的苏格拉底》,高诺英译,上海:华东师范大学出版社,2011年,第8页。

② [美]列奥·施特劳斯:《什么是政治哲学》,李世祥等译,上海:华夏出版社,2011年,第19页。

③ [美]列奥·施特劳斯:《色诺芬的苏格拉底》,高诺英译,上海:华东师范大学出版社,2011年,第18页。

并针对传统的普遍主义提出了多元主义的解决方案。针对历史主义的指责，施特劳斯必须把古典政治哲学与历史关联起来。他一方面强调古典哲人也关注历史处境，哲学是从“常识”出发，从“人们关于事物的本性的意见来了解它们的本性”①；另一方面，施特劳斯又多次重申哲学只是取代意见的尝试，哲学并不拥有真理。为了避免历史主义的陷阱，施特劳斯的自然正当论也是超越历史的、批判性的哲学。但是，当政治的“本性”“最好的政治秩序”和“永恒的标准”等词汇充斥其作品中的时候，已经表明施特劳斯的政治哲学已经越来越远离苏格拉底的“否定性哲学”，转而偏向了柏拉图的形而上学传统。当柏拉图把“意见”与“真理”对立起来，从“意见”中探询“真理”时候，就会带来灾难性的后果——“意见被全面否定”，即“真理能够消除意见，它能使具体的政治现实遭到破坏”。②

在古典政治哲学中，历史的作用仅限于两点：一是历史的多样性是人们认识政治本质的基础，哲人们正是试图从历史中发现最好的政治秩序问题，或者防止人们把某一历史时期的政治误认为是人类最佳的政治；二是政治准则的运用问题。“历史最初带给哲学的问题，是理性准则的有效性问题。”③自然正当的准则是永恒不变的，但人们必须注意使其以有关历史处境的知识为基础。总之，历史在古典政治哲学那里是辅助性的，与后来的历史主义无关。

中世纪的政治哲学是以基督教神学的形式表现出来的，哲学与政治的关系也就相应地转化为神学与政治的关系。与后来的马基雅维利一样，奥古斯丁对古典政治哲学的批判“也集中于它的无效性与非实践性”④。基督教神学认为：正义的社会是理性统治欲望，上帝统治理性。理想的“上帝之城”负责人的完善，现实的“尘世之城”满足于人的低级欲望。这两个领域并非截然分开的，人类可以依靠上帝的指引从“尘世之城”走向“上帝之城”。至于神学与政治之间的冲突，“在最好的情况下，通过使基督教的智慧和政治的权力协调一致可以解决二者之间的冲突。要造成这种情况就需要由基督徒就任官职，并根据基督教原则以及为了其臣民的共同利益而

① ［美］列奥·施特劳斯：《自然权利与历史》，彭刚译，北京：生活·读书·新知三联书店，2016年，第125页。

② 汉娜·阿伦特：《哲学与政治》，载于贺照田主编《西方现代性的曲折与展开》，长春：吉林人民出版社，2002，第335页。

③ 列奥·施特劳斯：《什么是政治哲学》，李世祥等译，北京：华夏出版社，2011年，第51页。

④ ［美］列奥·施特劳斯，约瑟夫·克罗波西：《政治哲学史》，李天然等译，石家庄：河北人民出版社，1993年，第195页。

行使权威"①。后来的宗教战争以及教权与政权之间的冲突证明了基督教对冲突的调和显然是失败的,上帝无法解决人类社会的问题,尘世寻求的东西也不可能在超越的天国实现。基督教对于历史学的贡献在于:神学家们的上帝观念已经体现在历史之中,人类的历史是上帝意志实现过程的普遍史,而不再是古希腊、罗马的特殊主义或循环史观。

16世纪历史观念的兴起并没有直接导致历史主义的产生。黑格尔之前的17、18世纪是自然法思想的巅峰时期。牛顿在自然科学领域的重大发现和笛卡尔的理性主义等,"加强了自然法思维的自信和确信,亦即自信握有了认识人类事物的钥匙"②。根据自然法,人类享有天赋的、不可剥夺的自然权利,这种自然权利是永恒的,并且到处是统一的。古典自由主义者试图通过降低人类的理想标准来弥合理想与现实之间的鸿沟,然而,一旦坚持这种抽象的原则,现实的政治又遭到了破坏。正如伯克所言:"它们在抽象意义上的完美也正是它们在实际上的弱点。"③人类不但对自然权利的理解难以达成一致,也并非总是根据理性来行使自然权利。如果人类社会是其自由的竞技场,"整个政治组织就变成了权益之计"。因此,在自由主义的政治哲学那里,抽象的自然法与具体的历史难以达成和解。

自然法思想的胜利并没有彻底熄灭近代政治哲学中的历史观念,作为自然法的对立面的历史主义已经萌芽了。例如洛克的经验主义和感觉主义已经使人们对绝对真理的信仰不那么坚定了。休谟则更加注重人性中的非理性的、情感、冲动和热情等。所有这一切都促使人们转向对历史的研究,伏尔泰、孟德斯鸠和康德等启蒙思想家都不约而同地把目光聚焦于历史领域。由于受自然法传统的影响,他们对历史研究还混杂着自然主义的因素。在他们看来,虽然历史是变化的,但这些变化的背后隐藏着某种机械因果法则。"人类的行为,却正如任何别的自然事件一样,总是被普遍的自然律所决定的。历史学是从属于叙述这些表现的。"④这种奠基于自然法传统之上的历史观念,最终发展为一种普遍的、有目的的历史哲学,并成为对现实政治进行批判的哲学基础。

---

① [美]列奥·施特劳斯,约瑟夫·克罗波西:《政治哲学史》,李天然等译,石家庄:河北人民出版社,1993年,第210页。

② [德]弗里德里希·梅尼克:《历史主义的兴起》,陆月宏译,南京:译林出版社,2010年,第003页。

③ [法]埃德蒙·柏克:《反思法国大革命》,张雅楠译,上海:上海社会科学院出版社,2014年,第69页。

④ [德]康德:《历史理性批判文集》,何兆武译,北京:商务印书馆,2007年,第1页。

"历史哲学"这个术语最早出现在伏尔泰的学说之中,但黑格尔对此作了系统的阐述,这一术语在黑格尔那里达到了顶峰。黑格尔的历史哲学不再是历史的简单反思,"而是历史把自身提升为一种更高的势力并使之变成哲学的而有别于单纯经验的"①。从此,"历史的"哲学取代"自然的"哲学,成为人类汲取政治正当性基础的源泉。黑格尔的历史主义及其政治哲学是极其复杂的,其中既有对启蒙思想的批判,更多的却是对启蒙哲学的继承与深化。他的思想既表达了历史主义的基本信念,也充满了对普遍性的追求。因此,黑格尔的历史主义思想既是暧昧不清的,也是极其复杂的。但所有的一切都无法动摇其在历史主义兴起中的原创性成就,尤其是自由主义历史主义的贡献。

由于历史主义运动及其涵义的复杂性,它本身也始终只是作为一种"理想"状态而存在。每一位哲学家或历史学家的思想都在某种程度上偏离了历史主义,我们也始终无法在某一位思想家那里得到对它准确或清晰的描述。就其政治影响而言,保守主义和自由主义都曾经借助于历史主义为自己的政治哲学辩护。

根据施特劳斯的观点,历史主义的源头可以追溯至法国大革命之后历史学派的出现。历史学派反对法国启蒙哲学对政治哲学的个人主义的抽象建构,主张一切国家的政治价值只能从其历史传统中加以理解。柏克认为,国家和社会并不是源于人类理性的建构,而是逐渐"长成的"有机体,是传统的延续,其中包涵着人类理性无法理解的智慧。拿破仑帝国对德国发动侵略战争之后,德国思想家也以历史的观念为武器反抗法国普遍主义的启蒙哲学,为其逐渐兴起的民族主义辩护。在黑格尔看来,国家的宪法是各个国家"民族精神"的体现,是由其宗教、艺术和哲学等其他因素决定的。这些"乃是它们特有的东西,所以并不是'一个普遍'的政治基础"②。当历史的观念与法国的民族主义相遇时,产生了那种作为"德国思想传统的历史主义"。这种历史主义专注于"特定的时空",强调"属于特定时空的比之普遍物更有价值"。③ 用黑格尔话讲,就是"存在的就是合理的",国家和宪法就是民族精神的最高或者完美的体现。历史与哲学的统一,或者说历史哲学取代政治哲学,使对现实的政治无法进行批判与反思。

面对历史观念的兴起,自由主义力图使自己与历史的多样性调和起

---

① [英]柯林伍德:《历史的观念》,何兆武、张文杰译,北京:商务印书馆,1997年,第172页。

② [德]黑格尔:《历史哲学》,王造时译,上海:上海世纪出版集团,2006年,第48页。

③ [美]列奥·施特劳斯:《自然权利与历史》,彭刚译,北京:生活·读书·新知三联书店,2016年,第16页。

来,并站在历史的立场上为自身进行辩护。古典的自由主义者承认人类历史的多样性,甚至从历史传统、地理环境等历史因素方面来为不同的自由主义政体做辩护。但在他们看来,不管人类所处的历史情境有多么不同,贯穿于人类政治发展的根本原则就是康德的绝对自由观念。黑格尔为了避免相对主义的困境,他求助于康德等人的世界历史观念:特殊的、历史性的东西经过辩证地发展,最终升华为"普遍性的东西"。"自由本身便是它自己追求的目的和'精神'的唯一目的。这最后的目的便是世界历史。"①这种启蒙主义的史学相信人类的历史是一部进步史和自由或理性实现的历史,它也暗示了人类历史存在一个"绝对时刻"或"历史的终结",因此,自由主义的历史观念并非是一种历史哲学。19世纪,哲学进入了历史主义的时代,历史主义及其主张的价值多元论强烈地冲击了自由主义的普遍主义与价值观的一元论。当代的自由主义不得不采取一种妥协的立场,在多元主义下为自由主义辩护。伯林、克劳德、盖尔斯敦和罗尔斯等就是其中著名的代表人物。他们声称:自由主义本身就是多元主义的,"自由主义政权是一种宽容方案的晚期花朵,这种宽容方案始于欧洲16世纪"②。然而,当自由主义与多元主义相遇时,其结果要么是自由主义放弃对自由抱有的绝对主义信仰,把自身降低为一种解决价值多元冲突的"权宜之计",从而否定了自身;要么就是仍然把自由视为一种高于其他价值的优先性或绝对的价值。

施特劳斯始终是在一种狭义的、封闭的意义上理解历史主义的。在他那里,基于一个社会的历史的观念"只不过是意识形态或神话而已",历史主义的"最终结果就是政治哲学概念自身的解体"。③ 在这里,我们一方面必须摆脱施特劳斯式的"洞穴式"的历史主义理解,求助于一种扩展了的历史主义观念;另一方面,我们也要相应地破除传统的哲学和政治哲学观念。传统的政治哲学规划源于柏拉图的知识与意见对立的理念论哲学,这种学说信奉普遍主义和一元论的价值哲学。他们相信良善的生活和最佳的整体只有一种,这种生活和政体适用于所有的人类。历史主义恰恰反对政治的这种哲学式理解。由于政治是行动的、历史的政治,是人的行为"构成了政治学的前提与题材",因此,我们只能在"每种事物中寻求那种

① [德]黑格尔:《历史哲学》,王造时译,上海:上海世纪出版集团,2006年,第18页。

② [英]约翰·格雷:《自由主义的两张面孔》,顾爱彬等译,南京:江苏人民出版社,2005年,第1页。

③ [美]列奥·施特劳斯:《我们时代的危机》,李永晶译,见刘小枫主编《西方民主与文明危机》,北京:华夏出版社,2018年,第4页。

题材的本性所容有的确定性”。[①] 也就是说，人类关于善的观念与自然科学中的确定性不同，它必定受制于历史情境的制约，是历史性的、多元的价值。麦金泰尔也认为，我们不能否定分析哲学家对政治和道德价值的论证和探究，哲学式的追问是必须的，也是必不可少的。然而，在传统哲学中是无法实现其目标时，维科、柯林伍德和黑格尔等历史学家或哲学家为我们指明了方向。传统道德哲学追问的主题，道德哲学家所探究的评价性和规范性的概念、准则、论证与判断等，依靠传统的思维方式已经无处探寻、无路可走，“除了体现在特定社会群体的历史生活之中从而具有历史性存在的独特性格：亦即，在时间中所经历的同一性和变化，在制度化了的实践和具有多种多样活动形式的话语、互动和相互关系之中的表现。不属于任何特定社会道德的道德是不存在的”。[②] 依据上文论述的一种经过扩展了的、“历史主义的自然正当”论，对哲学与政治的关系可以得出以下理解。

首先，在这种历史主义的视域中，哲学与政治存在某种的一致性。古典政治哲学求助于抽象的“自然”观念，幻想用单一的道德和政治准则指导多种多样的人类政治，其结果不但必然是失败的，而且哲学与政治的冲突是根本性的、无可调和的。现代自由主义求助于科学与理性，相信人类历史最终将走向繁荣的“普遍社会”的前景也面临着政治现实主义的挑战。历史主义的哲学不再是抽象的、形而上学的，而是源于每个社会的历史处境。正如马克思在批判黑格尔的抽象理性主义时所指出的那样：“德国哲学从天国降到人间；和它完全相反，这里我们是从人间升到天国。”[③] 这样，立基于现实的哲学就不会“保留它独立性的外观”了，而是与现实的政治紧密相连，在某种程度上存在着统一。

建立在历史基础之上的政治哲学，也符合政治的特性。政治社会首先是一个存在着善好观念冲突的社会，假如人们在这些问题上达到一致，也就不存在政治问题了，剩下的只是关于如何达到共同目标的手段的争论。伯林在谈到政治哲学问题时曾经指出：

> 当我们问为什么一个人应当服从时，我们是在要求对诸如权威、主权、自由这样的一些概念的标准及其在政治辩论中具有正确性的正

① ［古希腊］亚里士多德：《尼各马可伦理学》，廖申白译注，北京：商务印书馆，2003 年，第 7 页。

② ［美］阿拉斯戴尔·麦金泰尔：《追寻美德：道德理论研究》，宋继杰译，南京：江苏人民出版社，2011 年，第 338 页。

③ 《马克思恩格斯选集》第 1 卷，北京：人民出版社，第 73 页。

当理由作出解释。人类社会正是以这些术语的名义发出命令，强制人民，进行战争，创建新社会，摧毁旧社会的。这些概念如今仍然象我们生活中的任何概念一样，起着巨大的作用。使这类问题成为显而易见的哲学性问题是，对上述概念的含义没有取得广泛一致的意见。①

在这里，伯林不但批驳了施特劳斯关于各种纷争的背后存在着自然正确的绝对主义命题，还指出了政治哲学的历史性问题。正是不同社会拥有不同的关于自由、主权和正义的概念，才使政治哲学成为一种可能。这种政治哲学不能重蹈古典政治哲学的覆辙，不是立基于任何形而上的观念，只能建立上现实的、历史的基础之上，不能是普遍的，只能是具体的、历史的。正如麦金泰尔所言，“只有在一种特定的历史探究类型的语境内，这样的论证才能支持哲学家最希望为之辩护的有关真理与合理性的那类申言”②。

其次，历史主义的政治与哲学的统一，并没有消解哲学的政治功能。历史主义者从现实出发寻求政治价值，并没有否认政治哲学的存在。马克思在批判杜林时曾经提醒我们，“如果存在的基本原则是从实际存在的事物中得来的，那么为此我们需要的就不是哲学，而是关于世界和世界中所发生的事情的实证知识，由此产生的也不是哲学，而是实证科学”③。历史主义关注历史传统的价值、不同历史处境中的价值选择与变换，并不等于是一种决定论，也没有否认人类的理性能力和自由选择。它清楚地知道，“所有的政治观点都具有片面性，因为历史的总体总是那么宽泛以致从中产生的任何一种个别观点都无法把握它。不过，由于这些观点都产生于同一社会或历史趋势之中，由于它们的片面性都存在于一个正在出现的整体基质，人们就有可能将它们相提并论，而它们的整合也就变成了一个必须不断加以重述和解决的问题”④。一种扩展了的历史主义并不追求普遍史那样的宏大叙述，它只是使我们跳出狭隘的“洞穴”，从而实现真正性的反思。这种历史主义既反对启蒙运动的抽象理性主义，也反对德国传统历史主义的相对主义和虚无主义，是一种更高层次上的、更深刻的理性主义。

---

① ［英］艾赛亚·伯林：《政治理论还存在吗》，古尔德等编《现代政治思想：关于领域、价值和趋向的问题》，杨淮生等译，北京：商务印书馆，1985年，第189页。

② ［美］阿拉斯戴尔·麦金泰尔：《追寻美德：道德理论研究》，宋继杰译，南京：江苏人民出版社，2011年，第338页。

③ 《马克思恩格斯选集》第3卷，北京：人民出版社，第375页。

④ ［德］卡尔·曼海姆：《意识形态与乌托邦》，李步楼等译，北京：商务印书馆，2014年，第189页。

最后，历史主义的哲学与政治之间的关系处于不断调适、变动之中。在苏格拉底和柏拉图那里，“善的型”构成了“一切正义的、美好的事物的原因，它在可见的世界中产生了光，是光的创造者，而它本身在可知世界里就是真理和理性的真正源泉”①。这种善是处于人类社会的洞穴之外的客观存在，是人类的理性之光。虽然人类政治可以多种多样，但指导人类政治实践的善的理念只有一个，要么只有哲学家才能窥其全貌，要么人们对善的理念能够达成一致。正是从苏格拉底开始，这一观念主导了西方的政治哲学传统。在该传统中，指导政治的哲学是永恒的、非历史的，被指导的政治则是变化的、多样的。一旦现实的政治与理想的哲学不符，这种至上的哲学便挥开它那理性之刀宰杀、剥制活生生的现实，理性便转变成了暴君。正如尼采所言，“几千年以来，哲学家所处理的一切都是概念木乃伊；没有任何真实的东西活着逃离他们的魔爪”②。为了与现实的政治相适应，政治的哲学必须做出适当的、灵活的调整，以与多样化的政治相吻合。这种政治哲学立足于不同的历史情境，又超越于自身的历史，不仅关注人的历史，也照顾着人与自然的关系，是对自然、历史反思之结果。正如当代政治哲学家斯密什所言，“政治哲学存在于‘是‘与’应当’、理想与现实之间的不确定领域。哲学的先决条件就是一个不完美的社会，一个需要解释也必然需要政治批判的世界。这就是为什么哲学潜在地始终是一项不安的事业”③。

五、历史主义的世界体系

与其说历史主义为理解单个政治共同体提供了一种不同于传统自然法的思维方式，不如说它更加适合于国际政治问题的解决。人类世界由诸多政治共同体（国家）构成，每个共同体都处于这一世界体系之中，都要处理与其他共同体的关系，因此，每一种政治哲学都要对国内政治和国际政治提供一种解释与理论的指导。从政治哲学的角度看，人类世界对于处于某个政治共同体的个人也具有特别的意义。从苏格拉底的遭遇我们可以看到人类生来便具有的两难处境：人首先是政治动物，要忠于“生于斯长于斯”的城邦；另一方，人是又理性动物，不仅要反思城邦的生活，还要追求一

① 《柏拉图全集》第二卷，王朝辉译，北京：人民出版社，2017 年，第 514 页。

② ［德］尼采：《偶像的黄昏》，李超杰译，北京：商务印书馆，2013 年，第 19 页。

③ ［美］史蒂芬·B·斯密什：《政治哲学》，贺晴川译，北京：北京联合出版公司，2015 年，第 10 页。

种超越城邦的至善生活。可见,超越于城邦的世界不仅在实体的意义上是人类不可逃逸的整体,同时也赋予人类以终极的关怀和存在的意义。

古典政治哲学预设了人类政治生活与善的生活的和谐与一致:城邦之善服从人类之善,即自然。永恒的自然超越于不同的、变化的习俗,也超越于历史。这种政治思维方式既是普遍主义的,也是形而上学的抽象。当把这种政治哲学运用于政治实践时,丰富多彩的政治生活便受到无情的压制与抽象化的裁剪。对于何谓自然与善的生活,哲学家们的定义也往往是歧义丛生、含含糊糊。如果说古典哲学侧重于从普遍的、世界主义的视域看待政治问题,历史主义则从个体性的、历史性的视角看待政治。历史主义认为政治是实践的、行动的政治,而不是哲学的和沉思的。首先跃入人们眼帘的是冲突的、多样化的政治,这也是前哲学状态的政治,这种政治现象才是认真政治的出发点。从现实和冲突出发,这是霍布斯、马克思和施密特等现代政治思想家共享的前提。这种历史的观点对于理解国际政治和世界体系而言,是一个更加合理的视角:传统政治哲学从统一性和普遍性出发理解世界体系,遮蔽了政治的本性,以抽象的理论裁决活生生的实践,犹如缘木求鱼,终究归于失败;历史主义从实践出发构建政治哲学,从现实的、冲突的政治现象出发理解世界体系,才能终得其解。曼海姆曾言:"政治不仅仅是为争取权力而进行的斗争,而是只有当它以某种政治哲学、以某种政治性的世界概念注入其目标时,它才实际个首先有了根本重要的意义。"①同样,只有以政治性和历史性的世界概念理解世界时,世界才有意义。

历史主义虽然是个含糊不清的概念,但现代的历史观念连接着对立的两端:特殊性与统一性。前者强调每个社会的文化传统、社会结构的差异,主张历史是特殊与多样的;后者希望从历史中发现统一性的概括、理性和规律,以指导人类未来的行动。历史学家们的分歧也在于兴趣的不同:寻求特殊性还是普遍性。政治思想的历史观念与此是一致的,"一边是多元论、多样性和百家争鸣的支持者,他们支持包含冲突的事物秩序和对协调、调整、平衡的恒久需要,支持一种总是处于不完善的平衡状态,需要有意识地努力去维护秩序。另一边是那些认为这种不稳定状态是社会混乱和个人疾病的一种形式的人,因为健康依存于统一、和平,依存于对一切不一致的可能性的消除,依存于一种认同,即认为只要一个目的或不冲突的目的

① ［德］卡尔·曼海姆:《意识形态与乌托邦》,李步楼等译,北京:商务印书馆,2014 年,第 62—63 页。

才是理性的"①。历史多元论与保守主义、特殊主义在理论上具有亲缘性——既然历史是特殊性的,存在的也就是合理的,因此,历史多元论往往成为为现实政治辩护的借口,转变为保守主义。自由主义者则试图努力拨开历史的迷雾,以发现贯穿于历史的普遍规律和某种绝对的理性。这种历史观念的二元对立也与古典哲学对于人的认识相适合,即"人不仅仅是公民或城邦,人还超越于城邦"②,但二者之间具有难以调和的冲突。

伯林指出,关于只有一个目的和各种目的之间是和谐的观念构成了西方政治思想的主流,从柏拉图的理念论、斯多葛派的自然法、近代的斯宾诺莎等都共享着这种理念。虽然黑格尔指出人类观念的历史性特征,最后仍然求助于抽象的理性。总之,这个传统的思想家们对人类理性持一种乐观的态度,他们相信人类历史是一部大写的历史,"把全人类在一切时代的经验都纳入解释范围,并将之理解为一个唯一的、连续的不断进化的过程的历史"③。人类的理性最终可以认识历史的演化机制,发现某种规律。这种历史观也是启蒙哲学的历史观。历史主义出现之后,一些自由主义者并没有放弃从历史中追求统一性的信念,仍然相信人类最终都是可以被启蒙的,也是向善的。人类历史就是自由的发展史,或者追求相互承认的历史,历史将终结于普遍同质的大同世界。然而,人类社会的历史表明:不管是基督教的普遍神学,还是自由主义的普世自由都未能涵盖人类的整个历史,也未能把世界统一于任何一个形而上学的体系之中。中世纪的宗教战争与各个王国之间的冲突、20 世纪的两次世界大战、21 世纪保守主义的兴起等,都暗示着大同世界与世界帝国只是一个美丽的幻象。无怪乎施特劳斯会得出这样的结论:"一个普遍的社会绝无可能在可见的未来存在。政治社会过去一直是并在可见的未来也仍将是特殊的社会、有边界的社会,是一个关注自身改善的封闭社会。"④

事实上,18 世纪以来历史主义者恰恰是反对这种普遍历史观的。他们相信人类历史、观念是多样化的,任何追求一致性的企图最终都将失败,吸引历史学家和思想家的是历史表现出的特殊性。如果只是一味地试图

---

① [英]以赛亚·伯林:《现实感:观念及其历史研究》,潘荣荣等译,南京:译林出版社,2011 年,第 134 页。

② [美]列奥·施特劳斯:《政治哲学的危机》,李永晶译,见刘小枫主编《西方民主与文明危机》,北京:华夏出版社,2018 年,第 37 页。

③ [美]弗朗西斯·福山:《历史的终结与最后的人》,陈高华译,桂林:广西师范大学出版社,2014 年,第 010 页。

④ [美]列奥·施特劳斯:《我们时代的危机》,李永晶译,见刘小枫主编《西方民主与文明危机》,北京:华夏出版社,2018 年,第 5 页。

从历史中发现某种统一性,“他们就根本不是历史学家——至多是历史哲学家”①。由于任何人类社会都是一个连续的有机体,具有独特的时空情境,每个社会的价值观念必然不同。历史主义的这种观念把个人与其所在团体紧密结合起来,视个人利益与公共利益为一致的。正是基于此,柏格森认为:“与这种状态相应的道德态度就是只关心它们自己的个体与团体的态度。这里,个体、群体的精神是以圆圈的方式运动的。这种精神是封闭的。”②历史主义的有机体概念还把人的道德与政治观念看作是由传统习俗、历史文化和社会结构所决定了的,从而忽略和否认了人类的自由选择和创造能力,波普尔就把这样的生活看作是开放社会的敌人——“封闭社会”。从柏克以来历史学派的产生来看,诉诸历史观念的思想家往往是以历史事实反对当前的变化与革命。尽管历史主义者尽可能地为自身进行辩护,但正如曼海姆所言:“历史主义是一个及其复杂的多面结构,从社会方面来看也是千变万化的,但是在本质上它具有保守主义的根源。”③历史主义把历史当作理解人类社会的重要依据或者一门新的科学,然而,对历史文化和社会传统这些东西的认识又难以达到自然科学的那种精确程度,现代思想家也难以像古典哲人理解自身那样去理解他们,再加上人类理性的有限性并不足以完全认识历史,因此,历史主义的目标就难以实现。正如施特劳斯所批评的那样:“历史主义本质上不可能符合历史精确性的标准——可以说,它发现了这些标准。”④当历史主义过分关注历史的特殊性,并不能对之加以合理解释时,它往往又陷入非理性、封闭主义的思想陷阱。这样,人类历史就成了“毫无意义的网”,其中的各个国家之间充满了矛盾与冲突,世界也就不成为体系,人类就又退回到弱肉强食的“丛林状态”了。

梅尼克(Friedrich Meinecke,又译作迈尼克)在谈到历史主义时曾指出,当历史主义试图从国家的历史本质得出关于国家行为的理论时,总是面临着正义和道德的压力,这种责任压力更多的是来自国外而非国内。在国内,“‘国家理由’有可能同正义和道德保持和谐,因为没有别的妨碍国

① [英]以赛亚·伯林:《浪漫主义时代的政治观念》,王岽兴等译,北京:新星出版社,2011年,第227页。

② [法]亨利·柏格森:《道德与宗教的两个来源》,王作虹等译,贵阳:贵州人民出版社,2000年,第021页。

③ [德]卡尔·曼海姆:《保守主义》,李朝晖等译,南京:译林出版社,2002年,第142页。

④ [美]列奥·施特劳斯:《什么是政治哲学》,李世祥译,北京:华夏出版社,2018年,第57页。

家的权势”①。前提条件是国家权威将所有物质权势手段集中在自己手里，且不存在与之争权夺利的政治派别。在这样的条件下，国家内部的道德、正义和权势能够相互和谐地起作用。在世界政治中，就如黑格尔讲的“国家之上无执政”，各个国家处于自然状态之中，没有谁来裁决哪个国家掌握着正义和道德。因此，实际情况是，“在各国生活中一起发挥作用的功利动机和道德动机，迄今为止任何情况下都未能产生出更多的东西，除了脆弱的国际法体系和至少同样脆弱和时髦的国际联盟”②。在国际关系中，没有哪一个国家会绝对信任另一个国家，一个国家也需防范其他国家是否采用不正当的手段。因此，迈尼克认为，在国与国之间的关系中，“使得任何改良都看来无望的是一种深刻的、悲观主义的信念（它根植于本能之中，并由历史经验证实），即不可能改变国家的特性”③。正如亨廷顿在批判自由主义时所指出的那样，自由主义对内是普世主义的，对外则是特殊主义的，“一个和谐世界的范式显然距离现实太遥远，它不能对冷战后的世界作有用的指导”④。

事实上，“文明的冲突”与“历史的终结”正是反映了人们对历史的两种极端态度：相对主义者对人类认识历史的能力持一种消极的、否定性的和保守主义的态度。他们认为任何政治社会都是封闭的、难以理解的，各个政治社会之间的冲突是永恒的，也是难以调和的。普遍主义者则乐观地认为人类理性足以认识历史、发现历史规律，各个政治社会的冲突只是暂时的，最终这些社会都要进入同质的普遍主义社会。在施特劳斯与科耶夫关于普遍主义社会的争论中，我们可以窥见古今哲人关于人类历史的一些真知灼见：施特劳斯认为，“普遍国家要求就根本问题达成普遍的一致，而只有真正的知识和智慧才可能达成这种一致。基于意见的一致永远不会成为普遍的一致”⑤。也就是说，哲学与政治的冲突将永久存在，人类不可能得到完全的启蒙。科耶夫反对古典的沉思型的哲人，主张哲人应该积极

---

① ［德］弗里德里希·迈尼克：《马基雅维利主义》，时殷弘译，北京：商务印书馆，2017年，第67—68页。

② ［德］弗里德里希·迈尼克：《马基雅维利主义》，时殷弘译，北京：商务印书馆，2017年，第69页。

③ ［德］弗里德里希·迈尼克：《马基雅维利主义》，时殷弘译，北京：商务印书馆，2017年，第70页。

④ ［美］塞缪尔·亨廷顿：《文明的冲突与世界秩序的重建》，周琪等译，北京：新华出版社，2010年，第10页。

⑤ ［美］列奥·施特劳斯：《重述色诺芬的〈希耶罗〉》，彭磊译，见施特劳斯、科耶夫著《论僭政》，古热维奇等编，北京：华夏出版社，2016年，第227页。

介入社会与政治，一切谬误“只有在积极的社会生活的历史层面渐次展开时，才能被‘辩证地扬弃’”，“仅当历史在普遍同质的国家中并通过普遍同质国家到达它的最后阶段（terme final）”①。施特劳斯的智慧在于看到了哲学永远只是探求的过程，人类关于何谓善永远不可能达成一致。有边界的政治社会将是人类存在的常态。科耶夫则幻想哲学与政治的最终和解在普遍同质中成为可能，并把哲学引入到政治实践之中。如果根据与历史哲学相对立的历史主义来理解，政治社会将是人类存在的常态，正如亨廷顿所说的那样，“人们用祖先、宗教、语言、历史、价值观、习俗和体制来界定自己”②。无论人类理性如何进步，文明之间的冲突将会长期存在，政治社会依然是世界体系的主体。

“历史终结论”的认识论根源我们可以在始于柏拉图的理念论的西方政治思想传统中找到。这一传统认为，存在着与人性相适应的理想政制，现实的政治社会都是对这一政制的“模仿”。中世纪的基督教只不过把这一理想设在遥远的彼岸，但它依然是普世主义的，为所有生活在黑暗的人们提供了一盏指路明灯。近代以来，西方社会在科技、政治和文化等方面逐渐超越其他非西方社会，并在世界体系占据支配地位。与此同时，新航线的开辟、资本的扩展和殖民战争的爆发也使人类历史逐渐真正进入世界历史时代。为了应对西方文明的挑战，非西方国家都被迫或主动加快了现代化的进程。20世纪的两次世界大战，又使西方强国以“正义”之名成为维护世界和平与秩序的卫道士，占据了道德的制高点。但是，如果我们仅仅重复亨廷顿的观点，把“普世文明”看作是西方文明的产物，或者西方对付非西方社会的意识形态，它只是“有助于为西方对其他社会的文化统治和那些社会模仿西方的实践和体制的需要作辩护”③，这些远远无助于问题的解决，反而更像一种意识形态的攻击。虽然说“文明的冲突”是一种现实的存在，但它明显不符合人类的愿望，同时也否定了人类理性的建构能力。正如我国学者张铭所言，“历史主义与后现代主义的认知范式发展到最后，总会在社会稳定发展的要求下，修改自己过于激进的主张，收敛自

---

① ［法］科耶夫：《僭政与智慧》，彭磊译，见施特劳斯、科耶夫著《论僭政》，古热维奇等编，北京：华夏出版社，2016年，第199页。

② ［美］塞缪尔·亨廷顿：《文明的冲突与世界秩序的重建》，周琪等译，北京：新华出版社，2010年，第5页。

③ ［美］塞缪尔·亨廷顿：《文明的冲突与世界秩序的重建》，周琪等译，北京：新华出版社，2010年，第5页。

己的解构精神"①。但是，重建世界体系并不是意味着历史主义的退场或退回边缘地带，它只能以历史主义为基础，在历史中寻找一种非普遍性的理性。

新的世界体系的构建必须以多元主义为前提和基础。随着多元主义的兴起和发展中国家国力的提升，以西方（美国）普遍主义为理论基础的世界体系已经难以为继，美国霸权主义的衰落也基本成为事实，这标志着由西方人所书写的世界历史正在被改写。当代英国历史学家 E·H·卡尔曾经说过，"在过去 400 年间，英语世界的历史无疑是伟大的历史时期。但是，把这当作是全球史的中心内容，而把别的一切当作是这中心内容的边缘内容，这是一种令人不快的歪曲观点"②。以中国为代表的东方文明、长期以来沉寂的伊斯兰文明等多个文明正在走上世界历史的舞台，一种文明主导世界的局势正在被悄悄地改变。2020 年上半年一场世界性的新冠肺炎疫情也提醒我们：每个政治社会不可能独善其身，人类必须共同面对一些世界性问题，如战争、疫情和自然灾害等。每个民族国家都是世界体系的主体，即便民族国家在世界中的地位依然取决于其实力，但多极化的世界体系正在逐渐形成。这个世界体系我们很难用单一的主线来贯穿，无论是"自由""相互承认"，还是任何抽象的"人权"；它更不是"一极""两极"，而是"多极"的，是一个人类共生共荣的命运共同体。

新的世界体系的建构依赖于历史性的方法与途径。历史主义地看待人类世界，既不是把世界视为神秘的、非理性的冲突的文明，如果这样我们就退回到了人类前文明状态；也不是启蒙史观那种直线性的、完全理性的自由的历史，因为我们依然难以看到人类完全走向同质社会的曙光。根据每个社会的历史情境理解该社会的价值观念，这是一个现实的、基础性的出发点。只有从此出发，我们才有可能通向一种超越单个政治社会的可能性。历史的认识是一种渐进的、积累性的过程，"是一个通过形成更完备的真理而克服相对真理局限的无限的过程"③，这种理性并非普遍的理性，而是一种灵活的、可变的、不完善的理性。我们不能用自然科学的标准衡量它，与其说历史提供的是知识，不如说是经验、判断和智慧。在解决矛盾和冲突时，历史理性"在不同的情境中会指示不同的解决方式"。因此，在面

① 张铭：《政治价值体系建构：理论、历史与方法》，北京：社会科学文献出版社，2012 年，第 71 页。

② ［美］E·H·卡尔：《历史是什么》，陈恒等译，北京：商务印书馆，2008 年，第 258 页。

③ ［波兰］亚当·沙夫：《历史与真理》，张笑夷译，哈尔滨：黑龙江大学出版社，2014 年，第 252 页。

临国际问题需要解决时,政治家们需要运用自己的智慧、创造性地提出解决办法。历史主义也并不满足于施特劳斯的可批判的"特殊主义社会"政治理想,人类历史也是世界历史。人们可以从多个维度来理解它——政治史、经济史、文化史和社会史等,但每个维度都不足以解释这个世界,也就是说,不仅世界历史的主体是多元的,理解世界的维度也是多元的。

历史主义的解决方案立基于对人类社会的政治性理解:政治社会将是人类社会存在的常态,不同政治社会之间关系的调整必将是伯林所讲的"协调"与"平衡",而不存在什么永恒的世界秩序与世界和平的方案。这就像我们现在看到的联合国在面临突发问题时所做的那样——协调或斡旋,即便通过什么决议,它也并没有执行的能力。但是,这既不意味否认联合国在维护世界和平中所起的积极作用,也不意味着联合国没有改革的余地。正如我们已经看到的,联合国有时甚至会成为大国称霸世界的工具。政治就包含着冲突与对立,但政治并不满足于此。相反,政治的目标恰恰是尽最大努力协调各种矛盾,达成一致,造就和平。因此,这种历史主义的方案是恰当的,其解释能力也优于其他理论。同时,我们也不能简单地批判它为实用主义或"权益之计"。历史主义承认人类共享一些价值观念,也致力于追求世界和平,但它拒绝僵硬的普世价值,主张历史性地看待这些政治价值,并相信在多元的世界体系中,不同社会的和平共处是可能的。

参考文献

外文著作及论文

1. Leo Strauss. *The City and Man*. The University Press of Virginia, 1964.

2. Leo Strauss. *Natural Right and History*. Chicago: University of Chicago Press, 1959.

3. Leo Strauss. *The Argument and the Action of Plato' s Laws*. Chicago : University of Chicago Press, 1975.

4. Leo Strauss. *The Political Philosophy of Hobbes* . Chicago: University of Chicago Press, 1952.

5. Leo Strauss. *Persecution and the Art of Writing*. Chicago: University of Chicago Press, 1980.

6. Leo Strauss. *Philosophy and Law-Contributions to the Understanding of Maimonides and his Predecessors* . Chicago :University of Chicago Press, 1995.

7. Leo Strauss. *Liberalism Acient and Modern*, Cornel University Press, 1989.

8. *The Rebirth of Classical Political Rationlism: An Introduction to The Thought of Les Strauss*. Edited by Thomas L. Pangle, Chicago: University of Chicago Press, 1989.

9. Leo Strauss. *Socrates and Aristophanes* . New York: Basic Books, 1966.

10. Leo Strauss. *Thoughts on Machiavelli*. Chicago :University of Chicago Press, 1978.

11. Leo Strauss. *An Introduction to Political Philosophy: Ten Essays*, Edited by Hilail Gildin, Chicago: University of Chicago Press. 1957.

12. Leo Strauss. *Xenophon' s Socrates*. Ithaca: Cornell University Press, 1972.

13. Leo Strauss. *What Is Political Philosophy*. Chicago: University of Chicago Press, 1986.

14. Heinrich Meier. *Les Strauss and the Theologic - Political Problem*,

Chicago: University of Chicago Press, 2006

15. Peter M. Rutkoff , William B. Scott. *New School: A History of the New School for Social Reseach*. New York : Free Press, 1986.

16. Anne Norton. *Leo Strauss and the Politics of Amercian Empire*, Yale University Press, 2004.

17. Steven B. Smith. *The Cambridge Companion to Leo Strauss*. Cambridge University Press, 2009.

18. Leora Batnitzky. *Leo Strauss and Emmanuel Levinas*. Cambridge University Press, 2006.

19. Shadia B. Drury. *The Political Ideas of Leo strauss*. St. Martin ' s Press, 2005.

20. Catheriane, Michael Zuckert. *The Truth About Leo Strauss: Political Philosophy and American Democracy*. Chicago : The University of Chicago Press.

21. Otto Gierke. *Natural Law and The Theory of Society*. London: Cambridge University Press.

22. Ana Marta Gonzalez. *Contemporary Perspectives on Natural Law*. Ashgate Publishing Company.

23. J. G. Fichte. *Foundations of Natural Right*. Cambridge University Press.

24. Thomas Hobbes. *The Elements of Law Natural and Politic*. Cambridge University Press, 1928.

25. Dan Edelstein. *The Terror of Natural Right*. Chicago : The University of Chicago Press.

26. Matthew Fox. *Cicero ' s Philosophy of History*. Oxford University Press, 2007.

27. Roger L. Huard. *Plato ' s Political Philosophy: the Cave*. New York: Algora Publishing, 2007.

28. Stanley Rosen. *Plato ' s Republic: A Study*. New Haven & London: Yale University Press, 2005.

29. Paul Hamilton. *Historicism* . Taylor & Francis e-Library, 2005.

30. Page, Carl. *Philosophical Historicism and the Betrayal of first Philosophy*. The Pennsylvania State University Press, 1995.

31. Roger D. Masters. *Beyond Relativism : Science and Human Values*.

University Press of England, 1993.

32. Peter Emberley, Barry Cooper. *Faith and Political Philosophy: The Correspond ence Between Leo Strauss and Eric Voegelin*, 1934-1964, ed and trans. Pennsylvanis State University Press, 1993.

33. Devigne, Robert. *Recasting Conservatism: Oakesshott, Strauss, and the Response to Postmodernism.* Yale University Press, 1994.

34. Lampert, Laurence. *Strauss and Nietzsche.* University of Chicago Press, 1996.

35. Meier, Heinrich. *Carl Schmitt and Leo Strauss: The Hidden Dialogue*, University of Chicago Press, 1995.

36. Smith Steven B. *Reading Leo Strauss: Politics, Philosophy, Judaism.* University of Chicago Press, 2006.

37. Sheppard, Eugene B. *Leo Strauss and the Politics of Exile : The Making of Political Philosophy.* University of Chicago Press, 2006.

38. James F. Ward. "Political Philosophy & History: The Links between Strauss & Heidegger[J]". *Polity*, Vol. 20, No2. (Winter, 1987).

39. Hannah Arendt. "Philosophy and Politics". *Social Research*, Vo171: No3: Fall 2004.

40. John R. Wallach. "Smith, Strauss, and Platonic Liberalism". *Political Theory*, Jun. 2001.

41. Hwa Yol Jung. "Leo Strauss' s Conception of Political Philosophy: A Critique". *The Review of Politics*, Vol. 29, No 4(Dec. 1980).

42. John Gunnell. "Strauss before Straussianism: Reason, Revelation, and Nature", *Review of Politics*, No51, 1990.

43. S. B. Drury. "Leo Strauss' s Classic Natural Right Teaching[J]". *Political Theory*, Vol. 15, No. 3(Aug. 1987) .

44. Eugene 0. Golob. "The Irony of Nihilism". *History and Theory*, Vol 19, No. 4, Beihft 19: Metahistory: Six Critiques(Dec. 1980).

45. Robert Pippin. "The Unavailability of the Ordinary: Strauss on the Philosophical Fate of Modernity[J]". *Political Theory*, Vol. 31, No. 3(Jun. 2003).

46. Leo Strauss. "Natural Right and Historical Approach". *The Review of Politics*. 1950, oct.

47. Fred Dallmayr. "Politics against Philosophy: Strauss and Drury".

Political Theory, Vol. 31, No. 3(Aug. 1987).

48. John G. Gunnell. "Political Theory and Plotics: The Case of Leo Strauss". *Political Theory*, Vol. 13, No. 3(Aug. 1985).

49. Kim Sorensen. "Revelation and Reason in Leo Strauss". *The Review of Politics*, Vol. 65, No. 3(Summer, 2003).

50. Pippin Robert. "The Modern World of Leo Strauss". *Politics Theory*, 20(1992).

51. Pippin Robert. "The Unavailability the Ordinary: Strauss on the Philosophic Fate of Modernsity". *Politics Theory*, 31(2003).

52. Rosen Stanley. "Leo Strauss and the Possibility of Philosophy". *Review of Metaphysics*, 53(2000).

中文著作

1. [美]列奥·施特劳斯:《自然权利与历史》,彭刚译,北京:三联书店,2016 年。

2. [美]列奥·施特劳斯:《霍布斯的政治哲学》,申彤译. 南京:译林出版社,2001 年。

3. [美]列奥·施特劳斯:《什么是政治哲学》,李世祥等译,北京:华夏出版社,2011 年。

4. [美]列奥·施特劳斯:《古典理性主义的重生》,郭振华等译, 北京:华夏出版社,2011 年。

5. [美]列奥·施特劳斯:《论僭政》,彭磊译, 北京:华夏出版社,2011 年。

6. [美]列奥·施特劳斯:《回归古典政治哲学》,朱雁冰译, 北京:华夏出版社,2006 年。

7. [美]列奥·施特劳斯:《苏格拉底问题与现代性》,郭振华等译, 北京:华夏出版社,2011 年。

8. [美]列奥·施特劳斯:《柏拉图式政治哲学研究》,张缨等译, 北京:华夏出版社,2012 年。

9. 施特劳斯:《斯宾诺莎的宗教批判》,李永晶译, 北京:华夏出版社,2013 年。

10. [美]列奥·施特劳斯:《迫害与写作艺术》,刘锋译, 北京:华夏出版社,2012 年。

11. [美]列奥・施特劳斯:《柏拉图〈法义〉的论辩与情节》,程志敏等译,北京:华夏出版社,2011 年。

12. [美]列奥・施特劳斯:《关于马基雅维利的思考》,申彤译,南京:译林出版社,2003 年。

13. [美]列奥・施特劳斯:《古今自由主义》,马志娟译,南京:江苏人民出版社,2010 年。

14. [美]列奥・施特劳斯等:《政治哲学史》,李天然等译,石家庄:河北人民出版社,1993 年。

15. 刘小枫主编:《施特劳斯与古典政治哲学》,上海:三联书店,2002 年。

16. 刘小枫选编:《施特劳斯与现代性危机》,上海:华东师范大学出版社,2010 年。

17. 刘小枫主编:《城邦与自然》,郭振华等译,北京:华夏出版社,2010 年。

18. 刘小枫主编:《施特劳斯的路标》,北京:华夏出版社,2009 年。

19. 刘小枫主编:《施特劳斯与古今之争》,上海:华东师范大学出版社,2010 年。

20. [美]斯密什:《阅读施特劳斯——政治学、哲学、犹太教》,高艳芳等译,北京:华夏出版社,2012 年。

21. [法]丹尼尔・唐格维:《列奥・施特劳斯思想传记》,林国荣译,长春:吉林出版集团有限公司,2011 年。

22. [加]莎迪亚・B・德鲁里:《列奥・施特劳斯的政治观念》,张新刚等译,北京:新星出版社,2009 年。

23. [英]柯林伍德:《历史的观念》(增补版),何兆武等译,北京:北京大学出版社,2010 年。

24. [英]柯林伍德:《自然的观念》,吴国胜等译,北京:华夏出版社,1999 年。

25. [英]以赛亚・伯林:《自由论》,胡传胜译,南京:译林出版社,2003 年。

26. [英]以赛亚・伯林:《浪漫主义的根源》,吕梁译,南京:译林出版社,2008 年。

27. [意]卡洛・安东尼:《历史主义》,黄艳红译,上海:上海人民出版社,2010 年。

28. [英]卡尔・波普尔:《历史决定论的贫困》,杜如楫等译,上海:上海人民出版社,2009 年。

29. [意]贝奈戴托·克罗齐:《历史学的理论和实际》,傅任敢译,北京:商务印书馆,1982 年。

30. [美]格奥尔格·G·伊格尔斯:《德国的历史观》,彭刚译,南京:译林出版社,2002 年。

31. [德]弗里德里希·梅尼克:《历史主义的兴起》,陆月宏译,南京:译林出版社,2010 年。

32. [古希腊]柏拉图:《理想国》,郭斌和译,北京:商务印书馆,1986 年。

33. [古希腊]亚里士多德:《尼各马可伦理学》,廖申白译,北京:商务印书馆,2003 年。

34. [古希腊]亚里士多德:《政治学》,吴寿彭译,北京:商务印书馆,1965 年。

35. [古罗马]西塞罗:《论共和国、论法律》,王焕生译,北京:中国政法大学出版社,1997 年。

36. [英]霍布斯:《利维坦》,黎思复等译,北京:商务印书馆,1985 年。

37. [英]霍布斯:《论公民》,应星等译,贵阳:贵州人民出版社,2003 年。

38. [英]笛卡尔:《谈谈方法》,王太庆译,北京:商务印书馆,2000 年。

39. [英]培根:《新工具》,许宝骙译,北京:商务印书馆,1984 年。

40. [英]洛克:《人类理解论》(上、下),关文运译,北京:商务印书馆,1980 年。

41. [英]洛克:《政府论》(下),瞿菊农、叶启芳译,北京:商务印书馆,1995 年。

42. [英]埃德蒙·柏克:《法国革命论》,何兆武等译,北京:商务印书馆,1998 年。

43. [英]埃德蒙·柏克:《自由与传统——柏克政治论文选》,蒋庆等译,北京:商务印书馆,2001 年。

44. [荷]斯宾诺莎:《神学政治论》,温锡增译,北京:商务印书馆,1963 年。

45. [法]孟德斯鸠:《论法的精神》,张雁深译,北京:商务印书馆,1961 年。

46. [法]卢梭:《社会契约论》,何兆武译,北京:商务印书馆,1980 年。

47. [法]卢梭:《论人类不平等的起因与基础》,李平沤译,北京:商务印书馆,2007 年。

48. [法]托克维尔:《论美国的民主》(上,下),董果良译,北京:商务印书馆,1997 年。

49. [英]约翰・密尔:《代议制政府》,汪瑄译,北京:商务印书馆,1982 年。

50. [英]约翰・密尔:《论自由》,叶启芳、程崇华译,北京:商务印书馆,1982 年。

51. [英]休谟:《人性论》,关文运译,北京:商务印书馆,1980 年。

52. [德]康德:《历史理性批判文集》,何兆武译,北京:商务印书馆,1990 年。

53. [德]康德:《法的形而上学原理:权利的科学》,沈叔平译,北京:商务印书馆,1991 年。

54. [德]黑格尔:《法哲学原理》,范扬等译,北京:商务印书馆,1961 年。

55. [德]黑格尔:《哲学史讲演录》(1—4),贺麟等译,北京:商务印书馆,1983 年。

56. [德]韦伯:《学术与政治》,冯克利译,北京:外文出版社,1998 年。

57. [德]韦伯:《韦伯政治著作选》,北京:中国政法大学出版社,2003 年。

58. [德]尼采:《查拉图斯特如是说》,黄明嘉译,桂林:漓江出版社,2000 年。

59. [德]尼采:《权力意志:重估一切价值的尝试》,张念东等译,北京:中央编译出版社,2000 年。

60. [德]海德格尔:《存在与时间》,陈嘉映译,北京:三联书店,2006 年。

61. [德]海德格尔:《尼采》,北京:商务印书馆,2002 年。

62. [德]莱辛:《历史与启示》,朱雁冰译,北京:华夏出版社,2006 年。

63. [德]迈尔:《古今之争中的核心问题》,林国基等译,北京:华夏出版社,2004 年。

64. [英]昆廷・斯金纳:《近代政治思想的基础》(上、下),奚瑞森、亚方译,北京:商务印书馆,2002 年。

65. [英]昆廷・斯金纳:《自由主义之前的自由》,李宏图译,上海:三联书店,2003 年。

66. [英]弗里德利希・冯・哈耶克:《自由秩序原理》(上、下),邓正来译,北京:三联书店,1997年。

67.［英］弗里德利希·冯·哈耶克:《通往奴役之路》,王明毅译,北京:中国社会科学出版社,1997年。

68.［英］欧克肖特:《政治中的理性主义》,张汝伦译,上海:上海译文出版社,2004年。

69.［英］欧克肖特:《信念论政治与怀疑论政治》,张铭等译,上海:上海译文出版社,2009年。

70.［美］理查德·罗蒂:《文化政治哲学》,张国清译,北京:北京大学出版社,2009年。

71.［美］斯蒂芬·霍尔姆斯:《反自由主义剖析》,曦中等译,北京:中国社会科学出版社,2002年。

72.［美］约翰·凯克斯:《反对自由主义》,应齐译,南京:江苏人民出版社,2002年。

73.［美］约翰·凯克斯:《为保守主义辩护》,应齐等译,南京:江苏人民出版社,2002年。

74.［英］乔治·克劳德:《自由主义与价值多元论》,应齐等译,南京:江苏人民出版社,2008年。

75.［英］约翰·格雷:《自由主义的两张面孔》,顾爱彬等译,南京:江苏人民出版社,2002年。

76.［英］安东尼·阿巴拉斯特:《西方自由主义的兴衰》,长春:吉林人民出版社,2004年。

77.［美］迈克尔·J.桑德尔:《自由主义与正义的局限》,万俊人等译,南京:译林出版社,2001年。

78.［美］约翰·罗尔斯:《正义论》,何怀宏等译,北京:中国社会科学出版社,2009年。

79.［美］约翰·罗尔斯:《政治自由主义》,万俊人译,南京:译林出版社,2000年。

80.［英］阿克顿:《自由史论》,胡传胜等译,南京:译林出版社,2001年。

81.［英］罗素:《西方哲学史》(上、下),何兆武等译,北京:商务印书馆,1977年。

82.［美］乔治·萨拜因:《政治学说史》(上、下),邓正来译,上海:上海人民出版社,2008年。

83.［美］约翰·麦克里兰:《西方政治思想史》,彭淮栋译,海口:海南出版社,2003年。

84.[德]文德尔班:《哲学史教程》,罗达仁译,北京:商务印书馆,1987年。

85.[美]诺夫乔伊:《存在之链:对一个观念的历史研究》,张传有等译,南昌:江西教育出版社,2002年。

86.[加]威尔·金里卡:《当代政治哲学》(上,下),刘梓译,上海:三联书店,2004年。

87.[英]乔纳森·沃尔夫:《政治哲学导论》,王涛等译,长春:吉林出版集团有限公司,2009年。

88.[英]沃尔什:《历史哲学导论》,何兆武、张文杰译,北京:社会科学文献出版社,1991年。

89.[意]维科:《新科学》,朱光潜译,北京:人民文学出版社,1986年。

90.[英]罗蒂:《哲学和自然之镜》,李幼蒸译,北京:三联书店,1987年。

91.[英]罗蒂:《后哲学文化》,黄勇编译,上海:上海译文出版社,2004年。

92.[英]罗蒂:《偶然、反讽与团结》,徐文瑞译,北京:商务印书馆,2003年。

93.[美]希拉里·普特南:《事实与价值二分法的崩溃》,应齐译,上海:东方出版社,2006年。

94.[美]希拉里·普特南:《理性、真理与历史》,童世骏等译,上海:上海译文出版社,1997年。

95.[美]詹姆斯·博曼:《社会科学的新哲学》,李霞等译,上海:上海人民出版社,2006年。

96.[法]索雷尔:《进步的幻象》,吕文江译,上海:上海人民出版社,2003年。

97.[德]卡尔·曼海姆:《意识形态与乌托邦》,黎明等译,北京:商务印书馆,2000年。

98.[英]齐格蒙特·鲍曼:《共同体》,欧阳景根译,南京:江苏人民出版社,2003年。

99.[英]哈特:《法律的概念》,张文显等译,北京:中国大百科全书出版社,1993年。

100.[法]霍尔巴赫:《自然的体系》(上、下),管士滨译,北京:商务印书馆,1964年。

101. [英]汤因比等:《历史的话语:现代西方历史哲学译文集》,张文杰编,桂林:广西师范大学出版社,2002 年。

102. [英]怀特海:《自然的概念》,张桂权译,北京:中国城市出版社,2001 年。

103. [美]理查德丁·伯恩斯坦:《超越客观主义与相对主义》,郭小平等译,北京:光明日报出版社,1992 年。

104. [美]哈恩:《德里达》,张琼译,北京:中华书局,2003 年。

105. [英]洛克:《自然法论文集》,刘时工译,上海:三联书店,2012 年。

106. [英]基思·詹金斯:《论"历史是什么"——从卡尔和艾尔顿到罗蒂和怀特》,江政宽译,北京:商务印书馆,2007 年。

107. [美]约翰·菲尼斯:《自然法与自然权利》,董娇娇等译,北京:中国政法大学出版社,2005 年。

108. [英]乔治·摩尔:《伦理学原理》,长河译,上海:上海人民出版社,2005 年。

109. [德]韦尔海姆·狄尔泰:《人文科学导论》,赵稀方译,北京:华夏出版社,2003 年。

110. [英]杰弗里·托马斯:《政治哲学导论》,顾肃等译,北京:中国人民大学出版社,2006 年。

111. [美]波林·罗斯诺:《后现代主义与社会科学》,张国清译,上海:上海译文出版社,1998 年。

112. 登特列夫:《自然法:法律哲学导论》,李日章等译,北京:新星出版社,2008 年。

113. 徐大同总主编:《西方政治思想史》(1—5 卷),天津:天津人民出版社,2005 年。

114. 黄进兴:《历史主义与历史理论》,西安:陕西师范大学出版社,2002 年。

115. 顾肃:《自由主义基本理念》,北京:中央编译出版社,2003 年。

116. 马德普:《普遍主义的贫困——自由主义政治哲学批判》,北京:人民出版社,2005 年。

117. 金林南:《西方政治认识论的演变》,上海:上海人民出版社,2008 年。

118. 渠敬东:《现代政治与自然》,上海:上海人民出版社,2003 年。

119. 申建林:《自然法理论的演进》,北京:社会科学文献出版社,2004 年。

120. 贺照田主编:《西方现代性的曲折与展开》,长春:吉林人民出版社,2002 年。

121. 陈恒:《希腊化研究》,北京:商务印书馆,2006 年。

122. 应齐:《从自由主义到后自由主义》,北京:三联书店,2003 年。

123. 应齐、刘训练编:《自由主义中立性及其批评者》,南京:江苏人民出版社,2007 年。

124. 高全喜:《休谟的政治哲学》,北京:北京大学出版社,2004 年。

125. 张桂林:《西方政治哲学》,北京:中国政法大学出版社,1999 年。

126. 黄颂杰等:《西方哲学多维透视》,上海:上海人民出版社,2002 年。

127. 刘小枫:《现代性社会理论绪论》,上海:三联书店,1998 年。

128. 欧阳英:《走进西方政治哲学——历史、模式与结构》,北京:中央编译出版社,2006 年。

129. 陈嘉明:《知识与确证——当代知识论引论》,上海:上海人民出版社,2003 年。

130. 陈亚军:《从分析哲学走向实用主义——普特南哲学研究》,上海:东方出版社,2002 年。

131. 陈晏清等:《政治哲学的当代复兴》,北京:中国社会科学出版社,2011 年。

132.《马克思恩格斯选集》(1—4 卷),中央编译局译,北京:人民出版社 1995 年。

133. 陈建洪:《论施特劳斯》,上海:华东师范大学出版社,2015 年。

134. 刘玮:《马基雅维利与现代性:施特劳斯、政治现实主义与基督教》,上海:华东师范大学出版社,2012 年。

后　记

本著作是笔者主持的2016年国家社科基金后期资助项目《历史主义与自然正当——施特劳斯政治哲学研究》的最终成果，该项目又是在我的博士论文基础上申报成功的。这样一算，从我2011年开始博士论文选题到本书完稿已经整整十年。那时，国内正在兴起"施特劳斯热"，施特劳斯成为学界关注和研究的对象，而现在这股热潮正在慢慢退去。但是，施特劳斯重提、由柏拉图开启的"何谓良善生活"的问题却依然还是政治哲学的重要议题之一，历史主义没有消解这一问题，只是改变了理解和解答问题的方式。

虽说历经十年，不如说拖拉的十年。一方面由于本人学术功底较差、生性愚钝，理解施特劳斯对于我而言确非易事。尽管在项目研究过程中读了一些书，但有的似懂非懂，难以领会其精准的要义，即便后来对原博士论文进行了大幅度的修改，也难以令人满意。二是家庭原因。2012年读博期间一对孪生儿女降生，在带来喜悦的同时也使我陷入养儿育女的忙乱之中。在这种情况下，已经很难找出大段的时间精心读书和写作了。如今，孩子已经八岁多了，自己也不再年轻了。项目前后进行了五年，修改了百分之七十的内容，如今总算要结项、出版了。此时的我既略感轻松：项目的事终于要了结了；同时心里又惴惴不安：好多问题还没说清楚，自己也没能力说清楚，唯恐辜负了老师的期望和读者的希冀。转念一想又自我安慰，自己本来就是一位刚入门的学生，且一部作品只能代表这个阶段的水平，学无止境，大家也一定会谅解的。

天津师范大学是我国西方政治思想研究的重镇。2010年，我有幸考入天津师范大学攻读政治学博士。在这里，我有幸聆听了著名政治学家徐大同先生的教诲，师从于先生的弟子马德普教授。在这里，我也有幸得到了高建教授、吴春华教授、常士訚教授、佟德志教授的指导。如今，虽然先生已故，但先生的教诲却依然历历在目，天津师大政治学学科发展更加繁荣，感恩先生，先生千古！在此，也向天津师大的高建教授等培养我的老师们表示感谢。我的博士论文是在导师马德普教授的悉心指导下完成的。马教授待人宽厚、潜心学问，对学生的要求也相当严格。从论文的选题、基本架构到个别细节问题,他都耐心地审阅,给予给多批评和建议。没有马教授的付出,论文也难以成形,感谢我的恩师马德普教授!

在课题申报前期,本人所在单位洛阳师范学院科研处的李正学处长对于如何修改博士论文提出了很好的建议。课题的申报和结项,也得益于科研处王磊老师的帮助。在修改和写作过程中,我的同事邓晓臻博士也参与了部分工作,在这里一并感谢!项目结项鉴定通过后,国家社科规划办把成果的出版指定给了陕西人民出版社,该出版社的诸位编辑也付出了许多辛勤的劳动,在此深表谢意。

牛子宏

2022 年 10 月 10 日